Bernd Isert & Klaus Rentel

Wurzeln der Zukunft

Lebensweg-Arbeit, Aufstellungen und systemische Veränderung

Ausführliche Informationen zu einem weiteren Titel von Bernd Isert sowie zu jedem unserer lieferbaren und geplanten Bücher finden Sie im Internet unter **www.junfermann.de** – mit ausführlichem Infotainment-Angebot zum JUNFERMANN-Programm.

Bernd Isert
Klaus Rentel

Wurzeln der Zukunft

Lebensweg-Arbeit, Aufstellungen und systemische Veränderung

Mit einem Geleitwort von Robert Dilts

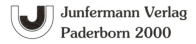

Junfermann Verlag
Paderborn 2000

(c) Junfermannsche Verlagsbuchhandlung, Paderborn 2000
Covergestaltung: Andreas Alapfy
Illustrationen: Ágnes Beke
Layout: Janko Dietrich

Druck: Media Print, Paderborn

Die Deutsche Bibliothek – CIP-Einheitsaufnahme

Isert, Bernd

Wurzeln der Zukunft: Lebensweg-Arbeit, Aufstellungen und systemische Veränderung, Bernd Isert; Klaus Rentel. - Paderborn: Junfermann, 2000.
    ISBN 3-87387-420-2

ISBN 3-87387-420-2

Inhalt

Geleitwort von Robert Dilts

Es ist mir als langjährigem Entwickler und Trainer des NLP eine Freude, dieses Buch von Bernd Isert und Klaus Rentel willkommen zu heißen. In Ihrem Werk *Wurzeln der Zukunft* verbinden die Autoren eine Fülle wichtiger zeitgenössischer Modelle und Verfahrensweisen der Veränderungsarbeit in einem Band und bauen dabei Brücken zwischen verschiedenen und gleichzeitig sehr wirkungsvollen Ansätzen.

Das Buch bietet eine Integration aus wesentlichen Formen und Ideen der Lebenswegtherapie und der systemischen Therapie sozialer Systeme von Familien bis hin zu großen Gruppen. Es erforscht die Beziehung zwischen neuen Entwicklungen im NLP und anderen systemisch orientierten Therapien. Über die Darstellung einer Reihe herausragender Modelle und Techniken der neurolinguistischen Arbeit hinaus präsentieren Bernd und Klaus Modelle der Arbeit mit Teams und Gruppen unter Bezugnahme auf verschiedene wichtige Quellen, wie Steve de Shazer, Bert Hellinger, Arnold Mindell oder Harrison Owens „Open Space"-Prozess.

Einen vereinenden Rahmen des Buches bildet der Fokus auf das Systemische Denken in Therapie, Coaching und Veränderung - die Betrachtung von Individuen, Gruppen und sozialen Organisationen als Beispiele von Systemen, die gemeinsame Prinzipien teilen. Die Autoren betonen einen lösungsorientierten Ansatz, der auf das Erreichen einer dynamischen Balance innerhalb eines Systems abzielt, statt auf „quick fixes".

Bernd erforscht mit Unterstützung von Klaus die Relation zwischen der Arbeit mit inneren Anteilen eines Individuums und der Arbeit mit Mitgliedern eines Sozialsystems. Er untersucht die Wechselwirkungen zwischen Vergangenheit, Gegenwart und Zukunft und diskutiert mehrfach die Frage, wie sich der beste Ansatzpunkt für Veränderung in einem System finden lässt. Das Buch ist voller neuer Gedanken, Methoden, Anwendungen und Verbindungen und wird durch eine Vielzahl von Beispielen illustriert, die oft sowohl humorvoll als auch lehrreich sind. Bernd war schon immer ein Brückenbauer und ein starker Vertreter des Systemischen Denkens und Handelns. Den systemischen Ansatz, den er mit Klaus in diesem Buch verfolgt, schätze ich ganz besonders.

Die Leser werden sich ebenso an der Fähigkeit der Autoren erfreuen, unterschiedliche Ideen und Ansätze zu verbinden und zu kombinieren, wie an ihren Reflexionen zu zahlreichen wichtigen Themen und an ihrer Präsentation vieler nützlicher Werkzeuge und Techniken. *Wurzeln der Zukunft* bietet NLP-Anwendern eine Gelegenheit, wertvolle Einblicke in ergänzende Veränderungsmodelle zu bekommen, während es anderen einen systemischen Zugang zur Welt des NLP eröffnet.

Ich hoffe, das Buch markiert den Anfang vieler derartig verbindender Arbeiten, die noch folgen.

Robert Dilts

Santa Cruz, Californien, USA, 1. September 2000

Danke

Wir Autoren danken zuerst all denen, von denen wir lernen durften. Stellvertretend für viele nennen wir Robert Dilts und seine visionäre Arbeit, Bert Hellinger und seinen Zugang zu den Wurzeln, Insa Sparrer und Matthias Varga von Kibéd mit ihren neuen Gestaltungsräumen, Joseph O´Connor mit seiner Art des systemischen Denkens, Martin Haberzettl mit seiner prozessorientierten Veränderungsarbeit. Wir danken Robert McDonald, Gabriele Müller, Martina Schmidt-Tanger, Alix von Uhde, Thies Stahl, Anhard von Lachner und allen Partnertrainern für die fruchtbare Zusammenarbeit und das wechselseitige Lernen.

Für Anregungen und Feedback zum Buch geht unser Dank an Ulrike Zenke und Peter Klein, für kritisches Lesen an Martina Klose. Andreas Alapfy und Ágnes Beke haben mit der Titelgestaltung und den Illustrationen ihren sichtbaren Beitrag geleistet, Janko Dietrich mit dem passenden Layout. Im Hintergrund begleiteten uns Gottfried Probst und Heike Carstensen vom Junfermann Verlag mit Ermutigung, Sachkenntnis und Geduld.

Wir danken unseren Freunden und Angehörigen für ihr Wohlwollen. Als Bernd danke ich Enikö Papp, Maren Sommer und Yemaya für ihr Verstehen und ihre Unterstützung. Ganz besonders danke ich den Teilnehmerinnen und Teilnehmern meiner Seminare und der vielen Jahrgänge der Forum-Ferienakademie für einen inspirierenden Austausch und einen kreativen Umgang mit der Kunst schöpferischer Kommunikation, für ihr würdigendes wie auch für ihr kritisches Feedback.

Bernd Isert und Klaus Rentel
Berlin im Frühjahr 2000

Über dieses Buch

Bücher zum Thema „Persönlichkeitsentwicklung" gibt es viele. In *Wurzeln der Zukunft* wird der Mensch gleichzeitig als Individuum und als Teil größerer Systeme betrachtet. Vieles haben wir selbst in der Hand, vieles bekommen wir an die Hand. Die folgenden Seiten handeln von beidem. Das Buch beschreibt bewährte und neue Arbeitsformen für den Weg zu einer freien Entwicklung des eigenen Selbst, der Familie und der Gesellschaft, für die Arbeit mit Lernenden, Klienten und Teams. Es enthält Hintergründe, Theorien und Modelle, Übungen und Beispiele. Und es baut eine Brücke zwischen verschiedenen Ansätzen und Methoden der Veränderung wie Lebensweg-Arbeit, neurolinguistischer Prozessarbeit, Aufstellungsarbeit und lösungsorientierter Kurzzeit-Therapie. Mit all dem ist es ein Wegweiser, eine Fundgrube und eine Entdeckungs- reise für Selbstentwickler, Berater, Coache, Therapeuten, Kommunikatoren und Lehrende. Speziell für solche, die sich selbst noch oder wieder als Lernende verstehen, die neue Verbindungen und Anregungen suchen.

Kommunikation, Gesundheit und Flexibilität sind Werte, die in diesem Jahrhundert immer mehr an Bedeutung gewinnen. Weltweite Vernetzung, Geschwindigkeit, Ökonomie und Ökologie verlangen Teamfähigkeit, schnelles Erfassen und Verarbeiten unterschiedlichster Informationen, emotionale Intelligenz, systemische Kompetenz und innere Balance, kurzum: ein hohes Maß an persönlicher Entwicklung. Wir brauchen neue Formen des individuellen und sozialen Lernens; viele der alten aus dem letzten Jahrtausend haben ausgedient... einige davon haben tatsächlich nie so recht funktioniert. Zu dieser Erneuerung möchten wir mit unserem Buch beitragen.

Teil I vermittelt Ihnen die Grundelemente für die Arbeit mit Menschen, auf denen die Veränderungsmodelle in den späteren Teilen des Buches aufbauen können. Hierzu gehören eine gelungene Kommunikation zwischen Lernendem und Begleiter, die Arbeit mit verschiedenen Erfahrungsebenen und Wahrnehmungspositionen sowie jene mit Energiequellen und Ressourcen. Als Prozessrahmen stellen wir die Prinzipien lösungsorientierter Kurzzeittherapie vor. Wir interessieren uns nicht nur für unterschiedliche Aspekte der Erfahrung, sondern dafür, wie sie aufeinander und miteinander wirken. Diese systemische Betrachtungsweise zieht sich durch das ganze Buch, betont mal diese, mal jene Zusammenhänge, um den Blick auf das Ganze zu öffnen und die einzelnen Methoden darin zu positionieren. Den Prinzipien des Systemischen Denkens und Handelns widmen wir zudem ein eigenes Kapitel.

In *Teil II* geht es darum, wie wir unseren persönlichen Lebensweg klären und meistern, wie wir aus der Vergangenheit lernen und die Zukunft gestalten können. Eine neue Dimension ist hierbei das Navigieren durch die Zeit. Neben dem Modell der Zeitlinie lernen Sie weitere Möglichkeiten kennen, in die Vergangenheit oder Zukunft zu reisen. Auf dieser Basis wird es uns möglich, einschränkende Erfahrungen und

11

Überzeugungen in unterstützende Lernschritte zu verwandeln. Hierzu beschreiben wir bekannte Verfahren, erweitern sie, setzten sie in Beziehung und gestalten neue. Wir vermitteln Hintergründe, Möglichkeiten und fragen uns, was wohl die Zutaten für eine wirksame Veränderungsarbeit sind. Die dargestellten Prinzipien ergänzen wir durch viele praktische Beispiele, die Sie als Muster, als Anregung zur eigenen Arbeit oder einfach als Lesespaß genießen können. Manche Beispiele sind spielerisch überzeichnet, denn wir wollen Ihnen in kompakter Form eine Vielzahl von Ideen vermitteln und den Verfremdungseffekt im Sinne von Bertolt Brecht dazu nutzen, den Prozess klar und deutlich hervortreten zu lassen.

In **Teil III** beschäftigen uns moderne Formen systemischen Arbeitens und die Frage, wie sich Beziehungen in sozialen Systemen entwickeln. Wir leben nicht allein, sind Teil von Familien, Gruppen, Teams, Unternehmen und der Gesellschaft. Systemische Arbeit stellt diese Wechselbeziehungen zwischen Menschen und Erfahrungen in den Mittelpunkt der Aufmerksamkeit und zeigt Wege, sie lebensfördernd zu gestalten. Viele Wahlmöglichkeiten bietet uns hierzu die systemische Aufstellungsarbeit, die wir in vielen Facetten und Zusammenhängen darstellen. Hinzu kommen interessante neue Modelle des Teamcoaching und der Arbeit mit Großgruppen. Neben der äußeren Welt befassen wir uns mit dem Zusammenwirken innerer Persönlichkeitsanteile. Im Teil III werden die Verbindungen und Übergänge zwischen unterschiedlichen Schulen der Veränderung deutlich, sie nehmen aufeinander Bezug und ergänzen einander.

Teil IV fasst mit verbindenden Worten vieles von dem, was Veränderung ausmacht, zusammen, setzt therapeutische Schulen metaphorisch in Beziehung und beschäftigt sich mit der Relativität und dem zeitlichen Wandel dessen, was wir als Wahrheit bezeichnen. Hier wird dem Konstruktivismus, der die therapeutischen Modelle einer Epoche genährt hat, seine historische Position zugewiesen.

Im **Internet** haben wir unser Buch durch viele Inhalte ergänzt, die Sie nicht auf diesen gedruckten Seiten finden. Uns liegen noch mancherlei Beispiele und vertiefende Beschreibungen vor, die den Rahmen dieses Werkes gesprengt hätten. Was liegt also näher, als Ihnen diese Extras online verfügbar zu machen, so dass es einen ergänzenden Teil gibt, der Ihnen unter der Homepage www.metaforum.com/wurzeln bzw. auf der neuen und äußerst innovativen ePublishing-Plattform www.active-books.de zur Verfügung steht. Es ist sogar möglich, dass Sie eigene Beschreibungen oder Erfahrungsberichte, die sich auf Themen des Buches beziehen, dort veröffentlichen.

Jede Schule der Kommunikation und Therapie hat ihre eigene Begrifflichkeit entwickelt, so dass ähnliche Vorgänge oft mit unterschiedlichen Worten beschrieben werden. Wir hatten nicht die Absicht, alles in einer einheitlichen Sprache zusammenzufassen, obwohl dies eine reizvolle Aufgabe wäre – jede Richtung sollte in diesem Buch auch sprachlich ihr eigenes Wesen zeigen können. Verbindende Worte haben wir dennoch eingebracht. Weil uns die Bezüge, Ähnlichkeiten und Ergänzungen zwischen den Modellen am Herzen liegen, machen wir sie in den Beispielen, Hinweisen, Kommentaren und Vorschlägen immer wieder zum Thema. Gern möchten wir Sie, liebe Leserinnen und Leser, dazu ermutigen, neben Zusammenhängen, die wir aufzeigen, ganz eigene zu entdecken oder zu erschaffen.

Da wir all die dargestellten Arbeitsweisen als wirksam und wesentlich erfahren haben, stellt sich uns nicht die Frage nach „richtig" oder „falsch", sondern jene, was eine Denk- und Handlungsweise unter welchen Bedingungen zu bewirken vermag. Unserer Erfahrung nach scheint sich das als wirksam zu erweisen, was eine Einseitigkeit im Denken und Handeln eines Einzelnen oder einer Gemeinschaft ausgleicht. Umgekehrt führt der ständige Gebrauch nur einer Denk- und Handlungsweise auf die Dauer in die Einseitigkeit. Im Hintergrund der Veränderung beobachten wir die Bewegung der überlieferten Urkräfte Yin und Yang, die einander ablösen, wie das Einatmen und das Ausatmen.

Wir glauben, dass achtsame Lebensweg-Arbeit immer auch systemische Arbeit ist, während systemische Arbeit immer auch Arbeit am Lebensweg bedeutet. Ebenso ergänzen sich vergangenheitsorientierte Klärung und zukunftsorientiertes Lernen. Beides ist aus unserer Sicht lösungsorientiert. Der Scheinwerfer unserer Aufmerksamkeit richtet sich auf unbeachtete Aspekte des Seins, holt jene ins Licht, die im Dunkeln lagen, bis sich dem Betrachter irgendwann die ganze Landschaft erschließt – dann hat sich der Scheinwerfer in eine Sonne verwandelt, dann ist Technik zur Natur geworden.

Im Gegensatz zu Büchern, die sich auf das Beschreiben von Techniken beschränken, interessieren uns Hintergründe und Prinzipien, die diesen Techniken zugrunde liegen. Sie ermöglichen es uns, eine Anwendung in ihrer Tiefe zu verstehen, zu modifizieren oder neu zu entwerfen. Techniken sind vorgegebene Bewegungsmuster. Wir glauben jedoch weniger an die Wiederholung aufgezeichneter Bewegungen, als an ihre ständige Aktualisierung in der Verbindung von Sensibilität, Gegenwart und Sinn. Wenn all dies beteiligt ist, entsteht Lebendigkeit. Wir laden Sie deshalb ein, das Werk nicht als der Weisheit letzten Schluss zu betrachten, sondern den Inhalt zu erweitern, zu widerlegen und in der praktischen Arbeit dem einzigartigen Menschen anzupassen.

Wurzeln der Zukunft ist nicht „aus einem Guss" geschaffen, sondern es wuchs aus seinen Teilen zusammen... es gibt „ältere" und „jüngere" Abschnitte, „sachliche" und „heitere", „theoretische" und „praktische". Sie ergänzen sich, nehmen aufeinander Bezug und formen das Gesamtsystem dieses Werkes. Jedes Kapitel ist in sich weitgehend vollständig und kann daher auch für sich gelesen werden. Im Dienste dieser Vollständigkeit haben wir manche uns wichtig erscheinende Aussagen an bestimmten Stellen wiederholt. Sie haben die Einbeziehung in andere Zusammenhänge verdient. Einen großen Komplex der Veränderungsarbeit – jener, der den Körper einbezieht – haben wir entgegen unserer ursprünglichen Absicht in diesem Buch noch ausgeklammert... ihm mag der Rahmen eines eigenen Werkes zustehen, so dass jegliches die Zeit und den Raum erhält, die es braucht.

Vielleicht haben Sie bemerkt, dass wir weiter oben den Begriff „neurolinguistische Prozessarbeit" eingeführt haben, mit welchem wir der weithin bekannten Abkürzung NLP auch sprachlich eine andere Ausrichtung geben. „Prozessarbeit" löst das unsystemische und oft missverstandene „Programmieren" ab. Sie kann sich sowohl auf das Gestalten als auch auf das Begleiten von Veränderungsprozessen beziehen. Beides weist darauf hin, dass die wertvollen Bausteine des NLP ihre Qualität erst in einem systemischen Rahmen entfalten. Die Abkürzung bekommt somit ein neues und

13

erweitertes Bedeutungsspektrum: neurolinguistisches Prozessarbeiten, - Prozessgestalten oder - Prozessbegleiten.

Wir Autoren haben unterschiedliche Anteile am Zustandekommen der *Wurzeln der Zukunft* übernommen. Während ich, Bernd, im wesentlichen die fachlichen Inhalte, Modelle und Strukturen sowie die entsprechenden Texte beitrug, konzentrierte ich, Klaus, mich vor allem auf die sprachliche Gestaltung und das Illustrieren der Anwendungsbeispiele. Dem vorliegenden Werk ging das Buch *Die Kunst schöpferischer Kommunikation* von mir, Bernd voraus. Vieles, was dort an Kommunikations- und Sprachmustern vorgestellt wurde, findet hier seine Anwendung und Ergänzung. Im Text verweisen wir an einigen Stellen darauf.

Durch das gesamte Werk begegnen Ihnen Reisende oder Lernende, Begleiter oder Veränderungsarbeiter. Reisende oder Lernende stehen für all jene Menschen, mit denen wir arbeiten, seien es Klienten, Patienten, Mitarbeiter, Schüler, Familienmitglieder, Freunde, Übungspartner, Teams, Suchende oder wir selbst. Als Begleiter und Veränderungsarbeiter beschreiben wir all die Rollen, in denen wir tätig sein können, ob wir dies als Coach, Therapeut, Lehrer, Berater, Lebenshelfer, Freund oder Führungskraft tun. Damit wir Ihnen den Lesespaß nicht durch allzu silbenreiche Formulierungen verderben, wechseln wir in der männlichen und der weiblichen Form ab: vom Begleiter zur Begleiterin, von der Lernenden zum Lernenden. Auch in unseren Beispielen wollen wir einigermaßen paritätisch sein; Frauen wie Männer verändern sich in allen möglichen Lebenskontexten und begleiten sich gegenseitig dabei. Fast gleichen sie den Sportlern zu Beginn des letzten Jahrhunderts, als es noch ungewöhnlich war, etwas für den Körper zu tun. Diesmal begegnen wir der gar nicht mehr so kleinen Vorhut derjenigen, die bewusst etwas für Seele, Geist und ihre Beziehungen zu anderen Menschen tun.

Ein Buch kann keine Ausbildung in den dargestellten Arbeitsweisen ersetzen, wohl aber Ihnen, liebe Leserinnen und Leser, das Terrain vorstellen, welches Sie begehen können – und Sie, je nach Ihrem bisherigen Standort, zu neuen Schritten einladen... und das möchten wir von ganzem Herzen!

Bernd Isert und Klaus Rentel
Berlin im Frühjahr 2000

Teil I
Bausteine für die Arbeit mit Menschen

1. Überblick mit Thesen

Ein erfülltes und erfolgreiches Leben ist mehr als ein Zufallsprodukt. Es ist die Entfaltung eines Potentials, das in uns allen angelegt ist, und das, wenn wir die vielfältigen Herausforderungen unserer Zeit bedenken, von allerlei Hindernissen gleich Dornen umgeben sein kann.

Im ersten Hauptteil möchten wir Sie mit grundlegenden Gestaltungsmitteln und Bausteinen der Veränderungsarbeit vertraut machen, die bereits unabhängig von weiterführenden Methoden viele Veränderungsschritte ermöglichen. Hierzu gehören der lösungsorientierte Arbeitsrahmen, die Bewegung durch Grundmuster der Erfahrungswelt und die Arbeit mit Ressourcen. Wir möchten Ihre Aufmerksamkeit, liebe Leserinnen und Leser, dabei auf ausgewählte systemische Wechselwirkungen richten, welche in der Arbeit mit Menschen eine besondere Bedeutung haben. Dazu gehören Beziehungen, wie jene

- zwischen Begleiter und Lernendem,
- zwischen Sprache, Wahrnehmung und innerer Erfahrungswelt,
- zwischen Richtung der Aufmerksamkeit und Veränderungsschritten,
- zwischen Vergangenheit, Gegenwart und Zukunft,
- zwischen verschiedenen Ebenen der Erfahrung,
- zwischen Wahrnehmung und Gestaltungsbeitrag,
- zwischen inneren Wahrnehmungspositionen,
- zwischen Beteiligten in sozialen Systemen,
- zwischen Erleben, Denken, Handeln und äußerer Erfahrung,
- zwischen Problemsituationen und Ressourceerfahrungen,
- zwischen korrigierendem Feedback und verstärkendem Feedback.

Das Anliegen ganzheitlicher Veränderungsarbeit sollte es sein, derartige Beziehungen in ihrer Struktur und ihrem Ablauf so zu gestalten, dass der Lernende dabei neue Lösungen findet und konstruktive Entwicklungsschritte macht. In diesem Sinne gehört Systemisches Denken und Handeln zu den aus dem Hintergrund wirkenden Gestaltungsmitteln und erhält verdientermaßen ein eigenes Kapitel. In den weiteren Teilen des Buches erforschen und beschreiben wir Modelle und Arbeitsformen, um die Beziehungen zwischen Vergangenheit, Gegenwart und Zukunft, sowie jene zwischen Menschen in sozialen Systemen zu gestalten. Mit anderen Worte ist dies…

- die Kunst, aus dem Lebensweg zu lernen: Diese Arbeitsweise steht im Vordergrund, wenn ein zu lösendes Problem oder ein Ziel, das erreicht werden will, mit Ereignissen und Erfahrungen in unserer persönlichen Biografie verknüpft ist – solchen, die wir in der Vergangenheit gemacht haben, oder solchen, die wir in der Zukunft erwarten. Es geht um Wege, um Erfahrungen zu verarbeiten, aus ihnen zu lernen und neue Erfahrungen zu gestalten.

- die Kunst, das Miteinander zu gestalten: Über systemische Therapie und Aufstellungsarbeit gelingt es uns, solche Einschränkungen zu klären und zu lösen, die weniger auf einzelnen biografischen Ereignissen beruhen, sondern mit unserer Position, unserer Bindung und unserem Austausch in sozialen Systemen zusammenhängen, angefangen bei der Ursprungsfamilie. Andere Formen systemischer Arbeit stellen wir im Teamcoaching und in der Arbeit mit inneren Teilen vor.

Alle Arbeitsprinzipien ergänzen sich, wirken aufeinander und miteinander. Deshalb ist die Aufteilung der Inhalte dieses Buches in verschiedene Teile und Kapitel eigentlich künstlich, denn jede Arbeitsform kann Bestandteil oder Ergänzung einer Methode sein, die anderswo beschrieben wird.

Wir beginnen mit einer Reihe von **Thesen**, die uns in unterschiedlichen Zusammenhängen bewusst geworden sind und die sich an dieser und jener Stelle im Buch widerspiegeln. Vielleicht, liebe Leserinnen und Leser, erkennen Sie hier und dort das Licht dieser Spiegel.

- Persönliches Wachstum geschieht in Eigenverantwortung, aber nicht allein.
- Zwischen Menschen findet ein intensiver bewusster und unbewusster Austausch von Erfahrungen statt.
- Fördernde Kommunikation beruht auf der ständigen Wahrnehmung und Berücksichtigung der Befindlichkeit und Reaktionen des Partners.
- Was wir innen erleben, können wir nach außen tragen, was wir außen erleben, können wir uns innen aneignen.
- Denken, Erleben und Handeln beeinflussen sich wechselseitig.
- Das innere Erleben ist ein noch unentdecktes Universum.
- Menschen können alle Ressourcen, die sie für ein erfülltes Leben brauchen, in dieser Welt erwerben.
- Menschen können erlittene Defizite durch erworbene Ressourcen ausgleichen.
- Die Vergangenheit, die Gegenwart und die Zukunft finden im Jetzt statt.
- Vergangenheit, Gegenwart und Zukunft wirken aufeinander.
- Jede lebensfördernde Absicht sucht nach dem besten verfügbaren Weg der Erfüllung.
- Nur wenn alle Anteile zusammenwirken, entwickelt sich ein Mensch oder eine Gemeinschaft frei und optimal.
- Jedes System sucht über die Zeit hinweg innerlich oder äußerlich den Ausgleich von Einseitigkeit.
- Was wir träumen können, können wir auch leben. Das „Als-ob" ist die Quelle des „Es-ist".
- Jede Methode hat ihren eigenen Bezug und Sinn; betrachtet sie sich als universell, verliert sie diese.
- Nach außen hin ähnliche Symptome oder Probleme können völlig unterschiedliche Lösungswege erfordern.
- Alle Erkenntnis ist vorläufig – im Grunde ist alles ganz anders.

2. Was ein Reisebegleiter beiträgt

Folgen und Führen. Entscheidend ist die Qualität des Zusammenspiels zwischen einem Lernendem und seiner Begleiterin. Gute Arbeit gelingt nur, wenn der Kontakt stimmt und zwischen ihnen Vertrauen herrscht. Dazu gehört das gegenseitige Einverständnis, dass man in der gegebenen Umgebung für eine bestimmte Zeit miteinander arbeiten möchte. Da reicht kein „Ja, aber...“; alle Einwände wollen berücksichtigt werden. Die Begleiterin schwingt sich auf den Lernenden ein und spricht in einer ihm verständlichen Sprache. Sie reagiert auf seine Sicht der Welt, holt ihn da ab, wo er sich innerlich befindet. Ihre Sinne hält sie für den Lernenden offen, gebraucht seine Worte und passt sich seinem Tempo und seinem Stil an. Die Verständigung überprüft sie, indem sie das, was sie verstanden hat, mit eigenen, klaren Worten zusammenfasst. Wenn der Lernende sich nicht verstanden fühlt, kann er korrigieren.

Es unterstützt den Prozess, wenn die Begleiterin den Lernenden von Zeit zu Zeit in seinen Fähigkeiten oder seinem Engagement würdigt und mit emotionaler Intelligenz und Empathie auf seine Befindlichkeit reagiert. Die Begleiterin sollte in der Lage sein, den Lernenden in der Kommunikation dort abzuholen, wo er sich innerlich befindet, sich seiner Erlebniswelt anzugleichen und ihm in seiner geistigen und emotionalen Bewegung zu folgen. Auf der anderen Seite hat die Begleiterin das Anliegen, den Lernenden zu neuen Einsichten, Erfahrungen und Lernschritten zu führen. Das ist ihr möglich, wenn die richtige Zeit gekommen ist, der Lernende Bereitschaft und Vertrauen signalisiert – andernfalls folgt sie der geistigen und emotionalen Bewegung des Lernenden. Es ist ein Prozess des Führens und Folgens, in welchem beide den Weg und das Ziel bestimmen und aufeinander eingehen, im Idealfall wie bei einem Tanz. Mehr über detaillierte Aspekte des Führens und Folgens finden Sie im ersten Teil von *Die Kunst schöpferischer Kommunikation* (Isert 1996). Dass beide Kommunikationspartner einander abwechselnd führen, bedeutet, dass es keine vorab vom Begleiter festgelegten Wege und Ziele für den Verlauf der Kommunikation zu geben braucht. Wichtig ist vielmehr Offenheit für den Austausch und die Bereitschaft, gemeinsam den besten Weg zu finden. Dies ist eine systemische Vorstellung von Kommunikation, welche von der im NLP oft anzutreffenden Vorstellung, dass man Menschen auf vorbereiteten Wegen zu vorgegebenen Zielen führen kann, in essentieller Weise abweicht. Denn sowohl die Wege als auch die Ziele sind Kreationen des Gesamtsystems von Begleiter und Lernendem. Besser noch als der Begriff des *Führens* beschreibt der des *Einladens* das, was wir meinen. Der Begleiter macht Angebote und der Lernende hat die Wahl, so oder so darauf zu antworten. Wir verstehen das Führen deshalb stets als eine Form des Einladens.

Grundhaltung. Echte Veränderungsarbeit geht nicht ohne Vertrauen und Wohlwollen. Die Kommunikation kann mal ernst, mal heiter, mal behutsam, mal provokativ sein – je größer das Grundvertrauen ist, desto offener ist der Austausch

18

und umso mutiger kann die Lernende neue Wege gehen. Das Vertrauen wächst mit positiven gemeinsamen Erfahrungen. Oft sind dies Manifestation der Grundhaltung, die der Begleiter von Beginn an der Lernenden gegenüber einnimmt: Achtung und Respekt, Vertrauen in ihre Potentiale und Fähigkeiten, Neugier und die Bereitschaft, selbst von ihr zu lernen. Dazu gehört auch die Einsicht, dass die Lernende letztlich selbst die Verantwortung für ihr Leben zu tragen hat. Als sehr hilfreich für die Beziehung zwischen Begleiter und Lernender erweist sich das Modell einer mündigen, ebenbürtigen Partnerschaft, in welcher beide Seiten ihre individuellen Fähigkeiten und Werte einbringen. Ältere Ansätze des neurolinguistischen Programmierens sprechen davon, Kontakt und Vertrauen (Rapport) zu „machen". Einen geachteten Partner können wir jedoch allenfalls dazu einladen, nichts „machen", wofür es beide braucht. Die veränderte Formulierung steht also für eine systemische Grundhaltung, die sich von den genannten Ansätzen deutlich unterscheidet.

Orientierung durch Feedback. Der Begleiter führt den Lernenden im Laufe der Veränderungsarbeit meist durch verschiedene Erfahrungen. Entscheidend für diesen Prozess ist es, dass er Informationen darüber gewinnt, wo sich der Lernende jeweils innerlich befindet, d.h. welche Art von Erfahrungen und welchen Zustand er zu einem gegebenen Zeitpunkt erlebt. Deshalb sollte der Begleiter in der Lage sein, die nonverbalen Reaktionen wie auch die Worte des Lernenden als Feedback wahrzunehmen und zum Ausgangspunkt seiner weiteren Angebote oder seines eigenen Lernens zu machen. In der Tat, auch der Begleiter lernt fortlaufend, wenn wir ihm in diesem Buch auch nicht den Namen „Lernender" gegeben haben. Der war schon besetzt. Beide Partner tasten sich mit ihren gemeinsamen Fähigkeiten Schritt für Schritt zu sinnvollen Lösungen vor, jeder trägt das seine bei. Es sollte gemeinsame Anliegen geben, Ziele, die beide bejahen. Wieder begegnen wir dem Führen und Folgen, denn welcher Schritt der nächste ist, bestimmen beide zusammen. Aus der Sicht des Begleiters liegt der Beitrag des Lernenden in dessen Feedback. Es zeigt ihm, ob dieser tatsächlich da ist, wo er ihn vermutet, ob er eine gewünschte Ressource erlebt, Zugang zu einer schwierigen Situation hat oder eine bestimmte Wahrnehmungsposition einnehmen konnte. Denn das Auseinanderhalten und Sortieren von Zuständen ist meist ein wichtiger Lernschritt und eine Voraussetzung für eine neue Integration. Feedback steuert diesen Organisationsprozess und macht es möglich, Irrtümer zu korrigieren. Wir werden an verschiedenen Stellen auf dieses zentrale Thema zurückkommen.

Prozess und Inhalt. Der Begleiter führt die Lernende durch sinnvolle Erfahrungen und Zustände, strukturiert deren Abfolge entsprechend ihrer Befindlichkeit und ihren Fortschritten. Im Zweifelsfall macht er ihr Arbeitsangebote und lässt sie bewusst oder unbewusst wählen. Ein kompetenter Begleiter beherrscht die Methodik und bringt innere Akzeptanz für das Thema der Lernenden auf. Er kann dabei zwischen dem Prozess der Veränderungsarbeit und dem Inhalt der Erlebniswelt seiner Klientin mit all ihren emotionalen, physiologischen und neurologischen

Anteilen unterscheiden, beide aufeinander abstimmen und die Technik daran anpassen. Im Idealfall passen Form und Inhalt zueinander. Jederzeit variiert der Begleiter seine Vorgehensweise entsprechend der persönlichen Bedeutung des Themas und dem aktuellen Erleben der Lernenden.

Ankern. Im NLP verknüpft die Begleiterin bestimmte Erfahrungsinhalte und Zustände des Lernenden mit ausgewählten Sinnesreizen, wie Berührungen, Tonalität, Gesten, Geräuschen oder anderem. Dies wird Ankern genannt. Wir können wichtige Erfahrungsinhalte in Veränderungsprozessen auch durch am Boden ausgelegten Karten oder Bodenmarkierungen organisieren. Die Theorie des Ankerns im NLP nimmt an, dass ein Mensch bei entsprechender Wiederholung künstlich gesetzter Reize automatisch in wieder ähnliche Zustände versetzt wird. Dies erscheint uns zu mechanistisch und entbehrt der Wahlmöglichkeit des Lernenden. Unser Erleben wird durch sehr vielschichtige Prozesse bestimmt, nicht nur durch einen einzelnen hinzugekommenen Reiz. Wenn Lernender und Begleiterin aber die bewusste Wahl treffen, ausgewählte Sinneseindrücke zum Lenken der Aufmerksamkeit zu nutzen, wird Ankern vom bedingten Reflex nach Pawlov zum Kommunikationsmittel. Freilich gibt es natürliche Reize, wie innere Bilder, Symbole, bestimmte Düfte, Stimmen, Musik, Farben oder die Berührung sensibler Körperzonen, die einen starken Einfluss auf unser inneres Erleben haben, obwohl wir auch dort nicht ohne Wahl sind. Diese sind jedoch – anders als willkürliche künstlich gesetzte Reize – Ergebnisse unserer gesamten Entwicklung. In der Veränderungsarbeit verstehen wir Anker deshalb als Hinweise, die die Begleiterin dem Lernenden gibt, um ihn an bestimmte Zustände oder Erfahrungen zu erinnern, was natürlich auch durch sprachliche Aufforderung möglich ist. Diese Hinweise wird der Lernende gern annehmen, wenn sie seiner natürlichen Bewegung gerecht werden und er wird sie ablehnen, wenn sie für ihn keinen Sinn machen.

Anders ist es, wenn die Begleiterin „natürlich" entstandene Anker auslöst, etwa bestimmte Berührungen oder Worte, die eine starke Bedeutung für den Lernenden haben. Dies kann gewollt und unterstützend aber auch ungewollt und behindernd geschehen. Viele Themen sind physiologisch und historisch mit bestimmten Körperzonen verknüpft. Wenn der Klient sich dort selbst berührt oder berührt wird, sind dies in der Tat stark wirkende, natürliche Anker, die sich deutlich von künstlichen unterscheiden. Auch Körperhaltungen sind solche Anker, denn Muskelfasern haben eine starke Verbindung zum Nervensystem. In der Tat können wir Zustände dadurch speichern, dass wir eine damit verbundene Muskelspannung aufrechterhalten. Dies ist die in der Kinesiologie bevorzugte Methode des Ankerns.

Wirkung des Stils. Nicht immer unterstützt die Art der Beziehung zwischen Begleiterin und Lernendem die gewünschte Veränderung. Jeder Austausch vollzieht sich in einer bestimmten Atmosphäre oder Stimmung, die unabhängig vom Thema auf der Begegnung zweier Persönlichkeiten beruht. Der sich ergebende Stil kann für den Lernenden fördernd, nährend, öffnend, entlastend oder auch anstrengend, einengend, Energie zehrend sein, wenn beispielsweise die „Chemie" im Team nicht stimmt. Kritisch wird es, wenn die Begleiterin für den Lernenden selbst zum Auslöser jener Probleme wird, um deren Lösung er sich bemüht. Manchmal ist es auch die Wahl der Arbeitsform, die den Lernenden blockiert. Wer zum Beispiel Unabhängigkeit und Eigenverantwortung sucht, könnte mit einer strengen, autoritären Begleiterin, die Punkt für Punkt durch Techniken führt, wenig ermutigende Erfahrungen machen.

Was hindert. Mitunter behindert ein Abhängigkeitsverhältnis den freien und offenen Austausch. Abhängigkeiten können finanzieller Natur sein, aber auch das Bedürfnis nach Anerkennung und Erfolg betreffen. Rechthaberei oder erotische Anziehung leiten den Prozess ebenso gerne in eine Sackgasse wie einschränkende Übertragungsprozesse oder negative Vorannahmen und Urteile über den anderen, der plötzlich Menschen aus der eigenen Umgebung verblüffend ähnlich wird.

Hat die Begleiterin ein ähnliches Problem wie der Lernende, führt sie ihn möglicherweise geschickt vom Lösungsweg fort und beide drehen sich im Kreis. Ein Bergführer wird dem Wanderer alle Routen anbieten, nur nicht die, die er aus Angst ausgelassen hat. Es sei denn, beide sind ehrlich, sich ihrer Erfahrungen bewusst und bereit, gemeinsam neue Wege zu gehen und zu lernen. Möglich auch, dass der Lernende seiner Begleiterin an Flexibilität oder Lebenserfahrung überlegen ist und sich wie ein begabter Schüler bei einer langweiligen, dogmatischen Lehrerin fühlt. Dann sollten sie vielleicht die Rollen tauschen.

Annahmen überprüfen. Schafft es der Begleiter nicht, zwischen der eigenen Erfahrungswelt und jener der Lernenden zu unterscheiden, erliegt er der Versuchung, seine eigenen Vorstellungen und Erfahrungen ungeprüft zu übertragen. Nach dem Motto: „Ich weiß, was für dich gut oder wo die Ursache deiner Probleme liegt." Was die Lernende wirklich braucht, findet sie oft erst durch das Erforschen verschiedener Wahlmöglichkeiten heraus, zumal auch die Lernende nicht in jeder Situation von Weisheit beseelt ist. Sichere Zeichen für den richtigen Weg bieten Körpersignale wie Atem, Mimik, Entspannung oder Anspannung, unbewusste Gesten und Bewegungen. Berücksichtigt der Begleiter all das, kann er der Lernenden alle Ressourcen, Veränderungswege und Techniken anbieten, die ihm sinnvoll erscheinen. Anhand des Feedbacks kann er auswählen, was für die Lernende zum jeweiligen Zeitpunkt der beste nächste Schritt ist und was ihr wirklich gut tut.

Unbewusster Austausch. Ein wacher Blick auf die Beziehung zweier Menschen, die miteinander arbeiten, offenbart: Zwischen Begleiter und Lernender gibt es während des ganzen Prozesses einen subtilen, meist unbewussten Austausch von Erfahrungen und Informationen. Indem sich beide aufeinander „einschwingen", werden psycho-neurophysiologische Funktionsmuster übertragen. Mit anderen Worten: Auf den Ebenen des Erlebens und Fühlens gibt es Kontakt und Austausch. Das kann dazu führen, dass innere Blockaden des einen den anderen „herunterziehen" oder die Ressourcen des anderen den einen „emporheben". Letzteres wird geschehen, wenn der Begleiter die Themen und die Befindlichkeit des Lernenden aus einem wohlwollenden inneren Gleichgewicht heraus betrachten kann, wenn er bzgl. der Themen, an denen er mit anderen arbeitet, mit sich selbst im Reinen ist. Wer als Begleiter nicht auf sicherem Boden (aus Ressourcen und Lebenserfahrung) steht, läuft Gefahr, sein inneres Gleichgewicht zu verlieren und die Wirkung seiner Arbeit zu behindern.

Über den subtilen Austausch nimmt der Lernende viel von den Gedanken, Erfahrungen und Vorstellungen der Begleiterin auf. Im günstigen Fall nutzt er das als Quelle für Ressourcen. Der Austausch mag also den Veränderungsprozess fördern oder behindern. Dies macht den Unterschied in der Wirksamkeit einer Methodik aus, die von unterschiedlichen Menschen praktiziert wird, und relativiert die Vorstellung, dass man den Erfolg von Methoden messen könne, unabhängig von Zeit, Kontext und beteiligten Personen. Befindlichkeit, Empfänglichkeit und Energie der Beteiligten sind zu verschiedenen Zeiten und in verschiedenen Kontexten unterschiedlich. Das bedeutet, dass es optimale Partner, Kontexte und Zeiten für eine Veränderungsarbeit gibt – und solche, die es schwerer machen.

Allein oder zu zweit? Wir können auch mit uns selbst arbeiten. Je mehr Erfahrungen wir gesammelt haben, je flexibler wir uns in unserer inneren Erfahrungswelt bewegen können, umso leichter fällt es uns. Oft tun wir das unbewusst in Zeiten der Besinnung, des Reflektierens. Genau das legt Castanedas Don Juan seinen Schülern ans Herz (Castaneda 1973). Doch ohne Beweglichkeit und Klarheit drehen wir uns leicht im Kreise, besonders wenn wir ein Problem mit jenen Strategien und blinden Flecken zu verändern suchen, die es entstehen ließen. Vier Augen sehen mehr als zwei und zu zweit steigt die Chance, unbeachtete Hinweisschilder zu erkennen und über den Austausch mit einem anderen ganz neue Erfahrungen zu machen. Je tiefer die Veränderungsarbeit geht, desto wichtiger werden Ausbildung, Erfahrung und Einfühlungsvermögen des Begleiters. Lernende mit schweren Problemen oder Verletzungen benötigen einen erfahrenen Therapeuten.

3. Richtung und Weg

Ein lösungsorientierter Arbeitsrahmen

Wir stellen in diesem Kapitel mögliche Vorgehensweisen zur Strukturierung der Veränderungsarbeit vor und verknüpfen dabei Prinzipien der neurolinguistischen Prozessarbeit mit jenen der lösungsorientierten Kurzzeittherapie nach Steve de Shazer. Dadurch werden beide Arbeitsformen um neue Aspekte ergänzt, was sich in den Wahlmöglichkeiten des Fragens und der verfügbaren Veränderungsschritte ausdrückt. Unser Anliegen ist es, die Aufmerksamkeit des Lernenden auf die Richtung der angestrebten Veränderung zu lenken und ihm Schritte, die zur Lösung beitragen, erfahrbar werden zu lassen. So können sich eine veränderte Aufmerksamkeit, neue Erfahrungen und neue Verhaltensweisen wechselseitig fördern. Der Lernende beginnt, sich wieder als Gestalter des eigenen Lebens zu erfahren. Ein Merkmal dieser Fortschritte ist es, dass sich sein inneres Erleben und sein Weltbild, sein Denken, Urteilen und Verstehen allmählich oder auch sprunghaft verändern und erweitern. Im Sinne des Konstruktivismus, den wir im Kapitel 4 von Teil 4 unseres Buches im größeren Zusammenhang beschreiben, ist dies die Umsetzung des bekannten Satzes von Alfred Graf Korzybski (Science and sanity, 1958): „Die Landkarte ist nicht das Gebiet". Dieser oft vergessene geistige Vater der neurolinguistischen Arbeit weist uns auf die Möglichkeit hin, ungeeignete innere Landkarten der Welt so zu verändern, dass uns ein sinnvolles Leben möglich wird und wir einen erfüllenden Weg im Gebiet – und dazu gehört die Gemeinschaft mit anderen - finden. Natürlich bedarf es hierzu einiger Lernschritte.

Einstiegsfragen. Bevor wir mit einer Veränderungsarbeit anfangen, sollten wir die Rahmenbedingungen der Zusammenarbeit klären. Themen wie Raum, Zeit, die Arbeitsweise oder die Bezahlung gehören dazu. Nun werden weitere Informationen wichtig, zum Beispiel über das Anliegen, welches die Lernende mit der Arbeit verbindet: Welche Erwartungen und Ziele hat sie? Will sie an einem vereinbarten Thema arbeiten oder sich davon leiten lassen, was im Moment bewusst oder unbewusst „anliegt"? Geht es ihr vorwiegend um die Arbeit mit der Gegenwart, der Vergangenheit oder der Zukunft? Welche sozialen Systeme spielen eine Rolle? Was möchte die Lernende erreichen, was vermeiden?

Nicht alle Erwartungen der Lernenden sind realistisch und der Begleiter tut gut daran, darauf hinzuweisen. Er interessiert sich gleichzeitig dafür, was die Lernende bisher getan hat, um Lösungen oder Wege zu finden. Dies hilft ihm zu erkennen, welche Handlungen, Absichten, Gedanken und Überzeugungen für ihren Veränderungsprozess hilfreich und welche vielleicht problematisch sind oder das Problem stabilisieren. Erfahrene Begleiter prüfen auch ihre eigenen Absichten, Vorannahmen und Überzeugungen und wählen jene, die sich für die Arbeit mit der Lernenden als hilfreich erweisen. Nützliche Einstiegsfragen aus der Rolle eines Begleiters an die Lernende könnten wie folgt formuliert sein:

- Was führt Sie zu mir?
- Was haben Sie vorher getan?
- Wer hat Sie geschickt, und warum?
- Können Sie die Art, wie wir arbeiten, akzeptieren?
- Was erwarten Sie von mir?

Zwischen Ziel und Wunder

Bild 1: Ziele und Wunder

Das Ziel. Am Anfang der gemeinsamen Arbeit liegt es nahe, herauszuarbeiten, wohin die Reise gehen soll. Nicht jedes Ziel ist jedoch hilfreich für das Gelingen von Veränderungsarbeit. Manche Ziele, die eine Lernende einbringt, sind Produkte des gleichen Denkens, das für ihre Probleme verantwortlich ist. In diesem Fall verstärken ihre Ziele das Ungleichgewicht zusätzlich. Einige Beispiele: die junge Frau, die immer noch schlanker werden will, um perfekt zu sein; der Manager, der noch mehr schaffen will, um besser zu sein als die anderen; der Süchtige, der mehr Drogen will; die Ängstliche, die um jeden Preis Kritik vermeiden will. Mit dem, was Menschen erreichen wollen, weichen sie nicht selten wichtigen Lernschritten aus.

Mitunter liegen Ziele außerhalb des eigenen Einflussbereiches, besonders dann, wenn andere, die Umwelt oder die Gesellschaft sich ändern sollen. Nicht dass wir andere Menschen und Systeme nicht beeinflussen könnten, doch stellt sich die Frage, was tatsächlich möglich ist und was sich lohnt. Bestimmte Ziele könnten irgendwann unerwünschte Auswirkungen auf das eigene Leben haben, an die die Lernende zuvor noch gar nicht gedacht hat: „Ich will Berufssoldat werden", „Ich will heiraten". Selten überprüfen wir unsere Ziele in einem größeren Zusammenhang. Und es gibt Ziele, die sind so spezifisch, dass wir der Lernenden etwas

24

mehr Wahlmöglichkeiten wünschen: „Ich möchte meinen Traummann kennen lernen, nächsten Donnerstag, er soll 1,84 Meter groß sein, blaue Augen haben und einen roten Ferrari fahren." Andere sollten lieber etwas genauer formuliert sein als „Ich will Freiheit". Eine Balance zwischen diesen beiden Extremen ist sehr empfehlenswert.

Häufig weiß ein Klient nur, was er nicht will: rauchen, Süßigkeiten essen, in der Stadt wohnen. Es lohnt sich dann, zu erfahren, was er *statt dessen* will. Außerdem gibt es Ziele, die nur von einem Teil der Persönlichkeit formuliert zu sein scheinen, denn während sie der Lernende ausspricht, erkennen wir in seiner Körpersprache Einwände oder Gegentendenzen anderer Persönlichkeitsanteile. Mancher Klient sucht die Allianz mit einer Methode oder einem Therapeuten nur, um die wahre Lösung eines Problems zu vermeiden: „Es beruhigt mein Gewissen, eine Therapie zu machen."

Manchmal fragt sich die Begleiterin, ob sie die Ziele des Lernenden in Frage stellen darf. Weil dieser mündig und für sich selbst verantwortlich ist, müsste sie sich schließlich genau an die von ihm formulierte Zielstellung halten. Der Schönheitschirurg redet seiner Kundin die neue Nase schließlich auch nicht aus. Andere Begleiter kümmern sich anfangs nur wenig um das, was der Klient zu wollen glaubt. Sie wissen aus Erfahrung, dass sich erst im Laufe des Prozesses herausstellt, was wirklich wichtig ist. Wieder andere arbeiten ausführlich an der Formulierung des Zieles, bis es wirklich in jeder Beziehung passt und wohlgeformt formuliert ist.

Wohlgeformte Ziele erkennen wir an folgenden Merkmalen:

- Sie sind positiv formuliert, d.h. sie kommen ohne Verneinungen aus.
- Sie sind sinnlich erlebbar, d.h. sie können in Bildern, Gefühlen, Worten und Handlungen repräsentiert werden.
- Sie haben einen passenden Kontext. Der Lernende weiß, wann, wo und mit wem er was erleben will.
- Sie sind selbst erreichbar. Für Geschenke des Himmels oder anderer Menschen gilt das im allgemeinen nicht.
- Sie haben langfristig positive Auswirkungen auf den Lernenden und sein Lebensumfeld.
- Positive Folgen früherer Probleme werden auf neue Art sichergestellt.
- Zeitliche Entfernung und Größe der Ziele stehen in gutem Verhältnis zueinander.
- Große Ziele können in Zwischenziele geteilt werden, kleine durch darauffolgende Ziele ergänzt werden.
- Sie sind motivierend, am besten sind sie Teil einer größeren Vision.
- Alle Persönlichkeitsanteile des Lernenden stimmen ihnen zu.

25

s. Maja Storch
ZRM

Ein derartiges Ziel bezeichnen wir außerdem als *ökologisch*, denn es kann dem Lernenden und anderen nur nützlich sein. Wir sollten uns dessen bewusst sein, dass ein Ziel zunächst nur eine mehr oder weniger hilfreiche Komponente auf dem Weg zu einer Lösung ist. Wohlformulierte Ziele aber haben eine weit größere Chance, zur hilfreichen Sorte zu gehören. – Oft zeigen sich wirklich lohnende Ziele erst dann, wenn der Lernende Blockaden, Ängste oder einschränkende Überzeugungen abgebaut hat. Über die gesamte Dauer der Lebensweg-Arbeit können immer neue Aspekte zum Puzzle der Zielfindung hinzukommen. Deshalb ist es klug, das Ziel anfangs eher allgemein zu formulieren und auch das „weg von", d.h., den Wunsch etwas zu vermeiden oder zu beenden, als Einstieg zu akzeptieren.

Zielbezogene Fragen helfen dem Lernenden, seine Vorstellungen herauszuarbeiten. Wir fassen hier Variationen, die in der systemischen Kurzzeittherapie und im NLP angewendet werden, zusammen, denn sie ergänzen sich hervorragend.
- Was möchten Sie erreichen?
- Was sehen, hören, fühlen Sie, wenn Sie das erreicht haben?
- Wann, wo, mit wem geschieht das?
- Was ist das beste daran?
- Was ist das Ziel hinter dem Ziel?
- Was möchten Sie statt dem, das Sie nicht wollen?

Da Ziele oft Teil eines Problemmusters sind, schlagen wir außerdem folgende Frage vor:
- Wenn Sie das Problem nicht (mehr) hätten, was wäre dann Ihr Ziel?

Das Wunder. Eine intensive Art, sinnlichen Zugang zu Zielen jenseits bisheriger Vorstellungsgrenzen zu erhalten, ist die Wunder-Frage, in welcher der Lernende sich frei ausmalen darf, was in seinem Leben anders wäre, wenn, wie durch ein Wunder, über Nacht all seine Veränderungswünsche in Erfüllung gegangen wären. Die therapeutische Nutzung der Vorstellung von Wundern geht auf all die überlieferten Heilungsformen zurück, in denen dem Suchenden die Erfahrung vermittelt wird, dass seine Probleme durch spirituelle, energetische oder andere nicht rational nachvollziehbare Vorgänge gelöst werden oder wurden. Unabhängig davon, ob dies tatsächlich der Fall ist, können derartige Erfahrungen für den Lernenden einen selbsterfüllenden Charakter gewinnen, indem er seine Aufmerksamkeit auf positive Veränderungen lenkt sowie neue Dinge denkt und tut. Die lösungsorientierte Kurzzeittherapie nutzt dieses Prinzip, beschränkt sich aber darauf, dem Klienten das Wunder in der Vorstellung des „als ob" nahe zu bringen. Sie sagt nicht, dass es schon erreicht sei und verzichtet unserer Kultur gemäß auf Rituale und spirituelle Konzepte, um es vorstellbar werden zu lassen.
- Wenn ein Wunder geschehen würde, vielleicht über Nacht, und am nächsten Tag hätten Sie erreicht, was Sie sich wünschen, was wäre dann?

Diese Vorstellung erweist sich in den meisten Fällen als große Ressource und Richtschnur für den Veränderungsprozess. Fragen zu Veränderungen ergänzen die Vorstellung des Wunders wie auch die eines Zieles und richten die Aufmerksamkeit auf motivierende Vorstellungen und Lösungen.

- Woran würden Sie merken, dass Sie das Ziel erreicht haben oder dass das Wunder geschehen ist?
- In welchem Kontext, welcher Zeit und Umgebung findet das statt?
- Was werden Sie anderes tun, wenn das geschehen ist?
- Welche Fähigkeiten werden Sie haben, welche Werte und Überzeugungen?
- Welches Selbstbild, welche Zugehörigkeit ist damit verbunden?
- Welche Auswirkungen hat das auf Ihr Leben?
- Was wird dadurch möglich?
- Welche Auswirkungen hat das auf andere?
- Welche Aufgaben oder neue Schritte stellen sich Ihnen von hier aus?
- Welche Anteile des Wunders / des Zieles sind schon oder waren schon einmal eingetreten?
- Was von dem, was Sie sich wünschen, können Sie jetzt schon erreichen?

Das Problem erkunden

Was dazu gehört. Wir können ein Problem als Abweichung des gegebenen Zustandes von einem gewünschten Zustand betrachten. Ohne erwünschten Zustand, d.h. ohne Ziel oder Wunsch nach Veränderung, gibt es also kein Problem, ob uns das Erwünschte bewusst ist oder nicht. Das, was da anders ist, als es sein soll, hat freilich viele Facetten, eine Geschichte und lässt sich meist nicht so leicht korrigieren. Zumindest nicht so, wie wir es versuchen. Sonst wäre es ja auch kein Problem. Vielleicht ist es auch gar nicht schlecht für uns, hat zumindest gute Nebeneffekte oder verdeckte Gewinne, die zu wichtig sind, um einfach aufgegeben zu werden. Sie wollen in der Problembestimmung herausgearbeitet werden und im Ziel auf sinnvolle Weise bewahrt bleiben. Oft macht dies den Weg zur Veränderung frei. Vieles können wir in der Problembestimmung herausfinden, z.B., was konkret geschehen ist, statt allgemeiner Worte über Schwierigkeiten und Schlussfolgerungen über die Welt. Interessant ist, wann etwas angefangen und wieder aufgehört hat; welche Schritte aufeinander folgten – was es mehr oder weniger schlimm macht oder sogar und wann das Problem eventuell gar nicht auftritt. Nicht zuletzt wollen wir wissen, welche Gedanken, Absichten, Gefühle und Assoziationen der Lernende damit verbindet. Wollen wir die Entstehungsgeschichte erfahren und Lösungen am Ursprung des Problems suchen, stehen uns im Teil II und III dieses Buches die Möglichkeiten der Arbeit mit dem Lebensweg und mit der Ursprungsfamilie zur Verfügung.

27

An Fragen, die ein Problem und seinen Prozess erhellen, mangelt es nicht. Sie alle haben das Ziel, daraus Veränderungs- und Lösungsmöglichkeiten ableiten zu können. Hier einige Beispiele:

- Was ist problematisch für Sie?
- Was möchten Sie verändern?
- Was genau ist geschehen?
- Was als Erstes, was als Zweites?
- Wer war beteiligt?
- Wann tritt das Problem auf, wann nicht?
- Wo liegt der Ursprung des Problems?
- Woran merken Sie, dass es ein Problem für Sie ist?
- Was ist das Problem hinter dem Problem?
- Was ist das Gefühl, welches hinter Ihrem Gefühl liegt?
- Wie alt fühlen Sie sich innerlich in der Problemsituation?
- Was fühlen Sie, was sagen Sie sich?
- Welche Auswirkungen hat das Problem auf andere?
- Welche Auswirkungen hat es für Sie?
- Welche positiven Nebenwirkungen hat es?
- Was vermeiden Sie, indem Sie dieses Problem haben?
- Wovor schützt Sie das Problem?
- Was ist Ihnen wichtig, wovon sind Sie überzeugt?
- Was glauben Sie über die Ursachen und Lösungswege?
- Über welche Fähigkeiten verfügen Sie in der Problemsituation?
- Was tun Sie bisher, um das Problem zu verändern?
- Was hat geholfen?

Vieles wird der Lernende in dieser Form zunächst nicht beantworten können, es wird sich erst im Laufe der gemeinsamen Arbeit erschließen. Deshalb sind diese Fragen nicht als Interviewkatalog gedacht, sondern als Anregungen für ein schrittweises Entdecken.

Lösungsorientierte Problemklärung. Zu wissen, was geschehen ist und wofür das gut war oder ist, kann wertvolle Informationen über erforderliche Ressourcen und sinnvolle Lösungswege vermitteln. Im Gegensatz dazu hilft es wenig, Schuldige zu suchen, anzuklagen oder sich im Jammern zu ergehen. Auch das ständige Wiederholen schmerzhafter Gefühle und Bilder ändert nicht viel, sondern stabilisiert diese eher, wie es alte Furchen auf einem Weg vertieft, wenn man ihn immer wieder befährt. Umgekehrt kann es für den, der bestimmte Gefühle oder Tatsachen bisher verdrängt hat, sehr befreiend sein, sie zu erleben und zum Ausdruck zu bringen. Es gibt viele Wege, in sinnvoller Weise aus einem Problem zu lernen, Veränderungs- oder Einflussmöglichkeiten zu finden oder auf andere Art daran zu wachsen. Manches löst sich, indem wir es annehmen. Im allgemeinen ist ein heutiges Problem das Ergebnis eines systemischen Prozesses, in welchem verschiedene Einflussfaktoren aufeinander wirken. Stets gehört zu diesen Faktoren das Fühlen, Denken und Handeln des Lernenden und so sind es diese, womit die meisten Therapieformen arbeiten. Begleiten wir Familien oder Teams, spielen ihre Beziehungen zueinander und ihr Austausch untereinander eine wichtige Rolle.

Ein Lernender kann seine innere Erfahrungswelt verändern, indem er die Lernmöglichkeiten der Gegenwart nutzt, sich seiner Einflussmöglichkeiten auf sein Leben bewusst wird und diese nutzt. Der lösungsorientierte Begleiter unterstützt ihn, indem er seine Aufmerksamkeit in neue Richtungen lenkt, ihn zu neuen Verhaltensweisen führt und ihm neue Bedeutungen und Zusammenhänge anbietet. Dies macht positiven Erfahrungen im Hier und Jetzt möglich, die Veränderungen unterstützen.

Der Lernende kann auch dorthin zurückkehren, wo er das, was später zum Modell seines Lebens wurde, gelernt und innerlich gespeichert hat. Zu den Lernmöglichkeiten der Vergangenheit gehört es, frühere Erfahrungen, auf neue Art zu verstehen, zu verarbeiten oder zu verändern. Auch alte Verstrickungen, übernommene Lasten, unbewusste Loyalitäten, traumatische Erfahrungen oder Defizite der kindlichen Entwicklung wollen gelöst werden.

Während die lösungsorientierte Arbeit nach de Shazer für ihr Vorgehen die Frage nach Ursprungserfahrungen für weniger nützlich hält, halten wir das Auffinden und Verarbeiten solcher Erfahrungen durchaus für sinnvoll, da sich unserer Sicht nach bestimmte Lebensmuster, Überzeugungen, alte Verpflichtungen und innere Modelle besonders gut durch das Klären assoziierter Aspekte der persönlichen Geschichte verändern lassen. Wir verstehen diese Rückbesinnung nicht als Ursachenforschung, sondern als eine bezugnehmende, formlösungsorientierter Veränderung von Mustern. Hier ordnen wir die Lebensweg-Arbeit und das Aufstellen der Ursprungsfamilie ein.

Manchmal erlauben wir uns einen neuen Weg in die Zukunft erst, wenn ein Thema aus der Vergangenheit gelöst ist. Manchmal sind wir erst dann in der Lage, vergangene Erfahrungen zu verarbeiten, wenn wir gegenwärtige Probleme gelöst haben. Empfehlenswert ist es deshalb, in beiden Bereichen zu arbeiten – und dort zu beginnen, wo das stärkste Veränderungspotential liegt. Diese Sichtweise wird durch die Erfahrungen bestätigt, welche wir im Abschnitt „Aufstellungen und lösungsorientierte Kurzzeittherapie" (Seite 266) wiedergeben.

Beide Seiten sehen

Sowohl, als auch. Wollen wir die wichtigsten Aspekte einer typischen Ziel- und Problemklärung zusammenfassen, so helfen uns dabei folgende Fragen:

Was ist das Ziel, in welche Richtung soll es gehen?
- Welche positiven Auswirkungen hat dies für den Lernenden und andere?
- Welche negativen Auswirkungen hat dies für den Lernenden und andere?
- Was ist das Ziel hinter dem Ziel?
- Welche Aufgabe stellt sich dem Lernenden, wenn er das Ziel erreicht hat?

Was ist das Problem oder Symptom?
- Welche positiven Auswirkungen hat es für den Lernenden und andere?
- Wo liegen die Wurzeln des Problems, das Problem hinter dem Problem?
- Wie wird das Problem durch Denken, Handeln, Lebensgestaltung aufrechterhalten?
- Welche Veränderungsmöglichkeiten stehen dem Lernenden zur Verfügung?

Die Kunst der Veränderungsarbeit besteht darin, Lösungen zu finden, welche eventuelle negative Auswirkungen des bisherigen Ziel ausgleichen und die positiven Auswirkungen des Problems aufrechterhalten. Ein Zwischenergebnis kann ein neu formuliertes Ziel sein, welches beide Aspekte erfüllt.

Verborgene positive „Nebenwirkungen" eines Problems erschließen sich uns oft erst mit der Zeit. Wann immer neue Erkenntnisse auftauchen, gilt es, das Ziel zu aktualisieren, dabei Einwände zu berücksichtigen und bisher nicht bedachte Werte und gute Absichten einzubeziehen. Es könnte sein, dass sich im Laufe der Zeit ein Ziel oder ein Problem wie von selbst verändert, weil die Lebensbedingungen, der Zustand oder die Erfahrungswelt des Lernenden nicht mehr die gleichen sind.

Die Richtung, in welcher sich ein Mensch entwickeln möchte, muss nicht durch feste Ziele oder Problembeschreibungen vorgegeben werden. Sie kann vielmehr durch das beschrieben werden, was verstärkt werden soll und durch das, was vermindert werden soll. Beides lässt sich leicht erfragen:

- Was möchten Sie mehr erleben, tun, können, sein, haben...?
- Was möchten Sie weniger erleben, tun, können, sein, haben...?
- Was möchten Sie geistig, seelisch, körperlich mehr erleben?
- Was möchten Sie geistig, seelisch körperlich weniger erleben?
- Was soll wichtiger in Ihrem Leben werden, einen höheren Stellenwert erhalten?
- Was soll weniger wichtig in Ihrem Leben werden?

Wenn das, was der Lernende anstrebt, ihn zu einem größeren Gleichgewicht führt, sind wir auf einem guten Weg. In anderen Fällen, wie wir es in der Zielformulierung dargestellt haben, ist die angestrebte Richtung selbst Teil des Problems, muss hinterfragt und im Laufe der Zeit verändert werden.

Den Weg erforschen

Zwischen Problem und Ziel liegt der Weg. Er gilt, einen Pfad zu wählen, der gangbar ist und zur Lösung führt. Das betrifft auf der Seite des Begleiters die Auswahl geeigneter Arbeitsformen und Methoden. Sie sollen es möglich machen, dass der Lernende Erfahrungen anders verarbeitet, seine Ressourcen, Fähigkeiten und Einflussmöglichkeiten entdeckt und sein Leben so gestaltet, dass dies einen Unterschied für ihn macht.

Standortbestimmung. Hilfreich ist es, wenn der Lernende den von ihm zurückzulegenden Weg in aufeinander folgenden Schritten erkundet und erprobt. Hierzu muss er sich immer wieder seines Standorts und dessen Veränderung gewahr werden. Der Begleiter richtet die Aufmerksamkeit des Lernenden deshalb gern auf Unterschiede und Fortschritte. Geeignet ist hierfür eine von null bis zehn nummerierte Skala, wobei zehn für das Erreichen des Zieles oder das Eintreten des Wunders steht, während null der absolute Tiefpunkt des Problemzustandes ist. Nach jedem Veränderungsschritt bieten sich Fragen an, wie…

- Was ist anders?
- Wo auf der Skala von null bis zehn befinden Sie sich jetzt in Ihrem Veränderungsprozess?
- Was von dem, was zum Wunder oder zum Ziel gehört, haben Sie heute schon?
- Was von dem, was zum Problem gehört, haben Sie heute nicht mehr?
- Was hat sich verbessert?
- Was hat sich verschlechtert?
- Was liegt hinter Ihnen?
- Was liegt vor Ihnen?

Die aktuelle Standortbestimmung ist ein wichtiges Feedback über den Erfolg und die Wirkung von Veränderungsschritten des Lernenden und Interventionen des Begleiters. Gerade in dieser Funktion ist sie jedoch mit Vorsicht zu genießen, denn nicht immer stellt sich der Erfolg einer Veränderung schnell ein, manchmal sogar wird es anfangs schlimmer, was nicht etwa heißt, dass der Schritt ungeeignet war. Wer auf einem kleinen Berg steht, aber einen großen Gipfel besteigen will, muss zunächst einmal hinuntersteigen. Oder: Die Situation wird besser, auf lange Sicht aber dann leider doch nicht. Indem wir den Zeitverlauf einbeziehen, ihn auch dem Lernenden bewusst machen, gewinnt das Feedback der Standortbestimmung eine tiefere Qualität und kann mit systemischer Weisheit interpretiert werden.

Einflussmöglichkeiten. Ein zentraler Bestandteil jedes Coaching und jeder Therapie sind Veränderungsschritte, in die gewünschte Richtung zu gehen. Sie wollen zum einen herausgearbeitet werden, zum zweiten verwirklicht und zum dritten in ihrer Wirkung überprüft werden. Zum dritten Teil, der mit der Standortbestimmung zusammenhängt, haben wir gerade einiges gesagt. Wenn wir von Veränderungsschritten sprechen, meinen wir sowohl jene, die der Lernende gehen kann, als auch die Interventionen, mit denen der Begleiter ihn unterstützt. Zunächst steht die erste Möglichkeit im Vordergrund. Um herauszufinden, was den Lernenden in seiner Entwicklung fördert, dienen uns Fragen, wie…

- Was hat dazu beigetragen, dass es besser wurde?
- Was hat dazu beigetragen, dass es schlechter wurde?

31

Konkretisieren wir diese Wirkungen in Hinblick darauf, was der Lernende tun oder lassen kann, ergibt sich folgende Veränderungsmatrix, die Sie, liebe Leserinnen und Leser, gern an persönlichen Themen ausprobieren können.

Was müssen Sie tun, damit es besser wird?	Was müssen Sie lassen, damit es besser wird?
Was müssen Sie tun, damit es schlechter wird?	Was müssen Sie lassen, damit es schlechter wird?

Obwohl wir gewohnt sind, auf dem Weg zum Ziel zuerst danach zu fragen, was wir tun können, ist das Lassen oft von noch größerer Bedeutung. Indem wir etwas lassen, wird mitunter erst der Raum frei, Neues zu beginnen. Wenn Menschen im Rahmen ihrer Entwicklung die Schwelle zu einer neuen sozialen Rolle oder einem neuen Selbstverständnis überschreiten, geht dies meist damit einher, dass sie bestimmte Dinge, die vorher eine Rolle spielten, nicht mehr tun.

Indem wir uns nicht nur auf Verhaltensweisen beschränken, können wir die Fragen nach Veränderungsmöglichkeiten auch auf andere Erfahrungsebenen beziehen und so das lösungsorientierte Interview bereichern:

- Was müssten Sie lernen/können/denken/wissen/glauben, damit es besser wird?
- Was müssten Sie lernen/können/denken/wissen/glauben, damit es schlechter wird?

Im Sinne des Lassens mag es ebenso wichtig sein, etwas zu verlernen, aufzuhören etwas zu denken, oder zu glauben. Da unser Inneres kein Vakuum mag, braucht es dann natürlich etwas, das es „statt dessen" einsetzen kann. Sinnvolle Veränderungen auf diesen Ebenen sind ein wichtiger Teil der methodischen Arbeit des Begleiters.

Aus Ausnahmen lernen. Ein anderer Weg, herauszufinden, welche Veränderungsschritte wohl wirksam sein werden, ist es, nach Ausnahmen in der Problemerfahrung zu fragen:

- Wann ging es Ihnen schon einmal besser?
- Was haben Sie damals getan/nicht getan?
- Was haben Sie damals gedacht/geglaubt/gewusst?
- Wann war das Problem gar nicht da?

Oft zeigt sich auf diese Weise, was im Leben des Lernenden geschehen muss, damit das Verschwinden des Problems die Regel wird, nicht mehr die Ausnahme ist.

Ressourcen bestimmen. Wichtige Veränderungsmöglichkeiten finden wir heraus, wenn wir nach Hindernissen und erforderlichen Ressourcen fragen, womit wir uns dem Ansatz des NLP nähern:

- Was hindert Sie, weiter zu gehen?
- Was lernen Sie daraus?
- Was brauchen Sie, um das schaffen zu können?
- Wo oder wie können Sie das finden/ erwerben, was Sie brauchen?

Das Konzept der Arbeit mit Ressourcen als Veränderungsweg beschreiben wir ausführlich im Kapitel „Energiequellen und Ressourcen" (Teil I) und nutzen es immer wieder in diesem Buch. Deshalb reservieren wir ihm hier in kürzerer Form seinen Platz.

Anliegen der Fragen. Die Fragen des Begleiters haben mehrere Anliegen. Sie wollen nicht nur Information gewinnen, sondern die Aufmerksamkeit des Lernenden auf neue Bereiche lenken, ihm neue Informationen zugänglich machen, ihm seine **Einflussmöglichkeiten** und eine andere Sicht der Dinge bewusst machen.

Anhand der Antworten zu diesen Fragen können Begleiter und Lernender herausfinden, welcher Schritt die größte **Hebelwirkung** für eine Veränderung hat. Meist liegt er dort, wo die Aufmerksamkeit bisher nur wenig verweilte, oder bei dem, was dem Lernenden gar nicht so leicht fällt. Dann lohnt es sich, daran zu arbeiten, dies möglich zu machen. Oft tauchen positive Absichten und Nebenwirkungen auf, die auf andere Art sichergestellt werden wollen. Wenn die Hindernisse aus der Vergangenheit zu kommen scheinen, sind Lebensweg-Arbeit oder systemische Aufstellungen ein Mittel, sie zu lösen.

Der Begleiter versteht die Antworten des Lernenden als Zwischenstufen im Rahmen eines größeren Lernprozesses, durch den er mit ihm geht. Die Fragen, welche er sich selbst stellt, lauten immer wieder:

- Was sollte geschehen, damit der Lernende Fortschritte macht?
- Was kann der Lernende dazu beitragen?
- Was kann ich als Begleiter dazu beitragen?
- Welche Arbeitsweise kann ich hierzu nutzen?

Er beantwortet sich diese Fragen indem er alles einbezieht, was er wahrnimmt und erfährt – und es mit seiner eigenen Erfahrung und seinem Wissen in Beziehung setzt. Er kann einerseits die ihm zur Verfügung stehenden Mittel und Methoden Revue passieren lassen, sich andererseits danach fragen, was in ihm selbst und in seiner Beziehung zum Lernenden geschehen muss, damit es gut weitergeht. So mag der Begleiter sich selbst durch einen ähnlich strukturierten Lernprozess führen, wie den des Lernenden: den eigenen Standort überprüfen, herausfinden, welche Interventionen, aber auch Einstellungen, Gedanken und Ziele mehr oder weniger hilfreich sind. Die Kunst des systemischen Denkens (siehe Kapitel „Systemisches

Denken") lässt ihn wichtige Zusammenhänge erkennen. Hilfreich ist es, wenn der Begleiter in seinem Prozess von anderen unterstützt wird, etwa von einer Gruppe, die den Prozess beobachtet und darüber als „reflektierendes Team" Feedback gibt, oder in Form von Supervision unter Fachkollegen.

Den Weg gehen

Wenn der Begleiter erkannt hat, was geschehen muss, wird er nach Interventionsmöglichkeiten suchen, dies herbeizuführen. Wenn der Lernende erkannt hat, was ihm gut tut und dazu in der Lage ist, wird er es tun – es sei denn, innere Einwände oder Abhängigkeiten fordern Beachtung. Die Brücke zwischen dem, was sinnvoll wäre und dem, was geschehen kann, wird durch Ressourcen gebildet, die gesucht, gefunden und genutzt werden wollen. Sie bilden gewissermaßen die Energiequelle von Veränderungen und werden später ausführlich beschrieben. Auch Einsichten und positive Erfahrungen jeder Art können wir als Ressourcen auffassen.

Kommentare und Hausaufgaben. Zu den Mitteln der systemischen Kurzzeittherapie gehört es, dem Klienten neben lösungsorientierten Fragen in Form von Kommentaren neue Bedeutungszusammenhänge anzubieten. Eine Zusammenstellung der wichtigsten Möglichkeiten kreativen Umdeutens finden Sie im Kapitel „Mit Worten begleiten" auf Seite 40. Immer wieder, doch besonders in der abschließenden Rückmeldung, würdigt der Begleiter die Fähigkeiten, Erfolge und Potentiale des Klienten.

Abschließend nutzt er die Möglichkeit, den Lernenden über „Hausaufgaben" zu neuen Lernschritten zu führen. Die jeweilige Aufgabe wählt er sorgsam aus. Sie soll den Lernenden auf manchmal auch paradoxe Weise, aus bisherigen Denk- und Verhaltenskreisläufen herausführen, Veränderungen vorbereiten oder umsetzten. Hier eine Auswahl typischer Hausaufgaben:

Aufgaben zu Wahrnehmung und Aufmerksamkeit:
- Achten Sie in der nächsten Woche auf alles, was Sie in Ihrer Partnerschaft auf jeden Fall erhalten möchten.
- Beobachten Sie bitte, wann in dieser Woche ein Teil des Wunders von selbst eintritt.

Wahrnehmungs- und Verhaltensaufgaben:
- Wenn das Problem auftaucht, nehmen Sie sich bitte fünf Minuten Zeit und protokollieren Sie alle Wahrnehmungen, die Sie haben.

Verhaltensaufgaben:
- Reagieren Sie das nächste Mal ganz anders.
- Tun Sie mehr von dem, was Sie bisher als erfolgreich und hilfreich auf dem Weg zu einer Lösung empfunden haben.

Verschreibungen des Problems:
- Erzeugen Sie das Problem täglich um 18 Uhr für genau 30 Minuten. Stellen Sie sich einen Wecker.

„So tun, als ob"-Verschreibung:
- Tun Sie bis zur nächsten Sitzung an bestimmten Tagen so, als ob das Wunder bereits eingetroffen wäre, ohne zu verraten, wann Sie es tun. Eine Freundin oder ein Freund könnte herausfinden, wann Sie so tun, als ob.

Rituale:
- Stellen Sie ein Foto der Person auf, um die sie trauern, zünden Sie Kerzen an und sagen Sie ihr, was Sie fühlen.

Bremsen:
- Verändern Sie sich nicht zu schnell.
- Geben Sie dem alten Verhalten wöchentlich eine Ehrenrunde.

Vielfalt der Veränderungsschritte. Es ist deutlich geworden: Einige Veränderungsschritte kann der Lernende allein gehen, für andere benötigt er die Unterstützung des Begleiters. Dazu gehören alle Lernerfahrungen, durch welche dieser ihn mit sinnvoll gewählten Fragen, Aufgaben, Interventionen und Prozesse führt. Alle in diesem Buch vermittelten Methoden und Modelle gehören dazu, womit wir natürlich weit über das klassische Repertoire der lösungsorientierten Kurzzeittherapie hinausgehen. Welche Arbeitsweise der sinnvollste Veränderungsschritt ist, wird durch viele Faktoren bestimmt und spiegelt sich im Feedback des Lernenden wider. Bisher haben wir bereits einige Veränderungsmöglichkeiten kennen gelernt:

- Lösungsorientierte Fragen nach Ziel, Problem und Weg.
- Kommentare und Hausaufgaben.

Machen wir uns hier schon einmal einiges von dem bewusst, was dem Begleiter insgesamt zur Auswahl steht. Die Reihenfolge entspricht jener, in der die Themen in unserem Buch ihren Platz haben:

- Fragen zu anderen Aspekten der inneren Erfahrung.
- Kreatives Umdeuten von einschränkenden Sichtweisen.
- Führen durch indirekte Sprache.
- Erforschen der beteiligten Erfahrungsebenen.
- Einnehmen verschiedener Wahrnehmungspositionen.
- Wahrnehmungsraum und Gestaltungsbeitrag erweitern.
- Zirkuläres Fragen in sozialen Systemen.
- Geeignete **Ressourcen** finden und integrieren.
- Auffinden von Ereignissen auf dem Lebensweg.
- Lebensweg-Arbeit mit Reimprinting.
- Variationen der Lebensweg-Arbeit.
- Aufstellungsarbeit mit der Ursprungsfamilie.

- Problemlösungsmuster mit Strukturaufstellungen.
- Arbeit mit anderen sozialen Systemen.
- Arbeit mit inneren Teilen.

Die gute Nachricht: Wir brauchen nicht über alle Methoden zu verfügen, um mit Menschen sinnvoll arbeiten zu können. Schon mit den bis hierhin vorgestellten Mitteln können wir viel tun. Jeder Schritt kann positive Veränderungen auslösen. Lösungen lauern überall.

Zusammenfassung. Das lösungsorientierte Modell bietet sich seiner erweiterter Form als gestaltender Rahmen für jegliche Veränderungsprozesse an. Die Schritte auf dem Weg zum Ziel mögen beispielsweise in Lebensweg-Arbeit oder systemischen Aufstellungen bestehen.

Auch innerhalb einer Lebensweg-Arbeit können wir die lösungsorientierte Struktur und die entsprechende Fragen verwenden, um dem jüngeren Selbst oder Familienangehörigen Veränderungen zu ermöglichen. Innerhalb einer Familienaufstellung können Fragen nach Zielen oder einem Wunder, nach Einflussmöglichkeiten und Ausnahmen und Einflussmöglichkeiten ebenfalls eine wertvolle Unterstützung sein. Nach jeder Arbeit kann uns die Skala dabei helfen, ihre Wirkung auf den Gesamtprozess des Lernenden zu erfassen.

Jede Sitzung innerhalb eines fortlaufenden Coaching-Prozesses mag andere Arbeitsformen beinhalten, die den Lernenden an dieser Stelle weiter bringen. Welche die jeweils sinnvollste ist, ergibt sich aus seiner aktuellen Situation. Sobald ähnliche Interventionen immer geringere Verbesserungen bringen, nähern wir uns mit diesen den Grenzen des Wachstums. Dann sollten andere Lebensbereiche geklärt werden, andere Arbeitsformen zum Einsatz kommen.

Alternativen und Voraussetzungen

Stationen der Arbeit. Es gibt neben *Problem, Ziel* und *Weg* viele andere Strukturen, die Arbeit zu organisieren. Wir können, wie von Robert Dilts beschrieben, zunächst die *Symptome* oder Probleme des Lernenden, aber auch die von ihm angenommenen *Ursachen*, seine *Ziele*, aber auch die zu erwartenden *Effekte* oder Auswirkungen dieser Ziele untersuchen. Möglicherweise geht es darüber hinaus um die Ursachen der Ursachen oder um die Effekte der Effekte. Im Laufe des Prozesses sind die Erfahrungen aus all diesen Bereichen wichtig, wie sie aufeinander wirken, welche Veränderungsmöglichkeiten sich zeigen und welche *Ressourcen* gebraucht werden. Letztere sind der letzte, noch nicht genannte Bestandteil des Modells: Ausgehend von den zuvor gewonnenen Erkenntnissen, bestimmen wir die erforderlichen *Ressourcen* oder Veränderungsmethoden, um den Weg von Ursachen und Symptomen zu wünschenswerten Zielen und positiven Effekten zu gestalten.

Die hier genannten Erfahrungsbausteine – Ziele, Auswirkungen, Symptome, Ursachen, Ressourcen, Wege und mehr – können wir, wenn wir, wie später beschrieben, mit dem Lebensweg arbeiten, bestimmten Zeitabschnitten auf diesem Weg zuordnen. Das Ziel hat dann seinen angemessenen Platz in der näheren oder ferneren Zukunft; Zwischenziele, nachfolgende Ziele liegen davor oder dahinter. Ursachen finden wir meist in der Vergangenheit. Noch weiter zurück liegen Ursachen von Ursachen usw. An anderen Stellen finden sich Ressourcen. Indem jede Erfahrung ihren Platz auf dem Lebensweg erhält, kann der Lernende sie im Zusammenhang sehen, in jede hineingehen und wieder aus ihr heraustreten. Er kann den Weg weit in die Zukunft gehen, um heute schon die Auswirkungen zu sehen und Ressourcen für Hindernisse suchen. Diese können sogar aus der Zukunft kommen. All das gehört zu den Arbeitsformen, wie wir sie in den Kapiteln „Kollektion von Arbeitsformen" und „Die Zukunft vorbereiten" von Teil II beschreiben. Der Lernende mag Ziele und zukünftige Aufgaben erleben, er kann weit in die Vergangenheit gehen, um Ressourcen zu suchen oder alte Ursachen zu klären. Auf dem Weg zum Ziel kann er entdecken, welche Hindernisse sich diesem in den Weg stellen.

Über angenommene Ursachen. Vielleicht haben Sie, liebe Leserinnen und Leser, sich gewundert, dass wir vorausgehend den Begriff der angenommenen Ursache eingeführt haben, obwohl Robert Dilts ihn nicht explizit gebraucht. Uns geht es hier um eine Brücke zum systemischen Denken, wie wir es im zugehörigen Kapitel beschreiben. Dort wird der Begriff „Ursache" ungern gebraucht, da Wirkungen und Ursachen in systemischen Prozessen ineinander übergehen, aufeinander zurückwirken. Die angenommene Ursache oder die angenommene Ursache von der Ursache sind eine veränderliche Komponente eines zu untersuchenden menschlichen Systems, sie steht in Wechselwirkung mit seinen Werten, Überzeugungen, Erfahrungen, Verhaltensweisen, Intentionen und sozialen Beziehungen. Manchmal sorgen gerade die von einem Lernenden entwickelten Vorstellungen über bestimmte Ursachen dafür, dass seine Situation unverändert bleibt, manchmal kann die Vorstellung einer bestimmten Ursache sogar als ein besonders auffälliges Symptom aufgefasst werden. Ähnliches gilt, wie schon erwähnt, für Ziele oder auch für bisherige Lösungsvorstellungen. Die im Gesamtprozess wirksamen Veränderungsschritte brauchen also nicht an den vom Lernenden erarbeiteten oder konstruierten Vorstellungen von Ursachen, Lösungen oder Zielen verhaftet zu bleiben, im Gegenteil: Es geht im weiteren Verlauf darum, seine Aufmerksamkeit und sein Handeln auf jene Bereiche zu lenken, die Veränderung möglich machen, wozu solche Konzepte (oder Konstruktionen) von Ursachen, Lösungswegen und Zielen gehören, die ihn handlungsfähig machen und ihm neue Lernschritte und förderliche Erfahrungen ermöglichen. Wo der Lernende bereits solche Konzepte anbietet, sollten wir sie natürlich nutzen und um das erweitern, was sie wirksam werden lässt. Die Arbeit mit Ursprungserfahrungen als Ursachen bietet sich da an, wo diese sich als veränderbar erweisen und damit positive Wirkungen auf die Gegenwart erreicht werden können.

Womit anfangen? Sollen wir mit einem Lernenden zuerst seine Ziele, deren Auswirkungen, seine Probleme, die angenommenen Ursachen oder seine Ressourcen herausarbeiten? Und was ist als Nächstes dran? Wir glauben, dass sich für jeden eine individuelle Abfolge anbietet. An Gesichtsausdruck, Körpersprache und Ausstrahlung kann der achtsame Begleiter erkennen, wo sein Klient sich innerlich befindet, kann weiterführende Angebote machen und jenen Weg offerieren, der von der ganzen Persönlichkeit des Lernenden bejaht wird.

Verschiedene Bedürfnisse. Jeder Klient hat eigene Bedürfnisse. Die Münchner Therapeutin Annegret Hallanzy beschreibt unterschiedliche Typen von Lernenden, je nach Art der gesuchten Unterstützung: Entweder der Lernende will sich in bestimmten Lebenssituationen besser fühlen, Schwierigkeiten mit Leichtigkeit meistern, oder er sucht partnerschaftliche Begleitung und eine damit verbundene längerfristige menschliche Beziehung. Es kann auch darum gehen, dem Leben Sinn und Erfüllung zu geben, das wahre eigene Wesen zu finden und dem Weg des Herzens zu folgen. Nur darauf, was ein Lernender wirklich will, baut sich eine tragfähige Zusammenarbeit auf. (Hallanzy 1996).

Wir können die Entwicklungsbedürfnisse einer Lernenden auch den Erfahrungsebenen (Abschnitt „Ebenen der Erfahrung", Seite 51) zuordnen und uns fragen, ob sie Dinge in ihrer Umwelt verändern will, ob sie Verhaltensweisen modifizieren möchte oder an Fähigkeiten, Werten, Überzeugungen, ihrer Identität, Zugehörigkeit oder Spiritualität arbeiten mag. Dies herauszufinden braucht seine Zeit, und das Einzige, was uns über Vermutungen hinaus hilft, ist die sinnliche Reaktion der Lernenden. Wenn wir das ansprechen, was für sie wirklich zählt, werden wir ein deutliches Ja in ihren Augen, an ihrer Körperhaltung und Ausstrahlung ablesen können.

Voraussetzungen der Veränderung. Nicht jeder Lernende ist in gleicher Weise innerlich auf einen *Veränderungsprozess* vorbereitet. Robert Dilts beschreibt drei Voraussetzungen für Veränderung und Weiterentwicklung: Danach braucht der Lernende zuerst eine Motivation, das *Wollen*. Zum zweiten das Wissen um einen Weg und die *Befähigung*, ihn zu gehen, das Wie. Schließlich braucht er die Möglichkeit, die Veränderungen im aktuellen Lebenszusammenhang verwirklichen zu können, mit möglichen Störungen und Widerständen umzugehen, die *Chance*. Vieles davon wird in einem offenen Gespräch bereits am Anfang deutlich, anderes tritt erst im Laufe der Arbeit in den Mittelpunkt.

Eine interessante Form, verschiedene Stadien der Veränderungsbereitschaft zu beurteilen, entspringt dem Erfahrungsschatz von Steve des Shazer. Er unterscheidet verschiedene Typen – den *Besucher*, den *Klagenden* und den *Kunden* – und stimmt seine Arbeit auf diese ab.

38

Helmut wäre nach dieser Einteilung ein Besucher. Sein Vorgesetzter hat den *Besucher* Fortbestand seines Arbeitsverhältnisses an eine Entziehungskur gebunden, denn Helmut ist seit Jahren alkoholkrank. Nur sieht er selbst das ganz anders. Um sich aber nichts vorwerfen zu lassen, geht er regelmäßig und pünktlich zu einer Gruppe, wenn er auch innerlich unbeteiligt ist. Er möchte schlichtweg seine Ruhe – er ist ein Besucher.

Hilde sucht nach 14 Jahren Ehe einen Familientherapeuten auf. Sie beklagt *Klagende* die Zustände in ihrer Familie und zählt viele Beispiele auf, mit denen sie dem Berater beweisen möchte, wie ungerecht und rücksichtslos ihr Mann und dessen Familie sie schon seit Jahren behandeln. Sie möchte den Berater gewinnen, ihr Ratschläge zu geben, wie sie es richtig anstellen könnte, dass ihr Mann sich verändert. Hilde ist die Klagende. Denn sie erwartet Veränderungen in erster Linie von anderen.

Judith hat wieder einmal den Job gekündigt. Sie sagt von sich selbst, sie sei *Kunde* eine Job-Hopperin, nirgends halte sie es lange aus. Bevor sie sich mit Vorgesetzten auseinander setzt, kündigt sie lieber gleich. Ihr ist klar, dass das so nicht weitergehen kann. Denn auch das Verfallsdatum ihrer Beziehungen ist immer viel zu schnell erreicht. Dem will sie auf den Grund gehen. Sie weiß, dass sie sich verändern muss und dass der Abschied von liebgewordenen Gewohnheiten auch weh tun könnte. Gut informiert, entscheidet sie sich für einen anerkannten Berater. Sie begegnet ihm als Kundin.

In einem fortlaufenden Beratungsprozess ist es ein Anliegen des Beraters, dem Lernenden solche Erfahrungen zu vermitteln, die ihn vom *Besucher* oder *Klagendem* zum *Kunden* werden lassen. Hier erst sind tiefgreifende Veränderungsschritte möglich.

Eine Kategorie möchten wir aus eigener Erfahrung hinzufügen: Den *Neu-* *Neugierige* *gierigen*, der einfach ausprobiert, welche Entwicklungsmöglichkeiten ihm die Zusammenarbeit mit einem Berater eröffnet und sich dann dafür oder dagegen entscheidet, sein Kunde zu werden.

Grundfähigkeiten. Für jede Form der Veränderungsarbeit benötigt ein Lernender bestimmte Grundfähigkeiten, um sie anwenden und davon profitieren zu können. Welche Fähigkeiten er mitbringt, ist deshalb ein wichtiges Kriterium, um eine angemessene Methode auswählen zu können. Wir fragen uns: Welche Sinnessysteme bevorzugt er? Kann er sich innere Erfahrungen zugänglich machen? Ist er in die Lage, Wahrnehmungspositionen zu wechseln? Wie leicht fällt es ihm, sich auszudrücken? Ist er sensibel für Signale seines Organismus? Gibt es wichtige Werte und Überzeugungen bzgl. der Veränderungsarbeit? Manchmal ist es erforderlich, dass der Reisende erst jene Fähigkeiten erlernt, die für einen weitergehenden Veränderungsprozess erforderlich sind. Lebensweg-Arbeit ist eine Kunst, die – wie das Tanzen – besser und leichter gelingt, je beweglicher der Organismus, die Sinne und das Vorstellungsvermögen sind. Der Anfänger braucht langsame,

39

einfache Tanzschritte, während der Fortgeschrittene alle Variationen und Verbindungen verschiedener Stile beherrscht. Unsere Arbeitsformen enthalten Beispiele für beide Niveaus. Und solche, die sich dazwischen bewegen.

4. Mit Worten begleiten

Sprache ist das wichtigste Mittel der Verständigung zwischen Lernendem und Begleiter. Damit die Arbeit erfolgreich ist, braucht der Begleiter eine reiche Auswahl an Fragen und Botschaften, die dem Lernenden helfen, Ursachen und Lösungen zu finden. Neben den lösungsorientierten Fragen, welche wir im letzten Abschnitt dargestellt haben, stehen uns wichtige Sprachmodelle aus der neurolinguistischen Prozessarbeit und der Hypnotherapie zur Verfügung, die sich mit ersteren ergänzen, an einigen Stellen auch ineinander übergehen. Wir geben Ihnen hier einen Praxiskoffer typischer Formen des Fragens, Begleitens und Umdeutens. Eine ausführliche Darstellung dieser Sprachmodelle mit vielen Beispielen finden Sie in *Die Kunst schöpferischer Kommunikation* (Isert 1996)

Meta-Modell. Mit Hilfe von Fragen kann sich der Lernende seiner Erfahrungswelt bewusst werden, sie erweitern oder verändern. Das betrifft auch die Interpretationen, Werte und Überzeugungen, die er mit seinen Erlebnissen verbindet. Spezifische Fragen helfen, einschränkende Überzeugungen und Vorannahmen zu verändern. Die Kunst solchen Hinterfragens ist Teil des sogenannten *Meta-Modells der Sprache*, das den Zusammenhang zwischen Aussagen und der dahinter liegenden Erfahrung herstellen will. In den folgenden Zusammenstellungen nützlicher Fragen entfernen wir uns von den klassischen Kategorien des Meta-Modells und ergänzen sie um jene, die uns nützlich sind.

Fragen zum inneren Erleben. Geht es ans Erforschen von Geschehnissen und soll sich die Lernende ihres Erlebens bewusst werden, helfen uns die nachfolgend zusammengefassten Fragen. So gelangen wir von geistigen Konzepten und vagen Aussagen hin zu konkreten Erfahrungen und arbeiten mit dem, was der Lernende tatsächlich erlebt hat. Die Fragen sind ein Weg, den Lernenden tiefer in sein sinnliches Erleben zu führen. Sie sind zugleich ein wichtiges Werkzeug, um ein Thema, wie im vorigen Abschnitt beschrieben, zu aktivieren.

Die Situation und den Ablauf erforschen
- Was genau ist geschehen?
- Was haben Sie erlebt?
- Unter welchen Bedingungen ist das so?
- Wann ist das so, wann nicht?
- Was habe Sie noch nicht beachtet?
- Wie geschieht das?
- In welcher Umgebung?

- Haben Sie das schon früher erlebt?
- Was ist der Unterschied, das Gemeinsame?
- Wie fing es an, was war das Nächste...?
- Wer war beteiligt?

Das sinnliche Erleben wahrnehmen
- Was merken Sie als erstes?
- Nehmen Sie das als Beobachter oder als Beteiligter wahr?
- Was sehen, hören, fühlen Sie dabei?
- Ist es hell/dunkel, groß/klein, innen/außen, laut/leise, schwer/leicht?
- Wo nehmen Sie es wahr?
- Was sagen Sie zu sich selbst?
- Welche Farbe, welcher Klang entspricht dem?
- Welches Symbol passt dazu?
- Ist das erinnert oder phantasiert?

Fragen zu Werten und Überzeugungen. Dann interessiert natürlich, welche Absichten die Lernende in sich trägt, was ihr wertvoll und wichtig ist. Gerade wenn ihr das bisher kaum bewusst war. Nachfragen lohnt sich natürlich auch bei einschränkenden Interpretationen oder Überzeugungen. Neben Erkenntnis und Einsicht hat sie dabei die Chance, ihre Wirklichkeit zu verändern, ungültige Verallgemeinerungen aufzulösen und Raum für neue Erkenntnisse und Verhaltensmöglichkeiten zu schaffen.

Werte und Absichten herausfinden
- Was ist das Beste daran?
- Was möchten Sie erreichen?
- Was ist daran wichtig?
- Was ist das Schlimmste daran?
- Was ist Ihr Ziel?
- Welche Auswirkungen hat es?
- Für wen tun Sie das?
- Was ist die (gute) Absicht?
- Was ist die Absicht hinter der Absicht?
- Was wird dadurch möglich?
- Was wird dadurch verhindert?

Interpretationen und Überzeugungen klären
- Woran erkennen Sie das?
- Was bedeutet das für Sie?
- Woher wissen Sie das?
- Wie kommen Sie darauf?
- Woran erinnert Sie das?
- Woran glauben Sie, woran glauben Sie nicht?

41

- Könnte es auch anders sein?
- Ist das immer so?
- Gibt es auch Gegenbeispiele?
- Wer sagt das? Für wen gilt das?
- Wo gilt das, wo gilt das nicht?

Fragen zu Wirkungen und Ressourcen. Annahmen über Ursache und Wirkung wollen ebenfalls erforscht sein und lohnen eine kritische Überprüfung von Seiten der Lernenden. Denn es könnte alles ja ganz anders sein, und das wiederum birgt Chancen in sich. Immer wieder fragen wir danach, was der Lernende benötigt, um etwas verändern zu können, wir fragen nach erlebten Defiziten und gesuchten Ressourcen, nach Veränderungsmöglichkeiten:

Ursachen und Wirkungen erkennen

- Welche Ursachen hat das?
- Was ist die Ursache dieser Ursache?
- Was löst es wie aus?
- Welche Folgen hat das?
- Was sind die Folgen von den Folgen?
- Gibt es Nebenwirkungen?
- Ist das möglich/unmöglich?
- Wie funktioniert das?
- Wie hängt das zusammen?
- Warum ist das so?
- Was würde passieren, wenn...?
- Was hindert Sie?
- Muss das wirklich sein?
- Gibt es auch Wirkungen in die andere Richtung?
- Welchen Einfluss haben Sie darauf?
- Wodurch wird es besser?
- Wodurch wird es schlechter?
- Was würde passieren, wenn doch...?

Defizite und Ressourcen bestimmen

- Was fehlt Ihnen?
- Worum geht es?
- Was fehlt anderen?
- Was ist (nicht) in Balance/im Gleichgewicht?
- Was würde Ihnen helfen?
- Was sollten Sie tun?
- Was muss geschehen?
- Wer kann Ihnen helfen?

- Wo finden Sie das, was Ihnen fehlt?
- Haben Sie das schon mal erlebt?
- Kennen Sie jemanden, der das hat?
- Wie könnten Sie damit umgehen?
- Wie würde Ihr Vorbild damit umgehen?
- Welche Wahlmöglichkeiten haben Sie?
- Wie können Sie das lernen?
- Können Sie so tun, als ob...?
- Können Sie sich vorstellen, dass...?
- Was wäre der erste Schritt?
- Wenn es das gäbe, was wäre es?

Kreatives Umdeuten. Ergänzend zu den Fragen können wir die Aufmerksamkeit der Lernenden durch die sprachlichen Mittel des kreativen Umdeutens auf neue Sichtweisen, Bedeutungen, Aspekte und Zusammenhänge richten. Damit stehen uns hochwirksame Muster zur Verfügung, die ihr helfen, ihr Weltbild zu erweitern. Kreatives Umdeuten findet seine Anwendung auch in der provokativen Therapie oder in der lösungsorientierten Kurzzeit-Therapie. Hier eine Zusammenfassung typischer Formen des Umdeutens:

- Dahinter liegt eine gute Absicht.
- Das hat positive Auswirkungen.
- Das hat eine andere/positive Bedeutung.
- Man könnte es auch anders nennen: [positiver Begriff].
- Das passt in einen anderen Zusammenhang, in eine andere Situation.
- Sie können daraus wertvolle Schlussfolgerungen ziehen.
- Das hat wichtige Entwicklungen möglich gemacht.
- Geht es nicht um etwas anderes?
- Etwas anderes ist vielleicht wichtiger.
- Sie können sich neu entscheiden.
- Gilt das auch für Sie?
- Das ist eine wichtige Lernerfahrung.
- Dazu gibt es ein Gegenbeispiel.
- Im Detail erkennen Sie wichtige Unterschiede.
- Mit den Augen von... [andere Person] sieht es anders aus.
- Im großen Zusammenhang sieht es anders aus.
- Im Grunde wissen Sie es schon.
- Es ist noch viel schlimmer/besser.
- Es ist viel einfacher.
- Wenn das so weitergeht...
- Das ist gut so.
- Aus einer anderer Perspektive wird es klar.

Milton-Modell. Hilft uns das spezifische Fragen dabei, auf bestimmte Details zu achten, kann uns die unspezifische oder indirekte Sprache – in Würdigung des Hypnotherapeuten Milton Erickson auch *Milton-Modell* genannt – genau davon befreien, denn jenseits unserer bewussten Aufmerksamkeit kennt unser Unbewusstes andere Wege. Nutzen wir eine indirekte Sprache, kann sich die Lernende selbst Erfahrungen, neue Möglichkeiten und bisher verborgene Ressourcen erschließen, indem sie unsere Worte innerlich mit eigenen Bildern, Gefühlen und Gedanken verknüpft und ihnen Sinn gibt. Das fällt ihr umso leichter, je mehr der Begleiter sie mit allgemein gehaltenen und unbestimmten Formulierungen durch persönliche Prozesse oder durch ihren Lebensweg führt. Er gleicht sich dabei an ihr Erleben, vielleicht auch an ihren Atemrhythmus, an und führt sie schrittweise zu neuen Erfahrungen. Dazu gehören direkte oder indirekte Aufforderungen und Verknüpfungen. Meist fördert es den Prozess, wenn er die Lernende anfangs in einen entspannten Zustand führt. Hier einige typische Formulierungen, wie der Begleiter dies mit indirekter Sprache erreichen kann:

- Sie hören meine Stimme...
- Vielleicht erleben, denken, fühlen Sie...
- Sie können sich erlauben zu...
- Etwas in Ihnen weiß, erinnert sich...
- Ich bitte Sie,... zu tun.
- Während Sie..., können Sie...
- Erinnern Sie sich bitte an diesen Zustand, in dem Sie...
- Stellen Sie sich vor,...
- Denken Sie an...
- Tun Sie so, als ob...
- Kommen Sie bitte zurück...
- Geben Sie mir bitte ein Zeichen...
- Sie können einfach loslassen...
- Betrachten Sie es mit Abstand.
- Sie brauchen nicht...
- Jedes Wort, jeder Atemzug, jeder Schritt ermöglicht es Ihnen...
- Ihr Unbewusstes versteht, handelt...
- Etwas in Ihnen versteht, erinnert sich, lernt...
- Je mehr..., desto leichter fällt es Ihnen zu...
- Sie machen das sehr gut.

Wer darin geübt ist, kann die Lernende auch mit Metaphern und Geschichten begleiten und auf diese Weise neue Lernerfahrungen anregen. Für eine ausführlichere Darstellung des indirekten und hypnotischen Sprachgebrauchs sowie des Umgangs mit Metaphern und Geschichten verweisen wir erneut auf *Die Kunst schöpferischer Kommunikation* (Isert 1996, Teil III)

Feedback und Signalsysteme. Fragen wollen Antworten, doch nicht immer erhalten wir diese durch Worte. Vieles ist dem Lernenden nicht bewusst, während sein Körper oder sein Unbewusstes sehr wohl etwas dazu beizutragen hat. Oft reagiert der Lernende durch physiologische Reaktionen, Veränderungen des Ausdrucks, der Haltung oder unbewusste kleine Bewegungen (ideomotorische Signale). Es ist wichtig, dass der Begleiter diese Antworten wahrnimmt und darauf reagiert. Was der Körper des Lernenden sagt, kann von dem abweichen, was die Stimme meint und damit auf Diskrepanzen, unbewusste Einwände oder fehlende Informationen hinweisen. Feedback ist entscheidend für die Steuerung der gemeinsamen Arbeit, dafür, herauszufinden, wo der Lernende sich befindet, welcher Weg für ihn angemessen ist, wo unverarbeitete Themen oder wunde Punkte liegen und welche Wirkung eine Intervention des Begleiters ausgelöst hat. Wer darin geübt ist, kann für die Zusammenarbeit mit dem Lernenden regelrechte Signalsysteme etablieren, wie dies in der Hypnotherapie gelehrt wird. Die Kinesiologie, ein körperorientiertes therapeutisches Verfahren, bedient sich als Signalgeber sogenannter Muskelfunktionstests, bei welchen die Reaktion ausgewählter Muskeln, z.B. des ausgestreckten Arms, auf einen vom Begleiter im Anschluss an eine Frage ausgeübten Druck getestet wird. Wird der Arm schwach, entspricht dies einem Stress-Signal oder der Antwort „Nein", bleibt er stark, bedeutet dies Ausgeglichenheit oder ein „Ja". Diese Art, körpernahe Reaktionsmuster einzubeziehen, erfordert einige Übung, Erfahrung und physiologisches Verständnis. Hinzu kommt die Kunst, die Fragen an den Lernenden so zu formulieren, dass der gesamte Arbeitsprozess über Ja-Nein-Antworten strukturiert werden kann. Wer dies beherrscht, hat damit eine hervorragende Möglichkeit, unbewusste Informationen zu gewinnen und den Lernenden aus mehreren Wahlmöglichkeiten die jeweils besten Schritte für die weitere Vorgehensweise auswählen zu lassen.

5. Die Erfahrungswelt erforschen

Zeit als inneres System

Wie die Zeit vergeht

Von objektiver und subjektiver Zeit. Die Zeit haben wir Menschen erfunden. Sie ist eine Dimension, die sich nur über Prozesse zu erkennen gibt und die wir nur anhand von Prozessen messen können. Seien es die Wachstumsstadien eines Baumes, die Bewegungen von Sonne und Erde, das Schwingen eines Quarzes, das Ablaufen eines Uhrwerks oder der Weg, den ein Mensch im Leben zurücklegt. Wir setzen uns nach dem Verlauf dieser natürlichen Prozesse Zeitmarken und erfinden Kalender. Für objektive Messungen nutzen wir Vorgänge, die sich mit hoher Sicherheit auf die immer gleiche Art wiederholen: vom Wechsel der Tage

45

über den Stand der Gestirne bis hin zum Zerfall radioaktiver Isotope. Ähnlich dem Baum kennt unsere subjektive, ganz persönliche Wahrnehmung der Zeit solche Regelmäßigkeit nicht. Manchmal vergeht die Zeit wie im Fluge, manchmal scheint sie stehen zu bleiben. Unser Zeitgefühl richtet sich danach, wie angenehm oder erfüllend die Stunden sind, die wir erleben. Doch wir können die Zeit auch dehnen; ob in der Not oder im höchsten Glück, wir sind in der Lage, Minuten zu Stunden werden zu lassen, die Zeit anzuhalten.

Das schnelle und das langsame Erleben. Wie war das beim letzten Mal, als Sie es eilig hatten, der Zug aber einfach nicht abfahren wollte? Kann es sein, dass Sie in der Hektik Ihre innere Uhr gleich mit verändert haben? Und die Bahnhofsuhr, auf die Sie natürlich alle zehn Sekunden geschaut haben, nur deshalb langsamer zu laufen schien?

Was wir wollen, bestimmt, wie die Zeit vergeht. Zufriedenheit macht gelassen, wichtige Ziele machen ungeduldig. Wenn die Zeit auf unserer Seite ist, möge sie doch anhalten – nach Bedarf: „Werd ich zum Augenblick sagen: Verweile doch! Du bist so schön!...", wie Goethe seinen Faust sagen lässt – wenn Gefahren drohen, möge die Zeit schnell vergehen, wenn es etwas zu erreichen gibt, möge sie lange dauern. Aber die Zeit kümmert sich nicht darum: Sie vergeht langsam, für den, der es eilig hat, schnell, für den, der die Zeit anhalten will. Der Buddhist hat mehr Gelassenheit – er muss nicht alles in diesem Leben schaffen. 88. Minute beim Fußballspiel: Für wen läuft die Zeit schneller, für das Team, das 2:1 führt oder für den Gegner, der unbedingt aufholen will. Die Uhr des Schiedsrichters aber läuft unaufhaltsam.

Erfahrung und persönlicher Rhythmus. Jeder Mensch hat seinen individuellen Rhythmus oder Zeittakt, in welchem er Informationen aufnimmt und verarbeitet. Die Geschwindigkeit, mit der wir etwas erleben, hängt davon ab, wie viele Informationen wir innerhalb unseres Zeittakts bewusst aufnehmen und verarbeiten. Das wird natürlich dadurch beeinflusst, wie wichtig uns die Ereignisse sind. Geschieht zwischen zwei Taktschlägen nichts Neues, dann erscheint uns das Erleben langsam, geschieht viel Neues, vergeht die Zeit schnell. So ist es mit der Urlaubswoche voller neuer Eindrücke. Doch auch wenn sie schnell verging, haben wir im Nachhinein den Eindruck, es wäre viel mehr als eine Woche gewesen. Die Länge der Zeit im Rückblick wird durch die Menge und Intensität der Ereignisse bestimmt. Wie viele Informationen wir aufzunehmen und zu verarbeiten haben, hängt nicht zuletzt davon ab, welche Vorerfahrung wir haben. Je länger wir geübt haben, desto mehr Eindrücke und Handlungen können wir zu einer Einheit zusammenfassen, Einzelheiten werden unbewusst gruppiert, erfordern also kaum Aufmerksamkeit.

Ein Tennisprofi erlebt den Ball seines Gegenspielers deutlich langsamer als ein Anfänger. Wie könnte er sonst einen Aufschlag mit einer Geschwindigkeit von 220 Stundenkilometern parieren. Unbewusst hat er im Lauf der Jahre sehr viele Abläufe gruppiert und automatisiert, braucht seine bewusste Aufmerksamkeit nicht mehr auf viele Einzelheiten und Reaktionsweisen zu lenken. Er konzentriert seine Sinne auf das Aktuelle, lässt Unwesentliches fort und hat eine höchst effiziente Weise entwickelt, Informationen zu filtern und zu verarbeiten. Er hat gelernt, seinen inneren Dialog leiser und leiser werden zu lassen, ihn vielleicht sogar dem Unbewussten zu überlassen. Die Folge: Das Zeitempfinden verabschiedet sich zeitweise völlig; in diesem Zustand von „Flow" ist Stress kein Thema. Jeder Jongleur hat einmal mit zwei Bällen angefangen, sich Routine zugelegt und dann aufgestockt. Um komplexe Abläufe innerlich zu gruppieren und zu automatisieren, brauchen wir oft viele Jahre. Autofahrer-Novizen haben anfangs auf viele Details zu achten: die Funktionen des Wagens, die eigene Sitzposition, Sichtverhältnisse, Bewegungsabläufe, Verkehr. Mit wachsender Erfahrung automatisiert sich vieles, der alte Hase hat mehr Zeit für das Außergewöhnliche gewonnen, genießt das Radio und unterhält sich mit seinem Beifahrer.

Wenn wir viele neue Informationen aufzunehmen und zu verarbeiten haben, können wir den individuellen Zeittakt beschleunigen, um die Menge neuer Informationen zwischen zwei Taktschlägen zu reduzieren. Pro Takt strömt dann die selbe Menge an Informationen auf uns ein, doch der persönliche Rhythmus ist schneller geworden, Adrenalin treibt ihn an, wir hetzen oder fühlen uns gehetzt. Wenn wenig geschieht, verlangsamt sich unser Rhythmus mit der Zeit, wir werden ruhiger, vielleicht auch träge oder wir suchen nach neuen Ereignissen und Reizen, schaffen uns die gewünschte Beschleunigung. Wir brauchen nicht auf äußere Reize zu warten, um viel zu erleben: Ein komplizierter innere Dialog, innere Bilder, Vorstellungen und Erinnerungen beschäftigen uns gern – und helfen uns, unser erlebtes Leben zu verarbeiten und zu verdauen. Geistig rege Menschen kennen kaum Langeweile.

Jeder von uns hat natürliche innere Rhythmen, die mit Atmung, Bewegungsmustern und Herzschlag, mit Entspannung und Anspannung, Tag und Nacht zusammenhängen – und im Einklang mit den Rhythmen der Natur stehen. Unser Lebensgefühl wächst, wenn es uns gelingt, in diesen Rhythmen zu leben und zu arbeiten. Oft haben wir sie verloren und leben funktional im Takt der Außenwelt. Meditation, Körperarbeit, Bewegung und Musik können uns dabei helfen, die inneren Rhythmen wiederzufinden und zum Maßstab unserer Lebensgestaltung zu machen.

Weite und Zeit. Was weiter entfernt ist, nicht nur die Sonne, bewegt sich langsamer. Wir können unser Zeitempfinden durch eine Ausdehnung der Wahrnehmung verändern, beispielsweise im Geiste den Raum vergrößern. Wie ist es, den totalen Überblick zu haben und die Dinge langsam passieren zu lassen? Das Tennisfeld, der Arbeitsplatz, die Börse wird weiter... dehnt sich aus bis zum Himmel. Was Abstand schafft, schafft Zeit. Abstand schafft auch unsere Fähigkeit, Ereignisse von außen zu betrachten. Auch Farben und Geräusche können dies unterstützen: von schrill zu gedeckt, von laut zu leise. In jedem Fall wird die Flut aufregender Einzelheiten auf Wesentliches reduziert.

Wir erleben Zeit als Raum. Ein eng beschriebener kleiner Kalender erzeugt ein stärkeres Gefühl von Zeitdruck als ein großer mit viel Platz für jede Stunde. Haben Sie schon einmal ausprobiert, ein zukünftiges Ereignis, wo immer es in Ihrer Wahrnehmung auch liegen mag, näher an die Gegenwart heranzurücken? Das kann Stress bereiten, denn es scheint plötzlich in kürzerer Zeit mehr zu tun zu geben, weil die psychische Entfernung kleiner geworden ist. Umgekehrt verschaffen wir uns durch die Vergrößerung des Abstandes Zeit. Wer Dinge immer weiter fortschiebt und passiv bleibt, kann die gewonnene Entspannung allerdings irgendwann mit unliebsamen Überraschungen bezahlen. Wer aktiv bleibt und sein Bestes tut, hat derlei nicht zu befürchten. Gelingt es uns, unseren eigenen Zeitraum zu erweitern, scheinen sich die „kostbarsten Stunden oder Wochen des Jahres" zu verlängern. Erst im Bewusstsein, dass das Lebensende „näher" rückt, entsteht Eile, es scheint nur noch wenig Zeit für viele Vorhaben zu geben. – Manchmal weiss man, dass es weitere Lernmöglichkeiten gibt, selbst wenn scheinbar dafür keine Zeit gegeben ist.

Vom Umgang mit Beschleunigung. Unsere Welt verändert sich rasant: Prozesse laufen schneller ab, Informationen dringen geballter an unsere Sinne als früher. Reifen wir schneller oder fehlt uns die innere Zeit dazu? Zu den Fähigkeiten, die wir in dieser Zeit brauchen, gehört es, dass wir

- Einzelheiten gruppieren,
- komplexe Abläufe zu einer Handlung werden lassen,
- unbewusste und intuitive Fähigkeiten nutzen,
- aus dem Abstand das Große und Ganze erkennen,
- Informationen zu filtern: die Spreu vom Weizen trennen,
- nur das aufnehmen und verarbeiten, was uns dient,
- unseren eigenen Rhythmus finden und wahren.

Es gibt interessante neue Wege, um in kürzerer Zeit zu lesen, zu lernen, zu arbeiten... Sie beruhen darauf, vertrauensvoll Prozesse dem Unbewussten zu überlassen, den inneren Dialog stiller werden zu lassen und die Wahrnehmung zu verändern. Entspannt und mit Selbstvertrauen geht vieles schneller als mit Hektik und Druck.

Wie verhalten sich unsere Sinne Geschwindigkeit gegenüber? Man sieht schneller als man hört, fühlt oder tut. Es scheint so zu sein, dass immer mehr Menschen sich auf das schnelle Hinschauen beschränken. Wirkliches Erfahren aber benötigt alle Sinne. Es wäre schade, am Leben vorbeizurasen, aus dem schnellen Fahrzeug oder am Bildschirm alles zu sehen, aber keine Zeit mehr zum Fühlen und zum Gestalten zu haben – vom Austausch mit der Welt ganz zu schweigen. Geschwindigkeit kann deshalb nicht der einzige Wert sein. Einseitigkeit wird auch in Zukunft nach Ausgleich rufen, danach, dass man mal wieder ein Gedicht in sich wirken lässt, in die Natur geht, Menschen begegnet, sich erlaubt, einfach nur zu sein.

Beziehungen zwischen den Zeiten

Allgegenwart. Was wir auch tun, wie wir auch denken, erleben, fühlen, die Vergangenheit ist immer dabei: in Form der erlernten Fähigkeiten, der Sprache, der bekannten Gefühle, unserer Identität und all dessen, was wir wiedererkennen. Das Buch unserer Erfahrungen, Wünsche, Befürchtungen und Erfolge öffnet sich in Bruchteilen von Sekunden, wenn die Gegenwart einen Anknüpfungspunkt bietet. Mit der Zukunft verhält es sich ähnlich. Wie oft ist unsere Aufmerksamkeit mit Zielen, Plänen, Strategien, mit Erwartungen, Hoffnungen oder Visionen beschäftigt. Manches, was wir in die Zukunft projizieren, ist ein Erinnerungsstück von damals, das sich uns mal als Vorfreude, mal als Angst, mal als Sehnsucht zeigt. Und all das spielt sich in unserem Nervensystem ab, jetzt, in dieser Minute finden Vergangenheit und Zukunft statt.

Wechselwirkungen. Welche Ausschnitte der Vergangenheit und der Zukunft wir wahrnehmen, hängt nicht wenig davon ab, wie es uns gerade geht, wie wir „drauf sind", was uns beschäftigt, anregt oder umgibt. Selbst ähnliche Erlebnisse können uns – abhängig vom momentanen Zustand – in unterschiedlichem Licht erscheinen, ihre Bedeutung verändern. Ganz zu schweigen davon, wie unser Zukunftserwartungen schon aus reiner Vernunft davon geprägt wir, wo wir heute sind und was wir gegenwärtig tun. Umgekehrt ist, wie wir die Gegenwart erleben, stark davon geprägt, welche anderen Bereiche unserer Erfahrungswelt innerlich „angeschlossen" sind. In jede Richtung kann eine aufkommende Erinnerung die Gegenwart beeinflussen, ebenso wie der Gedanke an ein bevorstehendes Ereignis. Wo jedes auf jedes wirkt, haben wir viele Möglichkeiten, unser Leben positiv zu verändern: Gleich, ob wir Gegenwart, Vergangenheit oder Zukunft ein wenig glücklicher gestalten, es wird auch den anderen Erlebnisbereichen zugute kommen. Um mehr zu erreichen, lohnt es, den wirksamsten Weg zu finden, etwa die entwicklungsbedürftige Schwachstelle des Systems.

Verbindungen erkennen. Was in uns aufeinander wirkt, steht durch Neuronen, chemische und elektrische Prozesse in Verbindung. Neurophysiologen und Hirnforscher könnten viel darüber berichten, doch so weit wollen wir hier nicht gehen. Uns interessieren jene Wahrnehmungen, die den Übergang zwischen den einzelnen Erfahrungsbereichen schaffen, die Anknüpfungspunkte für Assoziationen darstellen, oder – in der Sprache des Internet – *Links* von Erfahrung zu Erfahrung. Im NLP werden sie Anker genannt. Die Gegenwart ist voll davon: ein Gesicht, ein Satz, ein Duft – alles, was uns berührt, erreicht oder gefährdet öffnet neue Erfahrungsfenster. Manchmal haben wir die bewusste Wahl, einer Assoziation zu folgen, wie sich dies für ein ordentliches Link gehört, in anderen Fällen ist unser Bewusstsein dafür viel zu langsam – alles geht von selbst, was in gefährlichen Situationen wichtig sein kann, uns in anderen Fällen aber gar nicht zu gefallen braucht. Besonders gut verknüpft sind jene Wahrnehmungen und Erfahrungen, die mit wichtigen Bedürfnissen oder Werten zu tun haben. Das meiste geschieht unbewusst und basiert auf der individuellen Entwicklung. Warum nur löst der Anblick einer Spinne bei einem bestimmten Menschen so schreckliche Phantasien aus, während ihn ein altes Lied in so einen guten Zustand versetzt?

Über Assoziationsketten navigieren wir durch Zeit und Raum. Jede Erfahrung ist einem Molekül gleich mit vielen anderen Erfahrungen assoziiert. Wir nutzen dieses Prinzip weiter unten als Rückführtechnik, um verlorene Erinnerungen wiederzufinden.

Verbindungen schaffen. Mitunter sind es fehlende Verbindungen, die uns Sorgen machen. Wenn Erfahrungen voneinander abgespalten sind, verdrängt oder einfach unzugänglich, wirken sie unterhalb der Bewusstseinsschwelle auf unser Befinden und beeinträchtigen unser Potential. Nur wo offener Kontakt ist, können Instrumente zusammenspielen, können Defizite ausgeglichen werden, finden Lernprozesse statt. Zu den Schutzmechanismen unseres Organismus gehört es, Dinge abzukapseln, die er nicht verarbeiten kann. Dies ist bei Erfahrungen sinnvoll, solange die Fähigkeiten zu mehr nicht reichen. Viel Energie wird frei und neue Erkenntnisse eröffnen sich, wenn alte, verdrängte Ereignisse schließlich doch verarbeitet werden. Erst was verdaut ist, kann ausgeschieden, oder auch vergessen werden.

Nachdem wir unsere Erfahrungswelt erforscht haben, geht es in der weiteren Veränderungsarbeit darum, neue Verknüpfungen, Links bzw. Assoziationen zu schaffen, die eine gute Lern- und Lebensgrundlage bilden. Es gilt, Fehlendes hinzuzufügen, Einseitiges auszugleichen und Getrenntes zu integrieren. Manchmal fehlen Sinneseindrücke, manchmal positive Erfahrungen oder Gegenbeispiele. Wie viele Gegenbeispiele braucht ein Mensch, bis eine einseitige Lebenserfahrung ausgeglichen ist? Und welche? – Manches können wir erst erfahren, wenn wir es ausprobieren.

Das Hinzukommende, was Veränderungen möglich macht, nennen wir eine Ressource. Unser Leben ist voller Ressourceerfahrungen, die Lösungen für Problemerfahrungen bereithalten. Dafür brauchen die beiden Kontakt zueinander. Auch eine neue Sichtweise, eine Erkenntnis oder die Relativierung einer Überzeugung kann eine wirksame Ressource sein.

Was wir heute erleben, fühlen, denken wird dadurch beeinflusst, was wir in unserem bisherigen Leben erlebt und wie wir es verarbeitet haben. Erfahrungen zu verarbeiten, heißt ihnen eine angemessene innere Position zu geben, aus ihnen zu lernen und sie miteinander zu verknüpfen. Durch neue Verknüpfungen können uns sogar Sprünge gelingen. Alte Informationen organisieren sich über hinzukommende Erfahrungen neu. Damit das möglich ist, dürfen wir unsere innere Welt nicht zu sehr abriegeln. Vergangenheit, Gegenwart und Zukunft befruchten und ergänzen sich, indem sie in Austausch stehen. Dies ist ein wichtiges Anliegen der Lebensweg-Arbeit, wie wir sie im Teil II unseres Buches ausführlicher darstellen.

Ebenen der Erfahrung

Die Ebenen stellen sich vor

Es ist wie bei einem Kunstwerk: Wir entfalten uns nicht mechanisch oder auf Anordnung, und nicht durch bloßen Zufall. Vielleicht steht eine Vision am Anfang. Das Elixier jeder Entwicklung ist Kommunikation – Verständigung zwischen Zellen, Individuen, Gemeinschaften, auch Verständigung in uns selbst: zwischen unseren Wünschen, unserer täglichen Realität und unseren geistigen Konzepten. Nachhaltige Entwicklung gründet sich auf Austausch und Balance, kaum auf Dominanz. Persönlichkeiten und Gemeinschaften sind vielschichtig; das Modell der Neurologischen Ebenen von Robert Dilts hilft, mit dieser Vielschichtigkeit zu arbeiten (Dilts 1993). Bernd hat es um die Ebene „Zugehörigkeit" erweitert und in dieser Form ausführlich beschrieben (Isert 1996). Wir bezeichnen die Ebenen hier als *Erfahrungsebenen*. Der Kerngedanke des Modells besteht darin, dass Menschen ihre Erfahrung in sieben unterschiedlichen und mit jeder Stufe komplexer werdenden neurologischen Strukturen repräsentieren, die sich wie folgt beschreiben lassen:

1. *Die Umgebung oder Kontext* meint die uns umgebende Situation, den Ort, die Zeit, die beteiligten Menschen – wir erfassen dies mit unseren Sinnesorganen. In einem inneren Prozess verknüpfen wir sie mit unseren Vorerfahrungen und erkennen, so gut es uns möglich ist, was uns umgibt.

2. *Das Verhalten* meint das, was wir tatsächlich tun. Hier geht es um das Zusammenspiel der Sinne mit unserer Motorik in der Gegenwart. Der Körper, die Hände, Beine, der sprechende Mund – all das sind Werkzeuge des Handelns, Agierens und Reagierens. Vieles geschieht instinktiv, unbewusst, automatisch, anderes ist bewusst und geplant.

3. *Die Fähigkeiten* setzen voraus, dass Erfahrungen und Verhaltensmuster über längere Zeiträume gespeichert und verarbeitet werden. Großhirn, Bewusstheit, mentale Bilder und das Zusammenspiel der Funktionskreise gewinnen an Bedeutung. Lernen als Wiederholen, Variieren und Entwickeln innerer Landkarten schafft jene neurologischen Verknüpfungen, die eine Vielzahl von Verhaltensmöglichkeiten zulassen.

4. *Die Werte* beziehen unsere Intentionen ein, all das, was zur Lebenserhaltung und Lebensentfaltung erforderlich ist. Wichtige Erfahrungen werden für die Zukunft verallgemeinert und spiegeln sich in den *Überzeugungen* und Glaubenssystemen wider. Unsere Filterfunktionen ermöglichen eine Wahrnehmung nach Relevanz. Je nachdem wie wichtig ein Thema für uns ist, reagiert das Herz-Kreislauf-System. Wir orientieren uns auf unserem Lebensweg an der Bedeutung, die wir unseren Erfahrungen gegeben haben. Das kann vor langer Zeit geschehen sein.

5. *Die Identität* ist eine komplexe, integrierende Repräsentation, welche Erfahrungen des ganzen Lebens zusammenfasst, soziale, physiologische, systemische Aspekte werden zu einem „Bewusstsein seiner selbst" verknüpft, dass eine innere Kontinuität in immer wechselnden Lebenssituationen ermöglicht. Hier wird unterschieden, was zu uns selbst gehört und was nicht. In tieferer Weise ist dies die Funktion des Immunsystems, welches in der Tat in engem Zusammenhang mit der Repräsentation der Identität steht.

6. *Die Zugehörigkeit* betrifft die Fähigkeit und Erfahrung, Teil eines Ganzen zu sein und auch jenes Ganze innerlich zu repräsentieren. Bezogen auf Menschen bedeutet Zugehörigkeit, seinen Platz in einer Gemeinschaft zu haben, mit anderen im Austausch von Geben und Nehmen zu stehen und innerlich eine Form von Verbundenheit mit ihnen zu erleben. Im Körper bedeutet Zugehörigkeit, dass jedes Organ, jedes Gewebe als Teil des Ganzen bestimmte Funktionen erfüllt, einem genetischen oder morphogenetischen Bauplan gemäß. Wenn wir erkennen, wie über lange Zeit in einem System das eine auf das andere wirkt, wird es uns möglich, uns im Sinne des Ganzen zu verhalten, ökologisch mit uns selbst und anderen umzugehen.

7. *Die Spiritualität* verstehen wir als nicht mehr physisch erfahrene Form von Zugehörigkeit und Verbundenheit. Spiritualität erschließt Wahrnehmungen und Erfahrungen subtilster Art aus allen Zeiten und Räumen und verknüpft sie zu inneren Welten, Gestalten und Symbolen des Zusammenspiels, oft zu Erfahrungen einer größeren Einheit, auch „Gott" genannt. Es findet ein lebendiger Austausch des Individuums mit der Gesamtheit statt, der dem einzelnen tiefe Orientierung und Sinngebung ermöglicht. Um dies zu repräsentieren, bedarf es des Nervensystems als Ganzem – und was es abbildet, hat holographischen Charakter.

Jede Erfahrungsebene kann mit einer bestimmten Fragestellung und anderen Lebensbereichen assoziiert werden:

• Spiritualität	Wofür?	Mission, Sinn, Gott
• Zugehörigkeit	Wer noch?	Bindung, Liebe, Genetik
• Identität	Wer?	Wesensart, Seele
• Werte und Überzeugungen	Warum?	Motivation, Erlaubnis, Herz
• Fähigkeiten	Wie?	Lernen, Erfahrung, Denken
• Verhalten	Was?	Aktion, Handlung, Kraft
• Kontext, Umwelt	Wo, wann?	Wahrnehmung, Reaktion

Bewegung durch die Ebenen. Um die Kraft der Erfahrungsebenen in der Lebensgestaltung zu erfassen und ihre Wirkungen wahrzunehmen, ist es sinnvoll, dass der Lernende seine Aufmerksamkeit gezielt auf bestimmte Ebenen lenken und zwischen ihnen wechseln kann. Hierbei helfen ihm beispielsweise auf dem

Boden liegende Karten oder andere Markierungen, welche diese Ebenen repräsentieren. In jedem Fall gehört es dazu, den Lernenden durch Fragen in die Erfahrungsebenen zu führen.

- Wann und wo geschieht das? (Umgebung)
- Was tun Sie? (Verhalten)
- Wie tun Sie das? (Fähigkeiten)
- Welche Fähigkeiten haben Sie? (Fähigkeiten)
- Was ist Ihnen wichtig? (Werte)
- Warum ist das wichtig? (Werte, Überzeugungen)
- Woran glauben Sie? (Überzeugungen)
- Wer sind Sie in der Situation? (Identität)
- Wo fühlen Sie sich zugehörig? (Zugehörigkeit)
- Was ist Ihre Mission? (Zugehörigkeit, Spiritualität)
- Was ist der Sinn für Sie? (Spiritualität)

Zur Ebene „Werte und Überzeugungen" haben wir zahlreiche weitere Fragen im Kapitel „Mit Worten begleiten" zusammengestellt.

Schon jetzt lässt sich erahnen, welche vielfältigen Wechselwirkungen es zwischen den Erfahrungsebenen gibt, wie sie aufeinander und miteinander wirken. Im Folgenden bezeichnen wir die Ebene der Spiritualität als höchste, die der Umgebung als unterste und nutzen sie als kleine Schule systemischen Denkens.

Systemische Wechselwirkungen

Entwicklung der Ebenen. Die Erfahrungen des Lebens werden in einer ständigen Integrations- und Konstruktionsleistung des Gehirns erfasst und verdichtet: Aus vielen Verhaltensweisen und Rückwirkungen der Umwelt werden Fähigkeiten. Mit diesen lernen wir, was gut und schlecht, richtig und falsch ist, verallgemeinern Erfahrungen und bilden unsere Werte und Überzeugungen. All dies fließt über die Zeit hinweg in unsere Vorstellung dessen ein, wer wir sind, wird zum Bestandteil unserer Identität. Das eigene Selbst braucht nun die anderen. Mit denen gemeinsam erlebt es eine Gemeinschaft, die Zugehörigkeit schafft. Zugehörigkeit bleibt aber nicht auf die physische Personen beschränkt. Die innere Erfahrung all dessen, was miteinander verbunden ist, erleben wir als Spiritualität. Stark vereinfacht kann jede Ebene als ein Teilsystem der nächst höheren aufgefasst werden. Darüber hinaus tragen viele weitere Elemente und Prozesse zur Herausbildung der jeweils höheren Ebene bei. Sie ist das Ergebnis eines über die Lebenszeit hinweg verlaufenden Integrationsprozesses. Und sie ist mehr als die Summe ihrer Bestandteile, sondern entwickelt eine ganz eigene Qualität, Sprache, Symbolik und Gestalt. Höher entwickelte Teile des Großhirns fassen die unzähligen Erfahrungen, Gefühle und Handlungen zu etwas Neuem zusammen. Dies ist ein Konstruktionsprozess, zu dem viele Teilprozesse gehören: das Verallgemeinern, das Filtern, das integrierende Verbinden und das Durchlaufen von Feedback-schleifen. Der entstehende qualitative Sprung entspricht dem des dreidimensionalen Sehens, das mehr als die Summe dessen ist, was beide Augen einzeln können. Wenn sich höhere Bewusstseinsebenen auf der Basis der unteren herausbilden, bezieht sich dies auch auf die zeitliche Folge, sogar auf die Entwicklungsgeschichte. Zum Stolz des Menschen gehört es schließlich, sich als erstes Tier seiner selbst oder sogar Gottes bewusst zu sein. Eine erstaunliche Leistung seines Nervensystems.

Von oben nach unten. Wir gehen nun davon aus, dass die einzelnen Ebenen mit Erfahrungsinhalten gefüllt sind, dass der soeben dargestellte Konstruktions-prozess also zu Ergebnissen geführt hat. Damit ist er natürlich nicht beendet sondern kann sich das ganze Leben hindurch fortsetzen. Andererseits haben die bereits entstandenen Überzeugungen, das Selbstbild oder die erfahrene Zuge-hörigkeit, durchaus ihre Rückwirkungen auf das, was auf den darunter liegenden Ebenen geschieht. Die jeweils höhere Ebene bildet gleichsam den Gestaltungs-rahmen für die darunter liegenden, aus denen sie hervorgegangen sind. Ähnliches erleben wir, wenn Menschen sich zu einer Gemeinschaft zusammengeschlossen haben und diese als Gruppengeist oder organisatorische Instanz nun auf ihre Mitglieder zurückwirkt. Mit den Rahmen, den sie spannt, gibt jede Ebene den Ausprägungen und Entwicklungen auf den tieferen Ebenen einen bestimmten Gestaltungsraum, setzt ihm aber auch Grenzen. Bestimmte Fähigkeiten ermög-lichen eine Vielfalt an Verhaltensweisen, bremsen diese aber, sobald sie über die erworbenen Fähigkeiten hinausgehen. Bestimmte Werte und Überzeugungen schaffen die Motivation für passende Fähigkeiten und Verhaltensweisen, nicht jedoch für jene, die ihnen widersprechen. Außerdem neigen Menschen dazu, ihre Aufmerksamkeit und ihr Handeln so zu organisieren, dass sich ihre Überzeugungen aufs Neue bestätigen. Sie werden jedoch nur solche Werte und Überzeugungen entwickeln, die ihrem Selbstbild oder ihrer Identität gerecht werden. Die Ausbildung seiner Identität aber wird durch die Potentiale und Positionen seiner sozialen Zugehörigkeit bestimmt. Überpersönliche und spirituelle Lebenserfahrungen wiederum erlauben es uns, auch diese Zugehörigkeit zu verändern.

Wir stehen nicht nur im Austausch mit uns selbst, sondern auch mit anderen, mit Gruppen, mit der Kultur, der Natur und dem Wissen der Zeit. Das bedeutet, dass wir auf jeder Erfahrungsebene Botschaften, Feedback und Veränderungs-impulse erhalten. So könnte, ohne dass dies „von unten" vorbereitet war, jemand eine neue Überzeugung über das Leben annehmen oder eine andere Vorstellung davon, wer er eigentlich ist. Im therapeutischen Kontext mag dies im Zusammen-spiel mit dem Begleiter ein wichtiger Veränderungsschritt sein. Damit erhält der Lernende einen neuen Gestaltungsrahmen, der sich auf alle darunter liegenden Ebenen auswirken kann. Auch die schrittweise Umsetzung dieses Potentials in neue Verhaltensweisen und Fähigkeiten kann der Begleiter unterstützen. Nicht nur therapeutische Arbeit, auch bedeutsame Ereignisse, spirituelle Erfahrungen, neue Erkenntnisse, Rituale oder eine andere soziale Position können Veränderungen höherer Erfahrungsebenen auslösen. Immer wieder zeigt sich, dass diese eine besonders nachhaltige, wenn auch zeitlich verzögerte Wirkung auf darunter liegende Ebenen nach sich ziehen. Denn es braucht Zeit, bis die neuen Möglichkeiten sich in der Praxis manifestieren. Nur dann, wenn die Voraussetzungen dafür geschaffen sind, wird die Veränderung auch greifen. Der Weg von oben nach unten ist im wahrsten Sinne des Wortes ein Königsweg, nämlich jener, durch welchen fortschrittliche Repräsentanten durch weise Entscheidungen zur rechten Zeit ein ganzes Land zu Frieden und Wohlstand führen konnten. Weise Entscheidungen sind solche, deren Zeit gereift ist – so dass sie auch weiter unten gern angenommen werden. In jedem Fall bietet es sich an, Problemlösungen zunächst auf einer Ebene über der des Problems zu suchen, das heißt, ein übergeordnetes System zu betrachten.

Ein Kind mit Lernschwierigkeiten kann der Begleiter auffordern, noch mehr zu üben, er kann aber auch klären, was es motiviert, welche Werte und Überzeugungen es bezüglich des Lernens hat, welches Selbstbild und welche Zugehörigkeit. Erst wenn das Kind von all dem innerlich unterstützt wird, wird sich das Üben oder eine neue Lerntechnik lohnen. Der Begleiter kann viel dafür tun, ihm diese Unterstützung zu geben. Umgekehrt ist es wichtig, im Falle von Kritik auf die angemessene Ebene zu achten:

Klaus, der 14-jährige, hat seine Mathearbeit „versiebt". Nun sollte sein Lehrer die Ebenen nicht verwechseln: War es des Schülers erste Klausur mit einer schlechten Note, so könnte es am Umfeld (lauter, überheizter Raum; Nachbar, der stört,…) oder am Verhalten (Müdigkeit nach durchfeierter Nacht, Überlastung…) liegen. Wiederholt sich dies, so legt das die Ebene der Fähigkeiten nahe, keinesfalls jedoch eine höhere. Kritik wie „Du hältst wohl nichts von Mathematik!" (Werte), „Du bist dumm!" (Identität) oder „Du gehörst zu den Versagern!" (Zugehörigkeit) hat schon manchem Schüler Überzeugungen über sich selbst eingebrockt, die ihn ein Leben lang einschränken können. Denn welcher Schüler kennt schon das Modell der Persönlichkeitsebenen und kann damit die Worte des Lehrers korrigieren?

Von unten nach oben. Veränderungen und Entwicklungen, die innerhalb des Erlaubnisrahmens übergeordneter Ebenen liegen, können stets nach Herzenslust gedeihen. Sobald sie sich den Grenzen dieses Rahmens nähern, werden sie entweder abgebremst oder sie sorgen ihrerseits dafür, dass sich der übergeordnete Rahmen verändert. Dies ist die kreative Spannung zwischen Stabilisierung und Veränderung, die manchmal sprunghafte Entwicklungen nach sich zieht, ein System aber auch in Erstarrung oder ins Chaos führen kann, wenn eine der beiden Seiten dominiert. Sobald wir den Erfahrungsinhalt jeder Ebene als veränderungsfähig betrachten, sind alle Wege offen. Allerdings ist eine Veränderung der Identität weniger häufig möglich und sinnvoll, als eine Verhaltensänderung. Die Praxis können wir uns etwa so vorstellen:

55

Wer bestimmte Verhaltensweisen oft genug ausübt, entdeckt irgendwann, wie daraus diese oder jene neue Fähigkeit herangewachsen ist. Der bisherige Rahmen ist weiter geworden. Indem wir die Welt aufgrund gewachsener Fähigkeiten in tieferen Zusammenhängen verstehen und in der Lage sind, uns darin flexibler zu bewegen, müssen sich irgendwann bisherige Überzeugungen und Werte verändern. Neues wird wichtig, und was uns einst begrenzte, hat seine Kraft verloren. Vielleicht verändert sich auch unser Selbstbild, die eigene Identität erlebt sich neu und eine bisher nicht gekanntes Selbstvertrauen stellt sich ein. Das führt irgendwann zu einer neuen sozialen Position. Viele kleine Schritte ziehen irgendwann einen größeren Schritt auf einer höheren Eben nach sich. Quantität verwandelt sich in eine neue Qualität. Wir erleben dies zuweilen wie das Überschreiten einer Schwelle, über die wir in einen neuen Lebensraum eintreten. Manchmal wird dies auch in gesellschaftlichen Ritualen dokumentiert, wie dem Eintritt ins Erwachsenenalter als Veränderung der Identität oder mit der Eheschließung als neuer Zugehörigkeit. Beiden sind viele kleine Entwicklungsschritte auf anderen Ebenen vorausgegangen.

Manchmal geht es auch schneller – und nicht immer glücklich. Wenn ein Mensch etwas getan hat, was den eigenen Werten oder dem Selbstbild zuwiderläuft, kann all das plötzlich zusammenbrechen und ihn in eine tiefe Krise stürzen, für die er professionelle Begleitung braucht. Wenn eine jahrzehntelange Überzeugung plötzlich durch ein nicht wegzuleugnendes Gegenbeispiel ad absurdum geführt ist, wirkt sich dies auf das ganze Leben aus. Derlei Krisen können sehr heilsam sein, denn sie geben uns die Chance, neue Antworten auch auf lebensbestimmende Fragen zu finden: Woran kann ich glauben? Was ist wertvoll in meinem Leben? Wer bin ich? Zu wem gehöre ich? Was ist der Sinn meines Lebens? – Der Weise aber verändert nicht alles gleichzeitig, sondern hält das eine stabil, damit das andere einen festen Boden hat, auf dem es sich bewegen kann.

Dynamische Balance. Indem die einzelnen Erfahrungsebenen aufeinander und miteinander wirken, geht es immer wieder um ein dynamisches Gleichgewicht und einen unterstützenden Austausch zwischen ihnen. Authentische, charismatische Persönlichkeiten lehren uns das: Ihr Handeln passt zur Situation und entspricht ihren Fähigkeiten, diese passen zu ihren Überzeugungen und Werten, diese wiederum zur Identität und zu ihrer Zugehörigkeit. In den verschiedenen Abschnitten im Leben eines Menschen haben einzelne Ebenen eine besondere Bedeutung, von der Orientierung in der Umwelt des Kleinkindes, dem Probieren und Aneignen von Fähigkeiten bis hin zur Identitätsfindung des Teenagers oder der spirituellen Orientierung eines reiferen Menschen:Jede Ebene hat eine eigene Geschichte und eigene Entwicklungsbedürfnisse. Schwierigkeiten auf einer Ebene können Wachstumsphasen auf einer anderen Ebene bedeuten.

Klärung innerhalb einer Ebene. Nachdem wir uns ausgiebig mit den Wechselwirkungen zwischen den einzelnen Persönlichkeitsebenen befasst haben, richten wir unsere Aufmerksamkeit darauf, dass jede Ebene in sich ein System mit unterschiedlicher, jedoch gleichrangiger Elemente darstellen kann. Eventuell wohnen wir auf der Ebene der Werte und Überzeugungen gerade dem Kampf verschiedener Werte bei, von denen einer, sei es der berufliche Erfolg, alle anderen, wie Gesundheit, Familie, Entspannung oder mehr dominiert. Hier ist es unser Anliegen, jedem Wert eine angemessene Position im „Motivationsteam" zu geben und einen respektvollen Austausch zwischen ihnen herbeizuführen, so dass daraus ein „Wir" entsteht, welches der ganzen Persönlichkeit eine ausgewogene Orientierung gibt. Dies gelingt über die klassische Arbeit mit inneren Teilen und viele andere Arbeitsformen, auch der Aufstellung von Persönlichkeitsanteilen.

Mehr als eine Persönlichkeit. Manchmal finden wir auf der Ebene der Identität ein ganzes Team vor. Unsere Persönlichkeit kann nicht mehr mit einer Stimme sprechen – verschiedene Anteile melden sich. Vielleicht entstehen sie aus all den Rollen, die wir im Leben innehaben. Es kann sich auch um unterschiedliche Wahrnehmungspositionen handeln, aus denen wir die Welt erleben. Betrachten wir diese Teilpersönlichkeiten, so können wir jede einzelne anhand der Erfahrungsebenen beschreiben. Das heißt, dass der moderne Mensch über unterschiedliche Zugehörigkeiten, Selbstbilder und natürlich Werte und Fähigkeiten etc. verfügt, je nachdem, welche Rolle oder welchen inneren Anteil er gerade betrachtet. Dennoch findet sich hinter all diesen eine Gesamtpersönlichkeit, die wieder mit einer Stimme sprechen kann. Wo das nicht gelingt, haben wir Integrationsarbeit zu leisten, d.h. die Beziehungen, den Austausch und die Zugehörigkeit der Einzelpersönlichkeiten zu gestalten.

Soziale Systeme. Gehen wir weiter zu sozialen Systemen. Hier kann jeder Beteiligte anhand der Erfahrungsebenen beschrieben werden, aber auch eine ganze Gruppe oder Familie kann als eine Meta-Persönlichkeit betrachtet und durch die Erfahrungsebenen charakterisiert werden. Das gilt ebenso für Unternehmen, Organisationen oder Kulturen. Die Entwicklung einer „Unternehmenspersönlichkeit" schließt all diese Ebenen ein, vom Standort über die täglichen Arbeitsabläufe, die Kapazitäten und Potentiale, die Strategien, Werte, das Selbstverständnis bis hin zur Zugehörigkeit und Position am Markt. Und natürlich alle Mitarbeiter.

Anwendungsfelder

Bereits im vorigen Abschnitt haben wir auf Anwendungsmöglichkeiten Bezug genommen. Damit nicht genug, geben wir an dieser Stelle weitere Anregungen.

Erfahrungen erforschen. Jede Situation, die der Lernende im Laufe der Veränderungsarbeit betrachtet, kann er anhand der Erfahrungsebenen in einer größeren Tiefe erleben und erforschen. Das gilt auch für Zielvorstellungen. Ein Ziel ist dann kraftvoll und wirksam, wenn es auf jeder Erfahrungsebene mit positiven Aussagen, Gefühlen und Bildern verbunden ist. Einwände auf einer Ebene müssen beachtet werden. Entweder geht es darum, das Ziel neu zu formulieren, oder darum, zusätzliche Ressourcen zu finden, welche diese Einwände positiv beantworten können.

Defizite und Ressourcen bestimmen. Geht es um Probleme, so können wir herausfinden, auf welcher Erfahrungsebene das tatsächliche Defizit liegt, um jene Ressourcen zu finden, die auch wirklich benötigt werden. Diese liegen oft eine Ebene über derjenigen des Defizits, d.h., neue Fähigkeiten können wachsen, wenn ein Mensch neue Werte und Überzeugungen annimmt, die eigene Identität verändert sich durch eine neue Zugehörigkeit usw. Die Arbeit mit den Ebenen *Werte, Überzeugungen, Identität, Zugehörigkeit* und *Spiritualität* ermöglicht, wie wir bereits ausgedrückt haben, besonders tiefgreifende Veränderungen. Sie erfordert demgemäß eine starke Vertrauensbeziehung zwischen Begleiter und Lernendem – und sie hat ihren eigenen Zeitverlauf. Im Verlauf der deutschen Wiedervereinigung wurden und werden Unsummen materieller Werte, Techniken und Maßnahmen in den zurückgebliebenen Teil des Landes gesteckt – doch der Abstand verringerte sich keineswegs. Wie bei dem lernschwachen Schüler lohnt sich auch hier die Frage, ob nicht die eigentlichen Defizite auf anderen Ebenen liegen und von hier aus die praktischen Gestaltungsmöglichkeiten blockieren. Immer noch sind Themen, wie Selbstwert, Zugehörigkeit und die ganz anderen Werte und Überzeugungen aus unserer Sicht der Haupthinderungsgrund fruchtbarer Entwicklung im Osten.

Beziehungen gestalten. Was Menschen verbindet, kann nicht nur die zufällig gleiche Umgebung oder ein gemeinsames Verhalten sein. Es können auch sich ergänzende Fähigkeiten oder ähnliche Werte und Überzeugungen sein. Vielleicht ist es das Erkennen des Wesenskernes, der Identität des anderen, vielleicht eine gemeinsame Zugehörigkeit. Die Sätze „Gleich und Gleich gesellt sich gern" und „Gegensätze ziehen sich an." Verwirklichen sich auf unterschiedlichen Ebenen. Manchmal gehen Beziehungen kaputt, wenn ein Partner seine Werte oder seine Identität nicht gewürdigt fühlt. Eine kürzlich gescheiterte Fusion zweier Banken wurde von der Presse mangelnden Fähigkeiten zugeschrieben, wir behaupten, es war mangelnde Achtung und Wertschätzung des Partners, also eine ethische Frage. Je höher die Ebene liegt, welche verletzt ist, desto unerbittlicher kämpfen Menschen oft auch für sie. Da helfen weder Waffen, noch Gelder oder Zwang: Nur die Wiederherstellung der verletzten Würde, der Würde des jeweils anderen.

Mehr als ein Modell. Von strengen Logikern wird mitunter an der Sinnhaftigkeit der hier dargestellten Einteilung in Erfahrungskategorien gezweifelt. Sie ist sicher unvollkommen und genügt strengen Kriterien logisch aufeinander beziehbarer Ebenen nicht. Möglicherweise findet sich im Laufe der Zeit eine bessere, kanonische Form der Einteilung. Dennoch sehen wir die Bedeutung der Ebenen in der Einbeziehung unterschiedlich komplexer, miteinander verbundener neurologischer Funktionskreise, denen sie zugeordnet werden können. Nachdem wir das ursprüngliche Modell von Robert Dilts um die Ebene der Zugehörigkeit ergänzt haben, korrespondiert es übrigens mit der alten indischen Lehre der Chakren, welche sieben menschliche Energiezentren beschreibt. Die Erfahrungsebenen können ihnen Stufe für Stufe zugeordnet werden (siehe Bild 2).

Auf der anderen Seite sollten wir die Erfahrungsebenen nicht verabsolutieren. Es gibt viele weitere Möglichkeiten, typische Aspekte menschlicher Erfahrung zu beschreiben und in Beziehung zu setzten. Denken wir nur an klassische Einteilungen, wie Körper-Seele-Geist, bewusst-unbewusst oder das ebenfalls indische Modell verschiedener Energiekörper.

Bild 2: Logische Ebenen und Chakren

Wahrnehmungspositionen und systemische Arbeit

Wechselnde Perspektiven

Einführung. Letztlich haben wir nur unsere beiden Augen, die aber können aus unterschiedlichen Richtungen schauen – und zu unterschiedlichen Zeiten. So hat jedes Ereignis viele Aspekte. Schon mit dem Abstand von ein paar Tagen sieht es ganz anders aus, ganz zu schweigen von den Veränderungen, die mit unseren momentanen Stimmungen zusammenhängen. Ganz anders mag die Welt mit den Augen eines anderen Menschen aussehen. Wie gut könnte es sein, eigene Probleme aus der Sicht eines Weisen betrachten und lösen zu können. Oft versetzten wir uns unbewusst in die Position eines anderen und erleben die Welt aus seiner Sicht oder einer, die wir für die seine halten. Gerade wenn es um die Suche nach Lösungen oder um Lernprozesse geht, ist es wertvoll, verschiedene Sichtweisen einzunehmen. Wir wechseln Wahrnehmungspositionen. Das gilt auch für unsere innere Welt. Wir können uns vorstellen, in unserem Inneren verschiedene Persönlichkeitsanteile zu beherbergen, beispielsweise einen Kritiker, einen Visionär und einen Arbeiter. Jeder dieser Teile hat seine eigene Sicht auf die Dinge, die uns beschäftigen und jeder steuert wertvolle Informationen und Erfahrungen bei, wir nennen sie Gestaltungsbeiträge. Wenn es uns gelingt, unterschiedliche Positionen zu integrieren, hat unsere Sicht der Welt eine neue Dimension erhalten, so wie jedes Sinnessystem uns bestimmte Anteile des Lebens erschließt, erst ihr Zusammenspiel aber seine Ganzheit.

Das Prinzip, Situationen aus unterschiedlichen Perspektiven zu betrachten, wird in vielen Therapieformen angewandt. Als Konzept der Wahrnehmungspositionen hat es Robert Dilts zu einem zentralen Bestandteil seiner Arbeit werden lassen. Wir gehen von diesem Konzept aus, erweitern es aber um neue Begriffe und Zusammenhänge, welche uns zu Prinzipien systemischer Arbeit führen.

Wahrnehmungspositionen beschreiben. Wenn es verschiedene Positionen gibt, wollen sie auch beschrieben werden. Die Sprache hat dafür Worte, wie „Ich sehe es mit deinen Augen", „Ich betrachte es mit Abstand", „Ich versetze mich in ihn hinein". Um eine Wahrnehmungspositionen vollständig zu beschreiben, sollten wir zweierlei angeben:

- Aus welcher Position nehme ich etwas wahr?
- Mit wessen Augen nehme ich etwas wahr?

Interessant ist natürlich ebenso, was dieses „Etwas" ist, auf dem meine Aufmerksamkeit liegt:

- Wen oder was nehme ich wahr?
- Was an ihm oder an ihr nehme ich wahr?
- Worauf liegt meine Aufmerksamkeit.

Wir nennen dies in Ergänzung zur Wahrnehmungsposition die Richtung der Aufmerksamkeit. Diese kann auf einer bestimmten Person liegen – aber damit ist noch längst nicht gesagt, was wir wahrnehmen. Die Erfahrungsebenen beschreiben verschiedene Aspekte eines Menschen, auf die wir unsere Aufmerksamkeit richten können. Ebenso kann sie sich verschiedenen Abschnitten von Gegenwart, Vergangenheit und Zukunft widmen, unseren ganzen Lebensweg einbeziehen. Erst die Wahrnehmungsposition und die Richtung der Aufmerksamkeit zusammen geben uns ein vollständiges Bild dessen, was ein Mensch aufnimmt und erlebt.

Hierzu einige Beispiele für
Wahrnehmungsposition und Richtung der Aufmerksamkeit

Aus der Sicht von...	nehme ich Folgendes wahr:
• mir selbst	• mich, dich, ihn, uns, etwas in mir, etwas in dir
• eines Beobachters	• mich dich, ihn, uns, etwas in mir, etwas in dir
• mir	• mich damals, mich in der Zukunft, dich damals.
• mir selbst	• meine Umgebung, mein Verhalten, meine Fähigkeiten
• mir selbst	• deine Werte, deine Überzeugungen, deine Identität, deine Zugehörigkeit
• meinem Vater	• mich, meine Mutter, die Gesellschaft, den Film
• dir	• mich, dich, die Welt, meine Fähigkeiten
• uns	• uns, die anderen, mich, unsere Wohnung
• einem Weisen	• meinen Lebensweg, meine Ziele, unsere Beziehung

- Gott
- einem Freund

- die Religion, den Prozess, das Ganze, das System
- sein Verhalten, seinen Zustand, sein Denken

Manchmal ist es wichtig, hinzuzufügen, aus welchem räumlichen Abstand die Wahrnehmung erfolgt: mittendrin, dicht daneben, auf einem Video, weit entfernt... Dies beeinflusst, was wir erleben: Wer weiter entfernt ist, hat den Überblick, fühlt und hört aber deutlich weniger. Es könnte auch sein, dass keine Wahrnehmungen in der Gegenwart gemeint sind, sondern andere Zeiten eine Rolle spielen:

- Ich sehe dich in der Zukunft.
- Ich betrachte mich in der Gegenwart aus der vollendeten Zukunft heraus.
- Ich sehe mit deinen Augen, wie unsere Beziehung gestern, heute und morgen war, ist und sein wird.
- Ich betrachte mit den Augen eines Weisen aus großem Abstand mein ganzes Leben.

Es geht, auch wenn wir bisher das Sehen betonten, natürlich um alle Sinnessysteme und Wahrnehmungen. In der Beschreibung können wir konkretisieren, wo der Schwerpunkt liegt:

- Ich fühle dich.
- Ich höre mit deinen Ohren die Botschaft.
- Ich empfinde als Künstler die Atmosphäre.

Zur Benennung von Wahrnehmungspositionen dient klassischerweise die Grammatik. Erinnern Sie sich? „Ich" ist die erste Person Einzahl, „du" die zweite Person, „er, sie, es" bilden die dritte Person, „wir" ist die erste Person Mehrzahl, hier vierte Position genannt. Die erste Position meint, etwas mit eigenen Augen zu sehen, die zweite Position steht eigentlich dafür, jemand anzusprechen, hier soll sie bedeuten, etwas aus der Sichtweise der anderen Person zu betrachten, die dritte Position heißt, andere mit den Augen eines Beobachter von außen wahrzunehmen, der vierten Position entspricht es, die Welt aus der gemeinsamen Sicht einer Gruppe zu erleben. Diese Kategorien, ähnlich wie sie das NLP verwendet, haben den Nachteil, dass sie nicht genau ausdrücken, wer von wo aus was wahrnimmt. Wir bevorzugen deshalb die differenziertere Beschreibung, wie wir sie oben dargestellt haben. Wollen wir es noch genauer, können wir uns weitere Fragen stellen:

- In welchem Zustand nehme ich wahr?
- Mit welcher Intention nehme ich wahr?
- Worauf liegt mein Fokus?
- Welche Aspekte nehme ich wahr?
- Auf welche Art nehme ich wahr?
- Was blende ich aus?

Jede Veränderung in einem dieser Bereiche kann ein Schlüssel für Einsichten, Verstehen und Lösungen sein. In allen Formen der Veränderungsarbeit spielt eine differenzierte klare Wahrnehmung eine große Rolle. Behutsam können wir durch geeignete Fragen an der Feinabstimmung unserer Wahrnehmung arbeiten – In der Rolle eines Begleiters werden wir eine andere Aufmerksamkeit brauchen als in der Rolle des Lernenden. Ersterer benötigt eine Art Meta-Wahrnehmung, d.h. das Gewahrsein dessen, was und wie er selbst und auch der Lernende wahrnimmt. Davon ausgehend kann er den Lernenden mit Fragen oder Angeboten dazu einladen, seine Wahrnehmung auf jene Bereiche zu lenken, die für den Veränderungsprozess hilfreich sind. Stets ist es dabei wichtig, die eigene sinnliche Wahrnehmung von Vermutungen, Interpretationen und Phantasien zu unterscheiden, auf die wir uns erst verlassen können, wenn wir sie durch das Feedback des Partners überprüft haben. Zahlreiche Anregungen und Übungen zur Entwicklung der Wahrnehmung und zur Klärung der Kommunikation finden Sie in *Die Kunst schöpferischer Kommunikation* (Isert 1996, Teil IV). Wir gehen nun von spezifischen Wahrnehmungspositionen weiter zur Gesamtheit dessen, was wir aufnehmen, unserem Wahrnehmungsraum – und untersuchen verschiedene Wege, ihn zu gestalten und zu erweitern.

Wahrnehmungsraum und Gestaltungsbeitrag

Wahrnehmungsraum. Das, was für uns wichtig, relevant oder interessant ist, zieht unsere Aufmerksamkeit an. Was uns unmittelbar umgibt, nehmen wir als erstes wahr, sehen, fühlen, hören, riechen und schmecken. Aus wechselnden Positionen erschließen sich uns verschiedene Aspekte des Lebens, erleben wir das „Du", das „Wir" und das soziale Feld. Worauf wir unsere Aufmerksamkeit lenken, kennt keine Grenzen. Um so mehr, wenn es um existentielle Bedürfnisse geht, von Schutz über Nahrung bis zur Liebe. Die Erfahrungsmenge, welche uns zu einem Thema bewusst oder unbewusst zur Verfügung steht, wird aus allen Positionen und Richtungen gebildet, die wir mit unserer Aufmerksamkeit bis dato bereist haben. Wir nennen diese Gesamtheit der uns zugänglichen Sichtweisen, Informationen und Erfahrungen, unseren Wahrnehmungsraum oder auch Erfahrungsraum. Dazu gehören neben Wahrnehmungspositionen anderer Menschen auch alle Zeitabschnitte und alle Erfahrungsebenen, die uns gewahr sind. Gut, wenn wir auch die Wirkungen unserer Handlungen erfassen, das Feedback, das uns die Welt gibt. Systemisches Denken, die Kunst, Prozesse und Zusammenhänge zu erfassen, ist eine besondere Art, seinen Wahrnehmungsraum zu gestalten.

Aus unserem Wahrnehmungsraum und unseren Intentionen erschaffen wir unsere Befindlichkeit, unser Wissen, unsere Meinungen und Ideen, Ziele und Strategien. Auch unsere weiteren Handlungen bauen darauf auf. Nicht immer sind unsere Wahrnehmungsbausteine widerspruchsfrei, wir integrieren und trennen, entscheiden und sortieren, bestimmen, was wir uns zu Eigen machen, was bei anderen bleibt oder was wir fallen lassen. Wir löschen Unwichtiges, verallgemeinern

Wichtiges und konstruieren Neues. Dieser Gestaltungsprozess wird durch das gelenkt, was uns wichtig und wertvoll ist. Dies kann sich natürlich mit neuen Erfahrungen verändern.

Letztlich finden wir immer wieder zu einer eigenen Wahrnehmungsposition zurück, wenngleich sie uns oft erweitert und verändert erscheint. Was wir uns zu Eigen machen, was wir bei anderen belassen, was wir gelernt haben und wohin wir uns orientieren, drückt sich in ihr aus.

Was wir aufnehmen. Wenn unser Wahrnehmungsraum gut sortiert ist, hat dort alles seinen angemessenen Platz, es gibt ein „Innen" und „Außen", näher Liegendes und Entferntes, Eigenes, Fremdes oder Gemeinschaftliches. Nicht selten jedoch mischen sich Anteile verschiedener Wahrnehmungspositionen in uns und wir können kaum mehr unterscheiden, was von wo kommt, was eigene Gefühle und Meinungen sind oder welches die Stimme des verstorbenen Großonkels ist. Dann ist es Zeit, sich zu sortieren, auseinander zu nehmen, was nicht zusammenpasst, zurückzugeben, was nicht das Eigene ist. Gefühle, Stimmen, Sichtweisen können wir ganz bewusst den Wahrnehmungspositionen zuordnen, aus denen sie stammen. Was wir mit dem Ich assoziieren, bekommt seinen Platz innen, was einem Du angehört, findet seinen Platz bei diesem. Je jünger wir sind, desto hungriger nehmen wir etwas von anderen auf und machen es zu unserem Eigenen – nicht immer tut uns das gut. Wichtige Personen erhalten einen Platz in unserem Herzen, werden zu inneren Anteilen oder finden in jener Abteilung einen Platz, die wir das „Ich" nennen. Verinnerlichte Anteile wirken auf unser Leben, weshalb wir gut daran tun, sie respektvoll zu betrachten und ihnen eine gute Entwicklung angedeihen zu lassen. Was wir aufgenommen haben, können wir verändern und weiterentwickeln. Dies ist ein zentrales Anliegen des „Reimprinting" (ab Seite 166). Was wir zu Unrecht aufgenommen und getragen haben, können wir zurückgeben, beispielsweise in einer Familienaufstellung (ab Seite 239).

In manchen Fällen, zum Beispiel in der Liebe zwischen Mann und Frau oder zwischen Mutter und Kind kann es sehr wertvoll sein, sowohl die eigenen wie auch die Gefühle des anderen in sich zu empfinden, genießen und berücksichtigen zu können. Aus dem Zusammenspiel des einen und des anderen entsteht oft eine völlig neue Dimension des Erlebens. Dabei bildet sich die Wahrnehmungsposition des „Wir", welche mehr ist als die Addition der Beteiligten, vielmehr ein Meta-Organismus, den Menschen miteinander bilden und erleben. Das „Ich" geht dabei ebenso wenig verloren, wie sich das Herz als Teil des Körpers aufgibt. Es erlebt ein größeres Ganzes, an dem es möglichst sinnvoll und erfüllend beteiligt ist, so dass es oft genug dabei erst seine Erfüllung findet. Es ist ein wichtiges Anliegen systemischer Therapie und Aufstellungsarbeit derlei Prozesse für alle sinnvoll zu gestalten.

Gestaltungsbeitrag. Das, was wir in einer Situation oder bezüglich eines Themas fühlen, wissen, denken, wollen, entscheiden oder zum Ausdruck bringen, nennen wir unseren Gestaltungsbeitrag. Er ist ein Beitrag für die eigene Entwicklung und für die Entwicklung des Systems, mit dem wir in Verbindung stehen. Unser Gestaltungsbeitrag hängt stark von unserem Wahrnehmungsraum ab. Unsere Werte, Bedürfnisse und Ziele fließen ebenfalls in ihn ein. Wir haben das Wort „Gestaltungsbeitrag" gewählt, weil es Inhalte beschreibt, die zum einen aus einem inneren Gestaltungsprozess hervorgegangen sind, zum anderen einen Beitrag für weitere Gestaltungsprozesse darstellen, für Prozesse der Veränderung oder der Stabilisierung, die in unserem Leben und in unseren Beziehungen stattfinden. Aus der Sicht einer Gemeinschaft können wir alle Befindlichkeiten, Wahrnehmungen, Handlungen und Wünsche von Beteiligten als derartige Gestaltungsbeiträge auffassen. Sie dienen potentiell der Entwicklung der Gemeinschaft, wollen Einseitigkeiten und Defizite ausgleichen. Wir sagen potentiell, denn nicht jeder Gestaltungsbeitrag zeigt sich in einem gefälligen Gewand. Er kann stören, polarisieren, über Grenzen gehen, gesundheitsschädigend sein oder verletzten. Wir sind jedoch davon überzeugt, dass auch hinter scheinbar negativen Beiträgen eine positive Absicht liegt, die, wenn sie erkannt, geachtet und sinnvoll in ein Ganzes einbezogen wird, ihre destruktive Maske verliert. Hierfür ist es wichtig, dass der Träger der guten Absicht einen angemessenen Platz im System findet. Allein das Bewusstsein, auch schwierige Verhaltensweisen, Meinungen und Gefühle als Gestaltungsbeiträge zu verstehen, hilft uns, konstruktiv mit ihnen umzugehen und ihre gute Absicht herauszufinden.

Menschen können ihre Sicht der Dinge ändern, besonders, wenn sie neue Erfahrungen machen, sich austauschen oder wenn etwas in ihren Beziehungen geschieht. Deshalb sind Gestaltungsbeiträge inhaltlich nicht endgültig, nur Stadien eines Prozesses. Indem ein Lernender seinen Wahrnehmungsraum erweitert, kann er neue Einsichten, Lösungen und Entwicklungsmöglichkeiten finden. Mancher Gestaltungsbeitrag ist von der ganzen Lebenserfahrung eines Menschen geprägt, so dass es Inhalte geben mag, die relativ unveränderlich erscheinen, während andere ganz auf das Hier und Jetzt bezogen sind. Dort, wo alte Erfahrungen die Gedanken bestimmen oder sogar zementieren, ist Lebensweg-Arbeit ein guter Veränderungsweg. Im anderen Fall lohnt es, mit den Gegenwartserfahrungen zu arbeiten.

Zusammenfassend können wir den Wahrnehmungsraum als all das beschreiben, was der Lernende von außen nach innen aufgenommen hat und was ihm nun verfügbar ist, den Gestaltungsbeitrag als das, was er von innen nach außen anderen Menschen zeigt und weitergibt. Beide können ineinander übergehen.

Was wir voneinander erfahren

Verstehen lernen. Wenn Menschen Beziehungen gestalten oder zusammenwirken wollen, lernen sie etwas voneinander. Nur so kann jeder die Anliegen, Fähigkeiten und Erfahrungen des anderen berücksichtigen. Was wir voneinander erleben, bezieht sich auf bestimmte Situationen, Themen und Konstellationen. Eine vertraute Freundin lernen wir in vielen Lebensphasen kennen, aber auch nur dann, wenn wir in Kontakt mit ihr sind. Und diese Beziehung hat Einfluss darauf, „wie sie ist". So ist, was wir voneinander erleben, auch Spiegel der eigenen Wirkung. Doch das ist nur eine Seite. Uns begegnet im anderen zu jeder Zeit seine ganze Geschichte, sein Wesen und vielleicht seine Seele. Wir können etwas über seinen oft ganz anderen Wahrnehmungsraum erfahren, darüber, was ihn umgibt, wo seine Aufmerksamkeit liegt, was er sieht, hört und fühlt, vielleicht auch darüber, wie er andere erlebt. Seinen Gestaltungsbeitrag vermittelt uns unser Gegenüber in seinen Meinungen, Anliegen, Beiträgen und Handlungen. Auch seine Befindlichkeit und seine Gefühle fließen hier ein.

Es gibt viele Wege, einen Menschen verstehen zu lernen. Wir können fragen, schauen, uns einfühlen, uns in seine Position hineinversetzen, uns als Gegenüber mit ihm auseinandersetzen, mit ihm spielen oder arbeiten. Empathie macht es uns möglich, uns einzufühlen. Vielleicht begegnen wir ihm auch in seiner Umgebung oder lernen seine Vergangenheit kennen. All das wird auch uns selbst bereichern. Sich kennen zu lernen, sollte ein Geben und Nehmen sein, keine einseitige Detektivarbeit. Wer andere in ihrer Entwicklung begleitet, schenkt als Ausgleich beispielsweise seine fachliche Unterstützung.

Haben wir uns ein Bild gemacht und ein Gefühl entwickelt, sollten wir nicht auf Feedback darüber verzichten, ob wir dem Partner damit gerecht werden. Ihn zu fragen ist manchmal, aber nicht immer der angemessene Weg. Unser Sehen, Hören und Fühlen hilft uns, seine Verhaltenweisen als bestätigendes oder korrigierendes Feedback wahrzunehmen.

Manchmal entwickeln wir bestimmte Vorannahmen über einen Zeitgenossen, besonders, wenn er uns an irgendetwas erinnert. Doch Vorsicht, wo Menschen aufeinander wirken, verwandeln sich Vorannahmen leicht in selbsterfüllende Prophezeiungen: Wer glaubt, ein anderer hätte etwas gegen ihn, wird sich ihm gegenüber leicht so verhalten, dass er mit seiner Vermutung Recht bekommt. Keine Person ist objektiv so oder so, unsere inneren Prozesse beziehen sich stets auf Beziehungen und Lebenszusammenhänge. Je stärker wir aufeinander wirken, desto mehr beeinflusst unser Denken und Handeln das des anderen. Dies gilt auch für kleine Kinder, denen die Eltern bestimmte Eigenschaften zusprechen, welche sie dann auch wirklich entwickeln. Mit steigender Lebenserfahrung stabilisiert sich die eigene Identität, wir lernen Unterschiede zwischen der eigenen Wahrnehmung und der eines anderen wahrzunehmen, Grenzen zu setzten, Positionen zu wahren und anderen, die sich über uns irren, korrigierendes Feedback zu geben.

Indem wir einen Menschen kennen lernen, verändern wir uns selbst. Und auch dieser verändert sich. Was heute galt, kann morgen schon falsch sein. „Du sollst dir kein Bildnis machen.", heißt es nicht nur bei Max Frisch. Für uns ist es der Aufruf, ständig offen und neugierig für den Prozess des Seins zu sein, der sich in uns und in anderen vollzieht. Und wir sollten uns des möglichen Einflusses eigener Vorannahmen und Verhaltensweisen auf diesen Prozess bewusst sein, der mit der die Art, wie wir fragen, beginnen kann.

Projektionen. Wenn wir sehr schnell glauben, einen anderen genau zu kennen, auch keine Fragen mehr brauchen, sehen wir in ihm vielleicht eine Person aus unserer Vergangenheit. Möglicherweise projizieren wir deren Bild auf ihn. Eventuell sehen wir in ihm auch einen Teil unserer selbst, einen, den wir ablehnen oder einen, den wir mögen. Letztlich befinden wir uns dabei in unserer inneren Erfahrungswelt, deren Mitspieler er ist. Erst, indem wir erkennen, wie er sich von unserer Innenwelt unterscheidet, haben wir die Chance, ihn kennen zu lernen. Indem er mitspielt, schwindet diese Chance.

In der anderen Richtung kennen wir Menschen, die uns, wenn wir nicht gegensteuern, zu Mitspielern ihres inneren Systems werden lassen. Es ist, als würden wir im Umgang mit ihnen eine Rolle aus ihrer Vergangenheit annehmen, ein Stellvertreter für eine Person aus ihrem Leben werden. Dies kann uns, wie in einer nicht beendeten Familienaufstellung, so in Anspruch nehmen, dass wir lange Zeit mitspielen und scheinbar nicht mehr wir selber sind. Wir können nur dann etwas zurückgeben, wenn dadurch kein Vakuum entsteht. Deshalb brauchen wir eine innere Erfahrung dessen, wer wir statt dessen sind und was wir leben wollen. Haben wir etwas Boden außerhalb eines Systems, können wir etwas verändern und brauchen nicht auf Rufe zu reagieren, die uns beim falschen Namen nennen.

In der einen Richtung könnte ein Mann in einer Frau seine Mutter sehen, in der anderen Richtung würde sie sich, mit all den dazu gehörenden Gefühlen, tatsächlich als diese erleben. Auf Dauer wird sie dies wahrscheinlich überfordern, es sei denn, sie will gern eigene mütterliche Anteile entwickeln. Ein Kind böte ihr hierfür natürlich bessere Möglichkeiten. Es kann noch komplizierter werden: Sieht die Frau in dem Mann gleichzeitig ihren Vater, werden beide abwechselnd kindliche und elterliche Rollen zu spielen haben, wie dies parentifizierte Kinder erleben. – Die Lösung solcher Übertragungen und Gegenübertragungen liegt darin, die Erfahrungen des Ursprungssystems von denen des Gegenwartssystems zu trennen und die ungelösten Themen im Ursprungssystem zu bearbeiten. Lebensweg-Arbeit und Familienaufstellungen sind ein Weg dazu. Danach erst haben Mann und Frau die Chance, sich als solche zu begegnen. Hier einige Beispiele für mögliche Formen von Projektionen:

- Ich sehe in dir meinen Vater, wie er leider war. (Wiederholung negativer alter Muster)
- Ich sehe in dir meinen Vater, wie ich ihn mochte (Wiederholung positiver Muster)
- Ich sehe in dir einen Vater, wie ich ihn mir wünschte. (Ausgleich alter Defizite)
- Ich sehe in dir mein jüngeres Selbst und mag es. (Wachstum)

- Ich sehe in dir mein jüngeres Selbst mit den kritischen Augen meiner Mutter. (Wiederholung alter Muster)
- Ich sehe dich, wie du bist. (Auflösung von Projektionen)

Nicht immer sind Projektionen also negativ, zudem verläuft die Grenze zwischen Projektion und echter Wahrnehmung des Partners fließend. Je stärker unser Bild vom anderen durch Erinnerungen oder Phantasien geprägt wird, desto weniger nehmen wir seine Persönlichkeit wahr.

Wenn es aber der reale Mensch aus der Gegenwart ist, der uns so gut tut, dass dies vergangene Defizite in uns ausgleicht, erleben wir etwas Neues und das ist wertvoll. Es mag sein, dass wir in einem anderen einen Teil unseres Selbst sehen. Indem wir ihm Sympathie, Ermutigung oder Unterstützung geben, tun wir dies auch für uns selbst. Vielleicht sogar geben wir ihm, was wir uns einst von Vater oder Mutter gewünscht hatten. Dies hat dreierlei Wirkung: Eine für den anderen, eine für das jüngere Selbst und eine für den inneren Vater, der nun als Teil in uns jene Ressourcen hinzugewinnt, die ihm damals gefehlt haben. Wenn diese Wirkungen allen gut tun, sei uns die Projektion gern erlaubt.

Den Wahrnehmungsraum gestalten

Einzelarbeit. Ein Einzelner kann Erfahrungen aus vielen Wahrnehmungspositionen heraus erleben: beteiligt, beobachtend, das Ganze überblickend, aus der Gegenwart in die Vergangenheit blickend, aus der Zukunft in die Gegenwart, mit den Augen des Freundes, mit den Augen eines anderen, aus der Position des einen oder anderen inneren Teiles, aus der Sicht seines höheren Selbst, aus dem Wir-Gefühl einer Gruppe, aus dem Zentrum einer Beziehung, mit dem Verstand, mit dem Gefühl, mit dieser oder jener Vorannahme, diesen oder jenen Wertvorstellungen und Absichten. All dies kann ihm helfen Lösungen zu finden, was letztlich dadurch möglich wird, dass er die Beiträge der einzelnen Positionen nutzt und zu einem neuen Ganzen integriert.

Wenn wir einen Lernenden darin unterstützen wollen, Lösungen für ein Problem zu finden oder sich neue Perspektiven zu erschließen, bietet es sich an, alle für sein Thema relevanten Wahrnehmungspositionen und Aufmerksamkeitsrichtungen herauszuarbeiten. Beginnen wir bei denen des Lernenden:

- Was für eine Erfahrung/ein Thema ist das?
- Erleben Sie die das beteiligt oder beobachtend?
- Was nehmen Sie wahr?
- Was denken Sie?
- Was möchten Sie?
- Was möchten Sie nicht?
- Was geschieht da?
- In welcher Rolle befinden Sie sich?

- Welche (inneren) Teile sind beteiligt?
- Wie sieht das Ganze von außen aus?

Und hier kommen die anderen Beteiligten:

- Wer genau gehört noch dazu?
- Wie sieht das aus der Position X aus?
- In welcher Beziehung stehen Sie zueinander?
- Können Sie sich in Y hineinversetzen?
- Was sagt Z dazu?
- Was würde A meinen?
- Was würde ein weiser Berater dazu sagen?

Auch interessiert uns, auf welche Bereiche der Zeit und welche Erfahrungsebenen der Lernende seine Aufmerksamkeit richtet:

- Was war früher?
- Wie sieht die Zukunft aus?
- Wie sieht die Zukunft für andere aus?
- Wie hat sich das entwickelt?
- Welche Fähigkeiten, Werte oder Überzeugungen spielen eine Rolle?
- Welche Umgebung und welches Verhalten gehört dazu?

Die Reihe der Fragen ließe sich weiter fortsetzen. In der Praxis können wir ihre Abfolge und Auswahl nach Bedarf ändern. Wir bitten den Lernenden meist darum, dass er sich selbst und den einzelnen Positionen und Bereichen seines Wahrnehmungsraums passende physisch gekennzeichnete Stellen im Raum zuordnet. Er kann sie durch Karten, Stühle oder Muster auf dem Teppich markieren und in jede Wahrnehmungsposition hineinschlüpfen, indem er sich auf die entsprechende Position begibt. Hier nimmt er ihre Gestaltungsbeiträge wahr, lernt, ihre gute Absicht zu würdigen, sie zueinander in Beziehung zu setzen und einen konstruktiven Austausch zwischen ihnen zuwege zu bringen. Anders als in Familienaufstellungen ist der Wahrnehmungsraum nicht ausschließlich durch die Positionen der Familienmitglieder besetzt, diese können natürlich dazu gehören, aber auch das jüngere Selbst, der Beobachter, ein innerer Teil, das zukünftige Selbst oder die Sicht ganz anderer Personen mögen einbezogen sein. Der Lernende gleicht einem König, der zur Lösung eines Problems den Staatsrat einberufen hat und nun die verschiedenen Sichtweisen einholt, welche berücksichtigt werden wollen.

Oft bieten sich im Laufe der Arbeit neue Wahrnehmungspositionen an, die bisher gefehlt haben. Einschränkende Lebenserfahrungen z.B. erscheinen uns manchmal in einem völlig anderen Licht, wenn wir sie mit den Augen eines Menschen, der uns liebt, betrachten. Denken wir auch an die Segnungen einer sicheren Beobachterposition, die wir in der Einzelarbeit regelmäßig einsetzen. Da

68

es einen reinen, eigenschaftslosen Beobachter nicht gibt, ist es eine gute Idee, die Beobachterrolle mit den Augen einer wohlwollenden Gestalt zu erleben, welcher Lebenserfahrung und andere Ressourcen zur Verfügung stehen.

Im Laufe der Arbeit erweitert und gestaltet der Lernende gemeinsam mit dem Begleiter seinen Wahrnehmungsraum und entdeckt auf diesem Weg neue Zusammenhänge und Lösungen. Gerade jene Stimmen, die er bisher wenig beachtet hat, besitzen oft das größte Gestaltungspotential, sei es der Beitrag einer bisher unbeachteten anderen Person oder der Blick aufs Ganze, seien es Erfahrungen aus der Vergangenheit, Zukunftsvorstellungen oder unbeachtete Erfahrungsebenen. Immer wieder werden die Anteile des Wahrnehmungsraumes miteinander und zueinander in Beziehung gesetzt, verknüpft oder getrennt. Dabei, zeigt sich, welche Ressourcen der Lernende zusätzlich benötigt oder wo weitergearbeitet werden muss. Eventuell sind Gegensätze zu integrieren, innere Beziehungen zu klären. Wir können den Prozess bei Bedarf durch Lebensweg-Arbeit oder systemische Aufstellungen vervollständigen.

Als Besonderheit der Arbeit mit Wahrnehmungspositionen sei noch einmal das Beachten und Einbeziehen von Persönlichkeitsanteilen erwähnt. Manchmal ist deren Konflikt der größte. Schon Goethes Faust sprach von zwei Seelen, die, ach, in seiner Brust wohnen. Auch innere Anteile können wir im Raum „verorten", um ihre Position einnehmen zu können und ihren Gestaltungsbeitrag zu erleben. Im Kapitel „Das innere Team" von Teil III stellen wir interessante Arbeitsformen vor, derlei Anteile in Austausch und in Harmonie zu bringen.

Konstellationen gestalten. Die Anteile des Wahrnehmungsraums eines Lernenden bilden ein System, stehen untereinander in Beziehung, haben eine individuelle Nähe und Distanz und – in menschlicher Gestalt - eine bestimmte Blickrichtung. In einem solchen System können neben der eigenen Wahrnehmungsposition des Lernenden und denen anderer beteiligter Personen auch innere Persönlichkeitsanteile oder imaginierte Gestalten eine Rolle spielen. Jede trägt auf ihre Art zur Entwicklung bei. Auch logische Konzepte, Überzeugungen oder Ideen können wir als Wahrnehmungspositionen, die ihre Gestaltungsbeiträge einbringen, auffassen und einbeziehen.

Wenn der Lernende Lösungen sucht, in welchen alle Aspekte des von ihm repräsentierten Systems optimal in Beziehung stehen und sich ergänzen, können wir an dessen Struktur, d.h. an den Positionen und Beziehungen seiner Komponenten, aber auch am Austausch und an den Prozessen zwischen ihnen arbeiten. Jedes wirkt auf das andere.

Die räumliche Darstellung der inneren Struktur nennen wir Psychogeografie oder Beziehungskonstellation. Aus einer Beobachter-Position heraus lässt sie sich in ihrer Gesamtheit wahrnehmen. Nicht immer ist die aktuelle Konstellation in Balance. Häufig bilden sich in ihr Spannungen oder Konflikte, Prozesse von Dominanz, Abhängigkeit oder Abwertung ab. Manchmal ist die Konstellation schlichtweg unpraktisch, erlaubt den Anteilen nicht, sich einzubringen und sinnvoll auszutauschen. Mit Hilfe der Aufstellungsarbeit lässt sich eine Beziehungskonstellation so gestalten, dass alle Beteiligten einen optimalen Standort und einen angemessenen Kontakt zueinander finden, so dass sie sich ergänzen und bereichern. Die Veränderungsarbeit verläuft hier primär über die Systemstruktur. Dabei ändern die Anteile zugleich ihre zuvor oft verhärteten und gegensätzlichen Gestaltungsbeiträge, werden kompatibler, treten in Austausch und lernen voneinander. Auch der Weg, welchen wir nachfolgend beschreiben, betrifft den Kommunikationsprozess.

Versöhnen von Positionen. Um unterschiedliche Positionen zu versöhnen, deren Träger im Konflikt miteinander stehen – ob es sich um innere Anteile oder reale Personen handelt – gibt es viele hilfreiche Kommunikationsmuster. Ein mittlerweile klassisches Prinzip konzentriert sich auf die positive Absicht, welche jeder Anteil oder Beteiligte mit seinem bisherigen Gestaltungsbeitrag verfolgt. Diese will verstanden und gewürdigt werden. Das geschieht, indem jede Seite die Wahrnehmungsposition der anderen bis hin zu dieser oft verborgenen Absicht kennen lernt und ihren Wert nachvollziehen kann. So entsteht auf beiden Seiten die Bereitschaft, eine für alle zufriedenstellende Lösung zu finden. Darauf aufbauend beginnen sich beide Parteien darin zu unterstützen, neue Verhaltensweisen und Fähigkeiten zu entwickeln, die für beide besser funktionieren. Die Wahrnehmungsräume und Gestaltungsbeiträge jeder Seite verändern sich. Oft hat eine Seite genau das zur Verfügung, was der anderen fehlt, um ihre gute Absicht vollkommener zu erfüllen. Die Teile erkennen, dass das Gelingen auf der anderen Seite dem eigenen Gelingen zugute kommt und finden eine Art, in der sich beides am besten ergänzt. Dies ist das Geheimnis der Bildung eines „Wir“. Dieses Prinzip ist auch in der *Mediation*, der Kunst des Vermittelns, von zentraler Bedeutung. Im NLP finden wir es in der Technik „Verhandlungsreframing“ wieder, welche Sie im ersten Buch von Bernd finden (Isert 1996, Seiten 157ff und 202ff). Eine erweiterte Form der Arbeit mit scheinbar gegensätzlichen Positionen finden Sie in der *Tetra-lemma-Aufstellung* von Insa Sparrer und Matthias Varga von Kibéd, die wir ab Seite 265 beschreiben.

Unser Beispiel ist nicht ganz ernst gemeint, illustriert aber eine Konfliktlösung unter Hinzuziehung neuer Wahrnehmungspositionen und des Versöhnungsmodells.

Isa und Michael haben einen Konflikt: Sie können sich nicht darüber einigen, wer heute den Berg Geschirr abwäscht. Zunächst hat jeder eine Sichtweise (aus der Sicht von mir), die der des anderen (aus der Sicht von dir) widerspricht. Tritt beispielsweise Isa jetzt einen Schritt zurück (Isa als Beobachterin) und betrachtet das Ganze, so könnte sie zu dem Schluss kommen: „Michael, wir können uns nicht einigen.“ Michael könnte das Ganze auch von außen betrachten (Michael als Beobachter) und erwidern: „Doch, liebe Isa, wir können uns schon einigen, diese Fähigkeit haben wir schon bewiesen.“ Beobachter Michael sah also, was in der Vergangenheit lag, welche Fähigkeiten in ihnen stecken und was in der Zukunft möglich wäre, während Beobachterin Isa die aktuellen Reaktionen und Verhaltensweisen beschrieb. Sie besinnt sich darauf hin ihrer Fähigkeiten (nimmt sich selbst wahr) und probiert, mit dem Teil Michaels Kontakt aufzunehmen, der nicht abwaschen will (nimmt von sich aus diesen Teil von Michael wahr). Sie versteht den Teil gut, schließlich hat sie ja auch keine Lust. Aber immerhin, so appelliert sie an Michaels Verantwortungsbewusstsein, hätte sie es ja die letzten drei Mal gemacht.

Michael bemüht die Sicht des Gemüsehändlers um die Ecke. Er habe ihn (Michael) vorgestern gefragt, ob er (Michael) denn nun fürs Einkaufen zuständig sei, Lisa habe sich gar nicht mehr blicken lassen. Der wisse gerade mal Äpfel von Birnen zu unterscheiden, kontert Lisa. Aus einer höheren, spirituellen Sicht, seien Arbeit und Vergnügen der beiden (Isa und Michael) doch ohnedies ziemlich ausgeglichen, empfindet Lisa nun. Der Teufel sei da bestimmt anderer Meinung, meint Michael. „Der will ja auch, dass wir uns streiten", entgegnet Isa und schlägt vor, die Nachbarin als vermittelnde Dritte zu holen. Schließlich kennt sie sich mit Konfliktlösung aus. „Martina ist eine Frau und wird dir natürlich Recht geben", lautet Michaels Versuch, sich in seine Nachbarin hineinzuversetzen. Er willigt schließlich ein, weil er im Grunde davon überzeugt ist, dass sie ihnen beiden wohlgesinnt ist. Martina wird sich abwechselnd in Isa und Michael versetzen, dabei zugleich einen klaren Kopf behalten. Sie wird die guten Absichten und die Verhaltensweisen der beiden auseinander halten, sich dann auf die guten Absichten konzentrieren, wird das Paar auch mal als Ganzes ansprechen und fragen, was jeder dem anderen geben kann, so dass sich die guten Absichten beider besser erfüllen als bisher. Die beiden werden sich erinnern, sich in ihr Gegenüber hinein versetzen, mit ihrem Inneren Kontakt finden. Bald geht es gar nicht mehr allein ums Abwaschen. Sie flüstern sich etwas ins Ohr und dann gibt es einen Handschlag... Wir wissen nicht, was aus dem Abwasch wurde, vielleicht haben sie ihn gemeinsam gemacht, vielleicht haben sie das Geschirr weg geworfen. Es könnte auch sein, dass eine Art Vertrag herausgekommen ist. Möglich auch, dass eine Spülmaschine gekauft oder eine Haushaltshilfe engagiert wurde.

Systemische Arbeit und zirkuläres Fragen

Von Einzelnen zu Systemen. Die Arbeit mit Wahrnehmungspositionen verstehen wir als Brücke zu vielen Formen der systemischen Arbeit, sei es in der Form von Aufstellungen, systemischer Kurzzeittherapie oder innerer Prozesse.

In der Arbeit mit Familien und Teams begegnen uns Wahrnehmungspositionen von Menschen, die sich aufeinander beziehen und bestimmte Positionen in einem sozialen Feld innehaben. Die Struktur ihrer Beziehungen bezeichnen wir als Gruppenkonstellation. Der Gestaltungsbeitrag jedes Beteiligten wird von seinem persönlichen Wahrnehmungsraum und seinen Anliegen in der jeweiligen Position bestimmt. Er reagiert damit auf die Geschehnisse im Beziehungsfeld. Über die Beiträge der anderen erlebt er deren Wahrnehmungspositionen, kann sich in sie hineinversetzen, sie interpretieren, annehmen, ablehnen, verstehen oder missverstehen. Er entwickelt Gefühle zu ihnen, Vorstellungen über ihre Absichten und darüber, wie sie ihn sehen. Alles, was er im System erfährt, also auch die Positionen

71

der anderen oder die eines „Wir", erweitert seinen Wahrnehmungsraum und fließt in seinen aktuellen Gestaltungsbeitrag ein. Im Laufe der Zeit kann er immer wieder neue Erfahrungen machen, seine Vorstellungen über andere korrigieren oder ergänzen – und sein Verhalten verändern.

Klare Hinweise für Veränderungsbedarf finden wir, wenn das, was einzelne Beteiligte von anderen denken und glauben, wenig mit deren Erfahrungswelt zu tun hat oder starke „blinde Flecken" aufweist. Austausch und Interaktion erfordern so etwas wie eine geteiltes Wissen, eine Übereinkunft darüber, was für beide Seiten gültig ist. Missverständnisse, einschränkende Vorannahmen, Projektionen, Mangel an Informationen deuten in die andere Richtung. Das Wissen voneinander und das Erkennen und Würdigen positiver Absichten des Partners ist eine wichtige Voraussetzung dafür, sich aufeinander abstimmen und zusammenwirken zu können. Die Bildung von Gruppen, das Entstehen von Gemeinschaftsgefühl hängt unmittelbar mit dem Vertrautwerden und Wissen voneinander zusammen. Wir können diesen Lernprozess in der Veränderungsarbeit fördern, indem wir die Beteiligten dazu ermutigen, ihre Gestaltungsbeiträge einzubringen, etwas von sich auszudrücken und ihnen dabei helfen, die Positionen der anderen wahrzunehmen, Unterschiede zu tolerieren und einschränkende Vorannahmen zu korrigieren. So bildet sich Wertschätzung und wechselseitige Akzeptanz. Die meisten Veränderungsmodelle für Systeme nutzen das auf diese oder jene Art. Besonders förderlich ist es, wenn die Beteiligten dazu in der Lage sind untereinander ihre Wahrnehmungspositionen zu wechseln und die Welt mit den Augen des anderen zu erleben. Eine derartige Form beschreiben wir im Abschnitt „Team-Kaleidoskop" von Teil III (Seite 291). Wo Missverstehen bewusst oder unbewusst beabsichtigt ist und im System bestimmte Funktionen erfüllt, zum Beispiel als Form des Konkurrierens, muss dies natürlich zuvor geklärt und auf anderen Wegen bearbeitet werden.

Der Fokus einer Veränderungsarbeit liegt in dem Anliegen und in der Richtung der Aufmerksamkeit, aus der heraus wir das System betrachten. In der Einzelarbeit liegt er in der Wahrnehmungsposition des Lernenden, auf die wir den Prozess immer wieder beziehen, deren Anliegen und Befindlichkeit der Arbeit Richtung und Ziel geben. Meist nimmt der Lernende im Verlauf des Prozesses auch andere Positionen als die eigene ein. Es ist seine Wahrnehmung der anderen Positionen. Erfahrungsgemäß ist das Ergebnis nur dann stabil, wenn das gesamte System in der Lösung berücksichtigt wurde, wie dies beispielsweise beim Reimprinting (ab Seite 166) der Fall ist.

In der Arbeit mit Paaren, Familien, Teams und Gruppen sind mehrere Menschen gleichzeitig am Lernprozess beteiligt. Hier gewinnen unterschiedliche Sichtweisen, Anliegen, Werte und Befindlichkeiten an Bedeutung. Das Thema und der Fokus können wechseln, beides wird nicht nur durch einer Person bestimmt. Die Kunst der Lösungsfindung besteht darin, Schritt für Schritt die Entwicklungsbedürfnisse aller Beteiligten zu berücksichtigen, d.h. eine **allparteiliche Lösung** zu finden. Die Aufmerksamkeit des Begleiters liegt deshalb auf dem System als Ganzes. Das geht nur, wenn alle relevanten Wahrnehmungspositionen einbezogen worden sind. Wenn Beteiligte nicht anwesend sind, sollten sie dennoch eine Stimme erhalten, indem ein anderer zeitweise ihre Position einnimmt. Dies können Stellvertreter sein, wie sie in systemischen Aufstellungen den Platz von abwesenden Personen einnehmen.

In reinen Aufstellungen mit Stellvertretern wird der rahmengebende Fokus der Arbeit zwar vom Lernenden gesetzt, innerhalb dieses Rahmens wird jedoch wiederum eine Lösung gesucht, die auch den Intentionen und Befindlichkeiten der anderen gerecht wird.

Hindernisse. Wenn wir schwierige soziale Situationen untersuchen, können uns folgende Defizite in der Kommunikation und in der Struktur begegnen, die Lösungen im Wege stehen:

- Einzelne Beteiligte dominieren andere oder schließen sie aus.
- Eine wichtige Wahrnehmungsposition oder ihr Gestaltungsbeitrag fehlt ganz.
- Die Beziehungen der Beteiligten zueinander sind konfliktvoll oder ungeklärt.
- Ein Beteiligter missversteht die Gestaltungsbeiträge eines anderen, kann sie also nicht repräsentieren und angemessen darauf reagieren. Jenes Missverstehen kann das Ergebnis von unüberprüftem Gedankenlesen, Vermuten, Projizieren oder Bewerten sein.
- Ein Beteiligter kann den eigenen Gestaltungsbeitrag nicht einbringen, es mangelt an Ausdrucksvermögen oder Erlaubnis.
- Ein Beteiligter ist nicht in der Lage, eine andere, wichtige Wahrnehmungsposition nachzuvollziehen oder deren Gestaltungsbeitrag zu verstehen.
- Es gibt keinen ausreichenden Kontakt und Austausch zwischen den Beteiligten über ihre Wahrnehmungspositionen.
- Ein Beteiligter hat die Wahrnehmungspositionen anderer verinnerlicht und keinen Zugang zu seiner eigenen.
- Ein Beteiligter erlebt in sich eine Mischung unterschiedlicher Stimmen, Gefühle und Bilder, welche die Positionen unterschiedlicher Beteiligter ausdrücken, von ihm aber nicht mehr auseinander gehalten werden können und ihn blockieren.

Wenn ein derartiges Hindernis erkannt wurde, können schon einfache Fragen, besondere Aufmerksamkeit und eine Verbesserung der Kommunikation helfen. Oft bedarf es der Klärung der Beziehungskonstellation, eines respektvollen Austauschs oder anderer systemischer Prozesse.

Gelingt es den Beteiligten, ihre Standpunkte einzubringen, zu verstehen oder sogar zu wechseln, kommen wir einem gelungenen Austausch und neuen Lösungen näher. Jeder will mit seiner Wahrnehmungsposition wertgeschätzt und gewürdigt werden sowie einen sinnvollen Platz im System erhalten. Der Veränderungsprozess entwickelt sich oft von einer anfänglichen Dominanz einzelner Positionen über Demokratie hin zu synergetischem Zusammenspiel.

Die Intentionen der Beteiligten. Von zentraler Bedeutung für die Gestaltung und Entwicklung eines Systems sind die unterschiedlichen Intentionen oder Absichten, welche die Beteiligten für sich selbst, für andere oder das ganze System innehaben. Diese können offen oder verborgen, bewusst oder unbewusst sein. Es kann darum gehen, etwas zu erreichen oder etwas zu vermeiden, etwas aufrechtzuerhalten oder zu verändern, es kann sich um kurzfristige oder langfristige Interessen handeln, um Verbindlichkeit, Loyalität oder Solidarität. Die Absichten können verschiedene Ebenen der Erfahrung betreffen, von der Umgebung bis zur Zugehörigkeit oder Spiritualität. Persönliche Werte und Überzeugungen haben hier einen besonderen Stellenwert. Auch spielen die Bedürfnisse nach persönlicher Entwicklung, nach Nähe und Distanz und nach Veränderung der sozialen Position eine wichtige Rolle. Manche Anliegen beziehen sich auf vergangene Erfahrungen, andere auf die Gegenwart oder auf ferne Zukunftsvisionen. Wo es um den Bestand oder die Entwicklung des Systems geht, übernehmen Einzelne meist Aufgaben, die dem Ganzen dienen. Manche verborgenen Anliegen werden uns erst verständlich, wenn wir uns bewusst machen, wie viel Menschen aus Liebe zu anderen tun oder auf sich nehmen.

Die Anliegen und Bedürfnisse der Einzelnen geben ihrer Wahrnehmung, ihren Interpretationen und Meinungen eine Richtung. Sie beeinflussen ihre Gestaltungsbeiträge, ihre Beziehungen und damit die künftigen Erfahrungen, welche auf sie zukommen. Die Art, wie wir uns selbst und andere sehen, hat für diese und für uns selbst deutliche Wirkungen. Auch scheinbar negative Sichtweisen können uns bestimmte Vorteile bieten, zumindest kurzfristig. Vielleicht entlastet es uns, jemanden nicht ernst nehmen zu müssen oder nicht ernst genommen zu werden, vielleicht können wir dank unserer Hilflosigkeit die Verantwortung an andere abgeben oder uns ihre Zuwendung sichern, vielleicht rechtfertigt der Egoismus eines anderen den eigenen. Langfristig werden auf diese Art jedoch Probleme geschaffen oder aufrechterhalten. Erst aber, wenn wir derlei Wirkungen im sozialen System erkennen, verstehen wir die verborgenen positiven Absichten bestimmter Gestaltungsbeiträge.

Möglicherweise sorgt die Krankheit eines Kindes dafür, dass die Eltern zusammenbleiben. Oft sind Symptome oder auffällige Verhaltensweisen Mittel und Botschaften zur Gestaltung von Beziehungen. All dies will erforscht, bewusst gemacht und durch bessere Alternativen ersetzt werden. Es ist nicht immer bequem, bestimmte Probleme loszuwerden, doch dies ist ein Preis, der die Beteiligten wachsen lässt. Vielleicht liegt er in neuen Lebensentscheidungen. Es kann erforderlich sein, eine möglicherweise aus Liebe übernommene Aufgabe dem zurückzugeben, dem sie zusteht. Vielleicht ist es an der Zeit, die Verantwortung für das eigene Verhalten und für das Feedback des Lebens zu übernehmen. Hierzu müssen wir oft neue Fähigkeiten erwerben, das eigene Verhalten, sogar unsere Werte und Überzeugungen verändern, möglicherweise alte Illusionen aufgeben, Verlust und schmerzhafte Erfahrungen annehmen. Es kann darum gehen, Schwellen in eine neue Lebensform zu überschreiten.

Veränderung wird also möglich, wenn es uns gelingt, mit guten Absichten anders als bisher umzugehen. Typische Wege hierzu sind es,

- verborgene Intentionen zu erkennen und zu würdigen,
- eine gute Absicht auf sinnvollere Art zu erfüllen,
- ein bisheriges Anliegen durch neue Entwicklungsschritte unnötig werden zu lassen,
- neue Lernschritte zu machen oder Ressourcen zu erwerben,
- vergangene Lebenserfahrungen zu klären oder zu verarbeiten,
- alte unerfüllte Bedürfnisse auch im Nachhinein auf sinnvolle Art zu erfüllen,
- unangemessene übernommene Aufgaben zurückzugeben,
- Verantwortung für das eigene Leben zu übernehmen,
- anderen respektvoll ihre Verantwortung zuzumuten,
- etwas, oder jemanden loszulassen,
- eine angemessene Position im System zu finden,
- Solidarität und Loyalität auf eine Art zu leben, die Entfaltung ermöglicht,
- bevorstehende, neue Entwicklungsphasen zu wagen.

Was für den Einzelnen als sein Anliegen gesehen werden kann, stellt sich aus der Sicht des gesamten Systems gern als eine Funktion dar, die dieser damit für das System erfüllt. Es mag um die Aufrechterhaltung bisheriger Verhältnisse gehen, um den Schutz vor Gefahren, um Stabilität, aber auch um Veränderung, Erneuerung und Bereicherung. Stets werden bestimmte Werte verwirklicht. Welche Funktion ein Gestaltungsbeitrag im System hat, wird oft erst deutlich, wenn wir uns seiner Wirkungen auf andere und deren Verhalten bewusst machen, wie dies im weiter unten beschriebenen zirkulären Fragen geschieht. Entsprechend der Idee des Gestaltungsbeitrages hat nicht nur unser Handeln, sondern auch unser Fühlen, Denken und Wissen bestimmte Funktionen im sozialen Feld. Sie vermitteln Botschaften und haben damit eine kommunikative Bedeutung für andere. Diese Botschaften können der Klärung von Beziehungen dienen, sie können auch den Charakter von Aufforderungen haben oder als eine Art verstanden werden, sich in das System einzubringen. Zuweilen treten in einem System gerade solche Beiträge besonders auffällig in Erscheinung, die dort bisher fehlten oder unterdrückt wurden. Indem das System die damit verbundenen Funktionen und Werte angemessen integriert, findet es eine neue Balance.

Aus der Sicht des Gesamtsystems wollen wir die oben genannten typischen Veränderungswege um weitere ergänzen, auch wenn wir auf einige davon erst in Teil III unseres Buches ausführlicher eingehen. Veränderungspotentiale liegen darin...,

- die Anliegen aller Beteiligten wahrzunehmen und zu würdigen,
- wichtige Funktionen auf jene Menschen zu verteilen, die ihnen in ihren Positionen und Fähigkeiten gerecht werden,

- allen Beteiligten ihrer Entwicklung und Zugehörigkeit nach eine angemessene Position zu ermöglichen,
- die Beziehungen zueinander zu klären und einander zu achten,
- einen angemessenen Austausch und Ausgleich von Geben und Nehmen zu gestalten,
- die Wahrnehmungspositionen anderer verstehen und integrieren zu können,
- gemeinsam getragene Regeln der Stabilisierung und der Veränderung zu finden,
- entwicklungsfördernde Formen der Solidarität und Loyalität zu finden,
- Vielfalt und eine Balance unterschiedlicher Werte zu erlauben.

Indem wir entdecken, wie die Beteiligten aufeinander wirken, öffnen sich uns die passenden Veränderungsmöglichkeiten. Die gezielten zirkulären Fragen eines Begleiters helfen uns, derartige Zusammenhänge ans Licht zu holen.

Zirkuläres Fragen ist eine Form, allen Anwesenden neue Wahrnehmungspositionen zu vermitteln und ihre Aufmerksamkeit in neue Richtungen zu lenken. So werden ihnen Hintergründe, Anliegen und Folgen ihrer Gestaltungsbeiträge bewusst, ihr Wahrnehmungsraum verändert sich und sie können Veränderungsmöglichkeiten entdecken. Die Arbeitsweise wurde von der Mailänder Schule der systemischen Therapie entwickelt und ist inzwischen weit verbreitet.

Anliegen des zirkulären Fragens ist es, Informationen über das Denken, Verhalten, die Anliegen und die Beziehungen von Beteiligten aus der Perspektive anderer Mitglieder des Systems zu gewinnen und auf diese Weise neue Informationen zu gewinnen (Bild 3a und b). Dabei erschließen sich neue

Bild 3a: Lineares, nicht-zirkuläres Fragen

Zusammenhänge, Wirkungen und Beziehungsmuster. Unüberprüfte Vorannahmen werden korrigiert, Bedeutungen und kommunikativen Funktionen von Verhaltensweisen treten ans Tageslicht. Die gewohnte Art, das System zu erleben, wird schrittweise verändert. Sie war schließlich Teil des Problemmusters. Das bisherige Verhalten wird in Frage gestellt.

Der Begleiter lenkt die Aufmerksamkeit der Beteiligten immer wieder auf ihre Handlungs- und Veränderungsmöglichkeiten. Dies entspricht dem lösungsorientierten Ansatz, welchen wir im Kapitel „Richtung und Weg" vorgestellt haben. Das Erkennen von Zusammenhängen triggert systemisches Handeln. Hier haben wir für Sie, liebe Leserinnen und Leser einige typische zirkuläre Fragen zusammengestellt, wie sie in der Familientherapie genutzt werde:

Bild 3b: Zirkuläres Fragen

Fragen nach der Wahrnehmungsposition anderer:
- Wie erlebt Ihr Partner das?
- Wie denkt Ihre Mutter in Bezug auf das Thema?
- Was hält Ihr Sohn für die Ursache seines Problems?
- Wie erklären Sie sich das Symptom Ihrer Schwester?
- Was wünscht sich Ihre Mutter?
- Was bedeutet das für Ihren Bruder?
- Was tut Ihre Schwester mit ihrem Mann – und warum?
- Welche Möglichkeit wird Ihrer Tochter besser gefallen?
- Was bringt Ihren Vater dazu, das zu tun?
- Wenn ein Wunder geschehen könnte, welches würde Ihrem Vater gefallen?
- Welches Wunder würde sich Ihr Bruder wünschen?

Fragen nach Funktionen und Einflussmöglichkeiten:
- Welche Folgen hat es für Ihre Frau, wenn diese Interpretation zutrifft?
- Welche Folgen hat es für Ihren Mann, wenn die andere Meinung zutrifft?
- Was macht Ihrem Bruder das möglich?
- Wie wirkt sich das auf Ihre Beziehung aus?
- Was bedeutet es für Sie, wenn er so ist?
- Wie wird Ihr Mann darauf reagieren?
- Werden die beiden zusammenbleiben?
- Was können Sie für die beiden anderen tun?

- Was geschieht mit Ihrer Kollegin, wenn Ihr Chef dieses Verhalten zeigt?
- Was tut Ihre Frau, wodurch man sagen würde, sie sei depressiv?
- Was macht er, um als Versager zu gelten?
- Was müsste Ihr Vater tun, damit Ihre Mutter dieses Verhalten öfter zeigt?
- Wie könnten die anderen Sie dazu einladen, es sich schlechter gehen zu lassen?
- Was könnten Sie tun, damit Ihre Mutter das, was Sie nicht wollen, noch mehr tut?

Fragen nach Regeln und Werten:
- Was würde Ihr Mann den Kindern nicht erlauben?
- Was ist bei Ihnen verboten?
- Worüber sollte man nach Meinung Ihrer Mutter nicht sprechen?
- Was hebt Ihre Familie am meisten von anderen ab?
- Wer in Ihrer Familie würde die Sicherheit vorziehen, wer das Wagnis?
- Welche Gefühle würde Ihre Mutter nie zeigen?
- Wem ist es am wichtigsten, dass alle zusammenhalten?
- Wie wichtig ist Ihrem Sohn seine Selbstständigkeit?

Fragen nach Beziehungen und Positionen:
- Wer kommt an erster Stelle, wer an zweiter, letzter?
- Welche Personen haben gleiche/gegensätzliche Ziele?
- Welche Personen halten zusammen? Immer?
- Wie sieht die Beziehung zwischen Ihnen und Ihrer Mutter aus der Sicht Ihres Vaters aus?

Die Auswahl der Fragen macht es möglich, über einen mehrfachen Wechsel von Wahrnehmungspositionen zu jedem Thema unterschiedliche Beschreibungen zu gewinnen. Auch Personen aus dem System, die nicht physisch anwesend sind, können und sollten einbezogen werden. Jeder gewinnt, was sein Verhalten und seine Wechselbeziehungen zu anderen anbelangt, mindestens eine Perspektive hinzu und erfährt etwas über die Erfahrungswelt anderer. Wenn das, was der eine sagt, für den anderen nicht zutrifft, haben wir die Chance, diese Unterschiede zu thematisieren. Immer wieder erweist es sich, dass hinter Meinungen, Gefühlen und Handlungen verborgene Funktionen und gute Absichten für die Gestaltung von Beziehungen liegen, die berücksichtigt werden wollen.

Die gesamte Erfahrungsbreite des Systems mit all seinen Unterschieden relativiert die Absolutheit einzelner Meinungen. Gleichzeitig erschließt sich die kommunikative Bedeutung aller Gestaltungsbeiträge, seien es Verhaltensweisen, Symptome oder Gefühle. Ihre Wirkungen, Funktionen, ihr offener oder verdeckter Nutzen zeigen sich. Die Konstruktionen oder Meinungen, welche die Beteiligten voneinander und von sich selbst haben, verändern sich, indem neue Informationen und Zusammenhänge auftauchen und neue Einflussmöglichkeiten sichtbar werden. All dies sind Schritte zur Veränderung oder Neugestaltung von Denk- und Verhaltensweisen. Dieser Prozess kann durch vielfältige Formen des Umdeutens unterstützt werden. Durch Kommentare und Hausaufgaben lassen sich neue Kommunikationsmuster verstärken. Sie lenken die Aufmerksamkeit auf Lösungen und schaffen Raum für neue Erfahrungen.

Problemraum und Lösungsraum

Indem der Lernende seine Erfahrungswelt erforscht, werden ihm angesichts eines bestimmten Themas, sei es ein Problem oder ein Ziel, immer neue Aspekte des Lebens bewusst. Seine innere Landkarte verfeinert und erweitert sich in so wichtigen Bereichen, wie

- dem Lebensweg: zeitliche Prozesse, Vergangenheit, Gegenwart und Zukunft werden klar
- den Ebenen der Erfahrung: Handeln, Fähigkeiten, Denken, Sein und Visionen werden bewusst
- den Wahrnehmungspositionen: andere Menschen und Persönlichkeitsanteile werden verständlich

Robert Dilts stellt die Komponenten Zeit, Erfahrungsebenen und Wahrnehmungspositionen als dreidimensionales Koordinatensystem dar, welche einen Raum aufspannen, innerhalb dessen ein Mensch seine Wahrnehmung bewegt. Er nennt diesen Raum den Zustandsraum.

Probleme werden oft durch eine eingeschränkte Wahrnehmung oder Sichtweise erzeugt und aufrechterhalten. Abhängig davon, über welche Bereiche sich die Aufmerksamkeit und Erfahrung eines Lernenden erstreckt, befindet er sich entweder im *Problemraum*, innerhalb dessen er keine konstruktiven Veränderungsmöglichkeiten findet, oder im *Lösungsraum*, wo sich ihm neue Wege und Möglichkeiten auftun. Der *Problemraum* und der *Lösungsraum* sind also mögliche Ausprägungen des Zustandsraums. Wir können auch vom eingeschränkten oder dem erweiterten Wahrnehmungsraum sprechen. Aufgabe der Veränderungsarbeit ist es, den Lernenden auf einen Weg vom Problemraum zum Lösungsraum einzuladen, wozu all jene Methoden dienen, die ihm ein bisher unbekanntes oder vermiedenes Terrain erschließen. Stets gehören Fragen dazu, aber auch alle Formen der Lebensweg-Arbeit und der Arbeit mit Systemen können Pforten zum Lösungsraum sein.

Auch außerhalb des Beratungskontextes gehen wir diesen Weg. Der ganze Verlauf unseres Lebens, das Verarbeiten unserer Erfahrungen, ist eine Bewegung von Problemräumen zu Lösungsräumen, also eine Erweiterung unseres Zustandsraumes. Wo der unerfahrenen Mensch keinen Ausweg sieht, lächelt der Erfahrene. Er weiß viel über den Lauf der Zeit, erkennt, was wertvoll ist und worum es wirklich geht, andere Menschen zu verstehen und akzeptieren. Dies ist der Weg, auf dem wir emotionale Intelligenz entwickeln.

Der Lösungsraum ist nicht nur eine Sammlung von Informationen, sondern enthält eine Vielzahl sinnvoller Verbindungen und Assoziationen, über welche unsere Erfahrungsbausteine in Austausch stehen. Er ist eine ständige Quelle von Ressourcen, die es uns möglich machen, Probleme zu meistern und Lösungen zu gestalten. Für die systemische Arbeit möchten wir in diesem Zusammenhang auf einen Aufsatz von Siegfried Essen (Essen 1990) hinweisen, in welchem er den Weg vom Problemsystem zum Ressourcensystem beschreibt. Nachdem nun der Begriff der Ressource gefallen ist, wollen wir ihm auch ein eigenes Kapitel widmen.

6. Energiequellen und Ressourcen

Quellen und Formen

Was sind eigentlich Ressourcen? Wenn wir Lebenssituationen meistern, aus Erfahrungen lernen, etwas anders machen, wieder ins Gleichgewicht kommen oder gesund werden wollen, brauchen wir bestimmte Voraussetzungen und Zutaten. Dazu gehören vielleicht ausreichend Zeit, eine passende Umgebung, das richtige Verhalten, neue Lernschritte, Informationen und Fähigkeiten, Motivation, Selbstwert, Austausch, Verbundenheit und Sinn, um eine Auswahl auf verschiedenen Ebenen der Erfahrung zu nennen. Alles, was wirkt, d.h. positive Veränderung möglich macht, etwas wieder ins Gleichgewicht bringt oder ein Defizit auffüllt, nennen wir *Ressource*.

Ressourcen sind Potentiale, die wir nutzen, Quellen, aus denen wir schöpfen können. Vorausgesetzt wir haben Zugang zu ihnen. In der Lebensweg-Arbeit sind Ressourcen der Schlüssel zum Erfolg; gelingt es uns, die passenden Ressourcen in eine bisher einschränkende Erfahrung zu bringen, sind wir der Lösung nahe. Aus systemischer Sicht besteht die Arbeit mit Ressourcen im Verbinden und Integrieren von Erfahrungen, Zuständen und Fähigkeiten zu einem neuen Ganzen, im Ausgleichen von Einseitigkeiten und Defiziten.

Jedem Lernenden stehen mehr oder weniger umfangreiche Ressourcepotentiale zur Verfügung. Sie können materieller, energetischer, geistiger oder spiritueller Natur sein.

Wo finden wir sie? Ressourcen gedeihen in unserer inneren und äußeren Erfahrung. Sie können aus der Erinnerung, aus dem Hier und Jetzt, aber auch aus der Imagination oder der Zukunft kommen. In uns entdecken wir sie in unserem Fühlen und Denken, unseren Fähigkeiten, unserem Körper, unserer Identität. Um uns herum erleben wir Ressourcen in der Natur, in der Nahrung, in all den Dingen und natürlich im Austausch mit anderen, im Geben und Empfangen, in Zugehörigkeit und Beziehung. Das eine wirkt auf das andere. Die Verbindungsstelle liegt in unserer Wahrnehmung und Interpretation sowie in unserem Ausdruck und Handeln.

Vieles, worauf wir heute bauen können, ist das Ergebnis eines Entwicklungsprozesses. Das gilt für unsere Fähigkeiten ebenso wie für unseren Platz in der Gemeinschaft. Auch die Errungenschaften unserer Kultur sind Entwicklungsergebnisse, einerlei ob es sich um Kunst, Wissenschaft oder das *Internet* handelt. Vertreter des NLP gehen gern von der Annahme aus, dass jeder alle Ressourcen, die er braucht, in sich findet. Das klingt ermutigend, ist aber missverständlich, denn der Erwerb noch fehlender Ressourcen, das Lernen, der Austausch und die systemischen Wechselwirkungen werden dabei nicht erwähnt. Es scheint, als bräuchten wir die anderen nicht. Sehr wertvolle Ressourcen kommen allerdings seit eh und je von denen – ob aus der Erfahrung, geliebt zu sein, der Berührung einer Hand, dem Lächeln eines Kindes oder den ehrlichen Worten, die wir hören. Unsere Fähigkeit, solche Worte zu verstehen, mag in unseren Genen und in der Struktur unseres Hirns angelegt sein, damit sie sich aber entfalten konnte, brauchten wir Menschen, die zu uns gesprochen haben. Wir sind soziale Wesen. Ressourcen erzeugen wir täglich neu: in aktiver Begegnung und Auseinandersetzung mit uns selbst, mit anderen und der Umwelt. Es tut gut, sich dieser Chance bewusst zu sein, um nicht in eine Scheinautarkie zu verfallen und alles nur im inneren Bestand zu suchen.

Ebenso einseitig ist es, nur im Außen zu suchen. Ressourcen lauern schließlich überall, in einer Tafel Schokolade ebenso wie in Gott, um sehr verschiedene Erfahrungsebenen anzusprechen. Sie können in einer Erkenntnis, einer Idee oder in sozialen Beziehungen verborgen sein, in unserer Spiritualität, unserer Sinnlichkeit oder in dem Buch, das wir lesen. Sogar fiktive Personen wie Film- oder Romanhelden können als Rollenmodelle Ressourceträger sein. Spirituelle Menschen empfangen Orientierung und Energie von geistigen Instanzen wie ihrem höheren Selbst oder anderen Quellen. Für andere ist es ihr Unbewusstes oder es sind innere Teile, an die sie sich wenden. Immer wieder aber geht es um reale Menschen, mit denen wir in Beziehung stehen: die Ursprungsfamilie, unsere Kinder, Partner, Freunde und alle, mit denen wir uns austauschen. Dazu gehört auch der Coach, Berater oder Therapeut. Er unterstützt den Lernenden, indem er sich gut einfühlen kann und doch in seiner eigenen Mitte bleibt. Seine Fragen fördern das Darüber-Sprechen und helfen dabei, dass der Lernende sich einer Sache bewusster wird, neue Gedanken und Erfahrungen entwickelt. Doch es geht auch ohne Worte. Starke Ressourcen finden wir in der Körperarbeit, in der Meditation und in der Bewegung. Ebenso natürlich in allen Formen des Ausdrucks und des Gestaltens, ob im Spiel oder in der Arbeit, ob im Singen, Tanzen, Lachen oder Weinen. Besonders wertvoll ist Ausdruck, wenn es um etwas geht, das einst unterdrückt wurde oder unerledigt blieb.

Betrachen wir noch einmal Entwicklungsprozesse. Viele Potentiale wollen erst einmal erworben werden, was neu ist, braucht Übung und Aneignung, Zeit zum Lernen und Spielen. Ein neues Verhalten lässt sich leichter heranbilden als eine neue Zugehörigkeit oder Identität. Letztere brauchen ihre Zeit und eine ausreichende Fülle von Einzelerfahrungen. Doch Zugehörigkeit und Identität haben ihre Wirkung auf viele andere Aspekte des Lebens gleichzeitig – und das über lange Zeit. Wer nicht warten will, bis alles erreicht ist, kann heute schon seine Sinne nutzen: Symbole, Farben, Licht, Klänge, Worte und Berührungen haben die Kraft, durch die Zeit zu reisen und uns im voraus oder im Nachhinein gut zu tun.

Zu den nützlichen Wegen, uns Zugang zu Ressourcen zu verschaffen, gehören Gespräche, praktisches Üben, Probieren und Lernen ebenso wie innere Reisen oder symbolhafte Rituale. Und natürlich gehören all die Methoden und Prozesse der Lebensweg-Arbeit und anderer Veränderungsmodelle dazu. Jede Methode ist auf Ressourcen einer bestimmten Art ausgerichtet und bietet spezielle Wege, diese zu finden, aufzubauen und zu nutzen.

Hervorheben möchten wir Ressourcen, welche die Lernende in der Gegenwart benötigt, um Veränderungen umzusetzen oder Herausforderungen zu meistern – sie reichen von der passenden Umgebung und der nötigen Zeit bis zu Mut und Selbstvertrauen. Auch unterstützende Menschen können sehr wichtig sein. Die Gegenwart und die Zukunft sind ihrerseits potentielle Quellen von Ressourcen und eine Chance, all das auszugleichen, was uns in der Vergangenheit gefehlt hat. Es mag sein, dass die Lernende ihr Leben anders gestalten muss, um sich diese Quelle zu erschließen und alte Defizite durch neue Erfahrungen zu versöhnen. Es kann viel in ihrem Leben bewirken, wenn sie ihre Aufmerksamkeit verstärkt solchen Menschen und Situationen widmet, die ihr neue und ressourcevolle Erfahrungen und neues Lernen ermöglichen. Denn manche Erfahrungen wollen erst noch möglich gemacht, erlebt und integriert werden.

Was aufeinander aufbaut. Oft finden wir erst dann Zugang zu bestimmten Ressourcen, wenn wir schon über andere verfügen. Letztere bilden die Voraussetzung für erstere. Dementsprechend können wir Ressourcen erster, zweiter, dritter Ordnung unterscheiden, die wie Schalen ineinander liegen. Jene, die zuerst gebraucht werden, nennen wir „Zugangsressourcen". In anderen Fällen ist es wichtig, dass mehrere Ressourcen parallel oder in strategischem Zusammenspiel wirken, beispielsweise auf körperlicher, geistiger und emotionaler Ebene. Stets entscheiden die zeitliche Abfolge und die richtige Komposition der Zutaten über den Effekt. Wenn uns bewusst geworden ist, welche Zutaten wir zur Lösung eines Problems benötigen, können wir uns auf den Weg machen, sie in unserer Erfahrungswelt einzusammeln. Auch die Intensität jeder Zutat ist von Wichtigkeit. Manchmal brauchen wir mehrere Erfahrungen, um in uns ein besonders kraftvolles Ressourceerleben wachzurufen. Oder es ist so, als würden wir aus Einzelerfahrungen eine neue Gestalt schaffen, die mehr ist als die Summe ihrer Teile. Der Lernende sammelt die Zutaten auf seinem Lebensweg und „stapelt" sie gleichsam zu einem

Ressourcepaket, dass er symbolhaft dorthin trägt, wo er es braucht. Der Begleiter kann den Prozess unterstützen, indem er den Lernenden bei jeder zusätzlichen Teilressource, die dieser findet, an einer bestimmten Körperstelle berührt, so als würden hier alle Ressourcen gestapelt.

Wir können uns fragen, welche zukünftige Ressource gedeihen kann, wenn eine andere schon vorhanden ist. Vielleicht ist Sicherheit die Voraussetzung für Ruhe, Ruhe die Basis für Erholung und Erholung die Quelle von Lebendigkeit. Diese mag uns weiterführen zu Freude und Kraft. So ist es möglich, tiefste Ressourcen des eigenen Seins zu finden und schließlich zu entdecken, dass uns diese frei und ohne Vorbedingungen verfügbar sind. Connirae Andreas beschreibt derartige Prozesse in ihrem Buch *Der Weg zur inneren Quelle* (1995). Auch im Kapitel „Kollektion von Arbeitsformen" von Teil II haben wir diese Arbeitsweise dargestellt.

Kontakt nach innen ist ein wertvoller Schlüssel, um uns verborgene Ressourcen zugänglich zu machen. Manche Menschen sprechen mit ihrem Inneren, hören auf die Stimme ihres Unbewussten, empfangen innere Signale, stehen im Dialog mit Anteilen ihrer Persönlichkeit. Viel ist schon gewonnen, wenn wir auf all unsere Wahrnehmungen achten und in unsere Entwicklung einbeziehen, wenn wir nicht nur unseren Verstand, sondern auch unser Gefühl ernst nehmen. Mehr noch: wenn es eine Brücke zwischen beiden gibt, wenn sie sich austauschen und abstimmen können. Die Kunst des Dialogs mit dem Inneren öffnet uns viele Quellen für Erkenntnisse, Botschaften, Ressourcen und neue Entscheidungen. Das gilt natürlich auch für den Kontakt mit anderen Menschen. Und es gilt für den Austausch mit der Natur oder mit einer spirituellen Welt. Achtsame Stille macht es uns möglich, in einen tieferen Austausch zu treten, als dies der Alltag zulässt. Ein Austausch, der uns oft zu Beschenkten werden lässt.

Wie wir Ressourcen erleben. Eine Ressource-Erfahrung kann aus Worten, Bildern, Klängen, Gefühlen, Handlungen, Symbolen und mehr bestehen. Jedes Sinnessystem trägt das Seine dazu bei. Um Defizite ausgleichen zu können, sollten Ressourceerfahrungen einen größeren Einfluss auf die Lernende haben als die Problemerfahrung. Bei wichtigen Informationen ist manchmal nur der Inhalt entscheidend. Oft geht es jedoch um mehr: „Freude" beispielsweise kann ein bloßes Wort sein, ein einzelnes Ereignis oder eine ganze Sammlung von Erfahrungen, die jemand auf seinem Lebensweg hatte. Vielleicht ist der Begriff mit einer wunderbaren Ursprungserfahrung aus einer frühen Zeit verbunden, vielleicht gehört ein Symbol, eine Musik oder ein Tanz dazu. Ein Lernender kann darüber hinaus eine noch tiefere Quelle seiner Freude suchen, vielleicht empfindet er sie in sich selbst, möglicherweise in der spirituellen Welt. Wer den Zugang zur Quelle gefunden hat, kann immer wieder Lebensenergie daraus schöpfen.

Die passenden Ressourcen nutzen

Welche Ressource wofür? Ressourcen sollen es möglich machen, Probleme zu lösen, aber worin besteht ein Problem und worin liegt seine Lösung? Eine gute Vorarbeit in der Problembestimmung mit all ihren Facetten erleichtert uns, herauszufinden, was gebraucht wird. Wirksam ist, was ein bisheriges Defizit oder eine bisherige Einseitigkeit überwindet. Das braucht keineswegs nur von guten Gefühlen begleitet zu sein. In jedem Fall haben wir die Möglichkeit, den Lernenden selbst danach zu fragen, was er aus seiner Sicht heraus benötigt. Damit kann er, muss aber noch nicht, den Weg in die richtige Richtung zeigen. Im Kapitel „Mit Worten begleiten" finden Sie eine Zusammenstellung passender Fragen.

Die Wahl geeigneter Ressourcen hängt weiterhin davon ab, welche Ziele oder Lernschritte für einen Klienten wichtig sind. Jede Richtung mag andere Ressourcen erfordern. Sucht er danach, in bestimmten Situationen besser zurechtzukommen, oder danach, sie zu verändern? Hilft es ihm weiter, sein inneres Erleben oder sein Weltmodell zu verändern, oder ist es primär wichtig, sein Leben und die Welt „da draußen" zu verbessern? Mitunter geht beides Hand in Hand. Die richtigen Ressourcen sollten ihm weiterführende Entwicklungsschritte ermöglichen und sie ihm nicht abnehmen, ihn weder mit Geschenken einlullen noch wie im Schlaraffenland verhätscheln. So kann auch die Zumutung von eigener Verantwortung, sogar die Ablehnung von Hilfe oder ein ehrliches Feedback etwas sein, das seine Entwicklung fördert.

Bereits einfache Ereignisse bieten uns viele Möglichkeiten, Ressourcen einzubeziehen. Wenn ein Mensch vom Baum gefallen ist, könnte es wichtig sein, ihn zu trösten und zu versorgen, oder ihn darin zu unterstützen, dass er seinen Schmerz ausdrückt, vielleicht auch darin, dass er oben auf dem Baum achtsamer und konzentrierter klettert oder erst gar nicht auf den Baum steigt. Möglicherweise wäre Vorbereitung gut, etwas Übung oder Anleitung. Vielleicht wäre auch eine Warnung von einem guten Freund wichtig gewesen, doch dafür hätte dieser ebenfalls Ressourcen gebraucht. All das setzt voraus, dass wir bereits wissen, was geschehen ist. Und lang zurückliegende Ereignisse wollen zunächst einmal wiedergefunden werden.

Um Erfahrungen zu verarbeiten, kann der Lernende in der Vorstellung auch anderen Personen Ressourcen geben. So kann er beispielsweise erleben, wie es wäre, wenn alle gut miteinander umgehen könnten. In anderen Fällen ist es besser, beteiligte Personen unverändert zu erleben und bessere Reaktionsmöglichkeiten für sich selbst zu finden. Wir können darauf fokussieren, was ein Einzelner braucht, oder welche Ressourcen für das ganze System wichtig sind.

Manchmal versuchen wir, das falsche Problem zu lösen. Das kann passieren, wenn die bearbeiteten Erfahrungen weit entfernt von den wirklichen Schwierigkeiten des Lernenden liegen, wenn die wahren Ursachen noch nicht gefunden sind oder die genannten Probleme lediglich „Ablenkmanöver" und Vermeidungsstrategien sind, vielleicht mit der Absicht, einem Schmerz auszuweichen. Dann werden wir die „richtigen" Ressourcen kaum dorthin befördern, wo sie fehlen. Die Begleiterin, die eine klare Wahrnehmung hat, erkennt das und nimmt es zum Anlass, mit ihrem Klienten so lange weiterzulernen, bis beide die wirkliche Lösung finden. Stets sollte die Begleiterin darauf achten, ob der Lernende wirklich geeignete Ressourcen für sich selbst und/oder andere Beteiligte gefunden hat. Nur das, was in ihm eine körperlich wahrnehmbare Energiesteigerung oder ein neues inneres Gleichgewicht auslöst, ist wirksam.

Entwicklungsphasen. Die Art der benötigten Ressourcen verändert sich deutlich in den unterschiedlichen Phasen des Lebenswegs und mit den Entwicklungs- und Lernbedürfnissen, die ein Mensch dabei hat. Geht es in frühen Phasen um Geborgenheit und Vertrauen, dominiert später das Bedürfnis nach Eigenständigkeit und ebenbürtigen sozialen Beziehungen. Später werden Intimität und Liebe zu einer Quelle, aus der die nachfolgende Generation schöpfen kann. Schöpferische Produktivität, die danach immer wichtiger wird, ermöglicht bleibende Werte, Ideen und die Selbstverwirklichung. Was der Mensch einst empfangen hat, lernt er später an andere weiterzugeben. Wenn es um ein Thema wie Alleinsein geht, benötigt ein Baby andere Ressourcen als ein Kind, ein Jugendlicher oder ein Erwachsener. Je jünger das Kind, desto wichtiger ist die positive Zuwendung durch andere Menschen. In diesem Fall sollten andere mit den dafür nötigen Ressourcen ausgestattet sein. Später wird es wichtiger, dass der Lernende stärker über eigene Fähigkeiten verfügt, Kontakte zu knüpfen und Beziehungen zu gestalten. Für Jugendliche geht es in kritischen Situationen vielleicht darum, sich durchzusetzen und Grenzen zu ziehen. Während ein Kind möglicherweise Zugehörigkeit und Wertschätzung erleben muss, damit es eine Aufgabe meistert, reichen dem Erwachsenen bestimmte Fähigkeiten.

Unterschiedliche Anliegen erfordern angemessene Ressourcen. Hier fassen wir einige Möglichkeiten zusammen:

- Eine scheinbar einschränkende Erfahrung aus der Vergangenheit kann allein dadurch eine völlig andere Wirkung auf das Leben des Lernenden bekommen, dass dieser andere Schlussfolgerungen aus ihr zieht, ihr eine veränderte Bedeutung gibt oder tiefere Zusammenhänge erkennt. Oft gehört es dazu, damals Beteiligte auf neue Art zu verstehen. Natürlich ergeben sich durch das erneute Verarbeiten und veränderte Interpretieren für den Lernenden auch andere Verhaltensmöglichkeiten. Es ist, als würde er eine sinnvollere innere Antwort auf die Erfahrung finden, als bisher. Wenn wir das gesamte Denken, Fühlen und Handeln, also unser Modell der Welt, als Antwort auf Erfahrungen auffassen, können wir jede Veränderung in diesen Bereichen als ein Neu-Lernen oder Neu-Beantworten verstehen.

- Manchmal fehlen einem Klienten wesentliche positive Erfahrungen und es ist sinnvoll, ein altes Defizit in Erfüllung zu verwandeln. Indem das ganze damalige System mit Ressourcen versorgt wird, kann er in der Rolle des jüngeren Selbst

85

erleben, wie sich diese anfühlt, anschaut und anhört. Manches ungestillte Bedürfnis und mancher fehlende Entwicklungsschritt können auf diese Weise ausgeglichen bzw. nachgeholt werden. Mitunter geht es weniger darum, etwas zu bekommen, als darum, etwas zu geben, zu tun oder zu sagen - ein Entwicklungsschritt, den der Lernende aus sich heraus tun kann. All dies muss nicht in der Vergangenheit stattfinden. Von großer Bedeutung sind Chancen, früheren Mangel durch positive Erfahrungen und Handlungen auszugleichen, die in der Gegenwart und in der Zukunft liegen.

- Oft möchte eine Lernende Ressourcen erwerben, um eine schwierige Situation zu meistern und etwas, was ihr bisher nicht möglich war, zu erreichen. Primär sucht sie vielleicht nach neuen Fähigkeiten und passenden Verhaltensweisen. Nicht immer reicht das aus, auch Überzeugungen, Werte oder andere Erfahrungsebenen mögen wichtig sein. Welche Ressourcen sie konkret benötigt, hängt von ihren Zielen ab. Allerdings sind nicht alle Ziele wirklich förderlich, manche erweisen sich nur als ein anderer Ausdruck des beklagten Problems. Deshalb sollten wir Ziele bezüglich ihrer Funktion und ihrer Auswirkungen hinterfragen, bevor wir Ressourcen für sie suchen.

- Beziehungen zu wichtigen Menschen können unser Leben beflügeln oder blockieren. Wenn es erforderlich ist, Beziehungen zu klären oder sogar zu heilen, liegen wichtige Ressourcen in klarer und respektvoller Kommunikation, wozu die Fähigkeit gehört, andere Menschen, auch deren verborgene Absichten, zu verstehen. Ebenso wichtig ist es, sich selbst verständlich ausdrücken zu können. Davon ausgehend ist das Geben und Nehmen ein zentrales Thema. Wechselseitige Achtung gehört dazu. Im Idealfall lernen die Beteiligten, das zu geben und zu empfangen, was ihrer Beziehung zueinander entspricht – manchmal müssen sie diese aber erst noch klären. Eine Veränderung ist nur dann tragfähig, wenn sie alle Seiten einbezieht.

- Wenn eine wichtige Bezugsperson in ihrer Unvollkommenheit ihrer Rolle nicht gerecht werden konnte, ist das jüngeres Selbst unmittelbar davon betroffen. Oft fehlt dann die Erfahrung einer angemessenen oder gelungenen Beziehung. In diesem Fall ist es sinnvoll, sich ein Modell davon zu schaffen, wie eine solche aussehen und sich anfühlen könnte. Dazu mag es erforderlich sein, dass die Bezugsperson Zugang zu jenen Ressourcen findet, mit denen sie ihren Beitrag in der Beziehung leisten kann. Mit ihrem bisherigen Verhalten ist sie im Laufe der Zeit oft zum Rollenmodell für bestimmte Bereiche des Lebens geworden. Indem wir ihr innerlich Ressourcen zugänglich machen, tun wir dies also im gleichen Maße, um alte Erfahrungen zu verarbeiten, wie für einen inneren Teil des erwachsenen Selbst.

Kontrastprinzip. Ein guter Weg, geeignete Ressourcen zu finden, besteht im Vergleichen. Wenn es uns gelingt, mehrere Erfahrungen zu vergleichen, von denen einige sehr positiv, andere sehr unbefriedigend verliefen, können wir den Unterschied herauszufinden, der den Unterschied macht, also das gute oder weniger gute Gelingen nach sich zieht. Merkmale, die sowohl bei den positiven wie auch bei den negativen Erfahrungen auftreten, können nicht für diesen Unterschied verantwortlich sein. Wenn es beispielsweise um das Gelingen oder Misslingen eines Vortrags geht, mag es für beide Varianten Beispiele aus dem Leben des Lernenden geben. Sowohl das Gelingen, wie auch das Misslingen passierte in großen und kleinen Gruppen, passierte bei guter Vorbereitung und auch beim gleichen Thema. Diese Merkmale machen also keinen Unterschied. Was aber, wenn immer beim Misslingen ein bestimmter Mensch im Auditorium sitzt, der den Kopf schüttelt, während solch ein Mensch im positiven Fall nie auftauchte. Wir suchen also Merkmale, die für den Unterschied stehen und leiten daraus ab, woran wir arbeiten können, in unserem Beispiel könnte es wichtig sein, die Wirkung jenes Zuhörers unter die Lupe zu nehmen und eventuelle frühere negative Erfahrungen, an die er den Lernenden erinnert, zu verarbeiten. Im größeren Maßstab ist das Kontrastprinzip eine Art der Forschung, die weite Bereiche des Lebens umfasst. Beispielsweise wird nach diesem Prinzip untersucht, welche Merkmale den Unterschied zwischen Aids-Erkrankten und Menschen, die sich gegenüber Aids als immun erwiesen haben, ausmachen. In der Anfangszeit des NLP wurden Kinder mit Rechtschreibschwäche und solche, die sehr gut in Rechtschreibung waren, miteinander verglichen. Man fand heraus, dass letztere die Worte, die sie schrieben, Buchstabe für Buchstabe vor Augen hatten, während die schwächeren Orthographen nur den Klang der Wörter im Ohr hatten. Daraus konnte man eine wichtige Ressource für die Behandlung der Rechtschreibschwäche ableiten: Sie lag darin, die Kinder zu lehren, sich innere Bilder von den Worten zu machen, was allerdings erst möglich war, nachdem sie gelernt hatten, mit Spaß zu visualisieren.

Ausgewählte Ressourcen

Lernen, Verstehen, Loslassen. Wenn wir uns vorstellen, dass jede Erfahrung und jedes Gefühl uns etwas mitteilen oder lehren möchte, müssen sie immer wieder aufs Neue anklopfen, solange wir ihre Botschaft nicht angenommen haben. Manchmal weigern wir uns, eine Botschaft zu verstehen, denn sie widerspricht eventuell unserem Wunschdenken, ist schmerzhaft oder mit zu viel Mühe verbunden. Und dennoch: Wer lernen soll, auf eigenen Füßen zu stehen, den werden andere immer wieder fallen lassen, wer lernen soll, etwas abzugeben, der wird immer wieder überhäuft mit Dingen, die er nicht braucht. Dies ließe sich endlos fortsetzten, denken wir nur an die Fähigkeit, „ja" oder „nein" zu sagen, an die Fähigkeit zu Bindung, zu Bescheidenheit oder zur Liebe. Wenn es uns also gelingt, die Botschaft und die Lernerfahrung, welche hinter einem Gefühl oder einem Ereignis liegt, anzunehmen und, wo dies nötig ist, umzusetzen, darf der schmerzhafte Teil der Botschaft sich verabschieden. Oft geschieht das wie von selbst.

87

Persönlichkeitsanteile. Wir können uns vorstellen, dass ein Lernender verschiedene Persönlichkeitsanteile besitzt, die unterschiedliche positive Absichten für ihn erfüllen wollen, wenngleich ihnen das nicht immer gut gelingen mag. Je wirksamere und vielfältigere Möglichkeiten so ein Anteil zur Erfüllung seiner Funktion zur Verfügung hat, umso besser. Dabei helfen ihm Ressourcen, die ihn wachsen und reifen lassen. Wenn ein Teilaspekt im Leben des Menschen sich verändert, müssen oft andere Teile vorausgehen oder nachziehen – auch hierfür werden Ressourcen gebraucht. Die Persönlichkeitsanteile stehen in Beziehung und Austausch. Oft verfügt ein Anteil über Ressourcen, die ein anderer benötigt und kann sie ihm geben – vorausgesetzt, die beiden empfinden Wertschätzung für einander. Gut gewachsene Persönlichkeitsanteile sind also nicht nur Verbraucher von Ressourcen, sondern auch Quellen. Wir können jeden Persönlichkeitsanteil, auch das Unbewusste, das innere Kind oder das höhere Selbst als Ressourcenträger betrachten. In der Antike verehrten die Menschen verschiedene Götter, die unserer Auffassung viel mit derartigen Persönlichkeitsanteilen gemein hatten. Die Verehrung, seien es Rituale, Opfergaben oder ein Dienst, der die ganze Lebensgestaltung einbezog, versorgte diese Kräfte mit Energie – und waren sie gut versorgt, erwiesen sie sich als gnädig und großzügig. Der Autor Bernd erklärt manchmal einen vernachlässigten Anteil seiner Persönlichkeit zu einem geistigen Wesen und dient ihm, indem er sein Leben so gestaltet, dass dieser gut gedeiht. Es lohnt sich, und der vorher bremsende und blockierende Teil dankt es mit viel Energie. Von besonderem Wert ist es, wenn sich unsere Persönlichkeitsanteile untereinander gut vertragen, in Austausch stehen, sich ergänzen. Das Zusammenspiel aller Teile können wir als Super-Ressource auffassen, es hilft uns, die verschiedensten Herausforderungen unseres Lebens zu meistern.

Ressourcen für Beziehungen und Systeme. Unsere sozialen Beziehungen sind das Feld des Gebens und Nehmens, des Lernens, der Zugehörigkeit zu etwas, das größer ist, als die Summe der Einzelpersonen. Beziehungen und Zugehörigkeit können kraftvolle Ressourcequellen sein, aber auch Quellen von Stress, Unglück oder Verstrickung. Damit sie gedeihen, verlangen Beziehungen und Gemeinschaften nach Ressourcen besonderer Art. Wenn es um Austausch und Kontakt geht, sind beispielsweise die Fähigkeiten, sich auszudrücken und andere zu verstehen wichtige Zugangsressourcen. Dies braucht Wahrnehmung, Feedback und Lebenserfahrung. Der Austausch gelingt auf Dauer nur dann, wenn beide Seiten dabei gewinnen. Deshalb sollten sich Menschen entsprechend ihren Anliegen und ihrem Entwicklungsstand so zusammenfinden, dass dies möglich ist.

Innerhalb eines sozialen Systems ist es von großem Wert, dass die Beteiligten eine ihnen angemessene Position einnehmen können, womit bestimmte Funktionen, ein Rang, aber auch die passende Nähe und Distanz zu anderen Beteiligten gemeint ist.

Weiterhin gehört dazu, dass sie einander mit Achtung begegnen. Dies bedeutet nicht, dass jeder jeden besonders mögen müsse, doch dass jeder die Existenz, die Position und das Schicksal eines anderen würdigend anzuerkennen weiß, so dass niemand unterdrückt, abgewertet oder verleugnet wird. Auf dieser Grundlage können die Beteiligten einander geben, was sie zu geben haben und empfangen, was sie zu empfangen haben. Mitunter bedarf auch dieser Austausch der Klärung, denn zuweilen übernehmen Mitglieder einer Gemeinschaft Aufgaben, Verantwortlichkeiten, ja ganze Schicksale an der Stelle von anderen. Das dient keinem der Beteiligten und schwächt das System, denn die einen werden damit überfordert, die anderen geben ihre Eigenverantwortung ab und vermeiden eigene Lernschritte. Innerhalb jedes Systems verlaufen Grenzen des Gebens und Nehmens, die jedem einen eigenen Bereich der Lebensgestaltung zuweisen – und die geachtet werden wollen. All die soeben genannten Ressourcen für soziale Systeme sind wichtige Themen in der Veränderungsarbeit mit systemischen Aufstellungen (Kapitel „Die Welt der Aufstellungen" in Teil III). Auch im Reimprinting und in der Arbeit mit Teams sind sie wesentlich. In beiden Fällen werden Diskrepanzen geklärt und neue Erfahrungen geschaffen, die uns das System auf ressourcevolle Art erleben lassen.

Die eigene Entwicklung komplettieren. Viele Defiziterfahrungen haben damit zu tun, dass wir als Kind nicht das bekommen haben, was wir brauchten oder erhofften, vielleicht sogar bekamen wir das Gegenteil. So mag etwas in uns noch immer darauf warten, endlich zufriedengestellt zu werden, eine Erwartung, die sich immer noch an jene Bezugsperson richtet, die damals schon nicht über das Gewünschte verfügte. Oft suchen wir uns ähnliche Menschen in späteren Zeiten, die wieder nicht zu geben vermögen, was wir wollen. Eine wichtige, zentrale Ressource für die Lebensweg-Arbeit und speziell das Reimprinting liegt nun darin, die alte Erwartung loszulassen und selbst die Verantwortung dafür zu übernehmen, das jüngere Selbst mit dem zu versorgen, was es braucht. Wir können dies dadurch tun, dass wir die frühere Erfahrung auf erfüllte Art nacherleben. Dazu kann es hilfreich sein, auch die früheren Bezugspersonen ressourcevoll zu erleben, so dass sie dem jüngeren Selbst das geben können, was es suchte. Im Grunde aber geben wir es ihm selbst und gestalten hierfür eine solche Erfahrung, die besonders gut annehmbar ist und zugleich die größten Chancen für neues Lernen und für die Verarbeitung des alten Defizits eröffnet. Indem wir dabei auch andere, d.h. unser inneres Bild von ihnen, mit Ressourcen versorgen, ist dies ein weiterer Schritt der Eigenentwicklung, denn wir ergänzen unsere inneren Abbilder ihrer damaligen Rollen. Diese sind nämlich mittlerweile zu einem verinnerlichten, eventuell sogar verdrängten Anteil unseres Wesens geworden und es ist an der Zeit, daraus für uns annehmbare und positive Modelle werden zu lassen.

Auf vielerlei Art können wir unverarbeitete, frühere Erfahrungen durch das komplettieren, was wir im Laufe des Lebens erworben haben, was aber bisher nicht dorthin gelangen konnte. Und wenn wir das Nötige in uns nicht finden

89

können, haben wir die Möglichkeit, die richtigen Menschen zu finden, wozu sicher auch unser Begleiter in der Lebensweg-Arbeit zählt. In Charles Chaplins Film *The Kid* läuft der große Charly umher und hat den kleinen Jungen, sein jüngeres Selbst an der Hand. Er erfüllt ihm kraft seiner erwachsenen Potentiale all seine Wünsche und zeigt ihm die Welt.

Von Ohnmacht zu Handlungsfähigkeit. Manchmal haben wir das Gefühl den Dingen, Menschen, Situationen ausgeliefert zu sein, nichts tun zu können, als zu reagieren, ohne dass dies etwas ändert. Hinzu kommt möglicherweise, dass wir die Landschaft, in der wir uns bewegen, überhaupt nicht kennen. So ist keine vorausschauende Planung möglich, wir tappen im Dunkeln und sind dem ausgesetzt, was da so kommt. Nichts ist wertvoller, als in einer solchen Welt eine Taschenlampe an die Hand zu bekommen, die zunächst mal einige Schritte erhellt. Plötzlich zu bemerken, dass wir mit den eigenen Schritten so etwas wie Gestaltungsfähigkeit bekommen, mitbestimmen können, wohin die Reise geht. Im Umgang mit Menschen ist dies das Entdecken der eigenen Einflussmöglichkeit. Manchmal beginnen wir diese Entdeckung, indem wir erkennen, wie wir etwas schlimmer machen können. Immerhin, das ist schon etwas. Dann finden wir heraus, welchen Einfluss unser Denken und Handeln darauf hat, die Dinge besser werden zu lassen. Im Laufe der Zeit bewegen wir uns sicherer in einer schon vertrauten Landschaft und haben die Wahl, wohin wir gehen möchten. Die Ressource der Handlungsfähigkeit erwerben wir häufig in kleinen Schritten von Versuch und Irrtum, durch Versuche und Experimente. In der lösungsorientierten Kurzzeittherapie, die wir im fünften Kapitel „Richtung und Weg" dargestellt haben, spielt das Erarbeiten derartiger Ressourcen eine große Rolle. Der aktive Dialog mit dem Begleiter, dessen Fragen und Beobachtungsaufgaben sind ein wichtiger Beitrag dazu.

Eine andere Sichtweise. Was in einem anderen Licht erscheint, was wir aus einem neuen Blickwinkel wahrnehmen, vernetzt sich auf neue Art in unserem Nervensystem, relativiert sich, wird Teil eines größeren Zusammenhanges oder erschließt uns sein wahres Wesen. Auch Provokation mag ein Weg dorthin sein. Die vielen Formen des Umdeutens haben wir im Kapitel „Mit Worten begleiten" zusammengefasst und in (Isert 1996) ausführlicher beschrieben. Zu den wichtigsten Formen des Umdeutens, das auch *Reframing* genannt wird, gehören das Bewusstwerden der positiven Absicht, die hinter einem Verhalten verborgen sein mag, das Zuordnen eines Verhaltens zu passenden Lebenskontexten und Situationen, das Erkennen der positiven oder negativen Auswirkungen von Verhaltensweisen und nicht zuletzt die Kopplung des Verhaltens an eine neue Bedeutung.

Nicht minder wichtig sind jene neuen Sichtweisen, die sich einfach dadurch ergeben, dass wir die Wahrnehmungsposition wechseln, etwas von außen betrachten, uns in andere Menschen hineinversetzen, etwas aus der Sicht der Zukunft heraus betrachten oder aus der Perspektive der Vergangenheit. Auch aus den Augen eines Weisen oder eines Kindes sehen die Dinge anders aus. All das birgt

Lösungspotential für Probleme, die auf einer Einseitigkeit der Wahrnehmung und Interpretation beruhen. Sobald das ganze System erkennbar wird, offenbart sich dessen mehrdimensionale Wahrheit.

Derartige neue Sichtweisen gewinnt der Lernende am besten mit Unterstützung des Begleiters, der ihn anleitet oder im Dialog in neue Felder der Wahrnehmung führt.

Informationen und Botschaften. Manchmal tut es gut, bestimmte Dinge gesagt zu bekommen, seien es neue Sichtweisen, Feedback, Hinweise, Erklärungen, Einsichten oder andere Botschaften. Am besten geschieht das im Rahmen eines Dialoges, der so geführt werden wird, dass der Lernende von selbst auf neue Erkenntnisse stößt oder die Widersprüchlichkeit bisheriger Überzeugungen entdeckt. In anderen Fällen ist es passend, dass er wichtige Dinge über sich selbst, über Zusammenhänge und Aufgaben von außen erfährt, das heißt vom Begleiter oder von anderen Beteiligten seines sozialen Systems. Natürlich können wertvolle Botschaften auch aus seinem Inneren oder aus spirituellen Quellen kommen. Was auch immer ein Begleiter dem Lernenden sagt, es sollte echt sein und von Herzen kommen. Informationen und Botschaften können auch für andere Beteiligte aus dem System des Lernenden wichtig sein, die dadurch neue Einsichten und Handlungsmöglichkeiten gewinnen, was besonders in der Arbeit mit frühen Ursprungserfahrungen von Wert ist.

Die Zeit davor, die Zeit danach. Vor jedem Ereignis, vor jedem Gefühl, liegt eine Zeit, in der alles anders war, in der das, was von da an vielleicht das Leben bestimmte, noch nicht da war. Diese *unbegonnene Vergangenheit* zu erleben, ist oft eine große Ressource, wenn es darum geht, Alternativen zu langjährig gewohnten Zuständen zu finden. Vielleicht eine Erfahrung von Unschuld, von Geborgenheit, von Freiheit und was immer vor einem einschneidenden Ereignis gewesen sein mag. Indem die Lernerfahrung aus dem Ereignis angenommen und verarbeitet wird, findet der Lernende in der *unbegonnenen Vergangenheit* nun all das wieder, was verloren gewesen zu sein schien. Ähnlich können wir die *vollendete Zukunft*, die Zeit, wenn alles überstanden sein wird, als Ressourceerfahrung nutzen: von hier aus den zurückgelegten Weg überblicken, Erkenntnisse sammeln, Sicherheit und Vertrauen weitergeben. Eine gute Art übrigens, mit Lampenfieber umzugehen.

Erfahrungsebenen. Wie wir im Abschnitt „Ebenen der Erfahrung" (ab Seite 51) dargestellt haben, kann jede Erfahrung bestimmten Ebenen der Erfahrung zugeordnet werden. Wenn wir erkennen, auf welcher Ebene das Defizit des Lernenden liegt, bietet sich oft eine Ressource an, die eine Ebene höher liegt. Wenn die Umwelt das Problem ist, mag es beispielsweise darum gehen, zu handeln, hapert es mit dem Handeln, sollten erst einmal ausreichende Fähigkeiten sichergestellt werden. Gelingt es nicht, bestimmte Fähigkeiten zu entwickeln, sollten wir uns mit den Werten und Überzeugungen des Lernenden befassen. Diese werden erheblich durch sein Selbstbild beeinflusst und jenes wiederum durch seine soziale

Zugehörigkeit. Natürlich wirken alle Ebenen aufeinander und auch andere Lösungen sind willkommen. Unsere Betrachtung ist eine vereinfachte, aber praktische Strategie, um die Suche nach Ressourcen zu beginnen. Je höher eine Ebene ist, umso intensiver und fundamentaler wirken die dort angesiedelten Energiequellen auf den Lernenden

Feedback und Regelkreise. Menschen halten ihr Leben in Gang, indem sie all das, was ihnen gut tut, stärken oder stabilisieren. Was sie hingegen nicht wollen, suchen sie zu korrigieren oder zu verhindern. Was aber, wenn wir nicht genau wissen, was uns gut tut oder wenn wir nicht mehr bemerken, wo wir gerade sind. Dann fällt es uns schwer, wichtige innere Regelkreise aufrechtzuerhalten. Wir treiben dahin, wie ein Blatt im Wind. Für derlei Fälle liegen die Ressourcen auf der Hand: Dazu gehört, sich wieder bewusst zu werden, was wünschenswert und wichtig ist, sei es durch wohlgeformte Ziele, gute Erinnerungen oder innere Modelle dessen, was zählt. Zum anderen gehört dazu, immer wieder Feedback darüber zu erhalten, wo wir stehen. Aufgrund unserer eigenen Betriebsblindheit spielen andere Menschen dabei eine große Rolle. Was wir auch tun, um Ziele zu erreichen oder Probleme zu vermeiden, wir brauchen ständige Informationen darüber, welche Auswirkungen unsere Handlungen haben. Führen sie uns wirklich in die richtige Richtung? Besonders wichtig sind Auswirkungen, die unser Verhalten auf andere Menschen hat. Feedback darüber ermöglicht es uns, den Weg zu korrigieren und Neues zu lernen. Unser Modell der Welt will in der Praxis des Lebens geprüft werden. Wenn die Praxis der Theorie nicht entspricht, muss die Theorie sich ändern.

Ausdruck und Erleben. Was über Jahre oder Jahrzehnte nicht gezeigt werden durfte, verbirgt sich innen, schleicht in den Körper, kreist im Nervensystem und beeinträchtigt die Vitalität. Befreiend kann es wirken, ein Gefühl endlich zuzulassen, zu weinen oder zu lachen, zu toben oder sich fallen zu lassen. Wer das ohnedies tut, findet darin natürlich noch keine Veränderung. Wie bei allen Ressourcen liegt sie in dem, was bisher gefehlt hat, nicht sein durfte oder gar nicht bemerkt wurde. Wenn ein Gefühl darüber hinaus beim Namen genannt werden kann und jener Bereich des Körpers, mit dem es assoziiert ist, wahrgenommen und mit den Händen berührt wird, reicht die Wirkung noch tiefer. Neben Gefühlen gibt es vieles andere, was endlich nach außen will: Worte, die gesagt werden wollen, eine Handlung, die schon lange auf sich warten lässt, eine Last, die abgelegt werden will. In all diesen Fällen beginnt die Arbeit damit, wahrzunehmen und anzunehmen, was ist.

Unser Körper ist es, in dem sich all das abspielt, was uns bewegt, antreibt, stresst oder erfreut. Er reagiert auf Gedanken, Vorstellungen und Erlebnisse mit Gefühlen, Muskelspannungen, Erschöpfung oder Frische. Wo Menschen über Sprache und Bewusstsein miteinander arbeiten, haben sie häufig wenig Zugang zu den Möglichkeiten, Ressourcen auf körperlichem Wege zu erwecken. Bewegung und Berührung sind die wichtigsten Formen, dies zu tun. Ganz abgesehen von gesunder Ernährung, Luft, Licht und einem gesunden Lebensrhythmus. Wer wahrzunehmen weiß, welche Bewegungen und Berührungen einem Menschen helfen, kann diese Fähigkeit in die Lebensweg-Arbeit einbeziehen. Eine besondere Rolle spielt dabei die Kinesiologie, stellt sie doch über den Muskelfunktionstest eine Möglichkeit zur Verfügung, direkt mit dem Körper zu kommunizieren, direktes Feedback des Organismus zu Fragestellungen verschiedenster Art zu erheben. Davon ausgehend lässt sich durch genau ausgetestete Bewegungen und Berührungen der neurophysiologische Zustand des Menschen in eine neue Balance bringen, was ihm ein ganz anderes Lernpotential gibt, als dies der Fall ist, wenn beispielsweise eine Hirnhälfte abgeschaltet ist. Selbst Phobien und Allergien lassen sich auf diese Weise in kurzer Zeit lösen.

Neben der Kinesiologie gibt es viele andere Wege zu neuer Balance von Körper und Geist. Denken wir nur an Methoden, wie Hakomi, Feldenkrais-Arbeit oder Rolfing. Wer Beiträge aus der Welt körperorientierter Arbeit in die Welt kognitiver Veränderung zu tragen weiß, wird dort durchaus gefeiert, vorausgesetzt, er verpackt die Methode mit den richtigen Worten und gibt genaue, wissenschaftlich abgesegnete Handlungsanleitungen. Umgekehrt besteht im Bereich körperorientierter Arbeit oft ein Defizit an jenen Ressourcen, die in der Arbeit mit den Lebenserfahrungen des Lernenden liegen.

Energie. Manche streiten darüber, was jener physikalisch genau definierte Begriff in der Arbeit mit Menschen zu tun habe. Dennoch wird er gebraucht und ist mit vielerlei Bedeutungen aus der Erfahrungswelt verknüpft: Jemand hat viel Energie, steckt Energie in etwas, gibt einer anderen Person Energie oder kostet viel Energie. Wir können den Begriff dem gesamten neurophysiologischen Zustand des Menschen zuordnen, aber auch seinen Intentionen, seiner Motivation und seinem Stil, diese zu verfolgen. Die alten Chinesen sprachen von der Lebensenergie Chi, welche unsichtbar aber doch subtil wahrnehmbar unseren Organismus durchfließt, die Inder kennen die Aura, ein Energiefeld, das uns umgibt. Die Wissenschaft weiß bisher wenig damit anzufangen, doch viele Menschen beschäftigen sich mit großem Gewinn mit Energiearbeit, wozu die meditativen Körperübungen des Tai Chi und des Qi Gong ebenso gehören, wie besondere Formen der Lichtvisualisierung oder der Arbeit mit Symbolen und spirituellen Vorstellungen. Energie wird über die Kraft der Vorstellung als Ressource in kritische Situationen, ja sogar zu anderen Menschen gebracht. Die Schule des Reiki lehrt eine Form der Energieübertragung von Mensch zu Mensch, bei der sich der Gebende als Kanal des Universums versteht. Unabhängig von dem gewählten Erklärungsmodell sehen wir in all den Formen der Energiearbeit Ausdrucksformen von starken und spürbaren Wirkungen, die unser neurophysiologischer Zustand, unsere Konzentration und unsere Vorstellungswelt auf andere Menschen und auf erinnerte oder erwartete Situationen hat. Wirkungen, die auch dann gegeben sind, wenn wir keinerlei bewusste Energiearbeit betreiben. Die Qualität von Energie wird häufig mit dem Begriff Schwingung umschrieben, welche – um bei der Lichtenergie zu bleiben – die Farbe des Lichts symbolisiert. Energie als Schwingung kann von Menschen ausgehen, aber auch von Pflanzen, Tieren, Musik, Klima, Landschaft. Ganz bewusst wird sie als Ressource durch die Arbeit mit Schwingungsträgern, wie Farben, Edelsteinen, Musik, Blütenessenzen und nicht zuletzt Homöopathie eingesetzt. Die Kunst liegt darin, zu finden, was wirkt. Good vibrations sind nicht nur zwischen Menschen wichtig.

Ergänzung und Ausgleich. Wenn wir uns fragen, welche Ressource denn aus dieser Fülle nun passend und hilfreich sein wird, so liegt die Antwort bei der Lernenden. Ihre Reaktionen sind der Maßstab, was auch immer wir anbieten. Sie ist der Gast, der Begleiter wartet mit einer Speisekarte der möglichen Angebote auf. Dennoch scheint es Prinzipien zu geben, nach denen bestimmte Arbeitsweisen und bestimmte Ressourcen eine größere Wirkung erzielen als andere. Eines davon mag damit zu tun haben, dass die Lernende eine Ergänzung zu dem findet, was sie bisher erlebt und tut. Sowohl die Arbeitsweise als auch die Ressource sollte also etwas fördern, was bisher fehlte oder unterbetont war und damit Einseitigkeit ausgleichen. Wer immer vernunftbetont lebt, braucht eventuell Zugang zu seiner Intuition, wer ganz der Phantasie anheim gefallen ist, braucht Realismus, klare Strukturen und Feedback. Wer immer nur an sich denkt, sollte lernen, andere zu verstehen und einzubeziehen, wer stets in der Vergangenheit lebt, braucht eine Orientierung auf die Gegenwart und die Zukunft. Die Liste könnten wir endlos fortsetzen. In zwei Bereichen spielt das Prinzip von Ergänzung und Ausgleich eine besondere Rolle: Es ist die Aufmerksamkeit, durch die sich der Lernende in der Welt orientiert, und es sind seine Werte, die seine Motivation ausmachen. Betrachen wir einige Pole der Aufmerksamkeit, die sich ergänzen und folglich beide im Leben des Lernenden vertreten sein wollen. Die Aufmerksamkeit bewegt sich zwischen

spezifisch	-	allgemein
innengerichtet	-	außengerichtet
Ähnlichkeiten suchend	-	Unterschiede suchend
nacheinander wahrnehmend	-	gleichzeitig wahrnehmend
vermeiden	-	erreichen
beteiligt	-	beobachtend
innenorientiert	-	außenorientiert
vergangenheitsbezogen	-	gegenwarts- und zukunftsbezogen
bezogen auf sich selbst	-	bezogen auf andere
logisch	-	intuitiv
geplant	-	spontan

..., um nur einige zu nennen. Was davon bisher gefehlt hat, wird automatisch zur Ressource oder zum Wegbereiter für andere Ressourcen. Das gilt natürlich auch für Art und Stil der Veränderungsarbeit, denn all diese Formen der Aufmerksamkeit ziehen sich durch den ganzen Prozess.

Werte sind jener andere große Bereich, der empfindlich auf Einseitigkeit reagiert. Er ist mit der Aufmerksamkeit oft eng verbunden. Wer nur an Leistung denkt, sollte vielleicht den Genuss stärker würdigen, wer nur an andere denkt, darf ruhig eine Prise Egoismus in sein Leben bringen, wer Freiheit über alles setzt, darf ruhig ein wenig Verbundenheit erleben. Wenn ein Wert allein unser Leben beherrscht, verlieren wir mit der Zeit Energie und Lebendigkeit. All die anderen Teile in uns, Repräsentanten anderer Werte, finden dann mit Sicherheit einen Weg, sich in Erinnerung zu bringen. Sie können den herrschenden Wert sabotieren, können uns krank werden lassen oder eine „Revolution" veranstalten. Oft ist es zunächst nötig, vergangene einschränkende Erfahrungen zu verarbeiten oder das Leben neu zu gestalten, um jene innere Balance wieder herzustellen. Wer nie erlebt hat, wie er einen wichtigen Wert sinnvoll im Leben verwirklichen kann, muss noch einmal zu lernen beginnen.

Ressourcen ins Leben bringen

Manchmal geht es ganz von selbst, die Ressource sucht sich ihren Weg in uns und landet genau dort, wo wir sie brauchen. Alleine, indem wir, im Vollbesitz von Ressourcen, an schwierige Erfahrungen denken, verändern sich diese sehr oft, Lösungen tauchen auf, wir bemerken ein neues Gleichgewicht. Ein Geheimnis des Ressourcetransfers scheint also darin zu liegen, bewusst oder unbewusst sowohl die Ressource als auch den Lebensbereich, wo diese gebraucht wird, erleben zu können und beide miteinander zu verbinden. Wir beschreiben nun, wie dies in einem klassischen Lernprozess bewusst gestaltet werden kann. In späteren Kapiteln, wie bei der Beschreibung des Reimprinting, lernen Sie weitere Wege kennen.

Zustände und Stationen. Um jene Erfahrungen präsent und zugänglich zu haben, die wir für die Arbeit mit Ressourcen brauchen, teilt der Lernende seine Erlebniswelt in bestimmte Stationen oder Zustände ein, die er getrennt voneinander erleben, zwischen denen er aber auch wechseln kann. Die typische Einteilung beinhaltet den Problemzustand – jene Erfahrung, welche nach Lösung und Veränderung sucht – und den Ressourcezustand – in welchem der Lernende die benötigten Ressourcen präsent hat – sowie einen neutralen Zustand im Hier und Jetzt, der uns als Beobachterposition dient. Wenn wir von „Zuständen" sprechen, meinen wir genau genommen all die psychoneurophysiologischen Funktionsmuster, welche mit den jeweiligen Erfahrungen verbunden sind. Aber der Lesbarkeit zuliebe sei uns die einfachere Sprache erlaubt. Das Spektrum von Zuständen kann entsprechend dem Thema des Lernenden und dem Arbeitsprozess ergänzt werden. So mögen der Zielzustand, der kreative Zustand, der Trancezustand, der Zustand des Lernens und der des Integrierens eine Rolle spielen. Jeder Zustand ist mit Erfahrungen aus bestimmten Zeiten und Wahrnehmungspositionen verknüpft. Der Lernende kann sie auf dem eigenen Lebensweg finden und sich außerdem in die Erfahrungswelt anderer Menschen hineinversetzen.

Was unterstützt uns darin, Situationen und Zustände getrennt voneinander erleben zu können? Beispielsweise können wir Zettel im Raum auslegen, denen der Lernende bestimmte Erfahrungen zuordnet, die er beim Betreten der jeweiligen Bodenmarkierung innerlich erlebt. Auch Stationen auf dem Lebensweg sind Markierungen für bestimmte Situationen und Erfahrungen. Hier können Problemzustände, Ressourcezustände und andere mehr liegen. Die Bewegung durch verschiedene Zustände kann natürlich auch mit geschlossenen Augen, innerlich geschehen, wobei sich der Lernende von den Worten des Begleiters führen lässt. Unterstützend wirken mit den jeweiligen Zuständen verbundene Assoziationen, auch solche, die neu vereinbart werden, z.B. die Verknüpfung bestimmter Erfahrungen mit passenden Berührungen. Dieses Prinzip des Ankerns (siehe Seite 20) erleichtert den Wechsel zwischen den Zuständen. Durch die Wiederholung einer früheren Berührung wird der Lernende darin unterstützt, sich innerlich erneut in die damit verknüpfte Situation zu begeben. Worte ermöglichen dies natürlich auch. Es kommt darauf an, dass dem Lernenden der innere Wechsel zwischen den Zuständen auch tatsächlich gelingt, dass er also nicht die Gefühle und Bilder eines Zustandes in einen anderen hinein „mitschleppt" oder eventuell gar keinen zu diesem Zugang findet. Die „Reinhaltung" der Zustände und deren Überprüfung anhand der physiologischen Reaktionen des Lernenden gehören zu den besonderen Aufgaben des Begleiters. Er achtet auf Zeichen wie Gesichtsausdruck, Atmung, unwillkürliche Bewegungen etc., die mit den jeweiligen inneren Erfahrungen einhergehen, und kann so feststellen, ob und wie sich die Erfahrungswelt des Lernenden tatsächlich verändert. Wer mit sich selbst arbeitet, hat hierfür nur die Selbstwahrnehmung und benötigt eine gewisse Disziplin, um zwischen Erfahrungen und Zuständen hin- und herzugehen.

Ressourcen integrieren. Nachdem wir das Prinzip des Wechselns zwischen Zuständen kennen, ist es leicht, das weitere Vorgehen bei der Arbeit mit Ressourcen zu verstehen, für das es natürlich viele Varianten gibt. Normalerweise begibt sich der Lernende zunächst in den – eventuell auf dem Lebensweg aufgefundenen – Problemzustand, dies jedoch nur in der Intensität, die erforderlich ist, um sich alle Informationen und auch Gefühle bewusst zu machen. Zur Minderung der Intensität haben wir die Wahl, die Erfahrung nur von außen zu betrachten. Nachdem der Klient den Problemzustand hinreichend erlebt hat, sucht er eine neutrale oder Beobachter-Position auf. Hier sollte es ihm möglich sein herauszufinden, was ihm in der Problemsituation gefehlt hat und welche Ressourcen er dort benötigt, um sie positiv zu verändern. Anschließend kommt es darauf an, sich die benötigten Ressourcen zugänglich zu machen. Hierfür sucht der Lernende Lebenserfahrungen auf, in welchen er über jene Ressourcen verfügte, und erlebt sie intensiv und innerlich beteiligt nach. Darüber hinaus gibt es viele andere Quellen von Ressourcen: solche, die im aktuellen Austausch von Lernendem und Begleiter entstehen; solche, die durch Vorbilder, Modelle oder andere Menschen hinzukommen, und solche, die in der Phantasie kreiert werden. Sobald der Lernende die Ressource auf diese oder jene Art intensiv genug erlebt hat, kann er sie seinem anderen Selbst in der Problemsituation weitergeben. Dies kann durch eine Visualisation eingeleitet werden, in welcher er die erlebten Ressourcen symbolhaft „herüberschickt". Es gibt natürlich auch viele andere Formen, die betreffenden Ressourcen, seinem anderen Selbst symbolhaft, spielerisch oder auch als Ritual zukommen zu lassen. Der Lernende im Ressource-Zustand kann sich beispielsweise vorstellen, sein „anderes Selbst" zu berühren, ihm ins Ohr zu flüstern, ihm Farben, Musik, Bilder und damit auch Fähigkeiten, Überzeugungen oder Selbstwert zu vermitteln. Anschließend begibt sich der Lernende in die Position des anderen Selbst und erlebt, wie es ist, die Ressource zu empfangen. Eine andere Möglichkeit besteht darin, die zuvor getrennten Zustände gleichzeitig zu erleben, indem sich der Lernende zur gleichen Zeit auf beide Bodenmarkierungen, die nah beieinander liegen sollten, stellt oder die mit beiden Erfahrungen verbundenen Anker und Assoziationen gleichzeitig ausgelöst werden. Während er innerlich die schwierige Situation wahrnimmt, erlebt er diesmal, dass ihm seine Ressourcen zur Verfügung stehen. Defizite und Ressourcen treffen aufeinander und er empfindet nach einer kurzen Phase innerer Verarbeitung ein neues Gleichgewicht in der zuvor problematischen Lage. Dieser Zustand drückt sich im Allgemeinen auch in der Physiologie des Lernenden aus, seine linke und rechte Körperhälfte erscheinen symmetrischer, sein Atem wird gleichmäßiger, er wirkt entspannter und energiereicher. Dies will natürlich überprüft werden. Im Zweifelsfall müssen in weiteren Arbeitsschritten noch andere Erkenntnisse und Ressourcen herausgearbeitet werden.

Vom Geben und Empfangen. Welche Ressourcen auch immer gebraucht werden, ob für das eigene Selbst oder für andere – immer spielt die Fähigkeit, sie weiterzugeben und zu empfangen, eine bedeutsame Rolle. Am besten, der Lernende erlebt den Ressourcetransfer aus beiden Positionen heraus, also aus der des Gebenden und der des Empfangenden. Manchmal ist auch das Zurückgeben und Zurückholen von großer Bedeutung. Etwas zurückzugeben ist wichtig, wenn wir Gedanken, Gefühle, Aufgaben oder Botschaften von anderen übernommen haben, die unsere Entwicklung beeinträchtigen. Etwas zurückzuholen ist wichtig, wenn wir etwas Wertvolles, das wir brauchen und das eigentlich bei uns bleiben sollte, an andere abgegeben haben. Auch in der systemischen Aufstellungsarbeit, die wir in Teil II dieses Buches beschreiben, stellt dies ein wichtiges Thema dar.

Ressourcen über Zeit und Raum vermehren

Das folgende Beispiel illustriert, wie wir die Arbeit mit Ressourcen mit dem Konzept unterschiedlicher Wahrnehmungspositionen und verschiedenen Abschnitte des Lebensweges verknüpfen können. Die Arbeitsweise basiert auf einem Prozess von Robert Dilts und Robert McDonald aus dem Seminar „Tools of the Spirit". Das folgende Beispiel illustriert, wie wir die Arbeit mit Ressourcen mit dem Konzept unterschiedlicher Wahrnehmungspositionen und verschiedenen Abschnitte des

Lebensweges verknüpfen können. Die Arbeitsweise basiert auf einem Prozess von Robert Dilts und Robert McDonald aus dem Seminar „Tools of the Spirit" (McDonald, R. Dilts, R. 1999).

Ziel: Sich selbst und andere im Hinblick auf eine Aufgabe aus verschiedenen Wahrnehmungspositionen mit Ressourcen versorgen.

Sabine will Talkmasterin werden. Bislang moderiert sie Radiosendungen, weiß also um ihre Stärken in der freien Rede. Dennoch, im Fernsehen braucht es davon mehr, zumal dieses Medium die Anonymität des Hörfunks nicht kennt. Sie möchte bei ihren künftigen Zuschauern gut ankommen und dabei authentisch sein. In einer Phase der Selbstbesinnung beschließt Sabine, ein Ritual durchzuführen, in welchem sie Ressourcen in sich selbst und mit anderen Menschen, die ihr wichtig sind, austauscht.

Sie stellt sich vor, in der Gegenwart zu stehen und geradewegs in die Zukunft zu schauen. Dort steht ihr zukünftiges Selbst vor ihr: Es ist die Sabine, die es bereits geschafft hat! Sie gibt diesem zukünftigen Selbst eine Ressource, über die sie gegenwärtig in hohem Maße verfügt und die es für ihr Empfinden dort gut gebrauchen kann: Freiheit und Natürlichkeit. Denn, so denkt sich Sabine, viele Talkmaster scheinen ihrer Karriere zuliebe darauf verzichtet zu haben. Dann wechselt sie die Position, begibt sich in die Zukunft und nimmt als zukünftige Sabine das Geschenk an. Es tut gut. Jetzt spürt sie, was die Radiomoderatorin Sabine „dort in der Vergangenheit" brauchen kann, um Talkmasterin zu werden und schickt ihr neben Kraft, Ausdauer und Lockerheit noch die Aufmunterung: „Du kannst es schaffen!" Anschließend wechselt Sabine wieder zu ihrer Ausgangsposition in der Gegenwart zurück, wo sie diese Ressourcen dankend annimmt.

Nun dreht Sabine sich um und visualisiert ihr jüngeres Selbst, dem es allem Anschein nach an Selbstvertrauen mangelt. Sie reicht ihm mit ihren Handschalen symbolisch eine große Portion Selbstvertrauen, denn heute hat sie viel davon zur Verfügung. Dann schlüpft sie in ihr jüngeres Selbst, nimmt das Geschenk an und gibt als jüngere Sabine der Radiomoderatorin etwas von den Ressourcen, über die sie in der Jugend in besonderem Maße verfügte: Begeisterungsfähigkeit und Unbekümmertheit. Wieder tritt Sabine an den Ort der Gegenwart zurück und nimmt die Ressourcen an.

Im weiteren Verlauf hat Sabine den Wunsch, auch mit anderen Menschen, seien es solche aus der Gegenwart, der Vergangenheit oder sogar aus der Zukunft, Ressourcen auszutauschen. Ihrem gegenwärtigen Freund Karl-Heinz schenkt sie Vertrauen und erhält von ihm Lebensfreude. In der Vergangenheit schenkt sie ihrer alten Lehrerin Respekt und Dankbarkeit und erhält von ihr so etwas wie Segen für ihre Arbeit. Auch an ihre neuen Kollegen in der Zukunft denkt sie. Sie gibt ihnen Achtung und Verständnis und erhält von ihnen Akzeptanz und Offenheit. All das hat Sabine getan, indem sie jeder Person Positionen links neben sich in der Gegenwart zuwies. Der Freund stand direkt links, die Lehrerein links hinten, die zukünftigen Kollegen links vorn. Sabine wendete sich jeder Person zu und reichte ihr symbolisch die jeweilige Ressource in ihren Handschalen. Anschließend versetzte sie sich in die Position des anderen Menschen und gab von hier aus, wieder in den Handschalen, ein Geschenk an sich selbst.

Abschließend hat Sabine den Gedanken, dass rechts neben ihr im Raum ihr höheres Selbst seine Position hat, von der aus es über ihr Leben wacht, sie beschützt und führt. Sie dankt ihrem höheren Selbst und reicht ihm ihre Sensibilität und Empfindsamkeit als Geschenk entgegen. Dann versetzt sie sich in die Position des höheren Selbst hinein, empfängt dieses Geschenk und beantwortet es, indem er der Sabine in der Gegenwart die Gaben „Intuition" und „innere Führung" gibt. Zurück in der Gegenwart, sammelt sie noch einmal alle Gaben ein und erlebt ihre Verbundenheit mit sich selbst und anderen über Zeit und Raum hinweg. Sie hat gemerkt, dass Ressourcen, die sie weitergibt, nicht etwa verbraucht werden, sondern sich vermehren. So ähnlich will sie es auch mit ihrem Publikum in der Zukunft halten.

So geht's: Auf dem Boden des Raumes, wie in Abbildung 4 dargestellt, mehrere Felder markieren und ihnen innerlich die dort beschriebenen Bedeutungen zuordnen. Im mittleren Feld die Position „gegenwärtiges Selbst" mit Blick auf das „zukünftige Selbst" einnehmen. Sich eine wertvolle, im Hier und Jetzt erlebbare Ressource zugänglich machen und sie symbolisch in die Handschalen legen, um sie an das zukünftige Selbst zu geben, welches im Feld davor steht und ein ausgewähltes Ziel bereits erreicht hat. In die Position „zukünftiges Selbst" schlüpfen, die Ressource annehmen und aus dieser Position heraus dem Selbst in der Gegenwart Ressourcen geben. Genauso in alle anderen Richtungen verfahren. Nach jedem Austausch in die Gegenwartsposition zurückkehren.

Bild 4: Ressourcen über Zeit und Raum vermehren

Die innovative Therapeutin Insa Sparrer hat das soeben dargestellte Prinzip zu einer eigenen Form Systemischer Strukturaufstellungen erweitert, der *Neun-Felder-Aufstellung*. Hierbei werden – ein wesentliches Element von Aufstellungen – die einzelnen Positionen durch Stellvertreter dargestellt, auch lösungsorientierte Fragen und die später beschriebene Arbeit mit der Zeitlinie werden von ihr einbezogen (Sparrer 2001).

7. Systemisches Denken

Was ist systemisches Denken? Viele Bereiche unseres Leben wirken aufeinander: Menschen wirken auf Menschen, Körper, Geist und Seele stehen in Verbindung, Erfahrungen wirken auf andere Erfahrungen, Gedanken wirken auf Handlungen und deren Ergebnisse lösen neue Gedanken aus. Die Aufzählung ließe sich endlos fortsetzten. Wer mit Menschen arbeitet oder einfach nur sein Leben gestalten möchte, wird überall auf erwünschte oder weniger erwünschte, erwartete oder unerwartete, kurzfristige oder langfristige Wirkungen stoßen. Jede von ihnen ist ihrerseits eine Ursache für neue Wirkungen.

Wenn zwei Personen kommunizieren, werden die Worte des einen etwas bei seinem Gegenüber auslösen. Was es auch ist, es wirkt auf den Ersten zurück, vielleicht als sachliche Antwort, als Lächeln oder als Ablehnung. Diese Rückwirkung nennen wir Feedback – und manchmal kommt es keineswegs sofort, sondern erst nach längerer Zeit und über ganz andere Wege.

Wenn Bereiche oder Bestandteile der Natur, der Technik oder des Lebens Einfluss aufeinander haben, bezeichnen wir diese Verbindung als ein System. Die Bestandteile, ihre Positionen zueinander und ihre Verknüpfungen miteinander bilden die Struktur des Systems. Das, was dann zwischen ihnen geschieht, ist der Prozess. Systemisches Denken bedeutet, die Verbindungen, Wechselwirkungen und Prozesse eines Systems zu erfassen und zu berücksichtigen. Eine ausführliche Darstellung zu Systemischem Denken und Handeln finden Sie in dem Buch von Joseph O´Connor und und Ian McDermott *Die Lösung lauert überall* (1998).

Je nachdem, was wir untersuchen wollen, können wir unterschiedliche Ausschnitte der Welt als ein System betrachten. Die Natur macht uns hierfür Vorschläge, bildet Einheiten oder Organismen, deren Teile besonders eng zusammenwirken und die ein neues Ganzes bilden: Eine Verband von Zellen, ein Mensch, eine Familie, eine Organisation, ein Biotop, die Erde... Sie alle sind mehr als die Summe der in ihnen zusammenwirkenden Teile, enthalten Untersysteme und stehen ihrerseits mit anderen Systemen in Austausch. Wenn Systeme oder Teile sich zu einer größeren Einheit zusammenschließen, sprechen wir von der Bildung eines Metasystems.

Über Ursachen und Wirkungen. Wenn in einem System eine Handlung oder ein Ereignis eine Veränderung nach sich zieht, erscheint uns dies, oberflächlich betrachtet, als einfacher Zusammenhang von Ursache und Wirkung. Doch was geschieht, ist weit eher das Produkt vieler zeitlich versetzter oder gleichzeitiger Wirkungen und Rückwirkungen. Es ist zudem ein Prozess mit spezifischem Zeitverlauf. Wir sollten darauf achten, ob ein System sofort, schnell oder langsam reagiert. Wer ihm seine Zeit nicht gibt, wird wenig erkennen und wenig erreichen. Jede Veränderung im System zieht neue Wirkungen nach sich. Diese können ihr entgegenwirken oder sie verstärken. Deshalb ist ein lineares Denken in Begriffen von Ursache und Wirkung in Systemen nicht angebracht. Wir können vielmehr von korrigierendem oder verstärkendem Feedback sprechen.

Korrigierendes Feedback erscheint uns als Strafe oder Lehrgeld, wenn unsere Handlungen bestimmte Auswirkungen auf uns haben, die uns hindern, sie fortzusetzen. Wir nutzen es andererseits, indem wir auf unerwünschte Ereignisse oder Abweichungen von dem, was wir wollen, reagieren und etwas dagegen tun. Wer vom Kurs abweicht, der steuert dagegen. Korrigierendes Feedback gleicht Abweichungen aus, hält eine bestehende Balance aufrecht, so dass wir es auch als stabilisierendes Feedback bezeichnen können. In der Arbeit mit Menschen suchen wir mit ihnen nach Wegen, wie sie erwünschte Zustände aufrechterhalten können oder sich ihren Zielen nähern können. Denn auch die Abweichung von einem Ziel wird durch Schritte korrigierenden Feedbacks vermindert.

Das gleiche Prinzip schützt uns davor, gefährliche Grenzen zu überschreiten. Nähern wir uns diesen, erschwert es unseren Gang und bremst ihn schließlich so stark, dass es nicht mehr weitergeht. Hier wirkt das korrigierende Feedback nicht der Abweichung von einem Sollzustand, sondern der Annäherung an eine Grenze entgegen.

Verstärkendes Feedback unterstützt das auslösende Ereignis oder die bisherige Handlung. Es erscheint uns als Lohn oder Gewinn. Wer Sinnvolles getan hat, wird Gutes ernten. Das gibt ihm die Möglichkeit, noch Besseres zu tun und wiederum mehr zu ernten. Das geht natürlich auch in die andere Richtung und führt mitunter zum schnellen Abwärtstrend. In der Arbeit mit Menschen streben wir Veränderungen an, die es ihnen möglich machen, weitere positive Veränderungen zu vollziehen, wodurch sich ihr Leben so verändert, dass dies weitere positive Entwicklungen nach sich zieht. Der Verlauf ähnelt einer sich nach oben bewegenden Spirale, in welcher das Eine das Andere verstärkt. Andere Spiralen neigen dazu, Probleme zu stabilisieren und wollen durchbrochen werden: Eine negative Erfahrung, die zu einer einschränkenden Sicht der Welt führt, die wiederum neue negative Erfahrungen nach sich zieht, gehört dazu. Dies nennen wir Spiralen der Verfestigung. Selbsterfüllende Prophezeiungen gehören dazu. Die Wechselwirkung von Denken, Aufmerksamkeit, Handeln und Erleben spielt nicht nur in Paul Watzlawicks Geschichte vom Hammer eine zentrale Rolle (Watzlawick, 1988).

Grenzen des Wachstums. Verstärkendes Feedback ist die Quelle des Wachstums. Nichts jedoch wächst endlos in den Himmel, irgendwann stellt sich von oft unerwarteter Seite ein korrigierendes Feedback ein und bremst die Bewegung. Wer nur arbeitet und immer mehr verdient und dann noch mehr arbeitet usw., wird die Grenzen seines Körpers zu spüren bekommen. Wer dauerhaft seine Werte und Überzeugungen verletzt, wird von seinen Gefühlen und seinem Gewissen eingeholt. Wer in seinem Leben einzelne Werte auf Kosten anderer verwirklicht, wird irgendwann von diesen gestoppt. Wenn wir immer mehr Energie aufwenden müssen und dabei immer weniger erreichen, nähern wir uns einer solchen Grenze des Wachstums. Dann lohnt sich kein ignorierendes „mehr desgleichen". Wir haben die Wahl, die auftretenden Grenzen zu respektieren und andere Wege zu gehen oder sie zu erweitern, indem wir uns um sie kümmern.

Schwellen. Was wächst, findet nicht nur Grenzen, sondern oft auch Tore in neue Lebensbereiche vor. Wir nennen sie Schwellen. Hier wandelt sich Quantität in eine neue Qualität. Dazu gehört das Ansammeln von Zeit, von Handlungen, von Erfahrungen. Mit den Jahren werden wir erwachsen und überschreiten die Schwelle zu einer neuen Identität und einer neuen Zugehörigkeit. In vielen Kulturen markieren Rituale einen solchen Wechsel. Auch innerlich erleben wir ihn: Viele Handlungen münden in neue Fähigkeiten, viele Erfahrungen münden in neue Überzeugungen und Werte, viele Versuche führen zu einer neuen Lösung. Manchmal ist es das Anliegen der Veränderungsarbeit, Menschen auf das Überschreiten einer solchen Stelle vorzubereiten oder den Übergang mit ihnen zu gestalten.

Eine neue Qualität ist oft mit der Herausbildung einer höheren Integrationsebene des Systems verbunden: Aus Einzelnen wird irgendwann ein Team, aus Bausteinen irgendwann ein Haus. Höhere Integrationsebenen, wie die Bildung von Meta-Systemen, sind das Ergebnis vieler Einzelprozesse, die über eine bestimmte Zeit verlaufen. Oft ist der Begleiter oder Coach ein Katalysator solcher Prozesse, in denen Teile ein Ganzes bilden oder einzelne Menschen eine gemeinsame Zugehörigkeit finden.

Lernen als Regelkreis. Lernprozesse verschiedener Art können wir in der Struktur eines Regelkreises beschreiben. Wir haben bestimmte Ziele, Bedürfnisse oder Wertvorstellungen und stellen fest, ob wir bereits dort sind, wo wir sein wollen. Wenn hier eine Lücke klafft, entscheiden wir uns für diese oder jene Handlung, die uns unserem Ziel näher bringen möge. Wir müssen nun abwarten, ob dies geschieht. Wenn nicht, werden lernfreudige Menschen es mit einer anderen Handlung versuchen. Allerdings gibt es auch Reaktionen, die erst zu einer Verschlechterung des Ergebnisses führen, es auf lange Sicht aber verbessern. Wer vorschnell seine Strategie ändert, verpasst den Lohn der Mühe. Durch korrigierendes Feedback, Versuch und Irrtum, ständige Erweiterung des Repertoires und Verbesserung dessen, was gelingt, erwirbt der Lernende ständig mehr Wissen und neue Fähigkeiten. Das Lösen von Problemen besteht darin, die Lücke zwischen dem, was sein soll, und dem, was ist, zu schließen.

Menschen sind zu weit mehr fähig, als lediglich neue Verhaltensweisen zu erproben und zu korrigieren. **Generatives Lernen** bedeutet, dass sie basierend auf den Erfahrungen, die sie machen, auch ihr Denken, ihre Vorannahmen, ihr Modell der Welt verändern können. Wir richten die Aufmerksamkeit auf neue Aspekte, vergleichen, erkennen Muster und bilden uns innere Landkarten von Zusammenhängen. Auch unsere Ziele, Werte und die Art, wie diese erfüllt werden sollen, stehen zur Disposition. Vielleicht finden wir irgendwann etwas anderes wichtiger, vielleicht werden wir uns dessen bewusst, wie wir durch eigene Vorannahmen oder innere Einstellungen dazu beitragen, dass Probleme entstehen. Eventuell verändern wir die Struktur und damit die bestehenden Wirkungszusammenhänge eines Systems. Möglicherweise auch unsere eigene Position und Rolle darin. Jede der im Abschnitt „Ebenen der Erfahrung" beschriebenen Erfahrungsebene verkörpert eine Lernebene, die zur Problemlösung beitragen und auf der sich der Lernende weiterentwickeln kann. Dies sollte auch dem Entwicklungsarbeiter oder Begleiter bewusst sein, denn er unterstützt den Lernenden darin, jene inneren Prozesse zu vollziehen, die einen Unterschied in seinem Leben machen.

Wirkungen und Nebenwirkungen. Die meisten Handlungen haben, abhängig von den Verbindungswegen innerhalb des Systems, mehr als eine Wirkung. Nicht immer sind zusätzliche Nebenwirkungen erwünscht. Gleicht eine Wirkung ein entstandenes Defizit kurzfristig aus, kann die andere dazu führen, dass es sich auf lange Sicht vergrößert. Wer Schulden begleicht, indem er neue macht, steckt in dieser Falle. Nicht immer sind jedoch die Wirkungen so offensichtlich – oft zeigt erst die Zeit, was wohin der Weg geführt hat. Wer die Struktur und den Prozess eines Systems wahrnimmt, kann derlei natürlich rechtzeitig erkennen. In der Arbeit mit Menschen ist es wichtig, sich die erwünschten und unerwünschten Auswirkungen von Interventionen bewusst zu machen und nach Möglichkeit solche Veränderungsschritte vorzunehmen, die ein Problem lösen, statt es auf lange Sicht zu verschlimmern. Symptombehandlung reicht hierfür nicht aus.

Umgekehrt hat, was nach außen hin negativ erscheint, oft positive Nebenwirkungen. Eine Krankheit oder ein symptomatisches Verhalten kann im System wichtige, erwünschte Effekte nach sich ziehen und beispielsweise dazu dienen, Aufmerksamkeit oder Zuwendung zu erhalten oder Konfrontation zu vermeiden. Indem wir ihre positiven Nebenwirkungen erfassen und alles, was daran wichtig ist, auf andere Art sicherstellen, können wir einschränkende Verhaltensweisen loslassen. Hinter jedem Verhalten können wir eine positive Absicht vermuten, auch wenn dies nur für einen Aspekt des Lebens und einen Teil des Systems gilt. Oft tritt die erwünschte Wirkung durch das Verhalten allerdings keineswegs ein. Wo die Erfüllung ausbleibt, neigen wir oft dazu, das Verhalten noch intensiver auszuüben. Dies ist eine Quelle von Sucht: Wir bekommen niemals genug von dem, was uns nicht wirklich befriedigt. Hier gilt es, sich dessen zu besinnen, was wirklich beabsichtigt war – und bessere Wege zu finden, es zu erfüllen.

Muster der Evolution. Wenn wir uns die systemischen Grundprozesse im Zusammenhang anschauen, erscheint uns Entwicklung als eine Kombination aus Wachstum, Ausgleich und Stabilisierung. Wenn das eine wächst, muss das andere nachwachsen, sonst geht es irgendwann nicht mehr weiter. Da verstärkendes Feedback auch in die andere Richtung wirkt, kommt zum Wachstumsprozess auch jener der Vergänglichkeit hinzu.

Was entstanden ist, sucht sich zu stabilisieren, gleicht unerwünschte Veränderungen durch korrigierendes Feedback aus. Die Welt bleibt jedoch nicht stehen, die Bedürfnisse und Ideen der Menschen auch nicht. Irgendwann gewinnen die Kräfte der Veränderung an Gewicht und lassen Neues entstehen. Evolution erscheint uns als Wechselspiel von Stabilisierung und Veränderung. Oft ergänzen sich beide: Wenn der Boden sicher und fest ist, kann man sich darauf gut bewegen. Ein sicherer Raum ist ein guter Ort für inneres Wachstum.

Nicht nur quantitativ entwickelt sich die Welt. Wachstum überschreitet Schwellen, einzelne Elemente bilden neue Ganzheiten. Leben ist ein anderer Ausdruck für Zusammenspiel, sei es das von Molekülen, Zellen, Organismen, Menschen, Gedanken, Handlungen und Ideen. Was sich immer aufs Neue ausprobiert, wird auch stets neue Formen hervorbringen, welche die bisherigen ergänzen oder ablösen. Systeme bilden Meta-Systeme, neue Einheiten entstehen. So wächst die Vielfalt der Existenzformen und Strukturen, seien sie biologischer, sozialer, geistiger, wirtschaftlicher oder technischer Art. Andere wiederum werden verdrängt, oft auch zum langfristigen Schaden dessen, was kurzzeitig dominiert.

Evolution vollzieht sich zwischen Wettbewerb und Kooperation. Wettbewerb regt Innovation an. Wer kooperiert entwickelt neue gemeinsame Fähigkeiten. Neue Lebensentwürfe und neue Erfüllungen werden möglich. Dafür braucht es Strukturen, die allen Beteiligten gerecht werden und ihnen größere Möglichkeiten bringen, als sie diese alleine hätten. Es braucht Austausch, Kommunikation, eine sinnvolle Verteilung der Positionen und Funktionen. Das Ziel der Kooperation ist Synergie, ein bereichernder Zusammenklang, sei es der eines Orchesters oder einer Freejazz Band. Wir glauben, dass es dabei nicht nur um Effektivität geht, es geht auch um Schönheit und Lust. Gut, wo sich beides ergänzt. Nur wenn alle im System Beteiligten jene Position innehaben, die ihnen gerecht wird, ist das System stabil und kann seine volle Energie entfalten. Einseitigkeiten innerhalb des Systems wirken sich in korrigierendem Feedback aus, das Ausgleich einfordert.

Höhere Organisationsformen sind ein Weg, die Herausforderungen des Lebens zu meistern. Aber nicht immer. Was sich nicht bewährt, wird wieder verändert. Nicht nur, was stark ist, hat gute Bewährungschancen. Im Gegenteil: Unflexible Stärke bricht leicht. Gesegnet ist, was nützlich ist und sich mit anderen Systemen ergänzt. Korrigierendes und verstärkendes Feedback lenken diesen Gestaltungsprozess.

Systeme sind in der Lage, ihre innere Organisation in Anpassung an die Umwelt oder ihre innere Entwicklung zu verändern: Wir sprechen von Selbstorganisation. Beim Menschen mögen dies neue Gedanken sein, in einem Team eine neue

Verteilung der Rollen und Aufgaben. Beides kann durch innere Prozesse oder veränderte Umgebungsbedingungen hervorgerufen werden. Manchmal ist Unterstützung von außen willkommen: Der Begleiter, Coach, Therapeut, Organisationsberater. Auch Modelle, Vorbilder und all die Lernprozesse, von Versuch und Irrtum über Intuition bis zur Systemanalyse sind Wegweiser zur Neuorganisation.

Verbindungen bestimmen die Struktur eines Systems und ermöglichen das systemische Zusammenspiel seiner Elemente. Verbindungen zwischen Menschen, zwischen Erfahrungen, zwischen den Sinnen, zwischen Gegenwart, Vergangenheit und Zukunft, zwischen Gedanken, Ideen, Völkern und Zellen. Wir glauben, dass Verbindungen zwischen Ideen und Konzepten heute für die Veränderungsarbeit wichtiger sind als die Ideen selbst. Das gilt für den einzelnen Menschen als auch für die Schulen, welche sich um ihn bemühen.

Der Einfluss eines Elements im System hängt davon ab, wie viele und wie starke Verbindungen es zu anderen Elementen hat. Wer etwas bewirken will, braucht Einfluss, zumindest auf einen Teil des Systems, der Einfluss hat.

Verbindungen beantworten die Frage: „Was wirkt worauf und worauf nicht?" Manchmal liegt ein Probleme darin, dass unerwünschte Wirkungen auftreten, manchmal darin, dass erwünschte Wirkungen ausbleiben. Wenn vergangene Erfahrungen auf die Gegenwart wirken, ist das nicht immer hilfreich, an anderen Stellen wiederum ist es unerlässlich. Manche Verbindungen gleichen Einbahnstraßen, die es der anderen Seite schwer macht, etwas zu verändern. Eine frühkindliche Erfahrung beispielsweise kann weit in das Leben hineinwirken, während der Einfluss neuerer Erfahrungen oft nur gering ist. Viele Formen der Lebensweg-Arbeit, die wir im folgenden Hauptteil des Buches beschreiben, knüpfen Verbindungen von der Gegenwart zur Vergangenheit und lassen die heutigen Potentiale in unsere alten Bezugserfahrungen und Lebensmodelle einfließen.

Der Entwicklungsarbeiter gleicht einem Vermittler zwischen den Elementen des Systems. Er unterstützt den Lernenden darin, unglückliche Verbindungen zu lösen, wertvolle Verbindungen aufzunehmen. Ob im Familiensystem oder in seiner Neurologie. Am besten in beidem.

Systemische Veränderungsarbeit. Oft wird unter systemischer Therapie lediglich die Arbeit mit Familien und Gruppen verstanden. Hier liegt aber nur ein Teil dessen, was aufeinander wirkt und dessen, was Veränderungspotential enthält. Ganzheitliche systemische Arbeit erfasst mehr. Sie bezieht unterschiedliche systemische Wechselwirkungen ein: jene innerhalb eines Menschen, jene zwischen Menschen, solche zwischen Begleiter und Lernendem, zwischen Vergangenheit, Gegenwart und Zukunft. Die Folgenden stehen im Hintergrund der meisten in diesem Buch dargestellten Veränderungsmodelle:

- Vergangene Erfahrungen beeinflussen als Modelle oder Bezugserfahrungen unser gegenwärtiges Erleben und unsere Zukunftsvorstellungen. Sie wirken auf unsere Fähigkeiten, Werte, Überzeugungen, unser Selbstbild, unsere soziale Rolle und Zugehörigkeit.

- Gegenwärtige Erfahrungen wirken auf vergangene Erfahrungen, die Art, wie wir sie interpretieren, verarbeiten, umdeuten, eventuell heilen, komplettieren oder aus ihnen lernen. Sie sind vergangene Erfahrungen von Morgen.
- Unsere Gegenwart beeinflusst unsere Zukunftsvorstellungen und Ziele.
- Unsere Zukunftsvorstellungen und Ziele beeinflussen unsere Motivation, damit unsere Aufmerksamkeit unser gegenwärtiges Handeln und unseren Zustand.
- Menschen wirken aufeinander. Sie beeinflussen ihr Erleben, ihr Verhalten, ihre Werte, ihr Selbstbild, ihre soziale Position, ihre Zugehörigkeit und vieles mehr. Gefühle sind Botschafter dieser Wirkungen, Worte ihr Kommentator.
- Unsere Beziehungen und sozialen Rollen aus der Vergangenheit wirken als Modelle auf jene, die wir in der Gegenwart eingehen und in der Zukunft erstreben.
- Unser Austausch und unsere Beziehungen von heute wirken auf unsere Modelle sozialer Beziehungen und Erfahrungen von gestern. Ein Coach, Begleiter oder Therapeut gehört zu den heutigen Beziehungen.
- Was wir außen erleben, wirkt auf unser inneres Erleben und unseren inneren Zustand, auf die Bildung von Fähigkeiten, Werten, Überzeugungen und unser Modell der Welt.
- Unser inneres Erleben wirkt auf unser äußeres Verhalten und die Richtung unserer Aufmerksamkeit. Damit wirkt es auf das, was wir außen erleben.
- Unsere Werte, Vorannahmen, unser Selbstbild und unsere Sicht von anderen und der Welt wirkt auf unser Verhalten und unsere Aufmerksamkeit und somit auf das, was wir außen erleben.
- Unser aktueller Zustand, die in uns ablaufenden psychischen, neurologischen und physiologischen Prozesse, nicht zuletzt unsere Gefühle, beeinflussen unser inneres Erleben, unsere Aufmerksamkeit, unsere Fähigkeiten, Gedanken und unser äußeres Verhalten.
- Unser Verhalten und unser äußeres Erleben beeinflussen unseren aktuellen Zustand.
- Unsere Aufmerksamkeit und Wahrnehmung beeinflussen unser Erleben.
- Unser Motivation beeinflusst unsere Aufmerksamkeit.

Die Reihe ließe sich endlos fortsetzen. Alle Darstellungen sind nur ein Ausschnitt aus einer Vielfalt möglicher Wechselwirkungen. Vielleicht jedoch, liebe Leserinnen und Leser, sensibilisieren Sie diese Beispiele dafür, sich diese oder jene Wechselbeziehung in den Beschreibungen und Beispielen dieses Buches bewusst werden zu lassen.

Was miteinander verbunden ist, bietet auch Ansatzpunkte für Veränderungen. Jedes System hat seine besonders wirksamen Hebel, die oft durch Impulse von außen bewegt werden: Ein neuer Gedanke, eine neue Erkenntnis, ein anderes Verhalten, eine neue Erfahrung – all das können Schlüssel der Entwicklung sein. Wir können an der Gestaltung erwünschter Prozesse innerhalb einer gegebenen Struktur arbeiten, oder auch die Struktur des Systems verändern: Verbindungen schaffen oder lösen, Positionen verändern. Eine Brücke von gegenwärtigen Erfahrungen zu vergangenen Erfahrungen kann ebenso wichtig für einen Lernenden sein, wie die zu einem anderen Menschen. Es ist schließlich die Brücke zu seinem jüngeren Selbst. Systemische Veränderungsarbeit kann sich also von der Fußmassage bis zur Gestaltung von Unternehmensstrukturen erstrecken. Entscheidend ist das Bewusstsein dessen, wie das eine auf das andere wirkt. Jedem Coach oder Therapeuten stehen unterschiedliche Ansatzpunkte und Hebel zu Verfügung, etwas für das gesamte System zu tun.

Soziale Systeme. Als Beteiligte in einer Gemeinschaft sind wir nur zu oft betriebsblind, außerdem Prozessen und Situationen innerhalb des Systems ausgesetzt, die uns zwar verständlich, aber oft nicht sehr weise handeln lassen. Wer so ein System von außen beobachtet, erkennt, wenn er nicht zu weit entfernt ist, mehr. Er braucht aber, um wirksam werden zu können, Einfluss auf mindestens einen Beteiligten. Damit steht er in einer systemischen Verbindung zu diesem. Ein Begleiter, Coach oder Berater hat diese Funktion. Ein Lernender kann bis zu einem gewissen Grade Beteiligter und Beobachter zugleich sein, indem er zwischen diesen Positionen wechselt. Nur als Abstraktion gibt es den reinen Beobachter, welcher alles erkennt, ohne dass es eine Wirkung auf ihn hätte und ohne dass er irgendeinen Einfluss auf das Wahrgenommene hätte. Sogar Fernsehzuschauer sind am Weltgeschehen beteiligt. Das Ausmaß indes, in welchem der Einzelne mit einem System verbunden ist, differiert. Verbindungen, die für einen Veränderungsprozess nicht relevant sind oder nur geringe Wirkungen nach sich ziehen, können in der praktischen Arbeit vernachlässigt werden. Unsere Aufmerksamkeit richten wir auf das, was Einfluss hat.

Oft bemühen sich Menschen um Veränderungen, erreichen aber mit der Art, in der sie dies tun, genau das Gegenteil des von ihnen Erhofften. Besonders dann, wenn sie schnell Abhilfe schaffen wollen. Wer unsicher ist und sich deshalb von anderen zurückzieht, wird dadurch keinesfalls sicherer. Wer Anerkennung sucht, indem er es allen recht macht, wird wenig Anerkennung finden. Unsere Gefühle führen uns all zu oft im Kreise herum. Ein neutraler Begleiter hat es leichter, derartige Prozesse zu erkennen – und den Suchenden zu Lösungen zu führen. In diesem Fall wird er zum Begleiter, der Suchende zum Lernenden.

Das System erforschen. Systemisches Denken und Handeln beginnt damit, die Struktur und die Wechselwirkungen im System zu erfassen. Wir können dies tun, indem wir den Prozess des Systems beobachten und indem wir seine Elemente und ihre Beziehungen untersuchen. Oft ergibt sich das eine aus dem anderen. Neben der Beobachtung können wir aktiv forschen, indem wir die Reaktion des Systems auf probeweise Einwirkungen testen. Dies können neue Verhaltensweisen sein, die wir als Beteiligte einbringen, auch die probeweise Veränderung von Positionen ist ein Weg. Allerdings müssen wir uns die Zeit nehmen, den Wirkungsverlauf abzuwarten und uns vor vorschnellen Schlussfolgerungen hüten. Manches verschlimmert sich sogar erst, bevor es sich verbessert. Mediziner und Homöopathen wissen viel darüber.

107

Einem Beteiligten mag seine Welt zunächst undurchschaubar erscheinen wie ein Dschungel – doch durch Versuch und Irrtum kann er seinen Weg darin finden, die Gegend erhellen und brauchbare Landkarten von ihr entwickeln. Wir verstehen ein System um so besser, je mehr wir über seine Bestandteile wissen. In sozialen Systemen beginnt dies damit, die Wahrnehmungspositionen der Beteiligten, ihre Gedanken, Gefühle und Beziehungen zueinander zu erforschen. Dazu braucht es guter Kommunikationsfähigkeiten und Feedback über gewonnene Meinungen, so dass wir nicht von Vermutungen abhängig sind.

Systemisches Handeln ergibt sich aus dem systemischen Denken. Es ist das aktive Einwirken auf das, was in einem System geschieht – zu diesem oder jenem möglichst guten Zweck. Dies gelingt um so besser, je mehr wir über die im System vorliegenden Wechselwirkungen und Prozesse wissen. Wir üben dies ständig im Alltag, indem wir etwas über die Auswirkungen unseres Handelns erfahren und uns darauf aufbauend so verhalten, dass wir unseren Zielen näherkommen. Wir nehmen Feedback an und geben korrigierende oder verstärkende Reaktionen in das System zurück. Das alleinige Wissen um Wirkungszusammenhänge reicht hierfür nicht. Wir brauchen auch die Kraft und die Möglichkeit, in der gewünschten Weise Einfluss nehmen zu können, die Chance, das Steuerrad in die gewünschte Richtung zu bewegen. Je komplexer die Wechselwirkungen innerhalb des Systems sind, desto schwieriger ist dies. Einflussnehmen vollzieht sich dann in einem Prozess des Folgens und Führens, der dem Tanz gleicht. Nur wer der Bewegung des Systems folgt, sich ihr angleicht, kann an passenden Stellen jene Impulse setzten, die es schrittweise in eine neue Richtung bewegen. Ein Steuermann sollte nicht gegen, sondern nur mit den Strömungen arbeiten.

In der Arbeit mit Menschen wird uns interessieren, mit welchem Anliegen Lernende zu uns kommen. Geht es darum, einen Einzelnen in seiner Entwicklung zu unterstützen oder darum, eine Lösung für ein ganzes soziales System zu finden, die allen gerecht wird? Das eine kann das andere nach sich ziehen. Stehen Ziele im Vordergrund oder liegt der Fokus auf der Lösung von Problemen? Auch hier bietet sich die Ergänzung an.

Lernende und Klienten kommen oft mit festen Vorstellungen und Zielen. Wir sind als Begleiter gut beraten, wenn wir bedenken, dass ihre Gedanken und Vorstellungen oft sehr stark zur Entstehung ihrer Probleme beigetragen haben oder Ausdruck bestimmter Defizite sind. Veränderungen vollziehen sich erst, wenn jene Kreisläufe unterbrochen werden, die ein Problem erzeugen oder aufrechterhalten.

Hebel der Veränderung. Ein Begleiter fahndet gemeinsam mit dem Lernenden nach Ungleichgewichten, Schwachstellen und Bremsklötzen in dessen System. Und er fragt sich, wo der Hebel der Veränderung liegen könnte, etwas zu verändern. Oft geht es darum, seine Aufmerksamkeit auf vergessene Bestandteile des Systems zu lenken. Wenn der Lernende bisher nur in der Vergangenheit lebte, wird die Orientierung auf die Gegenwart und die Zukunft viel bringen. Lag seine Aufmerksamkeit nur bei sich selbst, bietet es sich an, die Position anderer Menschen und die Beziehung zu ihnen zu erkunden. Ging es bisher nur ums Denken, wäre es sicher hilfreich, auch die Gefühle zu Rate zu ziehen. Wer in der Gegenwart immer die gleichen Fehler macht, kann vielleicht Lösungen in der Vergangenheit finden. Sobald die relevanten Anteile des Systems aufgefunden und in ihrer Bedeutung geachtet wurden, stellt sich die Frage, welcher Veränderungsschritt für das gesamte System den höchsten Nutzen bringen würde. Es lohnt nicht, einen Bereich zu maximieren, wenn andere brachliegen. Das wäre, als würde ein verarmendes Land alles Geld in einen Luxuspalast stecken. Gerade die Schwachstellen aber, die zu engen Flaschenhälse, die fehlenden Verbindungen oder die fehlenden Grenzen bieten Ansatzpunkte für wirklichen Wandel. Schwachstellen können in unverarbeiteten vergangenen Erfahrungen liegen, in einschränkenden Überzeugungen, in familiärer Verstrickung oder in fehlenden Lernerfahrungen. Sie können in der Gegenwart ihren Platz haben, in einseitiger Lebensgestaltung, im körperlichen Zustand, in Überforderung oder schlechter Kommunikation. Möglicherweise liegen sie auch in der Zukunft, ihren Verpflichtungen, in unpassenden Zielen und Erwartungen. Veränderungsmöglichkeiten für all diese Bereiche finden Sie in den nächsten Kapiteln. Die Kunst aber, den derzeit sinnvollsten Entwicklungsschritt herauszufinden, erfordert Erfahrung und systemisches Denken. Sie ist ein Lernprozess, der sich am Feedback des Lernenden oder des sozialen Systems orientiert. Jeder angebotene Veränderungsschritt, der in die richtige Richtung führt, wird durch einen Zugewinn an Energie, Motivation, Wohlgefühl oder Lebendigkeit belohnt. Oft ist es alles gemeinsam.

Thesen. Ergänzend fassen wir für Sie hier einige Thesen und Prinzipien zum systemischen Denken und Handeln zusammen, wobei wir auf Vorschläge von Joseph O'Connor (1998) Bezug nehmen und sie um eigene ergänzen

1. Die Struktur eines Systems kann durch miteinander verbundene Elemente dargestellt werden. Die Verbindungen kennzeichnen den Fluss von Energie oder Informationen, die Elemente nehmen diese auf, verarbeiten oder speichern sie oder geben Energie und Informationen ab.

2. Die Wahrnehmung von Systemen erfordert das Erfassen des Spezifischen und des Allgemeinen, der Situation und des Prozesses. Es braucht die Fähigkeit, verschiedene Perspektiven einzunehmen und zwischen diesen zu wechseln.

3. Das betrachtete System, d.h. der Ausschnitt der Welt, der untersucht wird, muss groß genug sein, um die relevanten Wechselwirkungen abzubilden. Wenn der Beobachter Teil des Systems ist, muss auch diese Beziehung in die Betrachtung eingeschlossen werden.

4. Die Struktur oder innere Organisation eines Systems bestimmt sein Verhalten. Ein System arbeitet nur so gut, wie sein schwächster Punkt. Das Ganze ist mehr als die Summe der Teile und kann nicht durch die Eigenschaften seiner Bestandteile erklärt werden.

5. Wir suchen den jeweils sinnvollsten Ansatzpunkt für Veränderung. Ihn finden wir im Allgemeinen nicht an der Stelle des Symptoms oder an einer bisher vermuteten Ursache, sondern über das Erfassen der Struktur und des Prozessverlaufs des Systems als Ganzes. Begriffe, wie „Schwachstelle" oder „Flaschenhals" orientieren auf diesen sinnvollsten Veränderungsansatz.

6. Ähnliche Symptome oder Problemzustände in verschiedenen Systemen können aus unterschiedlichen Prozessen und Strukturen hervorgehen und unterschiedliche Lösungswege erfordern.

7. Stabile Lösungen für soziale Systeme haben allparteilichen Charakter, d.h. alle Beteiligten können damit einverstanden sein und gewinnen dadurch. Unterdrückte Anteile blockieren die weitere Entwicklung ebenso wie das Maximieren der Ansprüche einzelner.

8. Die Wirkung von Veränderungsimpulsen auf bestimmte Systemkomponenten hängt von der Position und den Verbindungen dieser Komponenten innerhalb des Systems ab.

9. Die Auswirkungen von Aktionen in einem System verhalten sich nicht automatisch proportional zur ihrer Stärke. Manchmal verursachen kleine Anstrengungen große Wirkungen, manchmal ergeben große Aktionen nur geringe Reaktionen.

10. Jedes Verhalten im System wirkt sich auf das Ganze aus und erzeugt Feedback, welches auf das aussendende Element zurückwirkt und sein weiteres Verhalten beeinflusst. Das Feedback kann zeitlich und räumlich entfernt eintreffen.

11. Systemische Entwicklung kann sprunghaft verlaufen, indem durch Anhäufung von Quantität eine neue Qualität erreicht wird, eine Änderung auf einer höheren Integrationsebene erfolgt oder ein Metasystem gebildet wird.

12. Nichttriviale lernende Systeme, wie auch der Mensch, können auf sich wiederholende Reize und Prozesse stets anders reagieren. Der Mensch kann sich systemischer Abläufe bewusst werden und seine Intentionen, Denk- oder Verhaltensweisen auf verschiedenen Ebenen verändern.

13. Die Begriffe „Ursache" und „Wirkung" können in Systemen nicht als solche voneinander unterschieden werden und verlieren ihre Eindeutigkeit. Die Systemelemente beeinflussen sich wechselseitig in geschlossenen Feedback-Kreisen. Die Reaktion jedes Elements kann zugleich als Wirkung und als Ursache der Reaktionen eines anderen Elements verstanden werden. Wo dies ein sinnvoller Ansatzpunkt für Veränderung ist, können Lösungen natürlich dadurch entwickelt werden, dass wir so tun, als ob sie diese oder jene Ursache hätten. In sozialen Systemen gehören jedoch gerade die Vorstellungen der Beteiligten über Ursachen oft zu den problemerhaltenden Konstruktionen und lohnen daher Veränderungsarbeit. Der Unterschied zwischen Lösungsansätzen und dem, was als Ursache gilt, zeigt sich in der Aussage: „Ein Streit entsteht nicht aus Mangel an Versöhnung."

ZUKUNFT

VERGANGENHEIT

Teil II
Den Lebensweg gestalten

1. Kleine historische Einführung

Die Beschäftigung mit der Vergangenheit und der Zukunft ist so alt wie das Vermögen des Menschen, sich zu erinnern und zu phantasieren. Unseren Lebensweg sahen wir schon immer irgendwo zwischen schicksalhafter Vorbestimmtheit und freier Wahl. Auch wenn sich der Mensch der Vorzeit für die erste Variante entschieden hatte, konnte er doch manches für sich erreichen, indem er sich einfach an die Götter wandte. Die Idee einer selbstbestimmten Zukunft hat heute Hochkonjunktur. Doch diese Wahlfreiheit hat weniger mit Beliebigkeit zu tun, als es auf den ersten Blick erscheint; Veränderung muss Sinn machen, zum Wohle der eigenen Person, der Mitmenschen und der Umwelt.

Vor etwa 4,5 Milliarden Jahren entstand die Erde als das Rund, das wir heute kennen. Die Zeittafeln der Geologen beschreiben, was sich auf dem Planeten seitdem ereignet hat, von den ersten Mikroorganismen über die Dinosaurier bis zum Menschen; die Plattentektonik, das Auftauchen und Verschwinden von Erdkruste; Veränderungen der Vegetation, des Klimas, usw. Die geologische „Zeitlinie" der Erde endet derweil in der Gegenwart, im Holozän, dem Zeitalter, in dem der Mensch aufgetaucht ist und seine Umgebung in rasantem Tempo verändert. Wie wäre es, wenn wir diese Zeittafeln jetzt schon einfach in die Zukunft fortschrieben und dort ökologische, friedliche und reichhaltige Lebensbedingungen als Visionen „installierten"? Wir könnten so tun, als erlebten wir diese Zukunft vorab, als zögen wir wertvolle Schlüsse daraus, wie wir uns in der Gegenwart am besten verhalten, damit wir und unsere Nachkommen, jeder nach seiner Fasson, ein erfülltes Leben führen können. „Heute kommt es darauf an, aus der Zukunft zu lernen", sagt der amerikanische Kybernetiker Herman Kahn. Vielleicht gehört es zu jener Zukunft, auch die Erfahrungen der Vergangenheit anders als bisher zu nutzen.

Einst haben wir gelernt, dass negative Lernerfahrungen scheinbar das ganze Leben eines Menschen auf einschränkende Weise prägen können. Wir halten dies für veränderungswürdig. Wir wissen, dass wir behindernde und traumatische Erfahrungen aus der Vergangenheit verarbeiten und lösen können. Verschiedene Schulen haben unterschiedliche Wege entwickelt, dies zu tun: Über Feedback und Erkenntnis, über Körperarbeit, durch Katharsis (das erneute tiefe Durchleben), durch Meditation oder über eine langfristige Aufarbeitung in der Beziehung zum Therapeuten, wie in der Psychoanalyse. Der Hypnotherapeut Milton Erickson war ein moderner Meister tiefer Veränderungsarbeit; er bezog die Wirklichkeitskonstruktion des Klienten in seine Arbeit mit ein, ermöglichte ihm gleichsam eine neue innere Landkarte der Welt und damit neues Handeln. Von der Familientherapeutin Virginia Satir wissen wir, wie sich das Leben des Einzelnen durch positive Veränderungen der Beziehungen in seinem Familiensystem verwandeln kann.

Das neurolinguistische Programmieren hat Erfahrungen und Modelle von Gregory Bateson, Alfred Graf Korzybski, Milton Erickson, Virginia Satir und Fritz Perls aufgenommen und durch andere Modelle erweitert. Aus der Erfahrung, dass das Auffinden und Verarbeiten früherer Erfahrungen die Veränderungsarbeit sehr vertiefen kann, entwickelten Richard Bandler und John Grinder die Methode *change history* (Bandler, Grinder 1997), die wir als eine Vorform der Lebensweg-Arbeit betrachten können: Durch einfühlsames Führen machten sie ihren Klienten frühere Erfahrungen zugänglich, die ihnen nicht mehr bewusst waren. Jetzt konnten sie diese mit der Einsicht und den Ressourcen des Erwachsenen auf kreative Art in nützliche Lernerfahrungen verwandeln. Indem der Lernende das jüngere Selbst mit damals fehlenden Ressourcen versorgt, verknüpft er Erfahrungen aus unterschiedlichen Phasen seines Lebensweges. Diese Arbeitsweise wurde von verschiedenen anderen Therapeuten weiterentwickelt, und je nachdem, wie man sich in der Zeit bewegte und welche Verarbeitungsprinzipien genutzt wurden, erhielt sie später unterschiedliche Namen:

Robert Dilts' Reimprinting nutzt die Bewegung auf einer Zeitlinie, die der Klient meist auf dem Boden auslegt. Nachdem mit ihrer Hilfe relevante Ursprungs-erfahrungen oder Familienkonstellationen gefunden worden sind, versorgt der Zeitreisende nicht nur sich, sondern das gesamte Ursprungssystem mit jenen Ressourcen, die für eine respektvolle und ökologische Bewältigung der Erfahrung gebraucht werden (Dilts 1993). Modellhaft erlebt er, wie sich eine einschränkende Erfahrung in eine positive Entwicklung verwandelt. Das kann zu einer kraftvollen Neuorientierung im Leben des Lernenden führen und eingrenzende Überzeugungen oder Entscheidungen aufheben. Neben der Bewegung durch die Zeit führt Robert Dilts den Lernenden durch unterschiedliche Wahrnehmungspositionen und Erfahrungsebenen, wie wir sie im Teil I, Kapitel 5 dargestellt haben. So eröffnen sich dem Lernenden Wege von den Einschränkungen eines *Problemraums* hin zu den Wahlmöglichkeiten eines *Lösungsraums*. Daraus lassen sich individuelle Gestaltungsmöglichkeiten für die Veränderungsarbeit jenseits des Denkens in Techniken ableiten.

Basierend auf Robert Dilts' Vorarbeit hat Tad James seine *Timeline-therapy* entwickelt (James, Woodsmall, 1991) und sie als Warenzeichen eingetragen. Hier wird vorwiegend mit Imagination gearbeitet. Wer erkunden und verändern will, bewegt sich wie im Flug über Lebensabschnitte, die auf dem visualisierten Bild der Zeitlinie chronologisch aneinander gereiht sind. Die Lernende kann von hier aus Erfahrungen ihres Lebensweges auf vielfältige Weise verändern, beispielsweise Licht aus einer imaginierten Energiequelle in bestimmte Abschnitte oder Situationen fliessen lassen. Schon dadurch kann sie erreichen, dass sie Ereignisse auf neue Art erlebt oder leichter verarbeitet. Zahlreiche weiterfuehrende Möglichkeiten zeigen wir im weiteren Verlauf dieses Teiles unseres Buches auf.

Die Arbeit mit der Zeitlinie ist eines von anderen tauglichen Werkzeugen, die wir Ihnen vorstellen. Bei Reisen in die Vergangenheit hilft sie uns, dort liegende Bezugserfahrungen zu finden und zu verwandeln. Viel Energie und Wissen verbirgt sich in solchen, in der Vergangenheit verborgenen Wurzeln. Behindernde oder schwierige Erfahrungen können Keimzellen positiver Entwicklungen werden.

Neben der Klärung der Vergangenheit hilft die Zeitlinie uns dabei, unsere Zukunft zu erkunden und zu gestalten. Sie erleichtert uns zielgerichtetes und lösungsorientiertes Denken und Handeln.

In unserer Art der Veränderungsarbeit verknüpfen wir die unterschiedlichen Arbeitsstile und erweitern sie um neue. Jener Ganzheit geben wir den Namen „Lebensweg-Arbeit". Sie gibt uns ein hohes Maß an Gestaltungsfähigkeit für ein sinnvolles und erfülltes Leben.

Den Begriff des NLP verwenden wir an verschiedenen Stellen aus historischen Gründen weiter. Wir geben ihm, wie im Kapitel „Über dieses Buch" vorausgeschickt, jedoch ein neues, systemisches Bedeutungsfeld, indem wir das Wort „Programmieren" ablösen. Das „P" steht, je nach Arbeitsform, unserer Intention nach für „Prozessgestalten" oder „Prozessbegleiten". Ersteres bezieht sich auf das Entwickeln und Einsetzen geeigneter Veränderungsstrukturen und Formate, das zweite meint eine verbindende, situative Kommunikation und sinnvolle, lösungsfördernde Interventionen. All dies sind Wege neurolinguistischer Prozessarbeit. Wir betonen auf diese Weise ein systemisches Verständnis und eine ganzheitliche Anwendung des NLP, wie sie sich auch in der Arbeit von Robert Dilts widerspiegeln.

2. Prinzipien der Lebensweg-Arbeit

Lebensweg-Arbeit will Probleme und Blockaden in Lösungen und Entwicklung verwandeln und wirkunsvolle Entwürfe für die persönliche und soziale Entwicklung schaffen. Wir arbeiten mit den Zusammenhängen und Beziehungen zwischen wichtigen Erfahrungen und Vorstellungen, die unsere Vergangenheit, Gegenwart und Zukunft betreffen. Nachdem wir uns die Herausbildung früherer Lernerfahrungen und ihre Wirkung auf unser Leben deutlich gemacht haben, beschäftigen wir uns mit der Rückwirkung dessen, was uns mittlerweile zur Verfügung steht, auf die von hier aus gar nicht mehr unveränderbare Vegangenheit. Wir verbinden unser heute gewachsenes Potential mit früheren Erlebnissen, um sie auf solche Weise zu ergänzen, dass wir Wertvolles daraus lernen, Einschränkungen auflösen und Wurzeln einer lebenswerten Zukunft gewinnen. Viele unserer alten Modelle des Lebens passen nicht mehr in die Gegenwart und suchen nach jener Veränderung. Wir können...

- Ursprungserfahrungen zu Themen finden, die uns heute beschäftigen,
- das jüngere Selbst wachsen lassen, alte Defizite und unerfüllte Bedürfnisse nachträglich erfüllen – und sei es auf symbolhafte Weise oder in der Imagination,
- neue oder bessere Lebensmodelle gewinnen, die das verändern, was wir damals gelernt und erfahren haben, dabei alte Überzeugungen loslassen und neue Fähigkeiten entdecken,

- erleben, wie alle damaligen Bezugspersonen, also auch unsere Rollenmodelle, sich positiv entwickeln können, wie sie eine gute Beziehung und einen fruchtbaren Austausch finden,
- einen Kreis schließen, alte Konflikte lösen, vollenden oder klären, was noch offen ist, ausgleichen, was einst aus dem Lot gekommen war,
- Alternative Lebenswege erproben, frühere Entscheidungen hinterfragen und ändern,
- Energiequellen und Ressourcen in der Vergangenheit finden.

Ebenso ist es uns möglich, an der Gestaltung unserer Zukunft zu arbeiten. Wir können...

- entdecken, was wir unbewusst von der Zukunft erwarten,
- Ziele und Visionen schaffen, sie erleben und ihre Auswirkungen überprüfen,
- den Weg in die Zukunft gestalten und uns auf ihn vorbereiten,
- uns mit Ressourcen auf Herausforderungen vorbereiten,
- Energiequellen und Ressourcen in der Zukunft finden,
- Entscheidungen und Lebensalternativen klären.

Voraussetzungen für die Arbeit sind ausreichend Zeit und echte Motivation, ganz gleich, ob letztere aus Neugier, durch Ziele, Visionen oder aus Leidensdruck hervorgegangen ist. Außerdem braucht es einen guten Kontakt und Vertrauen zwischen den Menschen, die miteinander arbeiten, wir nennen sie „Lernende", „Zeitreisende" oder „Klienten" sowie „Begleiter", „Coach" oder „Therapeut". Der Begleiter kennt viele Wege, um den Lernenden sicher ans Ziel zu geleiten, aber auch der Lernende braucht bestimmte Fähigkeiten. Er sollte in der Lage sein, sich in seiner inneren Erlebniswelt zu bewegen, im Geiste Positionen zu wechseln und Erfahrungen aus verschiedenen Blickwinkeln zu betrachten. Und er sollte auch über positive Lebenserfahrungen verfügen, auf die er während des Prozesses zurückgreifen kann.

Einstieg. Am Anfang eines Prozesses klärt der Lernende Ziele und den gegenwärtigen Stand. (Kapitel „Richtung und Weg" in Teil I). Davon ausgehend aktiviert er das tiefer zu bearbeitende Thema, indem er sich Zugang zu den innerlich abgelegten und gespeicherten Informationen verschafft und mit allen Sinnen erlebt, worum es geht. Die Informationen, Gedanken und Gefühle sind dann sozusagen *online* verfügbar, denn nur was der Lernende wahrnimmt, kann er auch bearbeiten – selbst wenn ihm nicht alles bewusst zu sein braucht (mehr dazu im Kapitel „Ein Thema aktivieren"). Zugang zu Erfahrungen zu gewinnen ist ein Prozess; im Laufe der Arbeit kommen immer neue Erfahrungen hinzu, ordnen, verknüpfen und erweitern sich. Dabei bewährt es sich, wenn der Begleiter die Kunst des Beobachtens, Einfühlens und Führens beherrscht. und eine Beziehung mit dem Lernenden gestaltet, die letzterem eine Fülle von Ressourcen zur Verfügung stellt (siehe Kapitel „Was ein Reisebegleiter beiträgt" in Teil I).

Bewegung durch Lebenserfahrungen. Nun geht es darum, andere Lebensphasen oder Erfahrungen zu erkunden, durch die innere Erlebniswelt zu reisen, einzutauchen in neue Zusammenhänge. Wie man sich durch die Zeit bewegen kann, dafür beschreiben wir im Kapitel „Navigation durch die Zeit" viele bewährte und neue Arbeitsformen. Auch die Wechselwirkungen von unterschiedlichen Wahrnehmungspositionen spielen eine wichtige Rolle. Mit wessen Augen wir eine Situation wahrnehmen, beeinflusst die auftretenden Emotionen, Erkenntnisse und Lösungsmöglichkeiten (siehe Abschnitt „Wahrnehmungspositionen und systemische Arbeit", ab Seite 59). Innerhalb einer Wahrnehmungsposition bewegt der Lernende seine Aufmerksamkeit auf verschiedenen Erfahrungs- oder Persönlichkeitsebenen – wie *Umgebung, Fähigkeiten, Werte, Überzeugungen, Identität, Zugehörigkeit* und *Spiritualität* (siehe Abschnitt „Ebenen der Erfahrung", ab Seite 51).

Erfahrungen durch Ressourcen verarbeiten. Die so aufgefundenen Erfahrungen gilt es zu verarbeiten, zu verknüpfen und aus ihnen zu lernen. Zum Beispiel durch Erkennen dessen, was wir brauchen, um ein einschränkendes Erlebnis zu einer Wachstumserfahrung werden zu lassen. Dieses gewisse Etwas nennen wir „Ressourcen", ein Begriff, der viele Formen annehmen kann: von der Tafel Schokolade, einer Berührung, einem offenen Wort, bis hin zu neuen Fähigkeiten, Erkenntnissen oder spiritueller Erfahrung. Ressourcen können aus unserem Inneren, von anderen, aus der Gegenwart, Vergangenheit oder der Zukunft kommen. Die geeigneten Ressourcen lassen wir in die bisher einschränkende Erfahrungen einfließen, geben sie dem anderen Selbst oder anderen Beteiligten (mehr dazu in den Kapiteln „Energiequellen und Ressourcen", „Aus dem Lebensweg lernen" sowie „Muster des Reimprinting").

Mit neuen Erfahrungen zurückkehren. Am Ende der Veränderung steht vor allem eines: Der Lernende macht die Erfahrung, wie die Lösung oder das Meistern einer Herausforderung aussieht, wie sie sich anfühlt, anhört – ein Wissen, das befreiend und befähigend auf sein Leben wirkt. Dann folgt der Rückweg, die Erfahrungen werden eingesammelt und integriert, ihre Auswirkungen in der Zukunft werden erforscht und überprüft. Und es bleibt zu klären, was der nächste Schritt sein wird, um weiterzuwachsen und die Veränderungen im Leben zu manifestieren.

Unsere Beispiele und Übungen zeigen verschiedenste Variationen und Arbeitsformen... mal ernst, mal spielerisch. Erleben Sie, wie unsere erdachten und wirklichen Personen positive Lernerfahrungen machen, sich Energiequellen erschließen und für die Gestaltung Ihres Lebens nutzen, wie sie sinnvolle und erfüllende Entwürfe für die Zukunft schaffen, sie überprüfen und ihnen durch Ressourcen ein Stück näher kommen. Sie finden Ursprungserfahrungen von

Problemen, Konflikten und Einschränkungen und verändern sie so, dass sie für Gegenwart und Zukunft keine Bürde, sondern eine fruchtbare Grundlage sind. Manchmal geschieht das allein dadurch, dass die Lernenden verstehen, wie einschränkende Entscheidungen und Überzeugungen entstanden sind. Mit anderen Worten: Menschen lernen aus der Vergangenheit, um die Zukunft zu gestalten. Was für Einzelne gilt, gilt natürlich auch für Gemeinschaften, Organisationen, Unternehmen und Kulturen.

Lebensweg-Arbeit kann Coaching oder Therapie sein. In passendem Kontext mag man es „Kurzzeit-Therapie" nennen, können wir doch auf spielerische Weise schon in ein paar Stunden vieles lösen oder verändern. Andere Lebensfragen verlangen mehr Zeit und die haben sie auch verdient. Hinter jedem Thema kann ein tiefer liegendes auftauchen, dann müssen wir „die Zwiebel so lange schälen", bis wir zum Kern vorgedrungen sind. Den eigenen Lebensweg zu gestalten und sich von Fesseln aus der Vergangenheit zu befreien, das kann manchmal Jahre dauern, eben die Zeit, die es braucht, bis manche Ressourcen heranreifen und das junge Pflänzchen seine Früchte trägt. Doch die Zeit bis dahin wird lebendig, spannend und erfahrungsreich sein. So, als ob der Weg schon das Ziel wäre.

3. Ein Thema aktivieren

Die Arbeit konkretisiert sich häufig darin, dass ein Thema in den Mittelpunkt rückt und genauer bearbeitet wird. Dies kann eine Fragestellung, eine Problembeschreibung oder ein Ziel sein, eventuell eines nach dem anderen. Um daran wirksam zu arbeiten, sollte es mit allem, was dazu gehört, innerlich erlebt werden. Es sei denn, es handelt sich um eine den Lernenden emotional überschüttende oder blockierende Erfahrung. Diese sollte er besser aus einem sicheren Abstand betrachten, nicht aber als Beteiligter fühlen. Mit dieser Einschränkung empfehlen wir, dass der Lernende, nachdem klar ist, woran er arbeiten will, das Ziel, das Problem oder die gewünschte Lösung mit allen Sinnen erlebt. Er nimmt dabei auch die mit dem Thema verbundenen Assoziationen, Begriffe, Erfahrungen und Empfindungen wahr. Im Zeitgeist gesprochen bedeutet dies, das Thema *online* zu holen, es zu aktivieren, die relevanten Informationen in den „Arbeitsspeicher" zu laden – all dies, damit die weitere Arbeit auch wirklich auf das Thema bezogen bleibt. Das Prinzip, Erfahrungen sinnlich erlebbar werden zu lassen, behält während des ganzen Prozesses seine Bedeutung, denn auch alles, was später hinzukommt, will erlebt werden, um das ganze Lernen und den ganzen Nutzen daraus zu gewinnen. Damit können wir uns nun wieder dem Einstiegsthema zuwenden.

Hier einige ernste und weniger ernste Themen, die bei der Lebensweg-Arbeit auftauchen können:

- „Ich möchte den Ursprung eines gegenwärtigen Problems in der Vergangenheit finden."
- „Ich möchte kraftvolle Erlebnisse in der Vergangenheit finden, die mit Freude, Sicherheit, Verbundenheit oder Ähnlichem zu tun haben."
- „Ich möchte meine berufliche Entwicklung von der Vergangenheit bis in die Zukunft betrachten."
- „Ich möchte mich hineinversetzen können, wie sich ein Wunsch in der Zukunft erfüllt und den Weg dorthin ebnet."
- „Ich möchte die Ursache meiner Überzeugung, dass ich das nie können werde oder dass ich langweilig bin, in der Vergangenheit finden und verändern."
- „Ich möchte mich an alle meine Urlaubsreisen erinnern."
- „Ich möchte wissen, welche Themen ich bearbeiten könnte."
- „Ich sammle Daten für meine Biographie zum Thema ‚Frühe Genialität'."

Besonders wichtig ist das Aktivieren des Themas, wenn es um Reisen durch die Zeit geht, welche wir im Kapitel „Navigation durch die Zeit" ausführlicher beschreiben. Zu Beginn einer Zeitreise werden in der Gegenwart alle relevanten Informationen, Bilder, Worte, Gefühle und Assoziationen über das Thema gesammelt, so dass auf dem weiteren Weg die hiermit assoziierten Erfahrungen auftauchen können. Um einen Lernenden beim Aktivieren seines Themas zu unterstützen, stehen uns als Begleiter verschiedene Möglichkeiten zur Verfügung:

Fragen stellen. Gute Fragen helfen zu klären, was am Thema der Knackpunkt ist. Wir unterstützen den Klienten darin, das Wesentliche aus verschleiernden Formulierungen herauszuschälen. Dabei nutzen wir seine bzw. unsere Sprache, wie es im Kapitel „Mit Worten begleiten" zusammengefasst ist, und achten darauf, dass die sprachliche Repräsentation des Themas dem tatsächlichen Erleben entspricht. Der Lernende sollte Beispielerfahrungen beschreiben und nacherleben: „Wann haben Sie das zuletzt erlebt?"; „Wann noch?" Auch die Feineinstellungen der Wahrnehmung und wo im Körper er sie wahrnimmt gehören hierher: „Wie ist das Gefühl, wo sitzt es, welche Farben, ist es hell/dunkel, bewegt/still, laut/leise, fest/weich?" Wir erkunden die Hierarchie der Wünsche und Abneigungen: „Was ist das Schönste daran?"; „Was das Schlechteste?"; „Was möchten Sie erreichen oder vermeiden?" Sind Pläne für die Zukunft der Grund der Reise, so geht nichts über eine ordentliche, positive und ökologische Zielbestimmung. Was, wann, wo, wie, mit wem, warum, wie viel, für wen usw. sind die Fragewörter, die hier weiterhelfen. „Wohlgeformt" ist das Ziel nur dann, wenn der Lernende seine Worte bedingungslos unterschreiben kann.

Führt der Lernende einen inneren Dialog? Dann sollte er sich zentrale Worte (Schlüsselworte) bewusst machen und sie mit der wirksamsten Betonung nachsprechen. Manchmal fehlen ihm andererseits wichtige Worte. Ein spezielles Gefühl, das genau bei seinem Namen genannt wird, tritt dem Lernenden häufig erst dadurch wirklich ins Bewusstsein. Worte, die nicht mit dem inneren Erleben korrespondieren, bleiben hingegen wirkungslos.

Bewegungsrichtungen. Um mehr Informationen und sinnliche Erfahrung zu einem Thema zu gewinnen, können wir unsere Fragen in verschiedene Richtungen lenken. Ein Weg ist es, immer feinere und spezifischere Details zu erforschen (downchunking) und auf diese Art das, was geklärt werden soll, exakt einzukreisen. Die andere Richtung besteht darin, übergeordnete Muster und Prinzipien anzusprechen (upchunking), das Thema zu verallgemeinern, so dass es auf andere Lebensbereiche übertragbar wird. Natürlich können wir auch ergänzende Themen ansprechen und einbeziehen, die gleichsam parallel neben dem bisherigen angeordnet sind. Die Kunst des Begleiters besteht darin, all jene Informationen einzubeziehen, die für den Prozess des Lernenden besonders relevant sind.

Erfahrungsebenen. Der Lernende kann ein Thema durch die verschiedenen Ebenen seiner Persönlichkeit (siehe Abschnitt „Ebenen der Erfahrung", ab Seite 51) bewegen: Was bedeutet es in Bezug auf seine Fähigkeiten, welche Überzeugungen und Werte werden davon berührt, wie ist es mit Identität oder Zugehörigkeit verknüpft? Auch über den Körper finden wir viele Möglichkeiten, das Thema erlebbar werden zu lassen: Gibt es eine Blickrichtung in welcher die Erlebnisintensität wächst? Welche Haltung oder Bewegung gehört dazu? Gerade Bewegungen, besonders der Hände, haben oft symbolische Bedeutung. Ebenso sind Natursymbole ein wirksamer Weg: Welches Tier, welche Pflanze, welche Farbe, welcher Klang oder welche Metapher fällt dem Lernenden zur Beschreibung ein? Als Beteiligte in der Gegenwart erleben wir manche Themen so intensiv, dass uns sofort damit verbundene prägende Ereignisse aus anderen Lebensphasen bewusst werden. Diese bieten sich dann zur weiteren Verarbeitung an.

Auslöser. Eine Erfahrung wird uns dann besonders deutlich, wenn wir herausfinden, wodurch sie ausgelöst wird und uns vorstellen, diesen auslösenden Reiz, beispielsweise einen bestimmten Geruch, eine bestimmte Stimme oder das Bild einer Peron, erneut zu erleben.

Manchmal ist es angebracht, eine Erfahrung im Hier und Jetzt auszulösen. Dabei helfen Worte, Aktionen, Rollenspiele und natürliche Assoziationen. Geht es z.B. um Prüfungsstress, können wir uns eine Prüfungsaufgabe einfallen lassen und den Lernenden damit in eine entsprechende Situation führen. Doch Vorsicht: Die Wirkung könnte unerwartet stark ausfallen und der gute Kontakt zwischen Lernendem und Begleiter sollte schließlich erhalten bleiben.

Die indirekte Sprache, auf die wir im nächsten Abschnitt zurückkommen, ist ein geeignetes Mittel, das Unbewusste mit einzubeziehen, wodurch ein Thema in tieferer Weise aktiviert werden kann. Eine Entspannung oder Trance kann uns genau jene Bilder, Gefühle oder Ereignisse bewusst machen, die uns weiterbringen. Wenn die Sprache so allgemein gehalten ist, dass wir sie innerlich mit eigenen konkreten Inhalten und Assoziationen auffüllen können, entsteht ein Freiraum für ganz individuelle Bilder, Gefühle, Symbole und Metaphern. Als Begleiter passen wir Sprachrhythmus und Stimmlage genau an den jeweiligen Zustand des Lernenden an und führen ihn damit behutsam von äußerer Aufmerksamkeit zu inneren Erfahrungen. In der Lebensweg-Arbeit ist die indirekte Sprache außerdem ein wichtiges Mittel, um den Lernenden auf der Reise durch die Zeit zu begleiten und ihn darin zu unterstützen, Ursprungserlebnisse und Ressourcen zu finden. Es ist, als würde die indirekte Sprache eine Brücke zwischen Bewusstem und Unbewusstem schaffen. (Mehr darüber finden Sie in: Isert 1996, Teil 3).

Körper und Position. Eine weitere, sehr wirksame Möglichkeit, ein Thema zu aktivieren, besteht darin, das Erlebte körperlich darzustellen oder auszudrücken. Der Lernende kann sich in genau jene Körperhaltung begeben, die seiner aktuellen Befindlichkeit entspricht, in jene Blickrichtung schauen, die damit assoziiert ist, seiner Stimme den Klang geben, der zu seinem Erleben passt. Bewegungen mögen auch dazugehören. Nicht zuletzt spielt in der Arbeit mit Systemen auch der eigene Standort und die Position in Beziehung zu anderen eine erhebliche Rolle für die Qualität des Erlebens. Wenn mehrere Beteiligte mitwirken, kann dies im Raum dargestellt werden, sonst bleibt die Vorstellungskraft des Lernenden.

Probleme mit Abstand. Bei emotional stark besetzten Themen sollten wir ein Problem nicht stärker aktivieren, als es nötig ist, um den roten Faden zu halten und die Ursache aufspüren zu können. Starke blockierende Erlebnisse wie Phobien darf der Lernende nur sehr schwach nacherleben. Stets soll er in der Lage sein, den Prozess zu unterbrechen, innerlich oder physisch von seinem Thema Abstand zu nehmen und sich in die neutrale Beobachter-Position zurückzuziehen. Die Aufgabe des Begleiters ist es, dies sicherzustellen. Wir fassen deshalb an dieser Stelle einige Möglichkeiten zusammen, wie sich auf gesicherte Weise die Intensität des Erlebens abschwächen oder ein Prozess unterbrechen lässt:

Ereignisse, die mit starken negativen Emotionen behaftet sind, können wir aus dem sicheren Abstand eines Beobachters heraus betrachten. Das kann durch Imagination geschehen oder indem wir einen Schritt zurückgehen. Wir könnten uns etwa vorstellen, entspannt im Sessel zu sitzen und einen Film zu sehen. Oder sogar Beobachter des Beobachters sein, uns also lediglich beim Betrachten eines Ereignisses zuzuschauen, das auf diese Weise nicht einmal im aktuellen Blickfeld ist. Wir haben die Wahl, ein neutraler Beobachter zu sein oder für einen Moment ein Held, ein Weiser oder ein Gott zu werden... was immer hilfreich ist. Zusätzlich vermindern wir die emotionale Wirkung, wenn wir die Feineinstellung der Sinneswahrnehmung verändern: Farbiges in Schwarzweißes, Filme zu Standbildern, Großes in Kleines, Dreidimensionales in Flaches... Überdies gibt es schützende Materialien wie Panzerglas, die sich dazwischenstellen lassen. Manchmal ist es angezeigt, ganz aus dem Thema auszusteigen, sich zu sammeln und von hier aus neue Erfahrungen zu machen.

Wenn im Prozess zu starke Emotionen auftreten, sollte der Lernende allein oder mit Hilfe seines Begleiters einen neutralen und positiven Zustand aufsuchen können. Er wählt am besten hierfür zu Beginn der Arbeit einen geeigneten Ort im Raum aus. Bei Bedarf kann er später jederzeit an diesen Ort zurückkehren.

Auch innerlich lässt sich ein solcher Zustand aufbauen und wieder herbeirufen, indem wir uns an damit verknüpfte Sinneseindrücke wie Bilder, Gefühle, Worte oder Töne erinnern. Erst wenn wir wissen, dass wir jederzeit „aussteigen" können, ist es uns möglich, auch sehr negative Erlebnisse zu reaktivieren. Allein der Blick zum vertrauten Begleiter reicht oft schon, den sicheren, positiven Kontakt zur Gegenwart wieder herzustellen.

Beim Thema bleiben. Jeder Prozess benötigt einen roten Faden, wozu es erforderlich ist, dass das Thema die ganze Zeit über präsent bleibt. Stellt sich heraus, dass es nur ein Aspekt oder die Folge eines dahinter liegenden Themas oder Musters ist, kann es nötig sein, die Reiseroute etwas zu korrigieren. Damit wir ein Thema aufrechterhalten können, sorgen wir dafür, dass es dem Lernenden gleich auf verschiedene Weise sinnlich erlebbar wird. Beispielsweise verknüpfen wir dieses Thema mit einer Berührung oder dem Tonfall unserer Stimme, ein Prinzip, das wir im vorigen Abschnitt als *Ankern* angesprochen haben. Den zugeordneten Sinnesreiz oder Anker können wir im Laufe des Prozesses aufrechterhalten oder wiederholen, um den Lernenden darin zu unterstützen, das Thema präsent zu halten. Wann immer das Thema erneut, verändert oder vertieft, erlebt wird, können wir die Verbindung des Themas mit dem zugeordneten Sinnesreiz verstärken. Noch besser ist es, wenn der Lernende einen natürlichen Anker für das Thema nutzt, sich beispielsweise an einer bestimmten Körperzone berührt, die mit dem Thema assoziiert ist. Natürlich hat der Begleiter stets die Möglichkeit, das Thema direkt anzusprechen und maßgebliche Schlüsselworte zu gebrauchen.

4. Navigation durch die Zeit

Wenn wir wissen, dass all die Situationen unseres Lebens, die erinnerten, die gerade erlebten und sogar die phantasierten, miteinander in Beziehung stehen, aufeinander wirken, einander behindern, aber auch ergänzen, ausgleichen und vervollständigen können, lohnt es sich, Erfahrungen aus anderen Lebensabschnitten ans Licht zu holen. Damit können wir in unserem Leben solche Verbindungen knüpfen, die unsere Entwicklung fördern.

Vom Lebensweg zur Zeitlinie

Der Lebensweg. Zeit erfahren wir anhand fortschreitende Prozesse. Wenn deren Stationen sich räumlich darstellen lassen, wird daraus ein Zeit-Raum. Unser Leben ist ein Prozess, der uns sehr nahe liegt. Sein Verlauf wird uns über Veränderungen und Ereignisse bewusst. Um sie zu überblicken, geben wir ihnen Orte in unserem inneren Raum. Ein Nomade, dessen Leben ein Weg von Ort zu Ort ist, hat diese Strecke wahrscheinlich als Bild seines Lebensweges gespeichert.

Und zwar solchermaßen, dass seine Zukunft, der noch nicht gegangene Weg, vor ihm liegt. Die Vergangenheit oder die zurückgelegte Strecke empfindet er als hinter sich liegend. Andere Nomaden bewegen sich in großen Kreisen durchs Land, kehren nach Jahren zu früheren Stätten zurück und erleben ihren Lebensweg dementsprechend. Mit einem Flugzeug könnte der Nomade sein ganzes Leben in einer Stunde überfliegen und er bliebe dabei jung.

Wir sesshaften Menschen orientieren uns an Phasen wie Schulzeit, Ausbildung oder Ruhestand, das Kommen oder Gehen anderer Menschen; Kinder wachsen auf, Früchte gedeihen, das Eigenheim wird geplant, gebaut, bewohnt, verlassen. Und wir haben als Orientierungshilfen dafür Kalender, Tagebücher, Videos, Erinnerungsstücke oder Pläne erfunden. Aber auch wir können viel mit der Vorstellung des Lebensweges anfangen, auch wenn wir ihn – anders als der Nomade – nicht in der Landschaft da draußen zurückgelegt haben.

Die Zeitlinie. Wenn wir den Ereignissen unseres Lebens Orte in unserem inneren Vorstellungsraum zuordnen sollen, neigen wir dazu, die erinnerten und die erwarteten Ereignisse in unterschiedlichen Richtungen und Entfernungen anzusiedeln. Aus der Betrachtungsposition der Gegenwart erleben viele die Zukunft direkt oder seitwärts vor sich. Vergangene Erlebnisse liegen hinter uns oder auf der anderen Seite vor uns. Erwartungsgemäß sind Bilder aus der fernen Zukunft oder der fernen Vergangenheit auch räumlich weiter entfernt von der Gegenwart; was zeitlich greifbar nahe ist, sehen oder fühlen wir auch innerlich in dieser Nähe.

Stellen wir uns vor, wir würden all die Orte im Raum verbinden, denen wie die Ereignisse unseres Lebens zugeordnet haben, so entsteht daraus eine Linie, unsere Zeitlinie. Wenn wir die Ereignisse als Perlen betrachten, so gleicht sie einer Perlenkette. Die Zeitlinie können wir innerlich sehen oder fühlen, wir können sie aufzeichnen oder im Raum mit einer Schnur oder mit Karten auslegen. Sie ist eine Form, uns unseren Lebensweg vorzustellen – und eine von vielen Möglichkeiten, dies zu tun.

Betrachten wir unsere Zeitlinie, so erleben wir vielleicht, dass ihre Abschnitte und Stationen nicht nur Richtung, Ort und Geometrie, sondern auch Farben oder verschiedene Helligkeitsstufen haben. Wir können Merkmale unserer Zeitlinie bewusst verändern, um zu entdecken, wie sich unsere Wahrnehmung von ausgesuchten Lebensphasen dadurch verändert. Und wir können auswählen, was uns gut tut.

In der Zeit. Je nach der räumlichen Position, die wir den Ereignissen aus der Zukunft und der Vergangenheit gegeben haben, kristallisieren sich zwei Grundformen von Zeitlinien heraus. Die erste Form nennen wir *In der Zeit*: In diesem Fall liegt die Vergangenheit hinten, die Zukunft vorne, ganz wie es die Sprache ausdrückt („Ich habe etwas vor mir oder hinter mir"). Wer seine Zeitlinie so erlebt, überblickt die Zukunft, die Vergangenheit ist hingegen lediglich von hinten spürbar. Normalerweise steht dieser Mensch mit beiden Beinen in der Gegenwart. (Bild 5) Will er sich erinnern, bewegt er sich im übertragenen Sinn entlang der Zeitlinie rückwärts. Vergangene Situationen erlebt er dabei als unmittelbar Beteiligter, als

Bild 5: Zeitlinie „In der Zeit"

wären sie Gegenwart. So dürfte auch der Nomade seine Zeit repräsentieren. Diese Art ist ursprünglich, doch nicht immer dazu geeignet, die Ereignisse im Überblick zu behalten oder etwa genaue Zeitpläne zu gestalten.

Neben der Zeit. Die zweite Form nennen wir *Neben der Zeit.* Hier liegt das ganze Kontinuum des eigenen Lebensweges in unserem Blickfeld, zieht sich als Linie von links nach rechts oder umgekehrt vor uns hin. Das ermöglicht uns einen guten Überblick. Menschen, die so erleben, sind meist gute „Beobachter"; sie nehmen oft sogar ihre eigene Position in der Gegenwart von außen wahr. Auf diese Art lassen sich Abläufe leichter erkennen und zeitlich planen, ganz in das unmittelbare Erleben hineinzugehen, fällt uns hier jedoch schwerer. Unser Nomade entdeckt dieses Modell der Zeitlinie, wenn er seinen Lebensweg verlässt und auf einen Berg steigt, um sich Vergangenheit und Zukunft seines Weges im Zusammenhang anzuschauen, den Weg zu analysieren oder eine bevorstehende Strecke durch die Steinwüste zu planen. Manche Menschen sehen sich im Scheitelpunkt eines „V", haben also Zukunft und Vergangenheit „vor sich". Sie können sich gut erinnern. Wenn der Winkel zu eng wird, müssen sie aber darauf achten, Zukunft und Vergangenheit nicht zu verwechseln.

Individuelle Formen. Die Art und Weise, wie wir Lebenszeit repräsentieren, führt uns zu individuellen und kulturellen Unterschieden. Wie z.B. mag sich eine dynamisch-optimistische Managerin im Vergleich zu einem Vertreter einem Zen-Buddhisten die Zukunft ausmalen? Wie sieht ein Künstler mit Zukunft seine Zeitlinie, wie ein Hippie, ein Archivar, ein Pedant? Wie, meinen Sie, sieht eine Nonne ihre

123

Zeitlinie, wie ein Globetrotter? Jeder ordnet nach seiner Fasson, es gibt kein Richtig oder Falsch, sondern nur Toleranz denen gegenüber, die ihre Zeit anders organisieren: die pünktlichen Planer oder die die Zeit vergessenden Genießer.

Entdeckungen. Mit dem Modell der Zeitlinie bieten sich uns verschiedene Möglichkeiten, unsere Lebenszeit zu erleben und zu erforschen. Wir können uns einmal neben die Lebenslinie begeben und das Ganze überblicken, ein anderes Mal eintauchen... vor uns die Zukunft, hinter uns die Vergangenheit. Wir können den Maßstab verändern, die gesamte Linie verkürzen oder verlängern, so dass die Ereignisse mehr Raum erhalten oder dichter gedrängt erscheinen. Wir können uns an jeder Stelle in eine Situation auf der Zeitlinie hinein- und herausbegeben. Oder uns fragen, welche Bedeutung die Kurven, das „Material" und die Färbung der Linie haben.

Bewegung auf dem Lebensweg

Um Erfahrungen zu verarbeiten oder Lebensthemen zu klären, besuchen wir Orte vergangener oder künftigen Ereignisse, vielleicht zieht es uns deshalb auch irgendwann einmal an den Ort unserer Kindheit zurück. Indem wir dies bewusst tun, nennen wir es Lebensweg-Arbeit. Nicht nur in der Therapie, auch im Selbsthilfe-Bereich, im Bereich der Persönlichkeitsentwicklung oder des Coachings ist es eine mittlerweile bewährte Arbeitsform, sich durch den Lebensweg zu bewegen. Wir tun es, bewusst oder unbewusst, natürlich auch im Alltag. Carlos Castanedas Don Juan empfiehlt seinem Schüler das „Rekapitulieren" der Vergangenheit als einen der wichtigsten Wege der Reife.

Wie auch immer unsere Zeitlinie verläuft, hilft sie uns dabei, uns mit in verschiedene Lebensabschnitte zurück oder vor zu versetzten. Neben der Vorstellung dieses räumlichen Lebensweges stehen uns für Zeitreisen natürlich viele andere Formen zur Verfügung. Träume führen uns unbewusst in andere Zeiten und eine Wanderung bis hinauf zur Quelle eines Baches kann uns zu unserem Ursprung zurückführen. Vielleicht reicht aber auch das Photoalbum. Weiter unten beschreiben wir weitere „kunstvolle" Möglichkeiten. Jede Form ist letztlich ein Gleichnis oder eine Metapher, denn Zeitreisen können wir uns nur indirekt oder symbolisch vorstellen. Das Eigentliche ist unsichtbar.

Voraussetzungen. Bevor wir eine Reise auf dem Lebensweg beginnen, sollten wir einige Dinge reflektiert haben. Dazu gehört die Frage, welches Anliegen wir mit der Arbeit verbinden und wie diese Arbeit zu dem passt, was wir sonst noch tun. Meist hat sich aus der Bestimmung eines Zieles und der Besprechung eines Problems ein Thema ergeben, zu dem es lohnend erscheint, bestimmte Ereignisse und Abschnitte des Lebenswegs aufzusuchen, zu verarbeiten und einzubeziehen. Sehr hilfreich ist es, wenn der Lernende mit dem Begleiter schon vor der Arbeit einen positiven ressourcevollen Zustand herausgearbeitet hat, auf welchen er bei Bedarf auch während der Arbeit immer wieder zurückkommen kann. Hierfür können beide eine Position im Raum oder bestimmte Anker vereinbaren.

Anschließend wird die geeignetste Form gewählt, sich durch die Zeit zu bewegen. Wir gehen in diesem Fall von der Arbeit mit der Zeitlinie aus. Der Lernende kann ihre individuelle Form, Richtung und Ausdehnung erforschen, in welcher er sie innerlich sieht oder empfindet. Entsprechend dieser Gestalt kann er sie auch mit Karten oder einer Schnur im Raum ausbreiten. Im Zweifelsfall tut es auch eine gerade Linie.

Nach dieser Vorbereitung kommt es darauf an, dass der Lernende sein Thema auch wirklich sinnlich erlebt. Wir aktivieren also das Thema. Im Kapitel „Ein Thema aktivieren" haben wir dies näher erläutert. Noch in der Gegenwart sieht, hört und fühlt der Lernende, worum es ihm geht, welche Gedanken und Assoziationen damit verbunden sind und was daran wichtig ist. So werden sich die Erlebnisse, welche er später auf dem Lebensweg findet, auf das Thema beziehen, die Arbeit erhält einen roten Faden. Der Begleiter kann den Lernenden später darin unterstützen, sein Thema präsent zu halten, indem er mit Stichworten darauf Bezug nimmt. Er kann auch zuvor vereinbarte Berührungen oder andere Anker nutzen, um den Lernenden an das Thema zu erinnern.

Unterwegs. Es bieten sich mehrere Formen an, sich entlang der Zeitlinie zu bewegen. Vielleicht ist es sinnvoll, als Beobachter neben der Zeitlinie zu laufen, darüber zu schweben, darunter zu tauchen oder direkt auf ihr als Beteiligter durch die Ereignisse seines Lebens zu schreiten. Wenn die Erfahrungen mit stark negativen Emotionen besetzt sind, empfiehlt sich eine Bewegungsform mit einem gewissen Abstand. Die Reise geht leichter, je entspannter und manchmal auch unbewusster wir reisen. Eine Begleiterin kann das erleichtern, indem sie für ausreichend Zeit sorgt und sanft in einer indirekten Sprache spricht. Damit unterstützt sie den Lernenden, zu jenen Erfahrungen Zugang zu bekommen, die ihn bzgl. des gewählten Themas weiterbringen. Verändern sich Körperhaltung oder Gesichtsausdruck des Zeitreisenden, so ist das für die Begleiterin ein ziemlich sicheres Zeichen, dass dieser gerade an einem für das Thema relevanten Ereignis angelangt ist. Vielleicht wird sein Gang auf der Zeitlinie auch unsicherer oder zögernd. An derartigen Stellen bittet sie den Lernenden inne zu halten. Durch Fragen und indirekte Sprache unterstützt sie ihn darin, sich wichtige Erfahrungsinhalte bewusst zu machen. Jedes relevante Ereignis wird mit Hilfe von Karten auf dem Boden oder durch Worte und innere Bilder verankert, um später bearbeitet werden zu können.

Die Bilder und Empfindungen, welche bei der Reise in Vergangenheit oder Zukunft auftauchen stehen mit dem gewählten Thema oft auf erstaunliche Art in Beziehung. Je nach Thema und Anliegen der Zeitreise können dies kraftvolle Erfahrungen von Ressourcen sein, die wir als Energiequelle nutzen, indem wir den Lernenden einladen, sich direkt in sie hinein zu begeben. Dort kann er alles, was darin wertvoll ist, „aufsaugen" oder es als Symbol, Einsicht, Gefühl in andere Lebensphasen mitnehmen. Es können auch Defizit-Erfahrungen sein, die mit Hilfe von Ressourcen verarbeitet und noch einmal anders erlebt werden wollen (mehr dazu in den Kapiteln 5 und 6 dieses Teils). Von besonderer Bedeutung ist die sogenannte Ursprungserfahrung, jene nämlich, in der bestimmte Entwicklungen ihren Ausgang genommen haben oder in welchen der Reisende wesentliche Lernerfahrungen für sein Leben gemacht hat. Eine wichtige Rolle für neue Lernprozesse spielt auch die Zeit vor Beginn der Ursprungserfahrung, die „unbegonnene Vergangenheit".

Wir haben bemerkt, dass den meisten Lernenden bei der Lebensweg-Arbeit nur jene Themen und Ereignisse bewusst werden, die in der Zusammenarbeit mit der Begleiterin auch verarbeitet werden können, als gäbe es einen unbewussten Schutz vor Überforderung. Zusätzlich kann der Lernende sein Unbewusstes damit beauftragen, nur solche Erfahrungen bewusst werden zu lassen, die für die jeweilige Arbeit angemessen sind. Dennoch ist es – besonders im therapeutischen Kontext – wichtig, dass die Begleiterin zusätzliches methodisches Rüstzeug für die Verarbeitung von traumatischen Erfahrungen besitzt: von der Veränderung der Wahrnehmungsposition durch einen sicheren Abstand bis zum Finden und Einbringen geeigneter Ressourcen.

Beteiligt oder beobachtend. Als Lernende können wir die Erfahrungen, welche wir auf unserem Lebensweg findet, sehr unterschiedlich erleben. Die Art, wie wir uns in oder entlang der Zeitlinie bewegen, hat darauf erheblichen Einfluss. Manchmal befinden wir uns „mittendrin" in einer Erinnerung oder einer Zukunfts- vorstellung, so als hätten wir alles andere ausgeblendet. Indem wir dabei aus den eigenen Augen in die uns umgebende Welt hineinschauen, sehen wir nur die anderen, nicht uns selbst. Doch wir hören uns, und sei es die innere Stimme, hören die anderen, auch Musik oder Vogelgezwitscher kann dabei sein. Wir erleben jenes unmittelbare Gefühl als Beteiligte in der Situation zu sein. Wenn wir darüber berichten, benutzen wir die Gegenwarts- oder die Verlaufsform.

Ein andere Form ist es, das Erlebnis nur rein informativ von außen zu betrachten, uns nicht sinnlich hinein zu begeben. Es ist, als schauten wir aus deutlichem Abstand uns selbst bei dem zu, was wir einst getan haben oder später tun werden. Dabei brauchen wir nicht die ganze Szene zu sehen; wir wählen aus, worauf es uns ankommt, können den Film vor- und zurückspulen, Ausschnitte vergrößern und verkleinern. Jede Wahrnehmungsform hat ihre Vor- und Nachteile. Der Abstand ermöglicht es, zu lernen und neues hinzuzufügen. Als Beteiligte wiederum gewinnen wir Informationen über Gefühle, Bedürfnisse und Motive, können etwa vorhandene Ressourcen aufnehmen und handelnd umsetzen, was uns wichtig ist. Dafür leiden wir stärker an ungelösten Problemen und negativen Gefühlen. In Problemerfahrungen sollten wir als Beteiligte so stark hineingehen, wie dies zur Gewinnung von Informationen sinnvoll ist. Von außen oder aus anderen Positionen können wir dann all das gewinnen und hinzufügen, was hier an Ressourcen fehlt. Abschließend lohnt es dann um so mehr, die Erfahrung ressourcevoll erleben zu können. Als Beteiligter.

Zur Arbeit mit der inneren Zeitlinie. Innere Zeitreisen spielen in der Hypnotherapie schon lange eine wichtige Rolle. Die innere Zeitlinie entdecken und klären wir in der Imagination, wie es Tad James in seiner *timeline-therapy* praktiziert. Wir können es uns dabei bequem machen, liegen, sitzen oder auch stehen. Innerlich fliegen wir über der Zeitlinie, haben aber auch die Wahl, uns herunter zu begeben und in die Ereignisse hineinzugehen.

Paul entspannt gerne beim Zeitreisen. Außerdem fällt es ihm leicht, innere Bilder zu sehen. Deshalb bevorzugt er, seine Zeitlinie mit geschlossenen Augen zu betrachten und so zu tun, als schwebe er über den Ereignissen, die sein Leben ausmachen. Er nimmt eine leicht gekrümmte Linie wahr, die an einigen Punkten oder Abschnitten etwas heller oder dunkler ist als der Rest. Für gewöhnlich liegt die Gegenwart etwa in der Mitte – für einen Vierzigjährigen nicht ungewöhnlich. Die zukünftigen Ereignisse liegen links von dieser Mitte, die nahe und die ferne Vergangenheit ordnen sich rechts an. Ein erhebendes Gefühl, seinen Lebensweg von oben zu betrachten, auch wenn's nur eine symbolische, graphische Darstellung ist, mit der man freilich eine Menge anfangen kann. Zum Beispiel, sich an interessanten Stellen hinabzulassen und dort Ressourcen zu sammeln. Oder er stellt sich vor, heilendes Licht und Energie in einige dunkle Stellen der Linie zu senden. Dies hat ihm schon früher geholfen, negative Erfahrungen verarbeiten zu können. Manchmal wurde ihm erst im Nachhinein bewusst, worum es konkret ging, denn alles, was er auf der Zeitlinie gesehen hatte, war eine dunkle Stelle. In anderen Fällen konnte er ein negatives Gefühl, das er früher einmal erlebt hatte, aus einer neuen Perspektive wahrnehmen und dabei lernen und annehmen, was das Gefühl ihm sagen wollte. Sobald seine Lektion verstanden war, veränderte sich das Gefühl oder löste sich auf.

Zur Arbeit auf der physischen Zeitlinie. Weniger Imagination und Entspannung, sondern mehr Bewegung und Körperwahrnehmung erfordern die Formen der physischen Reise durch die Zeit. Robert Dilts hat schon früh mit Bodenmarkierungen gearbeitet, auf denen der Lernende verschiedene Lebenserfahrungen, Situationen, Sichtweisen oder Beteiligte erleben kann. Diese Bodenanker bilden die innere Erlebniswelt des Lernenden als „Psychogeographie" im Raum ab. Auch der Lebensweg lässt sich in dieser Weise mit Karten, Zetteln oder einer Schnur darstellen und individuell gestalten. Der Lernende kann ihn dann auf vielerlei Art erkunden. Im klassischen Modell bewegt er sich, ausgehend von der Gegenwart, rückwärts in Richtung Vergangenheit. Der Begleiter bleibt dabei an seiner Seite. Stets kann der Lernende die Zeitlinie verlassen und die Ereignisse von außen betrachten. Ein „neutraler Platz", der zuvor vereinbart und erprobt wurde, bietet zusätzliche Sicherheit und Klarheit.

Yasmin bevorzugt die Arbeit mit Bodenmarkierungen, weil sie dann gut sehen kann, wie die einzelnen Zustände oder Anteile ihrer Lebenserfahrungen zueinander in Beziehung stehen. Auch gibt es ihr Sicherheit, eine Markierung für einen neutralen Platz zu haben, der jederzeit für sie da ist, wenn sie sich das Ganze mal von außen anschauen will. Für ihre Arbeit – es geht um ihr unangenehm sicheres Gespür für Fettnäpfchen – wählt sie in ihrem Zimmer zunächst einen Ort, der die Gegenwart markiert. Von da bestimmt sie entsprechend ihrer inneren Zeitvorstellung, wo die Zukunft verlaufen soll und wo sich die Vergangenheit erstreckt. Sie nimmt eine Schnur in ihrer Lieblingsfarbe Blau und legt ihre Zeitlinie auf dem Boden aus. Manchmal nimmt sie dazu auch nur einige Zettel. Dann kehrt sie zurück in die „Gegenwart".

Hier nun aktiviert sie ihr Thema. Sie erzählt ihrem Begleiter Raul, wann, wo, und wie sie in Fettnäpfchen tritt – und seine behutsamen Fragen bescheren ihr erste Erkenntnisse. Jetzt ist das Thema ganz präsent und durch seine Stimme geankert. Damit soll sie in die Vergangenheit gehen: „Wenn du magst, bewege dich körperlich ganz behutsam in der für dich richtigen Geschwindigkeit in Richtung Vergangenheit. Du kannst deinem Unbewussten vertrauen, dass es dich dabei unterstützt, dass du mit jedem Schritt weiter in der Zeit zurückschreitest, die Gegenwart hinter dir lässt, bis ein für deine Fettnäpfe wichtiges Ereignis oder ein besonderes Gefühl auftaucht. Du kannst dort verweilen, wenn du magst, und gemeinsam mit mir die ganze Situation erkunden."

Als Yasmin an einem wichtigen Zeitpunkt angelangt ist, hilft er ihr, sich ihrer Empfindungen bewusst zu werden. Dazu fragt er sie nach den Qualitäten ihrer Sinneswahrnehmungen und sie kann aus vagen Empfindungen vollständige Erlebnisbilder rekonstruieren: „Ist es hell oder dunkel, gibt es Stimmen, bist du allein, welche Kleidung hast du an...". Das wenig spektakuläre Thema „Fettnäpfe" lässt es zu, dass Yasmin alles als Beteiligte erleben kann. Sollte doch mehr „Sicherheitsabstand" angesagt sein, wird ihr Begleiter sie einladen, sich in beliebiger Entfernung neben ihre Zeitlinie zu stellen oder sich ihr entlang zu bewegen. Sie könnte auch einen Bogen um ganze Zeitabschnitte machen. Und schon allein die Erkenntnis, dass jedes Ereignis einen Anfang und ein Ende hat, gibt ihr eine gute Steuerungsmöglichkeit: Geht Yasmin einfach weiter, kommt sie schnell wieder aus der schwierigen Situationen heraus. Denn sie soll nicht leiden, sondern Informationen zum Thema sammeln, um anschließend geeignete Ressourcen für unverarbeitete Ereignisse zu finden.

Mehr als eine Linie

Alternativen. Es gibt neben der Zeitlinie viele andere Möglichkeiten, durch Lebensereignisse zu navigieren. Unser Gehirn repräsentiert das, was wir ihm vorschlagen: Spiralen, Wege, Flüsse, Landschaften, Landkarten, Netze, Flächen, verschachtelte Räume und mehr. Wir sind nicht festgelegt, auch wenn manche

Entwickler uns erklären, ihre Arbeitsform sei die natürliche Art, wie das Gehirn funktioniere. Jede Erlebnisweise und jedes Modell hat Vor- und Nachteile. Klug ist es, die für den jeweiligen Zweck sinnvollste Form auszuwählen.

Sinnvoll kann es beispielsweise sein, die Ereignisse des Lebens nach Themen anzuordnen, z.B. das andere Geschlecht, Beruf, Gesundheit... Vielleicht hat auch jedes Thema eine andere Zeitlinie oder ist Teil einer inneren Lebenslandschaft. Zeitlinien können bei verschiedenen Themen eine ganz andere Gestalt und Qualität annehmen, etwa für die berufliche Entwicklung oder die Gesundheit, für wichtige Beziehungen oder der Weg ihres inneren Genies. Und sie alle stehen in Beziehung zueinander. Probieren wir einmal, verschiedenen Themen eine eigene Zeitlinie zuzuordnen:

Übung. Wie und wo in Ihrer inneren Welt verläuft die Beziehungslinie, wie und wo die Berufslinie, wie und wo die Gesundheitslinie? Wie unterscheiden sie sich?

Zeitlinien können wir auch in überlieferten Vorstellungen finden.

Jacqueline schwört auf die Linien in ihren Händen, sie findet dort die Herzlinie, die Lebenslinie, die Kopflinie und vieles mehr. In der linken Hand sind es die Linien der Vergangenheit, in der rechten die der Zukunft. Wenn Jacqueline über ein Thema reflektiert, bewegt sie den Daumen der einen Hand behutsam über die betreffende Linie der anderen Hand und fühlt, an welcher Stelle sie innehalten sollte. Dort kommen ihr Empfindungen, Bilder und Einsichten – und die Stelle fühlt sich nach einer Weile ganz anders an.

Übrigens zwingt uns niemand, uns beim Gedanken an die Lebenszeit immer eine Linie vorzustellen. Mit Landschaften und Räumen bieten sich interessante Darstellungsformen, die viele Menschen bewusst oder unbewusst nutzen. Ein Künstler, vielleicht der innere, wird ganz individuelle Formen und Muster finden, die Lebenserfahrungen und ihre Zusammenhänge darzustellen.

Übung. Betrachten Sie Ihre Lebenserfahrungen als Orte in einer inneren Landschaft: Wie sieht die Landschaft aus? Wo im Raum repräsentieren Sie eher die schwierigen Erfahrungen? Wo die glücklichen Ereignisse? Wo die traurigen Begebenheiten? Wo Ihre Erfolge? Wo in diesem Raum befinden sich Menschen, die in Ihrem Leben wichtig sind und waren?

Zeitlinien anderer Menschen stehen oft in Beziehung zu der eigenen. Die Linien von Partnern, die unser Leben teilen, verlaufen vielleicht neben uns, der Abstand mag variieren. Wichtige Begegnungen werden möglicherweise als ein Sich-Kreuzen zweier Lebenslinien erlebt. Wie mögen die Zeitlinien von Geschwistern zueinander in Beziehung stehen, wie die eines Liebespaares? Wenn es um die Darstellung von Beziehungen innerhalb einer Familie geht, können wir uns die Zeitlinien der Eltern links und rechts neben denen des Kindes denken, allerdings beginnen sie früher und entfernen sich, wenn das Kind größer wird, ein wenig zur Seite hin. Links und rechts neben der Linie jedes Elternteils finden wir die Linien der Großeltern, die ihrerseits früher beginnen. So können wir mit etwas Platz die ganze Ahnenreihe in einem sich in die Vergangenheit hinein öffnenden Fächer nebeneinander liegender Zeitlinien darstellen. Jede Linie beginnt und endet entsprechend der Lebenszeit des betreffenden Vorfahren innerhalb des Fächers.

Auch wenn wir nur mit der eigenen Zeitlinie arbeiten, ist da Platz für die anderen. Wir brauchen nur einen Ereignispunkt, den wir innerhalb der Linie gefunden haben, wie mit einer Lupe zu vergrößern, um hier alle beteiligten Personen visualisieren zu können. Wenn die Zeitlinie am Boden ausgebreitet wurde, können die Beteiligten durch Karten um den Ereignispunkt herum dargestellt werden. Vielleicht möchten wir sie auch im Rollenspiel oder durch Stellvertreter darstellen. Um die Entwicklung eines Beteiligten darzustellen, bietet es sich natürlich an, auch für ihn eine Zeitlinie einzuführen.

Bild 6: Zeitlinien der Vorfahren

In der Arbeit mit Gruppen, Teams und Familien kann es interessant sein, die Zeitlinie des gesamten sozialen Systems darzustellen. Das Kommen und Gehen der Einzelnen, die Entwicklung ihrer Beziehungen, Ziele und ihres Austauschs bildet dann jene Abfolge von Ereignissen, die den Lebensweg des Systems ausmachen.

130

Metaphorische Welten

Über Anfang und Ende. Wie weit soll die Bewegung in der Zeit gehen? Vielleicht gibt es „natürliche" Grenzen wie die Zeugung und der Tod. Doch wir wissen, dass Menschen auch dann sehr kraftvolle Zustände erleben können, wenn sie diese „Endpunkte" überschreiten. Oft sind es Erfahrungen von tiefer Spiritualität. Normalerweise ergibt sich der erforschte Zeitraum aber aus dem gewählten Thema: Ziele wollen wir schließlich innerhalb unseres jetzigen Lebens erreichen; geht es um einschränkende Erlebnisse, so werden wir diese normalerweise ebenfalls im Kontinuum unserer Zeitlinie finden.

Wenn der Lernende etwas Neues entdeckt hat, etwas bislang Verborgenes, hat sich die Arbeit für ihn möglicherweise bereits gelohnt. Dann sollte er entscheiden, ob er seinen Lebensweg noch weiter erkunden will. Wenn vor oder nach einer bestimmten Zeit keine Ereignisse mehr zum Thema auftauchen, können wir es für den Moment getrost als ausreichend erforscht beenden.

Vergangene Leben. Wer sich auf seiner Zeitlinie in Bereiche vor der Zeugung oder nach dem Tod begibt, könnte dort neue Erfahrungswelten entdecken. Ob dies vergangene oder sogar zukünftige Leben sind, ist eine Sache der Interpretation. Wir nennen sie „metaphorische Lebenserfahrungen" und sind davon überzeugt, dass sich in ihnen Aspekte des gegenwärtigen Lebens in einer anderen Darstellungsform abbilden und somit auch bearbeitet und gelöst werden können, oft deutlicher und leichter als in unserem wirklichen Leben.

Vielfältige metaphorische Welten können uns als Lernfelder dienen, innerhalb derer wir uns bewegen. Mehr über das Modell der Arbeit mit vergangenen Leben finden wir u.a. in dem Buch *NLP und spirituelle Dimensionen* von Kay Hoffman und Ursula Gerken-Haberzettl (1998).

Julia lässt sich von einer erfahrenen Frau gern auf Reisen in vergangene Leben führen. Sie glaubt daran, dass ihre Seele schon oftmals auf diese Welt gekommen ist und dass sie das tut, um weiterzulernen und sich zu vervollkommnen. Ihr Freund Guiseppe glaubt, dass dies alles nur in ihrer Phantasie geschieht, aber er merkt, dass es ihr gut tut und dass sie so tatsächlich viele Probleme lösen konnte. Sogar ihre frühere Eifersucht hat sich aufgelöst. Julia sagt, sie habe in einem vergangenen Leben die Ursache dieser Eifersucht gefunden und aufgearbeitet. Schon damals habe sie Guiseppe gekannt, aber in dieser Zeit seien sie zwei Männer gewesen. Enge Freunde. Aus Rivalität um eine Frau sei ihre Freundschaft zerbrochen. Julia versöhnte sich und die beiden Männer, indem sie weißes Licht und heilende Symbole in die innere Bilderwelt einfließen ließ. Jetzt verstand sie, warum sie Guiseppe in diesem Leben als Frau begegnet war. Guiseppe war glücklich, weil er noch mit keiner Frau eine solche Verbindung voll von Liebe und in echter Freundschaft, erlebt hatte.

Parallele Welten. Verbreitet ist auch die Vorstellung von *parallelen Welten*, die neben unserer Alltagswelt innerlich erfahrbar sind und uns mancherlei Erkenntnisse und Ressourcen vermitteln können. Hierzu gehört die indianische Unter- und Oberwelt.

Kurt ist fasziniert von der alten Kultur der amerikanischen Indianer und praktiziert deren überlieferte Trance-Reisen in Erfahrungsbereiche, die „Unterwelt" und „Oberwelt" genannt werden. Gern tut er das in einer Gruppe, die von einem Schamanen geleitet wird, der in der Tradition seiner Lehrer steht und all ihre Erfahrungen und ihr Wissen weitergibt. Der Schamane begleitet die innere Reise durch monotones, kraftvolles Trommeln. Kurt reist zum wiederholten Mal in die Unterwelt, indem er sich in einen ihm bekannten Brunnen begibt und dort immer tiefer und tiefer hinabsteigt, bis er irgendwann in jene sonderbare Landschaft kommt, in der er aufs Neue dem Wolf begegnet, den er seit seiner ersten Reise als persönliches Krafttier kennen gelernt hat. Dieses Tier ist ihm in vielen Lebenssituationen ein guter, wertvoller innerer Freund geworden. Diesmal führt ihn der Wolf zu einem Heilkundigen, der ihm eine besondere Medizin gibt, die Klaus zu sich nimmt – und er merkt, dass sein ganzer Körper sich warm und entspannt anfühlt.

Metaphorische Erfahrungen finden wir oft spontan in Erinnerungen oder Phantasien. Sie können auch das Ergebnis einer Phantasiereise oder einer Trance-Induktion sein, egal ob sie von Trommeln oder Worten begleitet werden. Bilder aus metaphorischen Leben tauchen gern auf, wenn wir uns in einer symbolischen inneren Landschaft über Zonen, welche Grenzen des Lebens symbolisieren, hinausbewegen. Beispielsweise führt uns eine innere Wanderung entlang eines Baches zurück zu dessen Quelle. Die Quelle wird zum Eingang in das Innere eines Berges. An einem anderen Punkt, wo es eine Öffnung nach außen gibt, findet sich der Lernende dann in einem neuen, metaphorischen Leben wieder.

Manchmal ist es sinnvoll, metaphorische Erfahrungen bewusst zu konstruieren, um ein besseres Verständnis einer Situation oder eines Zusammenhang bekommen. Hier hilft die bekannte Fragetechnik des Als-ob: „Wenn es eine Landschaft wäre, welche wäre es?", „Wenn es ein Wetter gäbe, welches?", „Wer könnte dabei gewesen sein?", „Wenn es eine Musik dazu gäbe, welche?"… So lange, bis aus einem Puzzle ein ganzes Erlebnis wird. Gedanken daran, was richtig und was falsch ist, sind hier fehl am Platz; alles, was der Lernende kreiert, ist willkommen als metaphorisches Abbild des Themas.

Würdigung. Für die persönliche Weiterentwicklung kann die Arbeit mit metaphorischen Welten jeder Art von hohem Wert sein, ermöglicht sie es doch, die oft engen Alltagsgrenzen zu verlassen, auf eine tiefe, symbolhafte Weise zu lernen und Zusammenhänge und Prozesse darzustellen, die anders schwer erkennbar sind.

Bewegung durch Assoziationsräume

Das innere Netz. Unsere Aufmerksamkeit bewegt sich durch zahllose, miteinander verknüpfte Erfahrungen. Wohin wir auch schauen, was immer wir fühlen, hören, riechen, ob es aus der Außenwelt oder aus dem inneren Erleben kommt: jede Wahrnehmung kann ein solcher Anknüpfungspunkt oder *Link* zu anderen, damit assoziierten Erinnerungen und Phantasien sein. Bereits im Abschnitt „Beziehungen zwischen den Zeiten" (ab Seite 49) haben wir davon gesprochen. Unser Wahrnehmungskosmos gleicht einem inneren *Internet*, an das wir jederzeit angeschlossen sind. Nennen wir es *Innernet*. Einige sagen, dass wir von hier aus sogar Zugang zu Erfahrungen haben, die außerhalb unserer selbst liegen. Sich einer Sache bewusst zu werden ist wie das Öffnen einer Website, die uns als dreidimensionales Erlebnis erscheint und diverse Links in neue Räume besitzt. Unser Verhalten, Fühlen, Denken wird durch die Inhalte geöffneten, aber auch durch gerade nicht sichtbare, d.h. unbewusste Seiten beeinflusst. Zum Beispiel sind uns unsere Assoziationen und Gefühle zum Thema „Erfolg" nur selten bewusst. Sind wir dabei, ein Ziel zu erreichen, erzeugen sie dessen ungeachtet ein bestimmtes Gefühl von Freude, Scham, Enge, Weite oder Freiheit – je nach verborgenem Erfahrungshintergrund.

Es gibt weitere interessante Merkmale des *Innernet*: Auch hinter seinen geschlossenen Fenstern gibt es Bewegung. Unser Unbewusstes, unser ganzes Nervensystem arbeitet, verknüpft, kreiert – ob wir hinschauen oder nicht. Was sich an einer Stelle ändert, wirkt sich auf andere Bereiche aus. Manche Erfahrungen sind stabil, bleiben lange in gewohnter Form erhalten, andere entstehen gerade erst, gestalten sich neu oder werden zum Schmelztiegel bisheriger.

Welchen Weg unsere Aufmerksamkeit nimmt, wie wir durch unser *Innernet* navigieren, hängt von unseren Intentionen ab, wird unbewusst oder bewusst gesteuert. Ohne denken zu müssen, klicken wir auf interessante *Links*, wenn wir sie wahrnehmen. Hören wir jemanden Italienisch sprechen, sind wir im letzten Sardinien-Urlaub, sehen wir einen Mann mit dicker Backe, erinnern wir uns vielleicht daran, wie uns unser Weisheitszahn gezogen wurde.

Natürlich können wir mehrere Räume gleichzeitig öffnen und daraus neue Erfahrungen werden lassen. Es gibt die Realität unserer Umgebung und es gibt die Realität unserer inneren Welt. Die Komposition aus beiden ist unsere subjektive Wirklichkeit. Der Lebenskünstler gleicht einem guten Koch oder einem Komponisten, der die Erfahrungsbausteine wie ein gutes Menü oder eine Sinfonie zusammenwirken lässt.

Innere Navigation. Die subjektiven Assoziationen sind Grundlage einer von uns entwickelten Form der Bewegung durch die Zeit. Während der Lernende an sein Thema denkt, orientieren wir uns auf Assoziationsketten in seiner Wahrnehmung. Die erste Frage an ihn könnte lauten: „Worauf fällt deine Aufmerksamkeit, sei es innerlich oder äußerlich?" Was es auch sein mag, vielleicht eine

133

Vase auf dem Tisch, fragen wir weiter: „Woran erinnert dich die Vase, gibt es Bilder, Worte oder anderes?" Mit der Antwort treten wir in eine neue, nun meist innere Gedankenwelt ein und können dort in gleicher Weise fortfahren, indem wir erneut danach fragen, worauf jetzt seine Aufmerksamkeit fällt.

Wenn wir uns, wie auch immer, in der inneren Welt bewegen, stoßen wir sowohl auf erinnerte, wie auch auf konstruierte Erfahrungen, die ein Thema metaphorisch umschreiben.

Nicole und **Tobias** arbeiten in unseren spielerischen erdachten Beispielen nach dem Prinzip der inneren Navigation, um sich metaphorische Erfahrungen zu erschließen. Während sich Nicole allein von äußeren und inneren Bildern leiten lässt, bevorzugt Tobias die Bewegung im Raum. Ausgangspunkt ist für beide das Thema „Reichtum", beide wollen dem Fehlen dieses Zustands auf die Spur kommen.

Nicole ist gespannt, auf welche Erinnerungen oder Visionen sie stoßen wird. Ihr Begleiter ist Bernhard.

B: Wenn du an Reichtum denkst, was in deinem Blickfeld fällt dir auf, spricht dich an?

N: Dieser Baum dort.

B: Was genau an dem Baum?

N: Das Grün, die Bewegung der Blätter im Wind.

B: Lass das näher kommen, tauche ganz darin ein. Was siehst du jetzt?

N: Eine Wiese, ganz grün, Landschaft auch.

B: Gibt es ein Etwas auf dieser Wiese, das dir besonders auffällt?

N: Nein... ja, eine Blume. Ein Gänseblümchen.

B: Lass dich von dem Gänseblümchen anziehen. Wohin führt es dich?

N: Wasser. Ich bin mal über, mal unter Wasser. Scheint eine sumpfige Wiese zu sein.

B: Was zieht dich am meisten an?

N: Unter Wasser zu sein.

B: Was gibt es unter Wasser zu sehen?

N: Am Meeresboden liegt ein Schiffswrack.

B: Warum ist es gesunken?

N: Piraten.

B: Wer war auf dem Schiff?

N: Kaufleute.

B: Siehst du ein Ereignis?

N: Ich sehe zwei Schiffe.

B: Betrachte es bitte aus weiterer Entfernung. Auf welchem sind die Piraten?

N: Das dort, links.

B: Und die Kaufleute?

N: Das rechte.

B: Auf wessen Seite stehst du, bei den Piraten oder bei den Kaufleuten?

N: Bei den Piraten.

B: Schau dir auf einem Fernsehbildschirm den alten Film an, in Schwarzweiß. Was tun sie?

N: Die Piraten entern das andere Schiff. Sie kämpfen. Es ist schlimm.

B: Magst Du deshalb kein Geld?

N: Ich habe mich immer schon schuldig gefühlt, wenn ich Geld besaß.

Bernhard schlägt Nicole vor, die Kaufleute um Vergebung zu bitten. Das Ganze spielt sich jetzt plötzlich auf dem Land ab, der Bildschirm wird zur Landschaft. Sie verneigt sich vor den Gefallenen und visualisiert eine Quelle aus Licht in den Ort des Kampfes hinein. Jetzt wird alles grün und fruchtbar und sie sieht Bauern und Handwerker. Nicole sagt, dass die Piraten dort ihr eigenes Land und gute Arbeit gefunden hätten. Das Land haben sie von den Kaufleuten bekommen – und ihnen dafür Schutz geboten. Dann sieht sie eine reiche, große Stadt. Die Tore der Stadt sind offen, so als dürfe Nicole eintreten. Jetzt ist sie entspannt. Das Schuldgefühl ist vergangen.

Es bleibt die im Grunde unerhebliche Frage, ob Nicole mit dem Scheinwerfer ihres Bewusstseins Erinnerungen aus einem früheren Leben beleuchtet hat oder einfach in metaphorische Räume gelangt ist. Vielleicht sind damit auch bestimmte gesellschaftliche oder individuelle Muster angesprochen. In jedem Fall wurde es für sie ein Weg, ihr Verständnis und ihr Gefühl in Bezug auf materiellen Reichtum zu verändern.

Tobias geht im wahrsten Sinne des Wortes durch einzelne Erfahrungsräume: Er beginnt in der Raummitte, die für ihn das bewusste Hier und Jetzt ist. Die erste Assoziation zum Thema „Geld" ist mit einer Zimmerpflanze verbunden, auf die er einen Schritt zu macht. Dabei entsteht in ihm ein inneres Bild von einem Baum, der zu wenig Wasser bekommt. Wie mit einer Wünschelrute beginnt er zu suchen. Es folgen Schritte nach links, rechts und wieder rechts, bis er den Impuls hat, durch die Tür zu gehen. In einen neuen Raum, den er noch nicht kennt. Es ist das Badezimmer. „Das steht für einen Ort der Quelle", weiß Tobias. Mit diesem Bild hockt er sich zu Boden, als wolle er mit den Händen Wasser schöpfen. Da erscheint ihm in seinen Handschalen das Bild seines jüngeres Selbst als ein kleines und irgendwie trauriges Kind. Plötzlich ist er selbst dieses Kind: traurig, weil die Mutter ihm seinen großen, geliebten Teddy „Mike" weggenommen hat, der in der Tat schon ziemlich zerrissen war. Er fühlt sich arm. Und er verspricht sich selbst, für das traurige Kind in sich zu sorgen. Dann kehrt Tobias auf dem Weg, den er gekommen war, wieder zurück zur Raummitte. Weil er sich jetzt selbst helfen kann, beschließt er innerlich, nicht länger darauf zu warten, dass die Mutter ihm Mike zurückbringt. Am nächsten Tag kauft er sich in einem Spielwarengeschäft einen großen, süßen Teddy und stellt ihn an einen besonderen Platz in der Wohnung, wobei er eine Gedenkminute für Mike einlegt. Den neuen Teddy nennt er „Mike junior". Tobias gießt die Zimmerpflanzen sorgfältig und beschließt, am Wochenende ins Gebirge zu fahren, um eine Quelle zu suchen. Er sagt sich: Ich darf für mich sorgen und bekommen, was mir gut tut. Viel später, im Rahmen einer Familienaufstellung, erfährt Tobias, dass ein kleiner Bruder der Mutter als Kind gestorben ist... es hatte mit der Ernährung zu tun. Er hängt seinem großen Teddy bald darauf ein Schild um den Hals: „Für Michael". Erstaunlich, dass Tobias es seither wagt, für seine Arbeit den Preis zu verlangen, den sie Wert ist – und dass andere den Preis respektvoll bezahlen.

Navigation über Blickrichtungen. Ausgangspunkt der Bewegung durch innere Räume können Gegenstände sein, die uns ins Auge fallen, aber auch Bewegungsimpulse des Körpers, welche die Reise lenken. Eine gute Möglichkeit der Fortbewegung finden wir anhand von Blickrichtungen, die uns den Weg zeigen.

Nachdem das Thema klar ist, wählen wir eine besondere Blickrichtung, die wir mit den Augen ertasten oder die sich aus dem mit dem Thema verbundenen Gefühl ergibt. Sie kann auch durch etwas, was wir im Raum sehen, hören, fühlen oder riechen, bestimmt sein. Wenn das Auge an einem Punkt stehen bleibt, tun wir so, als tauchten wir in diesen Punkt ein oder bewegten uns dorthin und beträten einen neuen Raum. Wir lassen uns überraschen, was uns dort erwartet: Was sehen, fühlen, hören wir? In welche Richtung wenden sich unsere Augen jetzt? In gleicher assoziativer Weise bewegen wir uns weiter in den nächsten „Raum"; manchmal geht es ganz von selbst. Unser Blick zieht uns auf die Reise in die Zukunft, die Vergangenheit oder sonst wohin. Jeder Raum, den wir erkunden, hat Türen zu neuen Räumen und eine, durch die wir hinein kamen.

In seinem Buch *Hinter die Erinnerung* schauen beschreibt Eckard Winderl (1996) eine andere Form, wie wir über subtile Veränderungen der Blickrichtung miteinander assoziierte Erfahrungen zurückverfolgen können. Die Blickrichtung der Augen steht in Beziehung zu der gerade wahrgenommenen Erfahrungsqualität. „Rechts unten" beispielsweise könnte sich eine bestimmte Art von frühen familiären Erlebnissen angesiedelt haben. Anders als es das Augenzugangsmodell des NLP lehrt, finden wir in der Tat bei den meisten Menschen in jeder Blickrichtung eine komplette Synthese aus Bildern, Gefühlen, Klängen, Worten – doch treffen wir auf unterschiedliche, miteinander verbundene Erfahrungsmoleküle, miteinander assoziierte Erfahrungen.

Indem wir die Blickrichtung ändern, bewegen wir uns zugleich durch Funktionskreise und Speicherbausteine unseres Gehirns. Das hilft uns, auf andere Assoziationen, Empfindungen und Gedanken zu kommen. Was unsere innere Welt angeht, können wir beispielsweise Empfindungen Personen gegenüber verändern, indem wir sie in unserer Vorstellung zu einer anderen Stelle im Raum bewegen: von links nach rechts oder von oben nach unten. Die Arbeit mit Augenbewegungen um Zugang zu Erfahrungen zu bekommen und diese zu verarbeiten, gehört zum erprobten Repertoire der Kinesiologie. Im NLP wurde es insbesondere durch Connirae Andreas eingeführt. In neuerer Zeit hat Francine Shapiro (1998) das

Konzept unter dem Namen EMDR (*Eye Movement Desensitization and Reprocessing*) für die Lösung traumatischer Erfahrungen aufbereitet und damit kognitiv arbeitenden Therapeuten einen ersten Zugang zur Einbeziehung neurologischer Funktionsmuster ermöglicht.

Innere Anordnung. Manche der inneren Bilder scheinen in ihrer räumlichen Anordnung ziemlich festgelegt zu sein. Das gilt insbesondere für prägende Erfahrungen. Betrachten wir unsere Beziehungen, so geben uns innere Räume wichtige Informationen, wie wir zu Verwandten und Bekannten stehen. Nehmen wir den Vater rechts und die Mutter links wahr, stehen sie beide auf einer Seite, aber nicht auf einer Ebene oder ist ein Elternteil viel weiter weg? Das systemische Familienstellen nach Bert Hellinger nutzt das innere Bild des Klienten, der danach die Stellvertreter für seine Familie im Raum platziert. Wir können dem Lernenden durch die innere Navigation helfen, sich innere Bilder von Familienkonstellationen bewusst zu machen.

Wenn wir die Erfahrungen in unserem Gehirn suchen würden, so könnten wir feststellen, dass wir sie dort nach ganz bestimmten Kriterien „abgelegt" haben. Erfahrungen ähnlicher emotionaler Qualität speichert das Gehirn offenbar nahe beieinander ab oder es verknüpft sie mit starken Nervenverbindungen. So bilden sie Cluster oder „Erfahrungs-Moleküle". Darauf baut die Idee des *Mindmapping* (Beyer 1993), eine Methode sehr gehirngerechten Lernens. Zu jeder Lebenserfahrung könnten wir uns ein riesiges Flussdiagramm vorstellen... und selbst dieses würde nicht ausreichen.

Verbindende Worte. Worte sind starke Verbindungsschalter zwischen Erlebnisräumen. Oft hilft uns der passende Begriff oder Satz dabei, bewusste und unbewusste Anteile zu vernetzen. Etwas vorher Namenloses, nicht Greifbares wird uns klar und bewusst; der Licht des Groshirns fällt auf Bereiche, die bisher im Schatten lagen und nun auf neue Art verarbeitet werden können.

An unserer Sprache merken wir auch, wie wir Erlebnisse und Worte assoziativ miteinander verknüpfen. Jedes Wort inklusive Körpersprache und Stimme kann ganz verschiedene, individuelle Beiklänge, Konnotationen haben. Für den einen bedeutet das Wort „Seminar" Stress, für den anderen Erholung. Manche Probleme lassen sich ergründen und lösen, wenn wir Assoziationsketten zurückverfolgen. Welcher Begriff folgt welchem – wir lassen die Gedanken fließen und schreiben sie ungefiltert auf, so wie wir es vom Brainstorming kennen. Wenn wir erkennen, welche Worte in welchen Zusammenhängen auftauchen und wie sie miteinander verknüpft werden, wird erkennbar, worum es wirklich geht und was wirklich gebraucht wird. Computerprogramme können derartige „semantische Netzwerke" aus aufgezeichneten Texten herausarbeiten und uns beispielsweise Auskunft darüber geben, welche Begriffe ein Mensch bei der Beschreibung eines Problems mit welchen anderen Begriffen assoziiert. Auf diese Weise wird das Zentrum des Erfahrungsmoleküls, z.B. das dahinter liegende unverarbeitete sinnliche Erleben deutlich. Wer aber gut fragen und zuhören kann, dem wird es auch ohne Computer

137

möglich sein, dies herauszuarbeiten. Indem der Begleiter die vielen Sinnbilder und Metaphern, welche sich unbewusst in unserer Sprache verstecken, heraushört und bewusst macht, erhält er wertvolle Informationen aus unbewussten Schichten des Lernenden, die neue Lösungsmöglichkeiten eröffnen.

Weitere Formen der Zeitreise

Für die Bewegung in der Zeit und das Rückführen zu ursprünglichen Ereignissen, stehen uns weitere interessante Möglichkeiten zur Verfügung, die wir zudem kombinieren können. Zum Abschluss dieses Kapitels möchten wir Ihnen einen Überblick über die wichtigsten Formen geben. Einige von ihnen haben wir in Ansätzen bereits in den zurückliegenden Abschnitten genutzt.

Spontane Regression. Wir können die spontane Altersrückbewegung nutzen, in welche Menschen geraten, wenn sie in der Gegenwart an Erfahrungen aus ihrer Vergangenheit erinnert werden. Körperlich äußert sich dies in ihrer Physiologie, speziell in Haltung, Gesichtsausdruck und Stimme. Eventuell führt der Begleiter einen Lernenden bewusst in derartige Situationen hinein. Um die ursprüngliche Erfahrungswelt bewusst zu machen, fragt er ihn dann: „Wie alt bist du jetzt?" – Damit öffnet sich meist schon die Tür für weitere Erkenntnisse.

Als-Ob-Fragen. Eine einfache und wirkungsvolle Art, den gespeicherten Erfahrungsschatz des Lernenden zu aktivieren, besteht in der Nutzung des Als-Ob-Wissens. Fragen wir ihn direkt nach einem Ursprungsereignis, weiß er meist keine Antwort. Das ändert sich wenn wir anders fragen: „Wenn sie wüssten, wo das Ursprungsereignis des Problems liegt, wann war das?". Wir können auch Auswahlmöglichkeiten anbieten: „Wenn sie es wüssten, war es vor oder nach der Geburt? Lag es in ihrem Leben, in dem ihrer Vorfahren oder in einem früheren Leben?" Oft erhalten wir hierauf eine erstaunlich hilfreiche Antwort, was sich bei der späteren Veränderungsarbeit erweist.

Puzzle der Sinneseindrücke. Manchmal ahnen wir innerlich die Präsenz früherer Erfahrungen, können sie aber nicht fassen, haben keine Bilder, hören nichts – hier bietet es sich an, Sinneseindrücke und Einzelheiten in schneller Folge „abzufragen": „Ist es hell oder dunkel, laut oder leise, bewegt oder still, drinnen oder draußen...?" Unbewusst fallen uns meist sofort Antworten ein, bis sich aus dem so entstehenden „Sinnespuzzle" ein ganzes Bild zusammenfügt, manchmal eine reale Erinnerung, manchmal eine metaphorische.

Innere Landschaften. Manche Menschen reisen durch die Zeit, indem sie innere Filme, symbolhafte Landschaften und Wege vor sich sehen oder durchschreiten. Selten verläuft die Reise chronologisch, dafür folgt sie unbewussten Assoziationen, wie wir dies im vorigen Abschnitt gezeigt haben. Jedes Thema hat seine eigene Geschichte, die auf diesem Weg gefunden und erzählt wird. Tiefe Entspannung erleichtert das. In der Methode des katatymen Bilderlebens sind derartige Reisen eine zentrale Arbeitsform.

Hypnotherapie. Auch mit den Mitteln der Hypnotherapie können wir den Lernenden auf dem Weg zu Ursprungserfahrungen schicken. Wir sprechen sein Unbewusstes an und lassen es den Weg finden, oder wir bitten es lediglich, die relevanten Erfahrungen aufsteigen zu lassen. Über eigens vereinbarte Signale können wir herausfinden, wo der Klient sich innerlich befindet und daraus ableiten welcher nächste Schritt jeweils angemessen ist.

Signalsysteme und Kinesiologie. Signalsysteme, mit denen wir den ganzen Organismus und damit auch das Unbewusste, systematisch nach früheren Erfahrungen befragen können, bietet die Kinesiologie mit ihren Muskelfunktions-tests, welche für den, der sie beherrscht ein sehr effektives Kommunikationsmittel darstellen. Die Fragen müssen so gestellt werden, dass der Lernende sie über den Muskel mit „Ja" oder „Nein" bzw. mit „Alles in Ordnung" oder „Stress" beant-worten kann. Im letzten Fall nennt der Begleiter dem Lernenden nach der Aktivierung des Themas verschiedene Altersstufen und erlebt, wie die Muskelkraft eines getesteten Armmuskels schwach wird, sobald er ein Alter anspricht, in welchem eine unverarbeitete Erfahrung liegt.

Wir können diesen Prozess fördern, indem wir den Lernenden bitten, sich während der Arbeit an jenen Körperstellen zu berühren, die seinem Empfinden nach mit dem Thema assoziiert sind. Sie dienen damit gleichzeitig als natürliche Anker für das Thema. Umgekehrt werden uns, wenn wir uns auf bestimmte Körperstellen konzentrieren, sie berühren oder mit ihnen kommunizieren, oft wichtige biografische Themen bewusst. Neben der Berührung ermutigen wir den Lernenden, die betreffenden Emotionen zuzulassen, wahrzunehmen und auszu-drücken. In einer späteren Ressourcearbeit hilft die Berührung assoziierter Körperstellen dabei, einschränkende Erfahrungen bis in die Tiefe körperlicher Strukturen hinein zu verarbeiten.

Körperweisheit. Unser Körper hat die Möglichkeit, in intuitiven Bewegungen zu früheren Erfahrungen und Seinszuständen zurückzufinden. Wir haben dies erprobt und die Arbeit *unwinding* genannt. Zunächst wird dabei das Thema körperlich dargestellt, vergleichbar einer Pantomime. Der Lernende nimmt nun alle Eigenbewegungs-Impulse seines Körpers wahr und lässt sie zu, wobei er schrittweise seinen Zustand verändert und den Entstehungsweg des gegenwärtigen Themas gleichsam bis auf seinen Ursprung rückverfolgt. Oft kommt es dabei zum Ausdruck von bisher verdrängten Gefühlen. Auch zahlreiche Formen der Körper-therapie führen zu Regressionserfahrungen, besonders bekannt hierfür ist das *Rebirthing*.

Nachdem wir so viel über die Navigation in der Zeit wissen, wollen wir nun bei einer Erfahrung verweilen und uns anschauen, wie wir ihre Dimensionen erfassen können.

5. Aus dem Lebensweg lernen

Ablauf einer Lebensweg-Arbeit

In den bisherigen Teilen des Buches haben wir einzelne Bausteine der Arbeit mit Menschen und der Lebensweg-Arbeit beschrieben, die wir in diesem Abschnitt zu einem allgemeinen Prozessablauf zusammenfassen und mit Ideen zur Ausführung ergänzen möchten. Natürlich können wir dabei nicht alle bisher behandelten Wahlmöglichkeiten wiederholen, wohl aber Stichpunkte nennen. Wir gehen davon aus, dass eine Lernende ein persönliches Thema einbringt und mit einem Begleiter daran arbeitet, frühere Erfahrungen aufzufinden und zu verarbeiten. Wir beschränken uns darauf, dass die Lernende Ressourcen für ihr jüngeres Selbst einbringt. Die erweiterte Form, auch andere in die Veränderungsarbeit einzubeziehen, beschreiben wir im Abschnitt „Muster des Reimprinting". Unter diesen Voraussetzungen sieht ein sinnvoller Arbeitsablauf wie folgt aus:

1. Arbeitsgrundlagen gestalten

Aufbau von Kontakt und Vertrauen (aus der Sicht des Begleiters):
Raum und Zeit klären, Führen und Folgen, wechselseitige Achtung, klare Kommunikation mit Feedback: Wahrnehmen verbaler und nonverbaler Reaktionen – nicht nur am Anfang des Prozesses, sondern fortlaufend.

Klärung der Ziele und Absichten des Lernenden
Gemeinsames Herausarbeiten eines wohlgeformten Ziels, Klärung einer möglichen positiven Funktion des Problems oder Sammeln von Informationen nach anderen Strukturen (siehe auch Abschnitt „Alternativen und Voraussetzungen", Seite 36).

2. Rückführung

Herausarbeiten und Akivieren des Themas (aus der Sicht der Lernenden):
Das Thema in der Gegenwart mit allen Sinnen erleben, bei starker emotionaler Belastung aus sicherem Abstand. Aktivieren des Themas durch innere Bilder, Worte, Symbole, Metaphern, Körperhaltung, Blickrichtung etc. Einbeziehen mehrerer Erfahrungsebenen, Berühren einer mit der Erfahrung assoziierten Körperstelle als natürlicher Anker für diese Erfahrung.

Auswahl einer geeigneten Form, sich durch die Zeit zu bewegen:
Zur Verfügung stehen die imaginierte oder die am Boden ausgelegte Zeitlinie, aber auch die Bewegungsmöglichkeiten durch innere Zeit-Räume, metaphorische Welten und Assoziationsketten. Im Falle der Zeitlinie kann vorab deren Verlauf, Richtung, Ausdehnung, Kurven etc. erforscht werden.

3. Bewegung durch die Zeit

Die Art der Bewegung...
hängt von der soeben getroffenen Auswahl ab. Im Falle der imaginierten Zeitlinie innerlich über dieser schweben, im Falle der am Boden ausgelegten Linie auf ihr oder neben ihr gehen. Begleitung durch indirekte Sprache, zur Orientierung den Anker für das Thema halten.

Finden früherer Ereignisse und des Ursprungsereignisses:
Auf dem Weg in die Vergangenheit relevante frühere Ereignisse registrieren, hierzu als Begleiter auf nonverbale Reaktionen oder Signale des Lernenden achten. Den früheren Ereignissen zur besseren Erinnerung Namen geben, bei der Arbeit mit am Boden ausgelegter Zeitlinie die Ereignisse mit Zetteln auf der Zeitlinie markieren. Das Ursprungsereignis finden, hinter dem keine weiteren Ereignisse zum Thema mehr auftauchen.

4. Verarbeiten der Ursprungserfahrung

Herausfinden, welche Ressourcen benötigt werden
Das Ursprungsereignis mit dem jüngeren Selbst und anderen Beteiligten von außen betrachten. Sich, wenn emotional möglich, in die Position des jüngeren Selbst hineinversetzen und nachempfinden, was dessen Intention und welche Ressource es für seine Entwicklung benötigt. Erforschen, auf welcher Erfahrungsebene diese liegt. Das mit dem Ursprungsereignis verbundene Gefühl zulassen und die in diesem Gefühl liegende Botschaft annehmen und verstehen.

Verfügbar machen und Erleben der Ressourcen
Die Ursprungserfahrung und das jüngere Selbst erneut von außen betrachten. Dessen bisherige Reaktion und das zugehörige Gefühl würdigen. Erneut lernen, was das Gefühl mitteilen will. Jede weiterhin benötigte Ressource in der eigenen Lebenserfahrung finden. Auf die passende Erfahrungsebene achten. Vielleicht andere Situationen auf dem Lebensweg aufsuchen und von dort mit der Ressource-Erfahrung zurückkehren. Besonders wertvoll kann die Zeit vor dem Ursprungsereignis sein. Eventuell mehrere Ressourceerfahrungen sammeln und innerlich „stapeln". Auch andere Menschen können als Ressourceträger hinzukommen. Alternativ weitere Möglichkeiten aus dem Kapitel, „Energiequellen und Ressourcen" von Teil I nutzen. Die Ressource in allen Sinnen repräsentieren, konkret oder symbolhaft, in Worten, Gefühlen, Bildern oder auch Musik. Wenn wünschenswert, die Erfahrung durch Verändern von

Sinneseigenschaften, wie Licht, Intensität, Klang, Nähe etc. vertiefen. Die Erfahrung durch eine Berührung an hiermit assoziierter Körperzone ankern, etwa mit einer auf das Herz gelegten Hand.

Weitergeben der Ressourcen an das jüngere Selbst und Erleben der Veränderung

Die Ressource sinnlich voll erleben, mit der Intention, sie an das jüngere Selbst weiterzugeben. Sich vorstellen, die Ressource aus der Entfernung zum jüngeren Selbst zu senden, eventuell als Symbol oder Licht. Den Berührungsanker für die Ressource halten. Näher zum jüngeren Selbst kommen und es in der Vorstellung mit der anderen Hand an der Körperstelle seines Themas berühren. Hier die Ressource in das jüngere Selbst fließen lassen. Ihm mitteilen, was gesagt werden will, ihm eventuell wichtige Botschaften oder Informationen geben. Wenn andere Personen als Ressourceträger einbezogen werden, diese hinzukommen lassen. Sich anschließend ganz in das jüngere Selbst hineinversetzen und aus dieser Position die Ressource empfangen. Gleichzeitig die Körperbereiche für das Arbeitsthema und für die Ressource berühren. Veränderungen wahrnehmen. Wenn eine weitere Ressource fehlt, diesen Abschnitt des Prozesses ab Punkt a noch einmal durchlaufen.

5. Rückkehr und Abschluss

Rückkehr zur Gegenwart, Veränderung weiterer Ereignisse

Ausgehend von der positiv erlebten Ursprungserfahrung die hinzugewonnenen Ressourcen und Lernerfahrungen innerlich sammeln und sich auf den Rückweg machen, dies kann beispielsweise neben, über oder als Beteiligter auf dem Lebensweg geschehen. Erleben, wie sich der Lebensweg nach dem veränderten Ereignis jetzt ebenfalls verändert. Wenn andere, zuvor aufgefundene Erfahrungen auftauchen, feststellen, ob diese jetzt gut gemeistert werden können. Falls nicht, auch für diese Erfahrungen Ressourcen suchen und sie ähnlich wie in Punkt 3 beschrieben, integrieren. Langsam in die Gegenwart zurückkommen.

Bewegung in die Zukunft, Auswirkungen und Veränderungen erkunden

Ausgehend von der Gegenwart den Weg in die Zukunft erkunden. Dort eine Situation erleben, die bisher schwierig gewesen wäre. Feststellen, was sich verändert hat. Sich in der Zukunft zu einem gewählten Ziel hin bewegen. Möglicherweise hat auch dieses sich verändert. Vielleicht sind für das Ziel noch weitere Ressourcen nötig, die, beginnend mit der Gegenwart, auf dem Weg dorthin aufzubauen sind. Mit diesem Wissen in die Gegenwart zurückkehren, feststellen, was sich auf einzelnen Erfahrungsebenen geändert hat, was jetzt weniger wichtig und was wichtiger geworden ist. Vielleicht ist das zuvor gesetzte Ziel sogar schon in der Gegenwart erreicht.

Zusammenfassung und Abschluss

Der Begleiter reflektiert mit der Lernenden die Veränderungen in der Gegenwart und in der Zukunft, eventuell auch solche in ihren Zielvorstellungen. Beide besprechen, welche weiteren Lernschritte nötig sind, bzw. was sich jetzt in der Lebensgestaltung der Lernenden ändern darf, kann oder muss. Sie können hierfür unterstützende oder begleitende Maßnahmen vereinbaren.

Nicht alle hier genannten Möglichkeiten sind im Einzelfall erforderlich. Wenn wir aber mit vielen Fällen arbeiten, wird diese und jene irgendwann hilfreich sein. Dabei ist dies erst ein Anfang. Im nächsten Abschnitt befassen wir uns mit Variationen, Ergänzungen und besonderen Arbeitsformen, die zu diesem Grundmuster passen.

Variationen auf der Zeitlinie

Wir beschreiben Formen der Lebensweg-Arbeit, wie sie Tad James (1991) nutzt und erweitern diese um eigene Anregungen und Methoden. Bei Tad James bewegt sich der Lernende in der Imagination fliegend über seiner Zeitlinie. So kann er die verschiedenen Phasen seines Lebens im Überblick aus sicherer Höhe sowie im Detail aus geringerer Höhe erleben. Natürlich lässt sich diese Arbeitsweise auch auf die physische Bewegung im Raum umsetzen, wobei der Lernende den gewünschten Abstand von seinem Lebensweg nicht darüber, sondern daneben findet.

Ressourcen für den Lebensweg. Sind wir auf dem Lebensweg bei der Suche nach dem Ursprung eines Themas auf unverarbeitete Problemzustände gestoßen, die nun schmerzhaft in Erscheinung treten, kehren wir zu einer „sicheren" Position zurück. Diese kann auch in der „unbegonnenen Vergangenheit" liegen, dem Gegenstück zur vollendeten Zukunft. Es ist die Zeit vor dem ersten Auftreten eines behindernden Ereignisses. Der Lernende kann sich ebenso gut seitlich in einigem Abstand neben den Lebensweg stellen, in der Vorstellung darüber schweben oder in einen zuvor im Hier und Jetzt aufgebauten positiven Zustand zurückkehren. Aus einer solchen Position kann gut gelernt werden, hier wachsen Erkenntnisse über die benötigten Ressourcen. Uns wird vielleicht sogar verständlich, inwieweit die damalige Reaktion die beste war, die das „jüngere Selbst" zur Verfügung hatte, so dass wir es dafür würdigen können. Auch diese Einsicht ist ressourcevoll, ebenso das Erkennen der positiven Absicht, die hinter dem eigenen Verhalten und dem der anderen Beteiligten in der damaligen Situation stand. Manchmal ist es hierzu nötig, sich noch einmal in die Position des jüngeren Selbst oder einzelner Beteiligter hineinzuversetzen.

Sobald die damaligen Intentionen erkennbar werden, stellen wir uns die Fragen: „Was hätte ich damals benötigt, um diese Situation anders zu bewältigen?" „ Was wäre hilfreich gewesen, damit das gar nicht erst passiert wäre?" oder: „Was ist zusätzlich zu tun, damit diese Erfahrung einen guten Abschluss findet?" Wir können andere in der Problemsituation als unveränderbar betrachten und nur danach fragen, was das eigene Selbst benötigt, um die Situation zu meistern, d.h. mit dem schwierigsten Fall, dem *worst case* umgehen zu können. Eine andere Herangehensweise besteht in der Frage, was von Seiten der anderen hilfreich gewesen wäre, damit das eigene Selbst weitere Entwicklungsschritte machen könnte, also den *best case* erleben würde. Nehmen wir beide Möglichkeiten, gewinnen wir verschiedene Modelle für unser Leben.

Einschränkende Emotionen lösen. Ausgangspunkt der Arbeit ist eine einschränkende, unangemessene Emotion, die der Lernende bearbeiten möchte. Um ihre Herkunft aufzusuchen, fliegt er nun, aus der Gegenwart kommend über seiner Zeitlinie. Er erkennt an den Sinnesmerkmalen der Linie, wie die Helligkeit, Farben, Markierungen etc., unterschiedliche Ereignisqualitäten. Auf diese Weise identifiziert er wichtige zurückliegende Erfahrungen und findet schließlich die Ursprungserfahrung. Nun geht es darum, das Ereignis zu verarbeiten, wozu er nacheinander verschiedene Positionen einnimmt. (Bild 7) Zunächst schwebt er über der Zeit, zu der die einschränkende Erfahrung bereits vorbei ist und betrachtet sie rückblickend aus dieser Position. Danach fliegt er direkt über das Ereignis, wahlweise sogar in das Ereignis hinein. So kann er die Vorgänge und das Gefühl des jüngeren Selbst gut wahrnehmen. Dem Gefühl gibt er einen Namen. Er konzentriert sich darauf, aus dem Ereignis und aus der Emotion alles zu lernen, was für sein Leben wichtig ist und nötig, um das negative Gefühl loslassen zu können. Er versteht, was die Emotion ihm zu sagen hat und nimmt ihre Botschaft an. All dies kann der Lernende bewusst oder unbewusst erleben.

Bild 7: Positionen über der Zeitlinie

Nun begibt er sich, über dem Lebensweg schwebend, zu der Zeit, kurz bevor das Ereignis begonnen hatte. Wir nennen diesen Bereich die *unbegonnene Vergangenheit*, eine Zeit, in der noch „alles gut" ist. Der Lernende blickt von hier aus zum Ereignis und weiter in Richtung zur Gegenwart. Dabei bemerkt er, dass er in seiner jetzigen Position frei von der einschränkenden Emotion ist. Er speichert diese Empfindung und mit diesem neutralen oder positiven Gefühl landet er in der Ursprungserfahrung auf der Zeitlinie. Dort erlebt er sie frei von der negativen Emotion. Dann schwebt er wieder hoch und bewegt sich zügig zurück Richtung Gegenwart, wobei er jedes weitere, auf dem Weg liegende Ereignis in ähnlicher Weise verarbeitet: Er hält vor dem Ereignis schwebend inne, erkennt und benennt die dort aufgetretene Emotion und nimmt alle Lernerfahrungen auf, welche diese für ihn bereithält. Nun kann er die negative Emotion innerlich aus seinem Leben entlassen und weiter in Richtung Gegenwart fliegen.

Verarbeiten durch Vorbereitung. Hier eine Arbeit auf der physischen Zeitlinie. Der Lernende begibt sich, aus der Gegenwart kommend, an der Ursprungserfahrung vorbei in die unbegonnene Vergangenheit. Von hier aus in Richtung Gegenwart schauend, erkennt er das Herannahen des einschränkenden Ereignisses. Diesmal hat er jedoch die Zeit und das Wissen, sich darauf vorzu-bereiten. Er sammelt alle ihm zugänglichen Ressourcen, guten Gefühle und Fähigkeiten. In der Vorstellung speichert er sie in einen besonderen persönlichen Kristall, den er ständig zur Verfügung hat. Außerdem macht er sich zusätzliche Ressourcen zugänglich, wie das Wissen und Verstehen des Erwachsenen. Auf der Zeitlinie bewegt er sich genau so schnell weiter, wie er in seiner Vorbereitung Fortschritte macht. Wenn noch etwas fehlt, kann er vorübergehend die unbegon-nene Vergangenheit verlassen und sich Unterstützung aus anderen Lebensphasen oder von anderen Menschen holen. Damit kommt er dann in die Vorbereitungs-phase zurück. Vielleicht ist jetzt sogar eine Ressourceperson an seiner Seite. Nachdem die Vorbereitung abgeschlossen ist, hüllt sich der Lernende in ein schützendes und energiespendendes Licht seiner Lieblingsfarbe. Alle Ressourcen, die er braucht, platziert er in seinem Körper, im Herzen, im Kopf, in den Armen. Den Kristall mit den zuvor gespeicherten Ressourcen trägt er im Bauch. So vorbereitet geht er nun in das Ereignis hinein und erlebt, wie sich sein Fühlen, Denken und Handeln verändern. Damit gelingt es ihm, die damalige Situation neu zu verstehen und zu meistern. Am Ende der Erfahrung macht er sich bewusst, was er gelernt hat, welche Ressourcen er hinzugewonnen hat. Der Kristall im Bauch gibt ihm die Sicherheit, dass er alles, was vorher da war, auch jetzt noch verfügbar hat. Damit begibt sich der Lernende in die Gegenwart zurück.

Symbolische Ressourcen. Stark belastende Emotionen, wie Angst, Schmerz oder Traurigkeit, können oft durch das Visualisieren von Licht- oder Heilenergie gelöst werden. Der Lernende, über dem Ereignis schwebend oder daneben stehend, stellt sich eine unendliche Quelle von Liebe und Heilkraft über seinem Kopf vor, die aus seinem höheren Selbst kommt, über den Scheitel in ihn hineinfließt und

145

seinen ganzen Körper erfüllt. Diese Energie lässt er nun, aus seinem Herzen über die Hände zu dem jüngeren Selbst in der Zeitlinie hinfließen, um es damit zu füllen, so lange, bis es die Emotion entspannt verarbeitet hat. Der Lernende kann auch spirituelle Kräfte bitten, das jüngere Selbst zu unterstützen oder von etwas zu erlösen. Diese Möglichkeit wird lediglich durch sein Weltbild begrenzt. Manche Menschen erleben Jesus, Maria, Buddha oder Krishna als Teile ihrer selbst und verbinden so Spiritualität und Rationalität. Unterschiedliche spirituelle Wesen können Träger unterschiedlicher Ressourcen sein. Die Krafttiere des indianischen Schamanismus bringen dies zum Ausdruck.

Frühe Ursprungserfahrungen. Die Ursprungserfahrungen eines Problems können in der frühesten Kindheit, bei der Geburt oder vor der Geburt liegen. Obwohl der Lernende keine bewusste Erinnerung an diese Zeit hat, kann er derartige Erfahrungen durch die im Kapitel 4 dieses Teils beschriebenen Rückführtechniken auffinden. Im Falle der Zeitlinie bemerkt er dies eventuell an der veränderten sinnlichen Repräsentation dieser frühen Zeitabschnitte. Wenn wir wenig wissen, hilft es oft, symbolische oder spirituelle Ressourcen in diese Zeit fließen zu lassen, wie wir sie soeben beschrieben haben. Weiterhin ist es sinnvoll, dass der Lernende eine Vorstellung davon entwickeln kann, alles, was das jüngere Selbst für eine natürliche Entwicklung braucht, zu erhalten. Dies ermöglicht ihm, im Nachhinein die Erfüllung alter Defizite zu erleben, und sei es nur symbolisch. So kann der damit verbundene unerfüllte Persönlichkeitsanteil den berechtigten alten Erfüllungsanspruch loslassen und sich der Zukunft zuwenden. Das Reimprinting, welches wir weiter unten beschreiben, bietet zusätzliche Möglichkeiten für diese Nacherfüllung, indem auch andere Beteiligte, wie die Mutter, mit Ressourcen versorgt werden.

Die Intention erkennen. Wenn eine einschränkende Emotion sich auf eine der beschriebenen Weisen nicht lösen lässt, hat der Lernende möglicherweise noch nicht alle Lernerfahrungen aus ihr gezogen. Immerhin gibt es viele weitere Arbeitsformen, vom Reimprinting bis zur Familienaufstellung, die ihm hierbei weiterhelfen können. Auch kann es sein, dass die Emotion noch eine wichtige positive Intention für das Leben des Lernenden hat. Es gibt einfache Wege, nach dieser positiven Absicht zu forschen: „Was wird durch die Emotion möglich?", „Auf welcher Erfahrungsebene liegt dies?", „Wie kann das, was durch die Emotion vermeintlich möglich wird, auf andere Art und Weise erreicht oder bewahrt werden?" Der Lernende sucht also Antwort von innen, stellt sich vor, ein Teil seiner Persönlichkeit sei Träger der guten Absicht (siehe auch Isert 1996, Seite 198). Oft stellt sich heraus, dass die negative Emotion keinesfalls ein sinnvoller Weg ist, die gute Absicht zu erreichen, ihr sogar entgegenläuft. Das erleichtert es, sie loszulassen und eine bessere Wahlmöglichkeit zur Erfüllung der guten Absicht zu suchen. Auch aus Gewohnheit hält der Lernende mitunter an einer Emotion fest. Es mag sein, dass sie zu einem Teil seiner Identität geworden ist oder dass es lang gewachsene Überzeugungen gibt, die auf ihr beruhen. In derartigen Fällen braucht der Lernende einen behutsamen Veränderungsprozess, damit nichts, was bisher wertvoll war, zerstört wird und damit das, was ist, vervollständigt wird.

Die Gefühle dahinter. Mitunter ist es schwierig, eine Emotion zu verarbeiten oder loszulassen, weil sie nur die oberste Schicht einer ganzen Reihe von Emotionen ist, welche wie in einer Zwiebelschale ineinander liegen. Der Begriff des **Sekundärgefühls** kennzeichnet, was wir an der Oberfläche erleben, während das **Primärgefühl** jenes ist, das in der Tiefe darunter liegt. Doch oft sind weit mehr Schichten beteiligt, als es diese Worte suggerieren. Mitunter erleben wir, wie hinter einem Gefühl sofort eine neue, schwierige Emotion auftaucht. Ebenso passiert es, dass die erste sich überhaupt nicht bearbeiten lässt, weil sie uns davor schützt, die nächste, eventuell noch unangenehmere, erleben zu müssen. Hinter Wut mag Unsicherheit liegen, hinter Unsicherheit Scham, hinter Scham Schuld, hinter Schuld Abhängigkeit, hinter Abhängigkeit Hunger, hinter Hunger… nichts mehr. Ja, irgendwann ist die Kette zu Ende und wir erreichen eine Leere, einen Zustand des Nichts, einen freien Raum – für viele ein Zustand von spiritueller Bedeutung. Von hier aus können wir neu beginnen. Wir können sogar fragen, was hinter dem Nichts als Erstes kommt, etwa Freude, dann Liebe… auf jeden Fall etwas Lebensbejahendes. So brauchen wir also nur diesen Weg konsequent zu gehen, um negative Emotionen zu verarbeiten und zu verwandeln. Dies ist indes nicht ganz einfach, denn unser Inneres stellt uns eine Bedingung: Es gibt den Blick auf die nächste Schicht erst frei, wenn wir bereit sind, die davor liegende zuzulassen, sie also auch zu erleben. Wir müssen dies nicht unendlich lange tun, es reicht schon, in sie einzutauchen, um auf ihrer anderen Seite die nächste Schicht zu entdecken.

Tad James nutzt dieses Prinzip in seiner *Drop-Down-Through-Technik*: Der Lernende schwebt über dem Ursprungsereignis eines Problems, das er auf der Zeitlinie aufgefunden hat. Er begibt sich auf die Zeitlinie in das Ereignis hinein, fühlt die Emotion und sammelt, wie weiter oben beschrieben, die positiven Lernerfahrungen, welche ihm die Emotion an dieser Stelle vermitteln möchte. Dann lässt sich der Lernende unter Anleitung des Begleiters so schnell wie möglich ganz in die Emotion hinein- und durch sie hindurchfallen, wonach er darunter liegend eine nächste Emotion erreicht. Der Lernende gibt ihr einen Namen und lässt sich in gleicher Weise in sie hinein und durch sie hindurch zur nächsten Emotion fallen, die er wiederum benennt. Es ist, als käme er dabei in immer tiefere Lagen, die sich unter seiner ursprünglichen Zeitlinie befinden. Irgendwann erreicht der Lernende die erwähnte Leere, jenes Nichts. Nachdem er sich auch durch dieses Nichts fallen gelassen hat, kommen die positiven Emotionen. Nach der zweiten positiven Emotion schwebt der Lernende wieder hoch und verweilt über der unbegonnenen Vergangenheit. Von hier aus betrachtet er das Ursprungsereignis und wird bemerken, dass es emotional befreit ist. Er testet dies, indem er sich noch einmal in das Erlebnis hineinversetzt und dann den Rückflug antritt.

Für die Arbeit mit der physischen Zeitlinie haben wir dieses Prinzip sinnvoll verändert. (Bild 8) Wir legen seitwärts zum Ursprungsereignis mehrere Karten hintereinander, so dass sie einen rechten Winkel zur Lebenslinie bilden. Der Lernende kommt von der andere Seite der Zeitlinie, taucht in das dort in der obersten Schicht wahrnehmbare Gefühl ein, bewegt sich nun langsam weiter und durch das Gefühl hindurch. Auf der andren Seite erreicht er die erste dort liegende Karte und damit die zweite Gefühlsschicht. Auch in diese tritt er ein und verlässt sie wieder, um dahinter auf der folgenden Karte die nächste innere Schicht zu erreichen. Dies setzt sich fort, bis er die Leere und davon ausgehend neue, positive Gefühle gefunden hat. Nun verschiebt der Lernende seine ganze Zeitlinie parallel zur Karte des positiven Gefühls und erlebt, wie die Erfahrung sich dadurch verändert anfühlt. Durch die Parallelverschiebung der Zeitlinie haben sich interessanterweise alle ähnlich strukturierten Erfahrungen auf der Zeitlinie verändert. Der Lernende erlebt dies, indem er von hier aus auf seiner neu positionierten Zeitlinie in die Zukunft geht. Da die Bodenmarkierungen der Gefühlskette an ihrem Platz liegengeblieben sind, kann er, wenn erforderlich, später jede Gefühlsposition noch einmal aufsuchen, mit Ressourcen versorgen oder bewusst verarbeiten. Meist ist dies für den Lernenden aber nicht mehr erforderlich.

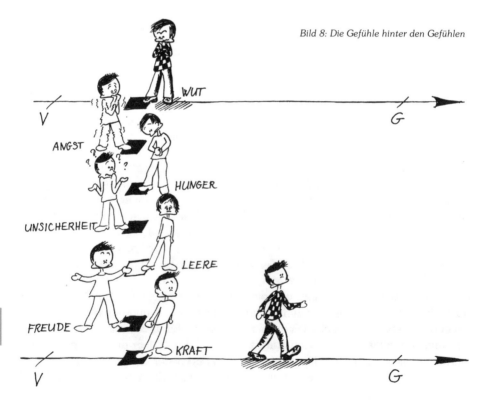

Bild 8: Die Gefühle hinter den Gefühlen

Was für Emotionen gilt, können wir auch mit Gedanken, Überzeugungen, Werten, guten Absichten, Zielen und Wünschen tun. Oft reicht ein einfaches Interview um herauszufinden, welcher Gedanke hinter einem Gedanken, welcher Wert hinter einem anderen Wert liegt. Michael Hall beschreibt dies in der Zeitschrift *Multimind* (Heft 3/99, Seite 42). Connirae Andreas nutzt das Prinzip, wie bereits erwähnt, in ihrem *Core-Transformation* Prozess (Andreas 1995).

Entscheidungen lösen und verändern. Der Lernende steht neben dem Lebensweg und untersucht die Ursprungserfahrung von hier aus genau. Er kann auch zum besseren Verständnis in sie hineingehen. In jedem Fall macht er sich die Emotion bewusst, aus welcher heraus er die Entscheidung traf. Er versteht und würdigt sein damaliges Fühlen und Entscheiden. Dann bittet er sein Inneres, die Botschaft und die damit verbundene Lernerfahrung aufzunehmen, um die Emotion und die Entscheidung anschließend loslassen zu können. Jetzt begibt sich der Lernende in die unbegonnne Vergangenheit, d.h. vor die Entscheidungssituation. Er bereitet sich mit all den Ressourcen sowie dem Verständnis des jüngeren Selbst und des Erwachsenen auf die bevorstehende Zeit vor und begibt sich in sie hinein. Er erlebt, wie er anders denken, fühlen und handeln kann. Er kann nun unterschiedliche Entscheidungen ausprobieren, indem er auf dem Lebensweg verschiedene Richtungen einschlägt. Jene, die ihm entspricht, kann er als Modell für die Zukunft beibehalten.

In ähnlicher Weise kann ein Lernender einschränkende Überzeugungen, die er damals gewonnen hat, lösen und verändern.

Lampenfieber lösen. Eine einfache Art, mit Lampenfieber umzugehen, führt uns in die vollendete Zukunft, in die Zeit nach dem Ereignis. „Wo ist hier das Lampenfieber geblieben?" In der Tat, wie vieles andere ist es ein Zeitphänomen. Wir wählen diesen entspannten Zeit-Ort und senden von hier aus die genau passende Dosis Ruhe und Sicherheit in die Gegenwart. Vielleicht auch ein paar gute Tipps für den Weg oder einfach Ermutigung. Zurück in der Gegenwart brauchen wir die Geschenke nur noch anzunehmen und zu erleben, was sich ändert.

Die gute Zeit mitnehmen. Manchmal gibt es Einschnitte im Leben, die uns von all dem abtrennen, was wir vorher hatten. Es ist, als läge es hinter einer Mauer, die durch ein schweres Ereignis gebildet wird, vielleicht Verlust, vielleicht ein Versagen, vielleicht der Beginn eines anderen Lebens. Die Erinnerung an die Vergangenheit scheint bei jener Mauer zu enden, fast als wäre das Alte uns verboten, passe nicht mehr oder stünde uns nicht mehr zu. Hier lohnt die Zeitreise in den Bereich vor der Mauer, wo wir all das sammeln können, was es gab und weiter geben soll. Wir brauchen noch nicht einmal das schwere Ereignis verändern, wir brauchen nur all das in einen Korb zu tun und damit über die Mauer zurückzufliegen in die Gegenwart. Hier steht uns dann alles wieder zur Verfügung. Warum nicht, wenn die Mauer der Verlust eines Menschen ist, die guten und wertvollen

149

gemeinsamen Erfahrungen bei sich haben, sie im Herzen tragen? Warum nicht, wenn die Mauer ein eigenes Versagen ist, die alten Potentiale wieder in sich spüren? Irgendwann können wir auch daran arbeiten, die Mauer zu verwandeln, wenn sie nicht selbst zerfällt.

Rückblick auf das Leben. Manchmal ist es wichtig, Abstand vom Alltag zu bekommen und die großen Zusammenhänge seines Lebens zu erkennen. Wir können zum einen den ganzen Lebensweg aus angemessenem Abstand auf einmal betrachten, zum anderen in unserer Vorstellung über dessen Ende hinausgehen, also in die Zeit nach dem Tod. Im indischen Modell wiederkehrender Inkarnationen ist dies das *Bardo*, der Ort zwischen zwei Leben. Wieder interessiert uns nicht die Wahrheit des Modells, sondern die Erfahrungsmöglichkeit, welche es bietet. Hier, im Bardo nach unserem Leben, kann sich der Lernende auf das besinnen, was in seinem Leben gezählt haben wird, kann die Spreu vom Weizen trennen und sich selbst wichtige Ratschläge und Hinweise für den ihn verbleibenden Lebensweg in Richtung Gegenwart schicken. Damit lohnt es sich, in diese zurückzukehren.

Mehr als ein Leben

Wo wir Ursprungserfahrungen finden. Häufig erscheinen die Ursprungs-erfahrungen zu wichtigen Themen nicht oder nicht nur auf dem Lebensweg des Lernenden. Es mag sich um Themen handeln, die bereits „in der Familie lagen", die der Vater und der Großvater hatte. Oder der Lernende erhält Bilder von Erfahrungen, die wie aus vergangenen Leben zu sein scheinen. Wir nennen sie metaphorische Erfahrungswelten und betrachten sie als wertvolle Informationen des Unbewussten, ohne darüber streiten zu müssen, ob es vergangene Leben gäbe oder nicht. Manche Erfahrungen wiederholen sich sogar in all diesen Be-reichen. Unsere Arbeitsmöglichkeiten betreffen also:

* Ereignisse im eigenen Leben.
* Ereignisse im Leben von Familienangehörigen und Vorfahren.
* Ereignisse in metaphorischen Welten oder früheren Leben.

Wenn wir keine anderen Information haben, beginnen wir im „Normalfall" mit der Arbeit im eigenen Leben des Lernenden, um dort liegende Ereignisse zu klären. Wir ziehen den gesamten Lebensweg des Lernenden in Betracht und können also sowohl nachgeburtliche, als auch vorgeburtliche Erfahrungen finden. Wir schlagen vor, zunächst einmal mit dem Naheliegenden zu arbeiten und das, was wir auf dem Lebensweg des Lernenden finden und erklären können, auch dort zu verarbeiten. Wenn das nicht in befriedigender Weise möglich ist, fragen wir uns, ob es Ursprungserfahrungen im Leben von Familienmitgliedern oder Vorfahren gibt, die mit dem Thema des Lernenden verknüpft sind. Zusätzlich haben wir die Option, Ereignisse in vergangenen Leben oder metaphorischen Erfahrungswelten zu suchen.

Auch wenn es um Ereignisse aus diesem Leben geht, kann es für den Lernprozess des Klienten durchaus angemessener sein, sie anhand metaphorischer Erfahrungen zu verarbeiten. Wenn wir ahnen oder wissen, wo die Arbeit am lohnendsten ist, können wir uns natürlich gleich auf dieses Gebiet konzentrieren. Wir haben die Chance, dies vom Lernenden zu erfahren. Im Abschnitt „Weitere Formen der Zeitreise" (ab Seite 138) haben wir einige Möglichkeiten genannt, durch Signale oder Als-Ob-Fragen auf spontane Art Informationen zu gewinnen. Wir könnten fragen: „Wenn Sie wüssten, wo die Ursprungserfahrung Ihres Problems liegt, wäre es vor oder nach Ihrer Geburt?,…läge sie bei Familienmitgliedern und Vorfahren?,…. läge sie in vergangenen Leben?". Die Antwort können wir durch Worte oder vereinbarte Signale erhalten, sie kann durch kinesiologische Muskeltests gefunden werden – oder durch die genaue Wahrnehmung physiologischer Reaktionen des Lernenden. Wenn eine solche Kommunikation gut funktioniert, wird sie uns natürlich auch beim weiteren Eingrenzen und beim Auffinden des Ereignisses behilflich sein: „Liegt der Ursprung in der Familie auf der väterlichen Linie?,… in der ersten Generation?,… in der zweiten Generation?,…". Außerdem stehen uns wirksame anderen Rückführungsmöglichkeiten zur Verfügung, nicht zuletzt jene, die in metaphorische Welten führen, innere Bilder und Zusammenhänge entstehen lassen.

Ursprungserfahrungen mit Vorfahren lösen. Wir gehen nun davon aus, dass der Lernende zu seinem Thema oder Problem zwar zurückliegende Ereignisse im eigenen Leben finden konnte, zusätzlich aber herausfand, dass auch ein anderes Familienmitglied oder ein Vorfahre früher ein ähnlich gelagertes Problem erlebte. Wir haben folgende alternative Arbeitsmöglichkeiten als besonders hilfreich erlebt, manchmal folgten sie sogar in verschiedenen Sitzungen aufeinander, in anderen Fällen war nur eine angemessen.

- Der Lernende würdigt in der Vorstellung das betreffende Familienmitglied oder den Ahnen, stellt sich zugleich vor, von diesem in früheren Zeiten ungewollt Teile seines Schicksals oder Verantwortungen übernommen zu haben, die dieser selbst zu tragen hat. Der Lernende gibt ihm mit den Händen symbolisch die von ihm übernommenen ungewollten Anteile zurück. Dieses Prinzip findet in der Aufstellungsarbeit mit Familien, welche wir im Teil III, Kapitel 3 beschreiben, seine Anwendung. Wenn er dies wünscht, kann der Lernende nun mit Ressourcearbeit für das eigene Leben fortfahren, um den betreffenden Lebensbereich auf eine erfüllendere Art gestalten zu können.

- Der Lernende betrachtet das Familienmitglied oder den Vorfahren respektvoll und freundlich. Er bedankt sich für alles, was er von ihm empfangen hat und empfindet Verständnis für dessen Schwierigkeit, die dahinterliegende gute Absicht und das frühere Defizit. Er teilt ihm mit, dass er das, was dem Vorfahren damals nicht gelang, in seinem Leben mit den ihm heute zur Verfügung stehenden Ressourcen lernen und meistern will. Hierfür bittet er den Vorfahren um sein Wohlwollen und bietet ihm an, an seinem Erfolg und seiner Freude teilhaben zu können, indem er einen Anteil von 10% davon als Geschenk zur Abrundung seines Lebens erhält. Wir betrachten die Familiengeschichte in diesem Fall als Kontinuum, gehen von einem Lebensweg der gesamten Familie aus, in welchem die Defizite eines Mitglieds durchaus zu späteren Entwicklungsaufgaben eines anderes Mitgliedes werden dürfen, so dass ein Lernen über Generationen hinaus stattfindet, wobei es dazu gehört, dass die erwachsene Generation die Alten an den Früchten ihres Lebens teilhaben lässt.

- Der Lernende nähert sich dem Familienmitglied zur Zeit der Ursprungserfahrung in dessen Leben. Eventuell bewegt er sich hierzu entlang der Zeitlinie des Vorfahren, bis er ihm zu diesem Zeitpunkt begegnet. Er bittet ihn nun um sein Einverständnis, mit ihm gemeinsam an der Lösung der damaligen Schwierigkeit arbeiten zu dürfen, so dass beide daraus lernen und erleben, wie es zu meistern ist. Wenn diese Erlaubnis vorliegt, kann der Lernende alle Formen der Ressourcearbeit und der Verarbeitung einschränkender Gefühle anwenden, wie wir sie bisher kennen gelernt haben. Er kann dem Familienmitglied auch symbolische oder spirituelle Ressourcen in die Ursprungserfahrung schicken. Möglicherweise ist es sinnvoll, dass andere Personen als Ressourceträger hinzukommen. Da der Vorfahre nicht physisch anwesend ist, versetzt sich der Lernende bei dieser Arbeit zeitweilig in ihn hinein oder führt so einen Dialog mit ihm, wobei er dessen Befindlichkeit, seine Intentionen, Defizite und Potentiale wahrnehmen kann. Er erlebt abschließend, wie das Familienmitglied oder der Ahne die bisher einschränkende Ursprungserfahrung auf neue Art verarbeitet hat. Auf der Basis dieser Veränderungen entdeckt der Lernende, wie auch er in seinem Leben neue Wahlmöglichkeiten für diesen Lebensbereich entwickeln kann. Das Prinzip dieser Arbeit ähnelt dem des *Reimprinting*, welches wir im übernächsten Abschnitt beschreiben.

Bisher sind wir davon ausgegangen, dass der Vorfahre eine ähnlich gelagerte Schwierigkeit erlebte. Möglich ist es auch, das der Ursprung der Schwierigkeit des Lernenden darin liegt, dass der Vorfahre eine genau entgegengerichtete Seite des Lebens im Übermaß lebte. Leidet der Lernende unter Armut, war es dort vielleicht Prasserei oder Gier, fehlt ihm Disziplin, gab es damals vielleicht militärischen Drill. Es scheint dann, das die Schwierigkeit des Lernenden einen Ausgleich der früheren Einseitigkeit darstellt, einen Ausgleich, der über Generationen wirkt. Der Lösungsansatz, den wir hier empfehlen, besteht darin, dem Vorfahren die andere, in der Gegenwart gelebte Seite abzugeben, so dass er dort komplett wird und der Lernende in der Gegenwart frei bleibt. Im Rahmen der Aufstellungsarbeit und mit Hilfe des Reimprinting bieten sich zudem weitere Lösungsmöglichkeiten an.

152

Aus vergangenen Leben lernen. Metaphorische Erfahrungen, wie sie oft als vergangene Leben erlebt und interpretiert werden, haben oft einen sehr hohen emotionalen Gehalt, Bilder von Gefahren, Mord, Krieg, Trauer und Verrat sind keine Seltenheit. Deshalb ist es sinnvoll, derlei Erfahrungen aus einem sicheren Abstand zu erleben. Zur Verarbeitung schlagen wir folgende Wahlmöglichkeiten vor:

- Der Lernende schaut sich die Erfahrung aufmerksam und mitfühlend wie einen Film an. Er lernt aus allem, was damals geschah, nimmt auch die Botschaft der Gefühle auf. Er vergibt anderen und sich selbst das, was damals schlecht gewesen sein mag. Indem er die Lernerfahrungen annimmt bittet er sein Unbewusstes, die Erfahrung nun loszulassen.

- Der Lernende versteht die Intentionen der Beteiligten und versorgt das damalige Selbst, eventuell auch andere Beteiligte mit Ressourcen. Er erlebt einen Entwurf davon, wie die Erfahrung glücklich verlaufen könnte.

- Der Lernende versetzt sich in die verschiedenen beteiligten Personen hinein, nimmt von jedem eine Ressource an und gibt jedem eine Ressource.

- Der Lernende lässt symbolische oder spirituelle Ressourcen in die Erfahrung fließen, etwa Licht, Farben oder heilende Symbole. Auch spirituelle Gestalten als Ressourceträger sind möglich.

- Die metaphorische Erfahrung mit allen Beteiligten wird als systemische Aufstellung gestellt und in ein Lösungsbild verwandelt

Schwierige Beziehungen, ob aus der Familie oder aus dem Beruf, lassen sich häufig dadurch bearbeiten, dass eine dazu passende metaphorische Ursprungs-erfahrung gefunden wird, die dann geklärt wird. Ein Mitarbeiter, der mit seinem Chef Schwierigkeiten hat, erlebt ihn und sich in der anderen Welt plötzlich als zwei Bedienstete am Hof, die in Intrigen verwickelt sind. Nachdem er beiden Ressourcen gegeben hat und sie sich in seiner Vorstellung gut verstehen, wirkt sich dies auf sein Verhältnis zu seinem Chef aus.

Überzeugungen erkennen und verändern

Das Ausgangsthema, welches der Lernende klären und verändern möchte, kann eine einschränkende Überzeugung sein. Oft zeigt sich diese jedoch nicht am Anfang der Arbeit, sondern wird erst im Laufe des Prozesses sichtbar. Zu den Pionieren in der Arbeit mit einschränkenden Überzeugungen gehört Robert Dilts, der das später beschriebene Reimprinting als Form der Lebensweg-Arbeit entwickelt hat (Dilts 1991, 1993). Neben der Arbeit mit dem Lebensweg verweisen wir in diesem Abschnitt auf unterschiedliche Prinzipien und Möglichkeiten, die uns bei der Arbeit mit Überzeugungen unterstützen.

Die Struktur von Überzeugungen. Überzeugungen sind Verallgemeine-rungen über das Leben. Was wir über uns, die anderen oder die Welt glauben, kann unser Dasein bestimmen. Je älter ein Glauben, desto schwerer ist es, uns davon abzubringen, je allgemeingültiger, desto mehr Lebensbereiche oder Kontexte betrifft er. Die meisten Überzeugungen sind uns nicht bewusst, besonders solche nicht, die uns einschränken oder die sich uns als vermeintliche Fehler unserer Mitmenschen offenbaren. Überzeugungen entstehen, wenn wir persönliche

Erfahrungen innerlich verarbeiten, interpretieren und das Ergebnis auf zukünftige Situationen übertragen. Sie können natürlich auch von anderen Menschen – wie Familienmitgliedern oder Freunden – übernommen werden. Überzeugungen verfestigen sich, indem eine bereits entstandene Interpretation des Lebens wie eine sich selbst erfüllende Prophezeiung wirkt und uns genau jene Erfahrungen wiederholt erleben lässt, die diese Interpretation bestätigen. Sie tun dies, indem sie unsere Aufmerksamkeit und unser Handeln in bestimmte Richtungen lenken, andere wiederum ausklammern. Wer glaubt „Wenn ich nicht alles selbst mache, geht es schief!", wird mit einiger Sicherheit nur auf „Dilettanten" stoßen. Wer davon überzeugt ist, unfähig zu sein, wird einiges dazu tun, dass er es immer wieder bestätigt bekommt.

Es gibt typische Strukturen, in denen uns Überzeugungen begegnen:

- Bedeutungen, die zugeordnet werden: „Lächeln bedeutet Zuneigung";
- Ursache und Wirkungen: „Jung gefreit, nie gereut";
- Grenzen, Notwendigkeiten: „Ich darf nicht verlieren, ich muss immer gewinnen";
- Existenz oder Nicht-Existenz: „Es gibt keine Lösung";
- Werte: „Höflichkeit kommt gut an, Unhöflichkeit kommt schlecht an";
- Doppelbindung: „Wenn ich frage, stelle ich mich bloß, und wenn ich schweige, bleibe ich unwissend".

Sicher haben Sie bemerkt, dass nicht alle Aussagen einschränkend zu sein brauchen, denn ohne sinnvolle Verallgemeinerungen wäre unser Leben kaum lebbar. Wir müssen Erfahrungen verallgemeinern, um die Komplexität des Lebens auf ein Maß zu reduzieren, das uns aufeinander aufbauendes Lernen und Gestalten erlaubt. So kann z.B. ein Kartograph nicht jede einzelne Pflanze auf der Landkarte eintragen. Dies führt mitunter zu Nebenwirkungen, wenn wir den umgekehrten Weg vernachlässigen: das Relativieren. Wie viele einschränkende Erfahrungen tragen wir als Verallgemeinerungen unreflektiert Jahrzehnte unseres Leben mit uns? Hier geht es um die Fähigkeit, Lernerfahrungen und Leitsätze auf jene Lebenskontexte zu beschränken, zu denen sie gehören; wir nennen es weiter unten „Kontextualisieren".

Ebenen der Erfahrung. Wir finden Überzeugungen auf allen Erfahrungsebenen. Zumeist unbewusst wirken jene, die wir über unsere Identität und Zugehörigkeit haben: „Ich bin ein wichtiger Mann" oder „Ich gehöre zu den Versagern". Solche Kern-Überzeugungen sitzen tief, wenn sie auf frühen, prägenden Erfahrungen basieren. Funktionale Überzeugungen sind dagegen eher bewusste Orientierungen für die Lebensgestaltung auf den darunter liegenden Ebenen *Werte, Fähigkeiten, Verhalten* und drücken gerne (Un-)Möglichkeiten oder

Zwänge aus: „Meine Meinung zählt nicht so wie die des Vorgesetzten"; „Ich darf nicht widersprechen". Gehen wir daran, funktionale Überzeugungen aufzulösen, kann es uns freilich passieren, dass wir auf Kern-Überzeugungen stoßen.

Wenn wir Überzeugungen unterschiedlichen Erfahrungsebenen und Bereichen zuordnen, merken wir, welche Auswirkungen sie für unser Leben haben können:

- Der Glaube an einen Lebenssinn.
- Der Glaube, anerkannt und geliebt werden zu können.
- Der Glaube an einen eigenen Selbst-Wert.
- Der Glaube an den Wert eines Zieles oder einer Sache.
- Der Glaube an die eigenen Möglichkeiten und Fähigkeiten.
- Der Glaube, dass etwas überhaupt möglich ist.

Manche Überzeugungen betreffen die eigene Person, andere die ganze Welt, wieder andere nur bestimmte Menschen, vielleicht sogar alle Frauen oder alle Männer. Auch Überzeugungen bzgl. Technik, Gesellschaft, Natur oder Religionen haben ihren Platz. Fortschritt bedeutet, dass solche Überzeugungen ständig hinterfragt und verändert werden.

Überzeugungen herausfinden. Wie können wir einschränkende Überzeugungen herausfinden? Manche sind uns durchaus bewusst, kreisen ständig in unserem Kopf, so dass wir sie nur auszusprechen brauchen. Andere ergeben sich aus der Art, wie wir die Welt erleben. Gute Hinweise liefern uns unsere täglichen Erfahrungen, Dinge, die uns ungewollt immer wieder passieren, Ziele, die wir partout nicht erreichen oder andere typische Muster, die sich uns präsentieren. Sobald wir uns der betreffenden Erfahrungen bewusst sind, bleibt uns das forschende Fragen: Welche Überzeugung müsste ein Mensch innerlich haben, damit ihm das immer wieder passiert? Wenn sich Wünsche und Ziele nicht erfüllen, könnte das daran liegen, dass wir sie nicht für wirklich wichtig genug halten, oder dass wir glauben, es gar nicht verdient zu haben, dass sie auch für uns in Erfüllung gehen (Wertlosigkeit). Oder es mag daran liegen, dass wir uns selbst die Fähigkeiten absprechen, sie umzusetzen (Hilflosigkeit), oder dass wir glauben, es gäbe überhaupt keinen Weg in dieser Welt, so etwas zu verwirklichen.

Wenn wir als Begleiter mit den uns verfügbaren Fragetechniken die Erlebniswelt eines Lernenden hinterfragen, antwortet uns dieser zuweilen ausweichend oder ratlos. Worte, wie „Das ist eben so", „Das geht nicht, das gibt es nicht" etc. lassen uns dahinter liegende einschränkende Überzeugungen erahnen. Bestimmte Fragen führen hier weiter: „Was würde passieren, wenn...? Was wäre das Schlimmste daran? Was bedeutet das für dich? Welche Folgen hätte das? Was bedeutet das für deine Identität, deine Zugehörigkeit? Geht das allen so?" Oft erhalten wir auf konsequentes Hinterfragen tiefer liegende Überzeugungen zur Antwort, mit denen wir dann weiterarbeiten können. Manchmal werden die erworbenen Verallgemeinerungen erst deutlich, wenn wir gemeinsam mit dem Lernenden frühere Bezugserfahrungen gesucht und gefunden haben.

Durch Gegenbeispiele verändern. Wie können wir einschränkende Überzeugungen verändern? Denken wir daran, dass Überzeugungen Verallgemeinerungen sind, so eröffnet sich uns ein Grundprinzip, das Abhilfe schafft: Gegenbeispiele. Jede Verallgemeinerung fällt in sich zusammen, wenn sie durch eine ausreichende Anzahl von Gegenbeispielen widerlegt ist. Das klingt allerdings einfacher, als es ist. Zum einen muss der Lernende die Gegenbeispiele auch als solche erkennen, zum anderen lassen sich viele Erfahrungen, bei denen es um innere Überzeugungen und Gewissheit geht, nicht durch Worte von außen verändern. Es gibt Interpretationsmuster, welche gegen jede veränderte Sicht der Welt schützen. So kann der Glaube, nicht liebenswert zu sein, jeden Zuneigungsbeweis als Unehrlichkeit oder Unzurechnungsfähigkeit des ahnungslosen Gegenübers interpretieren. Welcher Art und wie intensiv also müssen wirksame Gegenbeispiele sein und wie viele werden gebraucht? Sicherlich kommt es auf die Glaubwürdigkeit des Beraters an und sicherlich lässt sich nur ein Teil der einschränkenden Überzeugungen durch Gegenbeispiele oder neue Erfahrungen in der Gegenwart verändern. Manchmal ist es nötig, dorthin zurückzukehren, wo die eingrenzende Überzeugung entstanden ist.

Die Gültigkeit prüfen. Wenn wir wissen, aus welchen Kontexten und Situationen wir unsere Verallgemeinerungen gewonnen haben, wird es auch möglich, sie im Hinblick auf gewachsene Erfahrung zu prüfen: „Waren diese Schlussfolgerungen damals wirklich sinnvoll und lebensfördernd?" Besonders Überzeugungen, die sich auf die eigene Person beziehen oder auf die Welt und auf das, was im Leben immer sein soll oder nie sein darf, lohnen eine Überprüfung: „Was ist wann, wo und wie geschehen und worauf ist das übertragbar, worauf nicht? Was ist heute anders?" Wir lernen durch Unterschiede und Vergleiche; und indem wir jeder Überzeugung den passenden Kontext zuordnen, können wir scheinbare Widersprüche auflösen. Jeder kann nämlich gleichzeitig mal ein wunderbarer Mensch, mal ein Trottel sein. Erst das Sowohl-als-Auch macht uns komplett.

Den Ursprung verstehen. Manchmal ist es nicht leicht, jene Erfahrungen wiederzufinden, die dem Lernenden zu einschränkenden Überzeugungen verholfen haben. Was damals geschah, war möglicherweise die bestmögliche Art des Lernens, doch die Verallgemeinerungen müssen nicht für das ganze Leben gültig bleiben. Später bringen sie uns schließlich allzu oft wieder in die bekannten Schwierigkeiten. Wissen wir aber mehr über den ursprünglichen Hintergrund der Überzeugungen, können wir aus heutiger Sicht zu anderen Ergebnissen kommen. Wir können getroffene Entscheidungen zwar verstehen, aber auch aufheben – und damit unser Leben bewusst verändern.

Ressourcen für den Ursprung. Erwachsene merken häufig nicht, dass sie mit ihrem mittlerweile großen Erfahrungsschatz noch immer an Entschlüssen festhalten, die sie einmal als Kind getroffen haben. Über das veränderte Verstehen des damaligen Lernens, Interpretierens und Entscheidens wird ein neues Lernen initiiert. Es zeigt uns, welche Ressourcen benötigt werden, um eine Erfahrung zu verändern. Der Zugang zu Ressourcen lässt die damalige Erfahrung in einem neuen Licht erscheinen und setzt ein Gegenbeispiel oder ein positives Modell an den Ort des Ursprungs. Dadurch kann der Lernende neue, sein Leben bereichernde Verallgemeinerungen treffen. So verlieren die bisherigen Interpretationen ihre Macht.

Kontextualisieren. Neben dem Prinzip des Gegenbeispiels spielt in der Arbeit mit einschränkenden Überzeugungen das Kontextualisieren eine große Rolle. Hier wird geprüft, in welchen Lebenszusammenhängen die Aussage gültig ist: „Wann gilt das? Wann gilt das nicht? Ist das immer so? Wann gilt das Gegenteil? Für wen gilt das? Unter welchen Bedingungen ändert sich das?" – Eine interessante Form besteht darin, die bisherige Überzeugung durchaus zu bestätigen, sie aber durch ihr Gegenteil zu ergänzen: „Du bist ein Verlierer, ja das stimmt. Und du bist ein Gewinner, stimmt auch." Aufgabe des Lernenden ist es, herauszufinden, wo überall es jede Erfahrung gab. Dieses Kontextualisieren löst die These der Allgemeingültigkeit auf und macht die Erfahrung der Welt wieder veränderbar. Wir können hierzu auch die Ebene der Erfahrung nutzen, indem wir einschränkende Aussagen der Ebene des Verhaltens zuordnen, während wir unterstützende Aussagen durchaus auf höheren Ebenen der Erfahrung belassen können. Der Satz „Ich bin ein Versager" hört sich auf der Ebene des Verhaltens regelrecht entmystifiziert an: „Ich habe das falsch gemacht." Letzteres ist zudem leichter veränderlich.

Manche Überzeugungen entstammen nicht einmal eigenen Erfahrungen, sie wurden vielmehr ungeprüft von anderen übernommen. Hier liegt der passende Kontext im Leben eines anderen Menschen und es tut auch in diesem Fall gut, die Gültigkeit der Überzeugung auf ihre Herkunft zu beschränken, zumal sie auch dort durch neues Lernen veränderbar ist. So geben wir die Überzeugung an den zurück, von dem wir sie übernahmen. Typische Fragen, die eine derartige Klärung einleiten, sind: „Wer hat das gesagt?"; „Für wen gilt das?"

Überzeugungen ablegen. Wir haben im Leben viele natürliche Formen entwickelt, wie wir uns von überalterten Überzeugungen trennen können. Meist ist uns das möglich, wenn unsere Wahrnehmung und unsere Fähigkeiten gewachsen sind, von selbst. Nur wenige glauben heute noch an den Weihnachtsmann oder daran, was mancher Politiker sagt, leider nur wenige vielleicht auch an die wahre Liebe. Es gibt viele abgelegte, heute nicht mehr gültige Überzeugungen in unserem Leben – da liegt es nahe, ganz bewusst bestimmte, restriktive Überzeugungen dorthin zu schicken, wo die alten, entmachteten liegen. Und natürlich gibt es Techniken, die uns dabei unterstützen. Robert Dilts hat nicht nur mit seinem *Museum abgelegter Glaubenssätze* viel dazu beigetragen.

Wir bewegen uns in eine Zeit hinein, in welcher wir Überzeugungen nicht mehr als etwas Naturgegebenes, sondern als etwas Veränderliches und Kontextbezogenes zu verstehen lernen. Und wir entdecken darin neue Wahlmöglichkeiten für eine bewusste Gestaltung unseres Lebens.

Erfahrungen im passenden Kontext verarbeiten

Wenn das, was ein Lernender in bestimmten Lebenssituationen oder Kontexten tut, denkt oder fühlt, scheinbar nur wenig mit der aktuellen Situation zu tun hat und dort auch alles andere als hilfreich ist, können wir davon ausgehen, dass er sein Denken, Handeln und Fühlen ungeprüft aus anderen Lebenszusammenhängen oder von anderen Menschen übernommen hat. In den Herkunftskontexten war es im Allgemeinen durchaus sinnvoll. Als Veränderungsmodell haben wir die NLP-Technik des Kontextreframing verändert und erweitert. Geht es in diesem um die Arbeit mit unpassenden Verhaltensweisen, schließen wir hier alle Persönlichkeitsebenen ein: Fähigkeiten, Überzeugungen, Werte, Identität, Zugehörigkeit. Außerdem beschränken wir uns nicht darauf, das fehlplatzierte Denken, Empfinden oder Handeln in seinen ursprünglichen Kontext im Leben des Lernenden zurückzubringen, sondern untersuchen auch die Möglichkeit, dass es von anderen Menschen, nicht zuletzt solchen aus dem Familiensystem, übernommen wurde und an diese zurückzugeben ist. In beiden Fällen bieten wir dem Lernenden an, durch Ressourcen oder eine Form des Reimprintings ein neues, tragfähiges Modell der Ursprungserfahrung zu gestalten. Das in den Text eingearbeitete Beispiel ist eine Kurzfassung eines realen Coaching-Prozesses.

Herausfinden, was fehl am Platze ist. In der aktuellen Situation mag der Lernende ein einschränkendes Verhalten oder unverständliche Spannungen zeigen. Wir finden heraus, welche einschränkenden Gedanken und Empfindungen auf anderen Persönlichkeitsebenen damit verbunden sind, und bestimmen diese Ebenen. Die aktuelle Situation wird durch eine Karte am Boden markiert, auf welche der Lernende sich stellt. Die hier auftretenden Reaktionen, Gedanken und Empfindungen – wir nennen sie Merkmale – werden auf eine zweite Karte geschrieben, welche auf die erste gelegt wird. Der Klient erlebt sie mit allen Sinnen.

Siegfried, der Leiter eines Mädchenheimes ist, verhält sich seinen Mitarbeitern gegenüber aufbrausend und unduldsam. Susanne begleitet ihn im Coaching. Sie bittet ihn, die Erfahrung im Raum zu markieren, indem er eine Karte für den aktuellen Kontext „Mädchenheim" auslegt, sich auf diesen Ort stellt und seine Befindlichkeit wie auch sein Verhalten reflektiert. Nach einigen Fragen zu den Ebenen der Persönlichkeit entdeckt Siegfried, dass er sich innerlich bereits vor und während seiner aufbrausenden Reaktion sehr überfordert fühlt, womit er etwas aussagt über die Ebene der verfügbaren Fähigkeiten. Außerdem fühlt er sich allein gelassen und einsam. Letzteres bezieht sich auf die Ebene der Zugehörigkeit. Siegfried legt eine Karte für die Merkmale „einsam, überfordert und aufbrausend" auf die Karte „Mädchenheim" und erlebt, wie sie zusammenwirken und leider die Situation nur verschlimmern.

Nun finden wir heraus, wo diese Merkmale ihren Ursprung haben können. Möglicherweise kommen sie...

- aus anderen Zeiten oder Situationen auf dem Lebensweg des Lernenden;

- aus anderen Kulturen, Zugehörigkeiten oder aus metaphorischen Welten;
- aus einer vorweggenommenen Zukunft oder Wunschphantasien;
- von anderen Menschen aus dem aktuellen Gegenwartskontext des Lernenden;
- von anderen Menschen aus der Vergangenheit des Lernenden;
- aus früheren Zeiten auf dem Lebensweg dieser anderer Menschen.

In dieser Phase nimmt der Lernende die Karte mit den niedergeschriebenen Merkmalen auf, und entfernt sich damit physisch vom aktuellen Kontext. Er verdeutlicht sich damit, dass die Merkmale nicht in den aktuellen Kontext gehören. Er bewegt sich mit der Karte intuitiv im Raum, schreitet möglicherweise seinen Lebensweg ab und findet heraus, wo die Merkmale früher ihren berechtigten Platz hatten. Dabei kann er auf Situationen und Menschen stoßen, in bzw. von denen er sie übernommen hat. Jeder Herkunftskontext, sei es eine Situationen oder ein anderer Mensch, wird durch eine Karte im Raum markiert, auf die sich der Lernende stellt, während er die zugehörige Erfahrung nacherlebt und erforscht. Hierhin bringt er auch die Karte mit Merkmalen, die er aus der Gegenwart mitbringt, im Falle mehrerer Kontexte dupliziert er sie nach Bedarf. Das Ablegen der Merkmals-Karte symbolisiert, dass dies der angemessene Platz für die darauf niederge-schriebenen Reaktionen, Gedanken und Empfindungen ist. Wenn Karten für andere Menschen ausgelegt wurden, sollte eine Karte, welche die Position des Lernenden in der jeweiligen Zeit symbolisiert, hinzukommen.

Siegfried findet heraus, dass er das Gefühl der Einsamkeit und Überforderung schon früher in seinem Leben erlebt hatte, besonders als er in seiner Kindheit die Schule wechselte. Er legt eine Karte für den Kontext „Schulwechsel" aus. Auf diese will er die Karte mit den Merkmalen „aufbrausend, überfordert und einsam" legen, bemerkt aber, dass „aufbrausend" hier nicht passt, streicht dieses Wort und legt die Merkmals-Karte erst dann mit „überfordert und einsam" ab. Auf Susannes Frage nach anderen Menschen mit ähnlichen Empfindungen, erinnert er sich, dass auch seine Mutter sehr oft Gefühle von Einsamkeit und Überforderung gezeigt hatte. Er legt also eine Karte für die Position der Mutter auf den Boden. Zu dieser legt er eine weitere Karte mit der Aufschrift „überfordert und einsam". Siegfried erforscht nun die Erfahrung der Mutter, indem er sich in ihre Position hineinversetzt, und hat die Empfindung, dass sie sich in einer schweren Zeit von ihrer Mutter, Siegfrieds Großmuter, abgelehnt und allein gelassen gefühlt hatte. Dies geschah vor Siegfrieds Geburt. Nach diesen Erkenntnissen legt Siegfried eine weitere Karte für sein eigenes jüngeres Selbst in die Nähe der Karte der Mutter und entdeckt, dass er die Gefühle „überfordert und einsam" offenbar schon als kleines Kind von seiner Mutter übernommen hatte und für sie getragen hatte, obwohl es gar nicht seine eigenen Empfindungen waren. Er legt also die Merkmals-Karte „überfordert und einsam" auch zu der Position seines jüngeren Selbst.

Ressourcen für die Herkunftserfahrungen. Der Lernende fragt sich nun, ob die Herkunftserfahrungen in dieser Form bereits abgeschlossen und sinnvoll verlaufen sind oder ob sie durch Ressourcen verändert, verarbeitet oder vervollständigt werden sollten. Im letzteren Fall sucht er geeignete Ressourcen und lässt sie in die Herkunftserfahrung einfließen. Dies kann nach dem Prinzip des Reimprintings geschehen, also auch andere Beteiligte umfassen. Wenn es um Merkmale geht, die der Lernende von einer anderen Person übernommen hat, bietet es sich an, dass er diese zunächst an die betreffende Person zurückgibt, wie dies auch in der Arbeit in Familienaufstellungen getan wird.

Siegfried beschließt als erstes, die Empfindungen „überfordert und einsam" aus der Position des jüngeren Selbst heraus an seine Mutter, die er auf ihrer markierten Bodenposition visualisiert, zurückzugeben. Er tut dies respektvoll, nimmt die Merkmals-Karte mit den Begriffen vom Boden und legt sie zur Position der Mutter, wo bereits eine gleiche Karte liegt. Jetzt atmet er auf und lächelt. Susanne fragt ihn, wie es ihm als Kind jetzt geht und ob er zusätzliche Ressourcen braucht. Siegfried antwortet, dass er jetzt alles, was er braucht, in sich fühlt, besonders eine neue Freiheit, aber auch die Fähigkeit, auf andere zuzugehen, sowie ja und nein zu sagen. Er stellt sich vor, jetzt vielmehr Spielfreunde zu finden, und entdeckt auch, wie gut ihm sein Vater tut. All das schreibt er auf eine neue Karte und legt sie an seinen Standort.

Nun bittet ihn Susanne, die imaginierte Mutter zu fragen, ob sie Ressourcen von außen brauche, und annehmen wolle, um ihren Zustand von Überforderung und Einsamkeit zu überwinden. Die Antwort lautet ja. Sie würde es gern erleben, sich in einer schwierigen Zeit von einer guten Freundin, einer wie Susanne, angenommen zu fühlen. Susanne begibt sich an den Ort, wo Siegfried seine Mutter in der Vorstellung sieht und stellt sich vor, wie sie sie vertrauensvoll und annehmend berührt, mit ihr spricht und bei ihr ist. Siegfried erlebt, wie sich sein inneres Bild der Mutter verändert. Er sieht sie entspannt und lächelnd, entdeckt dann, dass sie nun auch ihre Bedürfnisse besser ausdrücken und sich dadurch vor Überforderung schützen kann. Es gibt ihr Kraft, eine Frau auf ihrer Seite zu wissen. Susanne legt an den Ort, der ihre Mutter repräsentiert eine weitere Karte mit den Worten „angenommen werden", welche augenscheinlich die auf den anderen Karten vermerkten Defizite ausgleicht. Siegfried kann sich jetzt eine entspannte Mutter vorstellen, der eine Fülle von Ressourcen zur Verfügung stehen und die ihm als Kind herzlicher und toleranter begegnet, als er es bisher kannte, was seinen „guten Zustand" noch verstärkt. Auf seiner Karte stehen an dieser Stelle jetzt die Ressourcen „frei, entspannt, Freunde, Ausdruck und unterstützt".

Mit diesem guten Gefühl begibt sich Siegfried nun in die Situation „Schulwechsel" und erlebt, dass dieser jetzt viel leichter für ihn zu bewältigen ist. Vor allem hilft ihm hier die neue Fähigkeit, dass er Freunde suchen, sich gut ausdrücken

160

kann und ein Gefühl von Entspannung hat. Er schreibt diese Ressourcen auf eine weitere Karte, legt sie hier ab und gleicht damit die früher an dieser Stelle erlebten Defizite aus.

Trennen und Erneuern. Der Lernende trennt symbolisch die aktuelle Situation von den hierzu nicht passenden früheren Kontexten, mit denen er soeben gearbeitet hat, und fragt sich, welche neuen Ressourcen er für die gegenwärtige Situation an Stelle der bisherigen Gedanken und Empfindungen benötigt. Er klärt, auf welcher Persönlichkeitsebene diese Ressourcen zu finden sein sollten:

- in anderen Phasen seines Lebens;
- in der nun veränderten Ursprungserfahrung;
- bei anderen Menschen, von denen er lernt;
- in Symbolen und Metaphern oder
- in einer veränderten Lebensgestaltung.

Abschließend prüft der Lernende, ob er die aktuelle Erfahrung nun auf neue Art erleben und gestalten kann.

Siegfried begibt sich in die Nähe seines aktuellen Kontextes „Mädchenheim". Susanne fragt ihn, welche Ressourcen er in Zukunft benötigen wird, um die dortigen Herausforderungen zu meistern und dies auf andere Art als bisher erleben und tun zu können. Es fällt Siegfried leicht, sich auf erforderliche Ressourcen zu besinnen: Da ist die Fähigkeit, auf andere zuzugehen und auch im Kollegenkreis Freunde zu finden; die Fähigkeit, seine Wünsche und Anforderungen auszudrücken, und das Gefühl, entspannt und frei arbeiten zu können. Jetzt fällt ihm auf, dass er den jungen Mädchen im Heim stets genau das geben wollte, was Susanne gerade seiner Mutter gab: das Gefühl, angenommen zu werden. Es ist, als hätte er dies für seine Mutter getan, aus einer alten Verpflichtung ihr gegenüber heraus. Susanne schlägt Siegfried vor, die Verbindung zwischen seiner Arbeit und den einstigen Defiziten der Mutter zu lösen, und reicht ihm eine große Schere, mit der er symbolisch dieses Band zwischen sich und seiner Mutter durchschneidet. Siegfried gibt ein altes Verpflichtungsgefühl der Mutter gegenüber an dieser Stelle bewusst auf, was ihm um so leichter fällt, da er erlebt hat, wie diese nach dem Kontakt mit Susanne in einem guten Zustand ihre Schwierigkeiten gemeistert hat.

Es ist, als falle jetzt ein letztes Stück einer langjährigen Überforderung von ihm ab. Er betrachtet seine neue Tätigkeit und die Mädchen in seinem Heim unabhängig von den früheren Defiziten der Mutter. Mit allen Ressourcen und Lösungen bewegt er sich nun zur Bodenmarkierung „Mädchenheim" und erlebt diesen Lebensbereich neu. Er entdeckt, dass die zu betreuenden Mädchen ganz eigene Persönlichkeiten werden und ganz andere Dinge brauchen als seine Mutter damals. Für das, was zu tun ist, wird ihm zuvor die veränderte Situation des Schulwechsels jetzt ein gutes Modell. Er entwirft innerlich, wie er aktiv gute Beziehungen zu anderen Kollegen aufbaut und sich mit ihnen über wichtige Themen und Probleme austauscht. Er erlebt, wie er mit seinen Mitarbeitern anders umgeht und wie diese sich ihm gegenüber anders verhalten. Außerdem ist er in der Lage, seine Anforderungen an Mitarbeiter rechtzeitig, klar und ruhig auszudrücken, was viel bessere Wirkungen zeitigt. Er fühlt sich zugehörig und kann entspannt arbeiten. Alle Ressourcen, die Siegfried nun als Leiter des Mädchenheims zur Verfügung stehen, hat er übrigens auf eine Karte geschrieben, die er auf die aktuelle Position legt.

All dies ist bis hierhin noch Siegfrieds innerer Entwurf. Schon morgen wird er beginnen, ihn in die Praxis umzusetzen. Er vereinbart mit Susanne noch einige Termine, damit sie diesen Prozess begleiten kann.

Die gute Absicht anders verwirklichen

Eine wichtige These humanistischer Veränderungsarbeit besagt, dass hinter jedem Verhalten in irgendeinem Kontext eine gute Absicht verborgen ist. Einschränkendes Verhalten kann danach erst dadurch überwunden werden, dass der Lernende andere Wege findet, die dahinter liegende gute Absicht zu erfüllen. Entsprechende Veränderungsmodelle gibt es im NLP, in der Familientherapie und anderen Bereichen. Wir nutzen diese These und lassen sie als erweitertes Modell in die Lebensweg-Arbeit einfließen. Die erste Erweiterung ist folgende: Nicht nur hinter unseren Verhaltensweisen, sondern auch hinter der Wahl unserer Umgebung, hinter der Entwicklung unserer Fähigkeiten, der Ausbildung unserer Überzeugungen und Werte, ja sogar hinter unserem Selbstbild, unserer Identität und Zugehörigkeit liegen tiefere gute Absichten. Es sind also Persönlichkeitsebenen beteiligt. Wo aber liegt die gute Absicht? Wir können das Unbewusste des Lernenden fragen, wie beim Sechs-Stufen-Reframing des NLP, aber auch dessen Lebensweg und dessen Beziehungssystem untersuchen, wie wir es hier vorschlagen. Damit finden wir den Entstehungskontext einer zu verändernden Einschränkung und können hier eine Weichenstellung für Veränderung initiieren. Folgender Ablauf bietet sich an:

Die gute Absicht finden. Wir finden zunächst heraus, auf welcher Persönlichkeitsebene der Lernende in der Gegenwart einschränkende Erfahrungen oder Vorstellungen erlebt. Diese sind das Thema, mit welchem wir uns auf seinem Lebensweg zurückbewegen bis zu dem Punkt, wo sich diese Erfahrungen bzw. Vorstellungen noch nicht manifestiert haben. Hier angekommen, findet der Lernende heraus, welches wichtige Entwicklungsanliegen er hatte, das zur Herausbildung des später einschränkenden Persönlichkeitsmerkmals führte. Meist war diese Entwicklung für das jüngere Selbst damals die beste verfügbare Wahl. Das frühere Entwicklungsanliegen, die gute Absicht also, kann ebenfalls auf verschiedenen Persönlichkeitsebenen liegen: Es könnte um die Zugehörigkeit, die Identität, die Entwicklung von Fähigkeiten oder die Herausbildung von Konzepten über das Leben gegangen sein. Die Entwicklungspsychologie beschreibt, welche wichtigen Entwicklungsanliegen mit verschiedenen Lebensphasen verbunden sind. Viele Anliegen oder Intentionen betreffen die sozialen Beziehungen: Jeder möchte anerkannt und geliebt werden, Defizite im System sollen ausgeglichen und die Bedürfnisse und Entwicklungsanliegen aller Mitglieder des Systems wollen erfüllt werden. Oft übernehmen Menschen in Familien in sozialen Systemen Aufgaben oder Verantwortlichkeiten von anderen, manchmal sogar deren ganzes Schicksal. Sie tun auch dies aus einer tieferen guten Absicht heraus. Es mag ihnen darum gehen, die Familie zu erhalten, Schuld und Ablehnung zu vermeiden, einen Ausgleich zu schaffen oder andere aus Liebe zu unterstützen. Hinter vordergründigen Absichten, auch wenn diese gar nicht immer positiv erscheinen, können wir stets dahinterliegende gute Absichten herausarbeiten, und hinter diesen finden wir oft weitere. Es ist hilfreich für den Prozess, wenn wir starke oder tiefe gute Absichten herausfinden können.

Philipp ist leidenschaftlicher Raucher. Schon oft hat er Versuche unternommen, damit aufzuhören, doch immer wieder erlag er aufs Neue der Versuchung. Sogar Seminare und Selbsthilfegruppen führten nicht zu dem erwünschten Erfolg, im Gegenteil: er rauchte danach noch mehr. Was er verändern möchte, liegt vordergründig auf der Persönlichkeitsebene des Verhaltens, wenngleich Philipp zunächst zwischen dem einschränkenden Verhalten und der dahinter liegenden positiven Absicht unterscheidet: Genuss scheint es zu sein, was ihn rauchen lässt, doch er ist sich nicht sicher. Also bewegt er sich mit der Frage nach der guten Absicht des Rauchens auf seinem Lebensweg zurück und kommt im Alter von sechs Jahren an, als er sich durch Sprache und Verhalten der Eltern vom Kreise einer Geburtstagsfeier „für Erwachsene" ausgeschlossen fühlte. Was aber wollte er damals? Kontakt haben und dabei sein, fällt ihm ein – es ging also um die Ebene der Zugehörigkeit. Die nächste Erfahrung findet Philipp in der Schule, als er nicht zu einer Gruppe gehören konnte, weil er ihre Musik nicht kannte. Mit dreizehn fing er an zu rauchen, zum einen, um es auszuprobieren, zum anderen, damit er zu denen gehören konnte, die ihm wichtig waren: die stärkeren und ein bisschen größeren Jungs. Wie wäre es, wenn er damals bessere Wege zur Auswahl gehabt hätte oder, noch besser, die anderen von sich aus gern Kontakt zu ihm gesucht hätten? – Für Philipp völlig neue Gedanken.

Jens ist dreißig, lebt mit seiner kränkelnden Mutter in einem Haus und ist davon überzeugt, dass Frauen ihn nicht mögen. Er erlebt dies natürlich auch immer wieder, obwohl er sich durchaus eine Freundin wünscht. Richard arbeitet mit ihm an diesem Thema. Mit der Frage nach der guten Absicht seiner Überzeugung entdeckt Jens auf seinem Lebensweg die Zeit seiner ersten Liebe mit siebzehn. Damals hatte er sich so um Uschi bemüht, aber sie hatte ihn gar nicht beachtet. Kurt war ihr wohl lieber gewesen. Weiter zurück in seiner Vergangenheit hört er plötzlich die Stimmer seiner Mutter, welche ihm sagt: „Du bist und bleibst mein liebster Junge und ich möchte dich nie verlieren." Er hatte sich damals gefreut, so wichtig für seine Mutter zu sein. Richard fragt ihn: „Was würde passieren, wenn du deine Mutter verlassen würdest?" Jens meint, dann würde es ihr sicher sehr schlecht gehen, und er würde sich schuldig machen. Nach einigem Nachforschen kommt heraus, dass die gute Absicht der einschränkenden Überzeugung, die Jens über Frauen hat, darin liegt, ihn daran zu hindern, die Mutter zu verlassen. Sonst würde er sich ihr gegenüber schuldig fühlen.

Die gute Absicht anders erfüllen. Jetzt erkennt der Lernende mit der Erfahrung des Erwachsenen, dass die damals getroffenen Entscheidungen und eingeleiteten Entwicklungsschritte nicht die einzig möglichen und auch nicht die besten waren, um seiner guten Absicht gerecht zu werden und ihn als ganzen Menschen wachsen zu lassen. Dennoch würdigt er diese, denn es waren Leistungen seines jüngeren Selbst, das damals keine anderen Möglichkeiten sah. Nun stellt er sich die Frage, welche Ressourcen damals sein jüngeres Selbst oder andere Beteiligte gebraucht hätten, um ihm bessere Wege für die Erfüllung seiner Entwicklungsanliegen zu ermöglichen. Die Spanne möglicher Ressourcen reicht von Kreativität, Erkenntnis, Sicherheit, Einsicht, Disziplin, Offenheit, Mut, Erlaubnis, Anerkennung, Energie bis hin zu anderen Formen des Gebens und Empfangens. Unter Nutzung der verschiedenen Optionen des Reimprintings und der Möglichkeit, übernommene Inhalte an andere zurückzugeben, erfährt der Lernende nun, wie er seine Entwicklungsabsicht auf andere Art besser und sinnvoller erfüllen kann – zum Wohle des ganzen Menschen und der sozialen Systeme, denen er im Laufe seines Lebens angehört. Er erprobt die neuen Möglichkeiten, indem er alternative Lebenswege entwirft – und er erprobt sie in seiner Gegenwart und Zukunft, sei es durch neue Überzeugungen, ein neues Selbstbild, die Entwicklung anderer Fähigkeiten und was immer hinzukommen mag.

Philipp begibt sich in die Erfahrung des Sechsjährigen zurück und versetzt sich zuerst in die Position seines jüngeren Selbst, dann in die seiner Eltern hinein. Dabei findet er heraus, dass alles anders verlaufen wäre, wenn die Eltern über die Ressource „Aufmerksamkeit" verfügt hätten. Er mobilisiert diese Ressource anhand eigener Lebenserfahrungen und schickt sie seinen Eltern. Diese wenden sich dem kleinen Philipp viel mehr zu und geben ihm das Gefühl von Geborgenheit und Zugehörigkeit. In der Schule gibt er sich selbst die Ressource, selbstbewusst und unterhaltsam zu sein – und siehe da: Eine Gruppe möchte ihn gerne dabei haben. Als letztes betrachtet Philipp jene Zeit, in der er zu rauchen begann. Damals waren Ressourcen wie Disziplin, Selbstwert und Souveränität wichtig gewesen, wie sie z.B. der Filmheld Obi Wan aus Star Wars – Episode 1 besitzt. Obi Wan wird in der Vorstellung zum Freund von Philipp und bringt ihm eine Menge bei.

Philipp entdeckt außerdem seine bereits vorhandene Fähigkeit, diszipliniert zu sein, die er darin sieht, dass er in den letzten 10 Jahren täglich konsequent und zuverlässig geraucht hat und sogar seiner Wüstenmarke treu geblieben ist. Es ist schade, sagt er sich, diese tolle Fähigkeit wie ein Kamel an ein solches zu verschenken, statt sie lohnenden Zwecken zu widmen. Er beschließt, seine Fähigkeit zur Disziplin gesundheitsfördernd einzusetzen und sich vom Kamel abzuwenden. Mit Hilfe seines inneren Freundes Obi Wan (mit Selbstwert, Souveränität und Disziplin) entdeckt Philipp seine Freude am Basketballsport, wo er Freunde findet und in der Mannschaft eine wichtige Rolle spielt. Er hat einen neuen Weg gefunden, Zugehörigkeit zu finden und sich gesund zu fühlen. Die Absicht „Genuss", war zu dieser Zeit nicht wirklich ein Thema, die ersten Zigaretten schmeckten abscheulich. Allerdings waren Genuss und Zugehörigkeit auf den Bildern zu sehen, mit denen die Zigarettenindustrie für ihre Produkte warb: Naturerlebnis, Erotik, Erfolg, Entspannung. Um für später auf Nummer Sicher zu gehen, entfrachtet Philipp das Rauchen auch noch von diesen erstrebenswerten Dingen mit der Methode, die an einer anderen Stelle (siehe Seite 186ff.) in der Arbeit mit Lena beschrieben wird. Er macht sich bewusst, wie viele Wege es gibt, diese Dinge wirklich zu erreichen, und beschließt, sie kennen zu lernen. Danach entlarvt Philipp die Zigarette als völlig profanes und kontraproduktives Kraut, das am besten in einer Kompostieranlage aufgehoben ist. Dorthin entsorgt er symbolisch seine Sucht, die er nicht mehr braucht. Die Lücke, welche die Rauchware hinterlässt, füllt er mit Obst und natürlich mit Bewegung, Naturerlebnissen, Erotik, Erfolg und Entspannung.

Jens erinnert sich, dass es seiner Mutter stets besonders schlecht gegangen war, wenn er sich nicht um sie gekümmert hat – und er denkt an Vorwürfe, die sie ihm machte. Richard fragt ihn, warum er all das so lange auf sich genommen hat. Jens fällt ein: „Ich wäre gern ein guter Junge gewesen und wollte, dass es ihr gut geht." Und was wäre das Gute daran? „Dann könnte ich mit einem guten Gewissen fortgehen und selbstständig sein." Diese gute Absicht ließe sich viel einfacher erfüllen, meint Richard. Er fragt Jens, was seine Mutter gebraucht hätte, damit es ihr gut geht, so dass er mit gutem Gewissen fortgehen könnte. Jens versetzt sich in seine Mutter hinein und sagt: „Sie hätte die Verantwortung für ihr Leben übernehmen müssen." Und was hätte ihr dabei geholfen? „Wenn andere sie ihr nicht abgenommen hätten." „Was kannst du also für deine Mutter tun, um ein gutes Gewissen zu haben?" „Ihr die Verantwortung für sich zurückgeben, um meinen eigenen Weg zu gehen", erkennt Jens. Jetzt bittet ihn Richard, dies schon in der Situation als Kind zu tun und zu prüfen, ob er dabei ein gutes Gewissen haben könnte. Der kleine Jens bedankt sich bei seiner Mutter für alles und gibt ihr symbolisch die Verantwortung für ihr Leben zurück, die er übernommen hatte. Die Mutter akzeptiert diese. Langsam bewegt sich Jens auf dem Lebensweg nun in Richtung Zukunft. Interessanterweise erlaubt er sich in der Vorstellung diesmal häufige Besuche bei seinem im Nachbarort lebenden Vater, etwas, was die Mutter zuvor nie mochte. Er lernt viel von seinem Vater und mutet das der Mutter zu. Nach einer Zeit des Klagens, die Jens mit gutem Gewissen ertragen kann, beginnt die Mutter, selbstständiger zu werden, und es geht ihr besser. Jens auch. Mit siebzehn verliebt er sich diesmal in ein anderes Mädchen, eines, das seine Gefühle erwidert. Komisch, warum hatte er sich früher immer die anderen ausgesucht? In der Gegenwart angekommen, beschließt er, sich eine eigene Wohnung in der nahegelegenen Stadt zu nehmen und neu herauszufinden, wie das mit den Frauen ist. Seine neue Überzeugung heißt ganz einfach: „Ich bin frei und ich bin okay."

6. Muster des Reimprinting

Vorbemerkungen

Unseren Ausgangspunkt bildet die klassische Form dieses von Robert Dilts entwickelten Veränderungsmodells „Reimprinting" (Dilts 1993). Die deutsche Übersetzung hierfür lautet „Neueinprägung". Aufbauend auf den in den vergangenen Kapiteln bereits dargestellten Arbeitsprinzipien, zeichnen wir im nächsten Abschnitt die Grundprinzipien des Reimprinting nach und erweitern sie um Wahlmöglichkeiten und Erfahrungen, wie sie aus der eigenen Arbeit und aus der Zusammenarbeit mit Martin Haberzettl hervorgingen. Wir empfehlen, das Neuprägen nicht allein, sondern nur in Zusammenarbeit mit einem kompetenten Begleiter durchzuführen.

Zum Namen der Technik vorab einige Worte. Ursprungserfahrungen, das heißt solche, die auf dem Lebensweg am Anfang einer sich von hier aus fortsetzenden Erfahrungskette liegen, werden gern als Prägeerfahrung, englisch *imprint* verstanden. Der Lernende hat sie damals auf eine Art erlebt und verarbeitet, die maßgeblich für bestimmte Lebensmuster sowie später aufgetretene Schwierigkeiten wurde. Vielleicht kreisen schmerzhafte Gefühle aus dieser Zeit noch immer in Teilen seines Gehirns und wirken über ausgeschüttete Hormone auf den ganzen Organismus, vielleicht bestimmen einschränkende Überzeugungen noch immer sein Weltbild und sein Verhalten. Wir möchten dennoch den Begriff der Prägung in Frage stellen, denn er wird der aktiven Beteiligung des Lernenden und der inneren Wahl und Entscheidung, die er in der Erfahrung getroffen hat, nicht wirklich gerecht. Wir können von einem intensiven, tiefen Lernen sprechen. *Reimprinting* wäre dann *Relearning*, also neues Lernen, oder *Reanswering*, die Suche nach neuen Antworten auf die damaligen und zukünftigen Herausforderungen. Nach diesen Anmerkungen können wir nun den eingeführten Begriff gern weiter nutzen.

Von Ereignissen zu Konstellationen. Bisher sind wir stets davon ausgegangen, dass wir im Rahmen der Lebensweg-Arbeit Ursprungserfahrungen als Ereignisse verstanden haben. An dieser Stelle möchten wir dies erweitern. Eine Ursprungserfahrung, mit welcher wir im Reimprinting arbeiten, kann über ein konkretes, situatives Ereignis hinaus ebenso eine Konstellation, also das räumlich darstellbare Beziehungsnetz der Ursprungsfamilie verkörpern. Damit lassen sich alle Veränderungsmöglichkeiten nutzen, die uns aus anderen Arbeitsformen, wie der Aufstellungsarbeit, für Familienkonstellationen zur Verfügung stehen. Wenn wir von Ressourcen sprechen, so meinen wir in diesem Zusammenhang stets auch solche, die sich auf Beziehungen beziehen, wozu die räumliche Position zueinander, aber auch die Wertschätzung und Würdigung gehören können. Wir erleben zugleich, wie die klassischen Mittel des Reimprinting der Arbeit mit Konstellationen zugute kommen.

Was herauskommen soll. Neben den individuellen Zielvorstellungen des Lernenden möchten wir hier einige typische Anliegen der Arbeit mit dem Reimprinting nennen, die sich auf die Arbeitsweise und die Art der verwendeten Ressourcen auswirken:

- Ein früheres Defizit soll im Nachhinein erfüllt erlebt werden.
- Eine negative oder traumatische Erfahrung soll gelöst und verarbeitet werden.
- Eine einschränkende Überzeugung oder das Weltmodell soll verändert werden.
- Negative Gefühle oder Blockaden sollen abgebaut werden.
- Beziehungen sollen geklärt werden.
- Ein Modell für eine bessere Form der Lebensgestaltung soll gefunden werden.
- Abgelehnte Anteile der Persönlichkeit sollen integriert werden.
- Ein gesundheitliches Problem soll gelöst werden.

Eigenverantwortung. In jedem Fall ist die Arbeit mit dem Reimprinting, wie andere Formen der Lebensweg-Arbeit auch, eine Entscheidung, Verantwortung für das eigene Leben zu übernehmen, dafür, vergangene Erfahrungen zu verarbeiten, sich aus alten Abhängigkeiten und unerfüllten Erwartungen zu lösen. Was stets von denen kommen sollte, die es nicht hatten, kommt jetzt aus dem eigenen Herzen, fließt in das gesamte System. Der Lernende leidet nicht mehr passiv unter etwas, was geschehen oder nicht geschehen ist, sondern sammelt die ihm heute zur Verfügung stehenden Ressourcen – auch der von ihm gewählte Begleiter oder andere Menschen tragen dazu bei – um etwas in seinem Leben ins Gleichgewicht zu bringen und etwas Neues zu lernen. Er gestaltet und erlebt Lebensentwürfe, in denen auch andere Beteiligte positive Entwicklungsschritte machen. Vielleicht bemerkt er, dass sie heranreifende Anteile seiner Selbst geworden sind.

Prinzip und Arbeitsweise

Die Ursprungserfahrung erforschen. Ausgehend von einem Thema, einem Symptom oder einer erkannten einschränkenden Überzeugung findet der Lernende durch Rückbewegung in der Zeit eine Ursprungserfahrung. Diese erforscht er entsprechend seinen Möglichkeiten. Er kann sie von außen betrachten. Er weiß, welche Personen daran beteiligt waren, und kann seinem inneren Bild gemäß jedem Beteiligten eine Position im Raum zuordnen, hierfür eventuell Bodenmarkierungen auslegen. Beteiligt können – wie in der systemischen Familienaufstellung – auch Personen sein, die zwar physisch nicht anwesend waren, dennoch aber in die prägende Erfahrung hinein wirkten. Um die Erfahrung des jüngeren Selbst tiefer zu erforschen, kann sich der Lernende, wenn die dort erlebten Gefühle für ihn tragbar sind, ganz in sein jüngeres Selbst hineinversetzten.

Was brauchte das jüngere Selbst? Es lohnt sich herauszufinden, welche Bedürfnisse, Intentionen und Fähigkeiten das jüngere Selbst hatte und welche Ressourcen es gebraucht hätte, um die Erfahrung anders zu bewältigen. Diese können sich auf die Beziehungen beziehen, in denen das jüngere Selbst sich befindet. Dem schließt sich die Frage an, wie und von wem es das Gesuchte am besten erhalten und annehmen könnte. Vielleicht von anderen damals Beteiligten, vielleicht aber auch aus den eigenen inneren Potentialen oder aus der Lebenserfahrung des reiferen Selbst. Auch Ressourcen von völlig außenstehenden Personen oder Kräften mögen sinnvoll sein.

Was brauchten die anderen? In einer weiteren Phase wird dem Lernenden angeboten, sich schrittweise in die Positionen der anderen Beteiligten hineinzuversetzen und die Absichten, Bedürfnisse, Gefühle, Potentiale und Defizite aus deren Sicht zu erfahren. Wenn für das jüngere Selbst eine Person besonders wichtig ist, macht es Sinn, mit dieser zu beginnen. Meist wünscht oder benötigt es von ihr etwas, was diese Person damals nicht zur Verfügung hatte. In die Haut der Person geschlüpft, kann der Lernende nun erfahren, welche Intentionen und Empfindungen sie hatte und was ihr fehlte, damit sie sich anders hätte verhalten können. Er macht sich bewusst, welche Ressource diese Person bräuchte und woher bzw. von wem sie diese erhalten könnte. Dies mag ihn zu einem wieder anderen Menschen führen, dessen Erleben er in gleicher Weise erkundet, was sich fortsetzen kann, bis alle relevanten Personen einbezogen sind. Möglicherweise beteiligt sich auch der Begleiter daran, indem er bestimmte Rollen übernimmt, so dass der Lernende aus dessen Darstellung wichtige Informationen erhält. Oft ist es wichtig, in Form eines Rollenspiels auch die Interaktion zwischen den Beteiligten mitzuerleben. Wenn in einer Gruppe gearbeitet wird, können die Anwesenden als Stellvertreter die Positionen der damals Beteiligten einnehmen, wie dies in Familienaufstellungen oder im Psychodrama geschieht.

Positive Absichten und Wahlmöglichkeiten. Eine wichtige Vorannahme der hier dargestellten Arbeit besteht darin, dass hinter den Verhaltensweisen, Wertvorstellungen, Überzeugungen oder Entscheidungen der Beteiligten (auch hinter solchen, die alles andere als angemessen oder gut erscheinen), wichtige positive, d.h. lebensfördernde Absichten liegen, ob sie auf diese Art erreicht werden oder nicht. Diese Intentionen können Themen betreffen, wie Entfaltung, Zugehörigkeit, Liebe, Sexualität, Selbstwert, Freiheit, Gewinn, Sieg, Frieden, Sicherheit, Schutz, Vermeidung und Nahrung. Manche betreffen die eigene Person, andere beziehen andere Menschen ein oder betreffen die ganze Gemeinschaft. Hinter scheinbar negativen Absichten gegenüber einer Person lassen sich meist positive Absichten für eine andere entdecken. Wer mit sich selbst nicht gut umgeht, könnte dies für andere tun und umgekehrt. Sobald Menschen zusammenkommen, wirken sie aufeinander, fördern oder behindern sich in der Erfüllung ihrer Absichten. Ziel des Reimprintings ist es, die einschränkende Erfahrung in eine Lösungserfahrung zu verwandeln, in der die Beteiligten bessere Wahlmöglichkeiten zur

Erfüllung ihrer guten Absichten haben und förderlich statt behindernd aufeinander wirken. Die neuen Wahlmöglichkeiten erwirbt der Lernende zugleich als Modelle für sein zukünftiges Leben. Deshalb sollte er herauszufinden, welche Intentionen das jüngere Selbst und die anderen damals hatten, was ihnen möglich war und was nicht.

Würdigen, was war. Aus verschiedenen Perspektiven hat der Lernende nunmehr erforscht, was damals im jüngeren Selbst, in anderen und zwischen ihnen vor sich ging. Was wollte und was tat das jüngere Selbst? Hat es sich zu dieser Zeit einschränkende Überzeugungen gebildet oder solche von anderen übernommen? Möglicherweise hat er damals Entscheidungen getroffen, die für sein weiteres Leben maßgeblich waren, oder es hat etwas aufgegeben, was wichtig war. Andererseits hat es wahrscheinlich aus dem Repertoire, das ihm verfügbar war, die beste Wahl getroffen, und dies oft sogar aus Liebe. Es ist wichtig, dies zu würdigen, die Intention, die Leistung und alle positiven Wirkungen, welche die bisherige Reaktion mit sich brachte. Auch vom Erleben der anderen Beteiligten hat der Lernende nun wahrscheinlich ein verändertes Bild gewonnen, ihre guten Absichten erkannt, ihre Potentiale und Defizite ebenso. Das erlaubt ihm, frühere Werturteile, was „gut" und was „schlecht" sei, zu relativieren und ihre Handlungen und Entscheidungen in einem größeren Zusammenhang zu verstehen.

Welche Ressourcen woher? Indem er die Intentionen und das, was geschehen ist, versteht, erkennt der Lernende, was das jüngere Selbst in der prägenden Erfahrung gebraucht hätte. Er kann erforschen, auf welcher Erfahrungsebene die wirksamste Ressource liegt. Geht es um ein bestimmtes Verhalten, um Fähigkeiten, um Werte und Überzeugungen oder um das Selbstbild, die Zugehörigkeit, die Spiritualität? Der Lernende findet heraus, ob das jüngere Selbst diese Ressource in sich selbst finden kann oder ob es sie von anderen damals Beteiligten bekommen sollte und was diese wiederum bräuchten, damit sie ihm geben können, was er braucht. Vielleicht benötigt es die Ressource auch von außerhalb des früheren Systems, etwa vom erwachsenen Selbst oder anderen Personen, weil niemand im Ursprungssystem sie verfügbar hatte oder damals allen das Gleiche fehlte. Meist geht es um eine Kombination dieser Faktoren. Der Lernende kann auch herausfinden, auf welcher Erfahrungsebene die Ressourcen liegen, welche andere benötigen – und ob sie diese aus sich selbst, von Beteiligten im System oder von außen erhalten sollten. Wo sollen wir mit der Arbeit beginnen? Am besten aktivieren wir anfangs die Ressourcen einer Person, die dadurch zur Energiequelle für andere, nicht zuletzt für das jüngere Selbst, wird. Einen Anstoß oder eine Ressource von außen kann die weiteren, im System vorhandenen, Energiequellen freisetzten.

Ressourcen aus dem System. Welche Arten von Ressourcen stehen dem Lernenden innerhalb des damaligen sozialen Systems zur Verfügung? Ein wertvoller Schritt kann es sein, dass die Beteiligten ihre Positionen zueinander so verändern, dass sie sich in der Beziehung wohler fühlen. Ein großes Potential jedes Systems

169

liegt nun in der Möglichkeit eines unterstützenden Austauschs zwischen den Beteiligten. Die Ressourcen liegen in dem, was sie einander geben, miteinander tun, klären und einander sagen. Ihre Wertschätzung, Offenheit und ihre sich ergänzenden Fähigkeiten gehören dazu. Wenn ein Beteiligter geben kann, was ein anderer benötigt, ist dies eine gute Möglichkeit. Oft braucht einer im System eine von außen hinzugebrachte Ressource oder Anregung, so dass er dann das Seine an andere, nicht zuletzt an das jüngere Selbst des Lernenden, weitergeben kann.

Manchmal ist es hilfreich, die Interaktion der Beteiligten aus ihren Rollen heraus physisch auszudrücken, etwa indem der Lernende zwischen den Wahrnehmungspositionen wechselt oder andere Personen, vielleicht auch der Begleiter, als Stellvertreter im System „mitspielen". Ebenso ist es wertvoll, diesen Prozess von außen durch Fragen, Vermittlung und Verhandlungsmodelle zu begleiten. Dies kann als ergänzende Ressource-Zufuhr von außerhalb des Systems verstanden werden. Der Begleiter wird dabei zum Moderator und Katalysator. Er unterstützt die Beteiligten darin, ihre guten Absichten anzuerkennen und einander das zu geben, was der eine hat und der andere braucht. Er klärt Missverständnisse, Fehlinterpretationen und Übertragungen. Manchmal muss eine Beziehung versöhnt oder gelöst werden. Vielleicht ist es nötig, einander, auch sich selbst, etwas zu verzeihen. Es kann erforderlich sein, dass die Beteiligten ihre Rollen und Positionen zueinander neu bestimmen, dass sie beispielsweise übernommene Schicksale und Verantwortungen zurückgeben, klare Grenzen setzen und einander in ihrem sozialen Rang anerkennen. Diese Muster können entsprechend den Modellen der Familienaufstellung gelöst werden.

Ressourcen vom erwachsenen Selbst. (Bild 9) Betrachten wir, wie das jüngere Selbst eine Ressource vom erwachsenen Selbst erhält. Wir gehen davon aus, dass der Lernende erforscht hat, was in der Situation am meisten gebraucht wird. Klassisch verläuft die Arbeit, wenn es gelingt, die Ressource in der Erfahrungswelt des Erwachsenen, in seiner Gegenwart, seinen Erinnerungen, Träumen oder wertvollen Beziehungen zu finden. Er sollte sie in einer solchen Intensität erleben, dass es ihm möglich wird, sie an das jüngere Selbst weiterzugeben. Das kann über Symbole, Worte, imaginierte Berührungen oder durch den persönlichen Besuch des älteren Selbst geschehen. Anstelle des erwachsenen Selbst kann die Ressource auch von anderen anwesenden oder imaginierten Personen eingebracht werden, also vom Begleiteter, von Gruppenmitgliedern oder einem inneren Weisen. Auch Licht, ein Baum oder ein symbolisches Tier mögen Ressource-Träger sein. In jedem Fall sollte der Lernende anschließend aus der Position des jüngeren Selbst erleben, wie er die Ressource empfängt. Hier kann er zugleich ihre Wirkung überprüfen und ggf. nach einer besseren Lösung suchen.

Ressourcen für andere Beteiligte. (Bild 9) Ähnlich wie dem jüngeren Selbst kann der Erwachsene auch an andere Beteiligte des Ursprungssystems Ressourcen geben. Vorausgesetzt, dass er diese im eigenen Leben gefunden hat und intensiv erlebt. Vorausgesetzt auch, dass die Empfänger dies gern annehmen. Der Lernende sollte wissen, was ihnen wirklich gut tut. Möglicherweise will ein Beteiligter seine Ressource von anderswo erhalten oder selbst entwickeln. Der beste Weg, dies zu erfahren, besteht darin, sich zuvor in seine Position zu versetzen. Ein gute Idee ist es, in der Vorstellung den Beteiligten anzusprechen und ihn zu fragen, was er braucht.

Der Lernende kann auch den früheren Lebensweg eines Beteiligten erforschen und herausfinden, in welchem Zeitabschnitt dieser eine bestimmte Ressource gebraucht hätte, um der aktuellen Situation gewachsen zu sein. Dorthin wird sie ihm gegeben. Neben oder anstelle des Lernenden können natürlich auch andere Personen – allen voran der Begleiter – als Träger und Vermittler von Ressourcen auftreten. Geistige Gestalten natürlich auch.

Bild 9: Ressourcen vom erwachsenen Selbst

Nachdem ein Beteiligter – vielleicht bis in seine Vergangenheit – mit Ressourcen versorgt wurde, versetzt sich der Lernende in ihn hinein, erlebt und überprüft die Veränderung. Er nimmt wahr, wie sich seine Beziehungen zu den anderen ändern, und erlebt, was dieser Mensch jetzt aus sich selbst heraus schöpfen und weitergeben kann. Dadurch werden nun auch bei anderen neue Ressourcen geweckt werden. Nicht zuletzt erlebt der Lernende dies aus der Perspektive des jüngeren Selbst, das diesmal möglicherweise das erhält, was es wirklich braucht, sich anders fühlt oder neue Einsichten gewinnt.

Ressourcen von anderswo. Nicht immer ist es möglich oder sinnvoll, dass das erwachsene Selbst Ressourcen aus seiner Erfahrungswelt an andere weitergibt. Möglicherweise stehen sie ihm gar nicht zur Verfügung, es braucht erst eigene positive Lebenserfahrungen. Oder es geht darum, dass der Lernende die Fähigkeit entwickelt, mit schwierigen Menschen umzugehen, für sich zu sorgen, sich abzugrenzen, sich zu schützen oder zu kämpfen. Eventuell stehen alte Wunden und erlittenes Leid im Vordergrund, wollen gewürdigt und versorgt werden. Vielleicht ist es genau das Problem des Lernenden, dass er zu stark den Bedürfnissen eines anderen gerecht werden muss. Er mag nun ein „mehr desgleichen" darin sehen, dass er wieder geben soll, wo er selbst nie genug empfangen hat. In all diesen Fällen ist es das Beste, dem anderen respektvoll sein eigenes Schicksal zu lassen und der eigenen Intuition und Lebensenergie zu folgen. Dazu gehört es, die eigenen Gefühle zu achten und auszudrücken. Es kann erforderlich sein, das jüngere Selbst von übernommenen Lasten zu befreien, indem es etwas zurückgibt, zurückbekommt oder würdigend Abschied nimmt. Derartige Wahlmöglichkeiten werden im Kapitel „Die Welt der Aufstellungen" im Teil III dieses Buches beschrieben. Sie helfen, Verstrickungen zwischen den Beteiligten zu lösen.

Wenn der Lernende aus den soeben genannten Gründen keine Ressourcen in das System einbringen kann, bleibt die Möglichkeit, dass dies andere Menschen tun. In Gruppen sollten dies jene Teilnehmer sein, die von Natur aus über genau jene Ressourcen verfügen, die in der Ursprungssituation fehlen. Sie können diese dorthin weitergeben oder sogar als Mitwirkende zur Ursprungssituation des Lernenden hinzukommen. Das gilt auch für metaphorische Gestalten, etwa einen alten Weisen, den Urvater, das höhere Selbst, das innere Kind. Möglicherweise treten sie auch an die Stelle bisheriger Beteiligter, so dass ein überforderter Vater in einer Ursprungserfahrung durch den inneren Urvater abgelöst wird, der dem jüngeren Selbst geben kann, was es sucht. Vielleicht unterstützen sich beide Väter. Bekannt wurde der Februar-Mann den Milton Erickson in der Vorstellung einer von ihm behandelten jungen Frau immer im Februar als Ressource-Gestalt hinzukommen ließ (Erickson 1994). Parallel zur Ursprungserfahrung können wir auch eine ganz neue Ressourceerfahrung erfinden, so dass dem Lernenden beide Modelle zur Verfügung stehen, er aus seiner Realität und seiner Phantasie lernen kann und die Wahl hat, in seiner Lebensgestaltung auf beide Bezug zu nehmen.

Lernschritte in beteiligten Positionen. Wenn sich der Lernende in die Rolle des jüngeren Selbst oder anderer Beteiligter hineinversetzt – wir nennen dies eine beteiligte oder assoziierte Position – kann er von hier aus nicht nur deren Intentionen und Befindlichkeiten erleben, sondern nun auch Lern- und Entwicklungsschritte vollziehen, die diesen damals noch nicht möglich waren. Voraussetzung dazu ist es, dass er die damalige Erfahrung diesmal anders erleben kann. Dazu braucht es Ressourcen, gleich, ob sie ganz von innen kommen, von anderen Mitgliedern des Systems, vom erwachsenen Selbst oder durch Interventionen des Begleiters angeregt werden. Oft gehören dazu neue Einsichten, ein tieferes Verständnis, mehr Zeit und Besinnung. Manchmal geschieht eine wertvolle Veränderung wie von selbst durch das erneute, bewusste Durchleben alter Erfahrungen. Meist kann der Lernende sich in der jeweiligen Rolle im System nach einem solchen Lernprozess anders verhalten, was positive Wechselwirkungen in der Beziehung zu anderen Beteiligten zur Folge hat.

Wenn ein „schwieriges" Familienmitglied durch den Lernenden oder eine andere Person dargestellt wird, steht dem Begleiter ein ganzes Repertoire an Interventionsmöglichkeiten zur Verfügung, um es zu neuen Einsichten, Lernprozessen und Verhaltensweisen zu führen. Möglicherweise macht der Begleiter ihm die Wirkung seines bisherigen Denkens und Handelns bewusst und führt es sanft oder überraschend zu neuen Wahrnehmungspositionen und Erfahrungen. Oder er unterstützt es auf der Suche nach Ressourcen von innen und außen. Immer wieder zeigt sich, wie hinzukommende und vorhandene Potentiale aufeinander aufbauen. Durch geeignete Fragen arbeitet der Begleiter heraus, auf welcher Erfahrungsebene die wirksamsten Ressourcen liegen und welche Veränderungsmöglichkeiten dem Einzelnen zur Verfügung stehen. So kann der Begleiter gegenüber jedem Beteiligten zum Provokateur und Veränderungsagenten werden – oder zum lösungsorientierten Kurzzeit-Therapeuten. Innerhalb des Reimprinting-Prozesses, durch den der Begleiter den Lernenden führt, können also ganz eigene Veränderungsprozesse mit Personen aus dessen Geschichte ihren Platz haben, nicht zuletzt die lösungsorientierte Arbeit mit dem jüngeren Selbst.

Jedes System und jeder Mensch hat seine eigene Entwicklungsgeschichte. Wenn eine Frau als Kind etwas von ihrer Mutter brauchte, die dies leider nicht hatte, weil ihre Mutter es auch nicht hatte, deren Mutter auch nicht usw., stellt sich die Frage, wo wir am besten mit der Veränderung ansetzen können. Wir könnten jene Ahne suchen, bei der dieses Etwas verloren ging und ihr eine Ressource in die betreffende Situation ihres Lebens schicken. Ebenso können wir die Lernende darin unterstützen, das, was all die Vorfahren nicht hatten, als Erste wieder zu erreichen. Vielleicht hat sie es sogar anderswo in ihrem Leben längst gefunden und kann es ihrem jüngeren Selbst, eventuell auch ihrer Mutter und sogar der ganzen Ahnenreihe geben. Eine andere Möglichkeit liegt darin, dass die Lernende jene Person findet, die am leichtesten die Defizitkette zu unterbrechen vermag und in Gestalt dieser Person lernt oder findet, was in ihrem System und also auch in ihrem Leben fehlte. Ob wir das, was wir zu lernen haben, in dieser oder jener Rolle oder Gestalt, in diesem oder jenem Alter lernen, ist nicht wesentlich. Sinnvoll ist es, jene Form zu finden, die wir innerlich am besten annehmen können – und durch die wir dem ganzen System heilsam begegnen.

Rückkehr. Nachdem der Lernende die alte Erfahrung mit all ihren Beteiligten verändert erlebt und das frühere Geschehen verarbeitet hat, endet das Reimprinting, indem er all die neuen, guten Erfahrungen, Erkenntnisse und veränderten Überzeugungen innerlich einsammelt und damit in die Gegenwart zurückkehrt. Vielleicht verändern sich dadurch weitere Ereignisse auf dem Lebensweg, neue Entschei-

173

dungen könnten zu ganz anderen Lebenserfahrungen führen, die als Modell innerlich erlebt werden. Es lohnt sich, mit all dem nun in die Zukunft zu gehen und zu erleben, wie diese dadurch bereichert wird, wie innere Modelle sich in neue Wahlmöglichkeiten für eine positive Lebensgestaltung verwandeln. Nachdem unser Lernender gut angekommen ist, haben wir noch etwas Zeit zu Reflektionen über interessante Hintergründe des Reimprinting.

Reimprinting-Essenz. Unter diesem Namen beschreibt Martin Haberzettl Kernprinzipien der Reimprinting-Arbeit mit einschränkenden Überzeugungen, welche die vorangegangene ausführliche Darstellung zusammenfassen und verkürzen. Darauf aufbauend fassen wir mit eigenen Worten wichtige Schritte als roten Faden für das Reimprinting zusammen.

1. Finde eine Ursprungserfahrung oder eine Ursprungskonstellation, in welcher die einschränkende Überzeugung erlernt wurde oder besonders deutlich erlebt wurde. Würdige das bisherige Lernen.
2. Finde heraus, von wem das jüngere Selbst etwas erhalten könnte, was zu einer deutlichen Veränderung seines Erlebens und seiner Überzeugung führen würde. Wir nennen diese die Bezugsperson.
3. Finde heraus, was diese Bezugsperson benötigt, um dem jüngeren Selbst das Gesuchte geben zu können. Erkenne ihre positiven Absichten, Bedürfnisse und Defizite.
4. Finde Wege, die Bezugsperson mit den erforderlichen Ressourcen zu versorgen oder auf andere Art mit ihr zu arbeiten, so dass sie in der Lage ist, dem jüngeren Selbst anders zu begegnen. Eventuell benötigt sie diese Ressourcen wiederum von einer bestimmten anderen Person, die dann einbezogen werden kann.
5. Lasse den Lernenden erleben, wie seine Bezugsperson sich anders verhält und wie er als jüngeres Selbst das erhält, was ihm eine Veränderung ermöglicht.
6. Lasse den Lernenden mit den neuen Lernerfahrungen in die Gegenwart zurückkehren.

Wenn das jüngere Selbst Inhalte, Überzeugungen oder Gefühle von einem anderen Familienmitglied übernommen hatte, können Rituale der Rückgabe (im Sinne der Familienaufstellungen nach Hellinger) in die Arbeit einbezogen werden. Dafür müssen wir herausfinden, um welches Familienmitglied es sich handelt. Es bietet sich außerdem an, dieses mit jenen Ressourcen zu versorgen, die es ihm leicht machen, das eigene Schicksal zu meistern und das jüngere Selbst von der Last zu befreien.

174

Bedeutung für die persönliche Entwicklung

Rollenmodelle verändern. Das Reimprinting macht es möglich, das ganze System der Ursprungsfamilie in einem ressourcevollen Zustand zu erleben. Das lohnt sich, denn Bezugspersonen, die in unserem Leben eine wichtige Rolle spielten, sind im Laufe der Zeit zu inneren Teilen unserer Persönlichkeit geworden. Manches haben wir von ihnen übernommen, anderes wurde regelrecht in uns hineingelegt. Vielleicht glaubten wir als Kind, die Verantwortung für das Leben Erwachsener tragen zu müssen, für das, womit diese selbst nicht umgehen konnten. Abgesehen davon, dass es zu früh war, konnten wir also auch nirgends lernen, *wie* man es macht. Denken wir an ausgewählte Familien. Irgendwo gibt es die ewig jammernde Mutter, den zornigen Vater, den spielsüchtigen Onkel, die ungezogene Cousine. Oft sind auf diesem Wege schwierige Menschen zu dominierenden inneren Modellen geworden, oft solche, die ein schweres Schicksal hatten, andere, die es „zu nichts gebracht haben", oder solche, die wir als böse empfinden. Ein solcher war vielleicht unser Gegner, wir erlebten uns als sein Opfer. Wir taten später vielleicht alles, um nicht so zu sein, wie er. Interessanterweise ertappten wir uns dann manchmal dabei, dass wir doch etwas von ihm haben, und verdammten jenen Teil in uns. Entweder vermieden wir diesen Lebensbereich ganz oder wir folgten dem nicht gerade wünschenswerten Modell, denn das Gegenteil der Verdrängung liegt oft in der Identifizierung mit dem, was nicht gelöst ist. In all diesen Fällen haben wir in uns kein positives Modell dafür entwickelt, wie eine Lösung aussehen könnte, weder für uns noch für die Bezugsperson. Wir haben nicht gelernt, wie das, was bei dieser so unbefriedigend verlief, glücklicher verlaufen könnte. Oft ahnen wir nicht einmal, was eigentlich ihre positiven Absichten waren, und auch nicht, was ihr fehlte.

Die Lösung der Aufstellungsarbeit nach Hellinger besteht darin, das, was wir von dieser Bezugsperson übernommen haben, an diese zurückzugeben und sich damit von ihren Themen und unvollkommenen Mustern zu befreien. Beide Seiten werden damit in die eigene Verantwortung geführt und können dies als Ressource erleben. Dazu gehört es, die Bezugsperson zu ehren und sich vor ihrem Schicksal zu verneigen. So wird es möglich, den nun erst frei werdenden eigenen Intentionen zu folgen, neue Wege zu gehen, eigene Fähigkeiten zu entwickeln.

Das Konzept des Reimprintings sieht das Defizit darin, dass dem Lernenden ein positives Modell dafür fehlt, wie bestimmte Lebensbereiche erfüllt gelebt werden können, jene eben, die durch problematische Rollenmodelle belastet sind. Das Ungewollte zurückzugeben kann ein befreiender Schritt dahin sein, ein neues und besseres Modell zu finden. Doch das ist damit oft noch nicht erreicht und bleibt Ziel weiterer Schritte. Beides ist wichtig: Die Fähigkeit, was wir nicht tragen können, abzugeben und die Fähigkeit, was wir nicht erfahren haben, zu lernen. Manchmal ist erst das eine nötig, dann das andere. Die Befähigung für ein erfülltes Leben wächst, wenn der Lernende erlebt, wie es ist, wenn das, was einst misslang, diesmal gelingt. Das kann in seinem eigenen Leben geschehen, wo er lernt, was jene Bezugsperson nicht gelernt hatte, es kann durch andere Menschen geschehen, die jene Qualitäten gut entwickelt haben und zu positiven Rollenmodellen werden. Vielleicht beginnt die Veränderung auch in der Phantasie. Das neue Modell kann schließlich dadurch entstehen, dass der Lernende erfährt, was der Bezugsperson damals gefehlt hat und wie es ist, dies zu haben. Damit verändert sich sein einschränkendes Rollenmodell und wird zu einem unterstützenden Persönlichkeitsanteil, der nicht mehr verdrängt zu werden braucht. Wir nutzen die Negativerfahrung als Lernfeld, um Alternativen zu entwerfen. Wenn dies mit den damaligen Mitwirkenden nicht sinnvoll oder möglich erscheint, bleiben uns hinzukommende neue Menschen – solche, die über Ressourcen verfügen, die bisher fehlten. So lernen wir die Ergänzung kennen: das, was geschehen ist, und das, was möglich ist. Mitunter haben wir erlebt, dass eine Bezugsperson, die im Entwurf des Lernenden jene Ressourcen erhielt, die ihr fehlten, dankbar, entspannt und versöhnt in dessen Traum erschien.

Persönlichkeitsanteile entwickeln. In der Methode des Reimprinting lernen wir Veränderung „in der Haut" jener Person, der bisher etwas fehlte – und gleichzeitig im eigenen Organismus, mit dem wir schließlich all das erleben. Doch nur dann, wenn wir wirklich von innen oder außen Zugang zu den fehlenden Ressourcen erhalten, verläuft das Lernen erfolgreich. Manchmal müssen wir uns zuerst lösen, fortgehen, um den Boden unter den Füßen zu spüren. Manchmal müssen wir erst anderen Menschen begegnen, andere Quellen erschließen. Entscheidend ist, ob wir im Laufe der Zeit wertvolle Bezugserfahrungen, d.h. gute Modelle für wichtige Lebensthemen entwickeln. Wenn wir annehmen, die Schwierigkeiten unserer Bezugspersonen seien für das eigene Leben nicht relevant, wird dies erst dann glaubhaft, wenn wir fähig geworden sind, den Lebensbereich, den diese verkörpern, erfüllt und in Balance mit anderen Bereichen zu erleben. Wenn da der Onkel war, der stets sein ganzes Geld verspielt hat, könnte dies bedeuten, dass der Lernende ein Gleichgewicht von Erwerben, Halten und Fortgeben erreichen sollte; wenn da der jähzornige Vater war, mag es um eine Verbindung von Güte und Kraft gehen; gab es die unzufriedene alte Jungfer, ist vielleicht die Freiheit eigener Sexualität und Liebe ein Thema; die ewig jammernde Mutter will uns möglicherweise den Mut lehren, Verantwortung für das eigene Leben zu übernehmen. Sobald wir einen Lebensbereich als reich an Ressourcen erlebt haben, verlieren die Negativmodelle ihre Kraft und verblassen.

Auch in der Position des Gegenübers benötigen wir Menschen, die uns etwas zu geben haben. Wer kaum körperliche Zuwendung von der Mutter erhielt, macht sich vielleicht auf den Weg, diese anderswo in der Welt zu suchen. Er kann aber auch nacherleben, wie es ist, wenn das, was damals fehlte, durch hinzugekommene Ressourcen möglich wird. Ob diese von anderen eingebracht werden oder in ihm selbst herangereift sind, ist nicht entscheidend. Wenn sie da sind, hat er die Wahl, aus der Position des jüngeren Selbst ein erfülltes Empfangen und aus jener der Mutter ein erfülltes Geben zu erleben. Beides kann sich ergänzen. Wer den zornigen Vater ablehnte, kann sich irgendwann einmal in ihn hineinversetzen, dessen Kraft spüren, seine Aggressivität – all das in sich wahrnehmen, was ihn im Gegenüber so ängstigte – und er kann in diesen jetzt von ihm verkörperten Vater die Ressourcen von Selbstwert, Güte und Achtsamkeit hineinfließen lassen. Dann mag es geschehen, dass dessen bisher destruktiv erlebte Kraft sich in ein mutiges und gerechtes Schwert verwandelt, eines, das vom Herzen geführt wird, eines, das schützt und befreit. Es wird dem Lernenden dann möglich, seine vorher abgelehnte feurige Energie sinnvoll in das eigene Leben zu integrieren. Fälle, in denen ein Opfer das erlebte Rollenmodell des Täters unterdrückt, damit aber auch bestimmte, damit assoziierte Qualitäten verdrängt, lassen sich ebenfalls nach diesem Prinzip lösen. Indem das Opfer erkennt, was dem Täter eigentlich fehlte, und dies dem inneren Abbild des Täters hinzufügt, verlieren bestimmte Qualitäten ihre destruktive Ausprägung, werden annehmbar. Dies bedeutet nicht, dass man Erlebtes verdrängt, sondern dass es durch eine konstruktivere Alternative innerlich ergänzt wird.

In der Gegenwart handeln. Mit und ohne Reimprinting hat unsere Lebensgestaltung einen großen Einfluss auf die Heilung und den Ausgleich alter Defizite. Leben wir eine Fortsetzung der alten Muster oder gewinnen wir täglich gute, neue Erfahrungen, welche als gelebte Ressourcen auch vergangenen Mangel oder Leid ausgleichen? Manchmal brauchen wir die Klärung und Verarbeitung der Vergangenheit um frei und fähig zu werden, eine erfüllte Gegenwart zu gestalten. Umgekehrt helfen uns neue, ressourcevolle Lebenserfahrungen dabei, in inneren Prozessen alte Konflikte zu lösen. Es ist, als könnte ein reich gewordener Mensch an seinem armen, jüngeren Selbst nun jene Wünsche erfüllen, die immer noch in ihm warten.

In manchen Fällen geht es darum, unerledigte Prozesse durch Handlungen in der Gegenwart abzuschließen, Entscheidungen heute zu korrigieren, etwas im Hier und Jetzt zurückzugeben oder etwas Verlorenes wiederzufinden. Die Veränderung durch Ressourcen, wie sie das Reimprinting lehrt, kann also auch in der Gegenwart stattfinden. Ressourcen sind oft etwas, was lange gewachsen ist und schließlich reif ist, in Handlungen umgesetzt zu werden.

Phobiebehandlung durch Reimprinting

Ziel: Traumatische Erfahrungen auf dem Lebensweg verarbeiten, lösen und zu Lernerfahrungen machen.

Ulrike hat Angst vor Spinnen. Wir suchen die Ursprungserfahrung dieser Spinnenphobie, indem wir sie dabei anleiten, dass sie in der Imagination aus sicherem Abstand über ihrem Lebensweg schwebt und nach Zeichen sucht. Im Kleinkindalter entdeckt sie die auslösende Situation – ein flackernder Punkt auf der Zeitlinie. Wir bitten Ulrike, diese Situation als Film in einen Rahmen, der an der Wand hängt, zu befördern. Hier sieht sie nun von ihrem Stuhl aus das damalige Ereignis. Es beginnt damit, dass Ulrike sich als kleines Kind im Bett liegen sieht, wo sie ganz entspannt eine große Spinne an der Zimmerdecke direkt über sich bestaunt. Als die Mutter ins Zimmer kommt und die Spinne sieht, stößt sie einen lauten Schrei aus und läuft hinaus. Die erwachsene Ursula erkennt, weshalb auch sie von da an Angst vor Spinnen hatte: Es war die Verbindung der Wahrnehmung „Spinne" mit „Mutter schreit und lässt mich allein". Allein gelassen zu werden, war für sie wie für alle kleinen Kinder bedrohlich und tief verunsichernd. Nach einer Weile erscheint die Großmutter – offenbar hat die Mutter sie geholt – und fegt ruhig und problemlos die Spinne mit einem Besen von der Decke.

Wir fragen, was das Kind gebraucht hätte und bemerken, dass es in der Zeit vor dem Ereignis bereits alles hatte: Es lag im Bett und schaute gelassen und vertrauensvoll zur Spinne an der Decke. Damit es so hätte bleiben können, hätte das Kind lediglich eine sichere und ruhige Mutter gebraucht, eine mit den Eigenschaften, wie sie die Großmutter augenscheinlich verkörpert.

Im Raum legen wir Bodenmarkierungen für die Mutter und die Großmutter aus. Wir bitten Ulrike, sich auf der Bodenmarkierung „Großmutter", so gut es geht, in diese hineinzuversetzen und deren Eigenschaften nachzuempfinden. Wir fragen sie, ob sie diese Eigenschaften auch an ihre Tochter weitergeben möchte. Großmutter sagt, dass dies ein altes Problem sei – so, als habe sie keinen wirklichen Zugang zu ihrer Tochter, diese sei mehr die Tochter ihres verstorbenen Mannes gewesen. „Ihr Kind" sei mehr Ulrikes großer Bruder geworden. Dabei liebe sie beide, ihre Tochter und ihren Enkelsohn, in gleicher Weise. Nun bitten wir Ulrike, sich in die Position ihrer Mutter hineinzuversetzen und fragen sie, ob sie bereit ist, von der Großmutter etwas zu erhalten und anzunehmen. Sie bejaht das und sagt, dass sie sich das schon immer gewünscht habe, aber geglaubt habe, nur die Tochter ihres Vaters zu sein. In der Vorstellung bedankt sie sich bei ihrem Vater für alles und sagt ihm, dass es wichtig ist, nun etwas von ihrer Mutter zu lernen und zu bekommen. Ulrike versetzt sich erneut in ihre Großmutter, erlebt deren Sicherheit, Ruhe und Tatkraft, wendet sich ihrer Tochter (Ulrikes Mutter) zu, berührt sie und übergibt ihr etwas mit den Händen. Was es ist, weiß Ulrike selbst nicht, aber sie hat das Gefühl, dass es sich um eine wichtige Ressource handelt. Erneut in der Position der Mutter, empfängt sie diese Ressource, fühlt sich sicherer und ruhig.

Nun betrachtet Ulrike noch einmal die Filmszene in dem Rahmen an der Wand, doch wir bitten sie, etwas darin zu verändern: Das Kind liegt wie zuvor ruhig im Bettchen, die Spinne ist an der Decke, diesmal aber betreten Mutter und Großmutter gemeinsam das Zimmer. Als der Blick der Mutter auf die Spinne fällt, legt die Großmutter ihre Hand auf die Schultern ihrer Tochter und diese atmet ruhig weiter. Die Berührung von der Großmutter gibt ihr Sicherheit und die beiden Frauen nicken sich zu. Die Mutter kommt zu Ulrike, streicht ihr über den Kopf, während die Großmutter flink einen Mob gebracht hat, den sie nun der Mutter gibt. Diese fängt die Spinne im Mob ein, während Großmutter schon das Fenster geöffnet hat, in dem die Mutter nun den Mob ausklopft und damit die Spinne in einen passenderen Lebenskontext befördert. Das ist für Ulrike in ihrem Bettchen nicht relevant. Das Spinnenerlebnis wird zu einer von vielen angenehmen Begegnungen mit Mutter und Großmutter. Abschließend bitten wir Ulrike, den Film noch einmal als Beteiligte, aus der Position des Kindes zu erleben, was ihr leicht und mit gutem Gefühl gelingt. Ein Test ergibt, dass die Angst vor Spinnen einem Lächeln gewichen ist.

So geht's: Ursprungserfahrung finden und in sicherem Abstand betrachten. Ressourcen für das jüngere Selbst und andere Beteiligte zugänglich machen. Film des Ereignisses mit Ressourcen betrachten. Sich in das Ereignis hineinversetzen und die veränderte Erfahrung erleben.

Eine einschränkende Überzeugung verändern

Ziel: Einschränkende Überzeugungen aus der Vergangenheit entmachten, indem die Ursprungserfahrung neu verarbeitet und ressourcevoll gestaltet wird.

Günter ist überhaupt nicht glücklich mit seiner Überzeugung, er müsse alles selbst machen, damit es gelingt. Er weiß, dass er sich dadurch viel Stress macht, und sieht, dass er ganz im Sinne der sich selbst erfüllenden Prophezeiung genau jene Kollegen oder Kooperationspartner anzieht, die ihm helfen, seine Überzeugung aufrechtzuerhalten: Zeitgenossen, die sich in irgendeiner Weise als unzuverlässig heraus stellen. Günters Vater hat dieselbe Überzeugung, und deshalb wählen Günter und sein Begleiter die Technik des Reimprintings, um die alte Überzeugung wirksam gegen eine neue auszutauschen: „Ich arbeitete mit zuverlässigen Menschen zusammen, die das ihre tun, um die Projekte zu einem vollen Erfolg werden zu lassen." Natürlich soll es für Gunter nicht allein bei der Überzeugung bleiben, es soll auch so werden.

Günter erlebt zunächst als Beteiligter, wie es sich anfühlt, mal wieder von einem Mitarbeiter enttäuscht zu sein, und markiert die Erfahrung seiner alten Überzeugung mit einem Zettel am Boden. Mit der gewünschten neuen Überzeugung verfährt er ähnlich. Er begibt sich an eine andere Stelle im Raum und entwirft eine Phantasie, in welcher seine Wunschvorstellung wahr geworden ist. Diesen Ort markiert er mit einem weiteren Zettel. Dann geht er zurück in seine Gegenwart zum Ort der alten Überzeugung und erlebt sie noch einmal. Indem er sich von hier aus auf seinem Lebensweg zurückbewegt, findet Günter nach kurzer Zeit die Ursprungserfahrung der einschränkenden Überzeugung: Er ist gerade vier Jahre alt und erinnert sich an die Situation, als sein Vater ihm und seinem älteren Bruder den Lappen entriss, mit dem sie gerade das Auto wienerten. Zugegeben, sie benutzten dabei kein Wasser und fügten dem staubigen Vehikel damit viele kleine Kratzer zu. Doch Günter war damals sehr betrübt, er wusste nicht, was er falsch gemacht hatte und verstand das ganze Donnerwetter überhaupt nicht. „Wenn man nicht alles selbst macht...", ärgerte sich der Vater und putzte allein weiter, ohne sich um die verdatterten Jungs zu kümmern.

Auf der Suche nach der Ursprungserfahrung hat sich Günter an eine andere Stelle im Raum bewegt. Für jede der beteiligten Personen legt Günter hier nun einen weiteren Zettel auf den Boden, und zwar nach dem inneren Bild, das er davon hat, wie die Beteiligten zueinander gestanden haben. Er findet intuitiv heraus, dass seine Großmutter väterlicherseits ebenfalls eine Rolle bei der Verarbeitung der Erfahrung spielen wird, obwohl sie im Moment des Krachs nicht

179

anwesend war. Er markiert auch ihre Position im Raum durch einen Zettel. Günter bewegt sich jetzt durch verschiedene Wahrnehmungspositionen, nimmt als erste die seines jüngeren Selbst ein und erlebt, wie die anderen auf ihn wirken. Mit seinem Bruder verband ihn große Gemeinsamkeit, doch er schien ebenso unter dem vermeintlichen Fehltritt zu leiden. Die Reaktion seines Vaters konnte er nicht verstehen, er tat doch alles nach bestem Wissen und in der Absicht zu helfen. Der Großmutter, wäre sie dabei gewesen, wäre die Auseinandersetzung unangenehm gewesen, sicherlich hätte sie ein Wort für die Kinder eingelegt. Nachdem sich Günter in die Schuhe der anderen Beteiligten gestellt hat, versteht er, was sie und natürlich er gebraucht hätten, um die Situation zum Wohle aller aufzulösen. Er versteht, wie die einschränkende Überzeugung entstanden ist, und dass daraus weitere Überzeugungen entstanden sind: „Vertraue nur dir selbst" und „Für Erfolg muss man hart arbeiten". All diese erkennt er plötzlich als Überzeugungen, die er von seinem Vater übernommen hat, so als hätte er sich in ihn hineinversetzt. Jene Menschen, von denen er später im Leben enttäuscht war, und die er dafür kritisierte, repräsentierten den kleinen Jungen in ihm, der damals die ganze Kritik abbekommen hatte.

In der damaligen Situation fehlen Günter das Einfühlungsvermögen des Vaters und die Fähigkeit, dessen Reaktion auf verständlichen Ärger über die Lackschäden reduzieren zu können. Die Ressource „Einfühlungsvermögen" wiederum hätte der Vater zuerst selbst gebraucht – geben könnte sie ihm dessen Mutter. Also schlüpft Günter in die Person seiner Großmutter und erlebt sie mit der Ressource „Einfühlungsvermögen". Das gelingt ihm gut, denn ihm gegenüber hatte sie immer viel davon gezeigt, so wie Großeltern für die Enkel oft mehr Ressourcen verfügbar haben als für ihre Kinder in jüngeren Jahren. Aus der Position der Großmutter wird ihm klar, dass sein Vater ihr Einfühlungsvermögen schon als Kind gebraucht hätte, und er spürt, dass es ihr leid tut, damals zu unsensibel mit ihrem Sohn gewesen zu sein, so dass sie gern bereit ist, ihm nun das, worüber sie inzwischen verfügt, in die Vergangenheit hineinzugeben. Nachdem dies geschehen ist, begibt sich Günter in die „Haut" seines Vaters und nimmt deutliche Veränderungen wahr. Er wirkt entspannt, bedankt sich bei seiner Mutter (Günters Großmutter) und hat ein warmes Gefühl im Herzen. Es ist ihm nun bei allem (berechtigten) Ärger wichtig, dass die beiden Buben auf einfühlsame Art von ihm lernen. Er sagt ihnen zwar, dass er sauer wegen der Kratzer ist, lobt aber ihre gute Absicht und zeigt ihnen, wie man Autos richtig wäscht. Sie tun es zusammen und am Ende erntet jeder Anerkennung. Günter erlebt die Erfahrung sowohl aus der Position seines Bruders als auch aus der eigenen Position heraus als sehr bereichernd und erfüllend. Günter bemerkt, wie sich seine alte Überzeugung aufgelöst hat. Statt dessen gewinnt er die Einsicht, dass jeder Mensch viel lernen kann und dass es darauf ankommt, den Menschen Aufgaben zu geben, die sie mit ihren Erfahrungen auch bewältigen können.

Jetzt denkt sich Günter von hier aus eine Verbindungslinie zu jener neuen Überzeugung, die er zu Beginn durch eine Position im Raum markiert hat. Er betrachtet sie als Ergebnis in der Zukunft, für das er vom Vierjährigen aus gesehen, noch einiges zu lernen hat. Günter stellt sich vor, wie er seinen Lebensweg langsam auf dieser Linie in Richtung Gegenwart zurückgeht und dabei all das lernt, so dass es ihm immer besser gelingt, mit zuverlässigen, engagierten Menschen zusammenzuarbeiten. Auf dem Weg in die Zukunft lernt er unter anderem noch die Fähigkeit, „nein" zu sagen, und er lernt, andere durch Vertrauen und klare Kommunikation zu befähigen und zu motivieren. In der Feizeit lernt Günter als Kapitän einer Fußballmannschaft, eine ganze Gruppe zu führen und jeden einzubeziehen. Als Günter in der Gegenwart angekommen ist, kann er die neue Überzeugung innerlich annehmen. Er weiß aber, dass er noch einiges zu tun hat, um sie in die Wirklichkeit umzusetzen. Günter bewegt sich auf seinem neuen Lebensweg in die Zukunft. Hier denkt er an konkrete Projekte, für die er die passenden Mitarbeiter und Kooperationspartner finden wird. Er begegnet ihnen so, dass sie befähigt und motiviert mitarbeiten. Im Raum liegt noch jener Zettel, den er zuerst ausgelegt hat und der die alte Überzeugung symbolisiert. Günter legt ein Tuch darüber und eine Blume, als letzte respektvolle Handlung, mit der er diese beerdigt.

So geht's: Eine einschränkende Überzeugung identifizieren und eine wünschenswerte neue Überzeugung für die Zukunft benennen. Die Ursprungserfahrung für die alte Überzeugung finden und erleben. Sich selbst und andere Beteiligte im Raum platzieren – ähnlich wie beim Familienaufstellen. In jede Person hineinschlüpfen, ihre Defizite und Ressourcen nachempfinden. Soweit sinnvoll, alle beteiligten Personen mit Ressourcen versorgen, bei Bedarf auch in anderen Phasen ihres Lebensweges. In der Position des jüngeren Selbst neue Einsichten und Überzeugungen finden. Von hier aus den Lebensweg in Richtung neue, wachstumsfördernde Überzeugung gehen und ihre Erfüllung in der Zukunft erleben.

Die Zukunft vorab meistern – Proimprinting

Wie wäre es, wenn wir nicht nur unsere Vergangenheit und unsere Gegenwart sondern auch unsere Zukunft mit Ressourcen versorgten? Wie, wenn wir auch jene Menschen darin einbezögen, die an unserer Seite stehen? Wir nennen diese Arbeit „Proimprinting" und haben im Rahmen unserer Arbeitsformen auf Seite 181 ein kleines Beispiel für Sie parat. Das Gute in der Arbeit mit der Zukunft ist, dass wir heute damit beginnen können und jeder Tag eine Chance ist, Ressourcen zu säen und zu ernten. Wir tun dies in der Art, wie wir miteinander umgehen, wie wir den Tag gestalten, wie wir unsere Zeit einteilen, wie wir einander verstehen, oder auch mit dem, was wir essen. Und wir übernehmen Verantwortung für das eigene Leben.

Katharina will sich auf ihre neue Arbeit vorbereiten, die sie in zwei Wochen antritt. Ihren neuen Arbeitgeber und das Aufgabengebiet kennt sie bereits, und deshalb hat sie Ideen, wo es Schwierigkeiten geben könnte: mit einem „schwierigen" Kollegen, mit ihrer neuen Aufgabe, ein Team zu führen, und mit der etwas autoritären Art ihrer zukünftigen Chefin. Sie ordnet jeder der drei vorhersehbaren Situationen in der Zukunft einen Bereich des Raumes zu. Auf verschiedene Zettel schreibt sie die Namen oder Rollen der beteiligten Personen, einschließlich ihres künftiges Selbst.

Zuerst konzentriert sie sich auf ihre zukünftige Aufgabe, Menschen zu führen. Hierzu begibt sie sich in den Bereich des Raumes, der dafür steht und versetzt sich in ihr zukünftiges Selbst hinein und fragt sich, wie ihm dies gelingt. Dabei nimmt sie wahr, dass ihr noch manche Ressourcen fehlen, insbesondere Sicherheit und Authentizität. Auf ihrer inneren Zeitlinie geht sie in die Vergangenheit und holt sich passende Bezugserfahrungen, wie „Klassensprecherin sein", „Mannschaftsführerin im Basketballteam" und „einen Volkshochschulkurs geben". Die Ressource „authentisch sein" erwirbt sie in ihrer Vorstellung von einem Freund in der Gegenwart, der ihr ein gutes Vorbild ist. Mit diesen Ressourcen geht es ihr in der zukünftigen Situation schon viel besser. Jetzt versetzt sie sich in die von ihr geführten Mitarbeiter hinein, erkennt deren Bedürfnisse und Absichten. Auch sie brauchen Ressourcen, insbesondere Vertrauen und das Gefühl, geachtet zu werden. Wieder in der Position des zukünftigen Selbst, schickt sie den Mitarbeitern symbolisch Licht und stellt sich vor, ein offenes Ohr für ihre Belange zu haben und sich für diese einzusetzen. Licht visualisiert sie auch, um ihre Mitarbeiter auf sie vorzubereiten. Sie ist sich sicher, dass ihr innerer Prozess seine Spuren hinterlassen wird. Nachdem sie das Gefühl hat, dass ihre Mitarbeiter ihr wohlgesinnt sind, erlebt sich Katharina dieser Führungsaufgabe als gewachsen.

Die Begegnung mit der Chefin findet in einem anderen Bereich im Raum statt. Katharina setzt sich auf einen Stuhl, nachdem sie einen weiteren für die Chefin gegenüber aufgestellt hat. Ein dritter Stuhl ist für die Beobachterposition da. Sie malt sich eine Situation aus, in der sich ihre Vorgesetzte autoritär verhalten wird und spürt das in ihr aufkommende Unbehagen. Dann wechselt sie den Stuhl und schlüpft in die Person ihrer Chefin. Hier erfährt sie, was die Vorgesetzte erlebt, welche Absicht sie hat und wie sie, Katharina, auf sie wirkt. Erstaunlicherweise bemerkt sie, dass die Chefin Angst vor ihrer Kompetenz hat und nur deshalb so autoritär reagiert, weil sie sich sehr unsicher fühlt. Weitere Erkenntnisse warten auf dem dritten Stuhl. Schnell wird für sie klar, welche Ressourcen die Beteiligten brauchen. Sie vergewissert sich des Einverständnisses ihrer Chefin und gibt ihr Sicherheit, Vertrauen und die Fähigkeit loszulassen. Sie selbst benötigt Klarheit und Selbstvertrauen – Ressourcen, die sie sich aus ihrer Vergangenheit holt.

Der schwierige Kollege hatte sich um die gleiche Stelle beworben, ging aber leer aus. Für Katharina ist es deshalb wichtig, ihn zu würdigen und ihm die Hand für eine gute Zusammenarbeit zu gegenseitigem Nutzen zu reichen. Sich selbst gibt sie beim zu erwartenden Aufeinandertreffen wiederum Klarheit und auch

Sicherheit. Ein Gefühl in ihr sagt ihr, dass es jedoch nicht angemessen ist, dem Kollegen Ressourcen zu geben, jedenfalls nicht in diesem Prozess und zu dieser Zeit. Symbolisch reicht sie ihm jedoch eine Blume und beendet diesen Teil der Übung. Abschließend legt Katharina sich ihre Zeitlinie auf dem Boden aus, sammelt noch einmal alle Ressourcen, die sie sich bereits aus der Vergangenheit geholt und gegeben hat, und geht mit diesen Ressourcen in die Zukunft. Sie erlebt und genießt die Zeit und lässt die eine oder andere Ressource auf ihren Lebensweg in der Zukunft „fallen", wo sie ihr nötig erscheint. Wenn sie bei schwierigen Zeiten ankommt, lässt sie symbolisch Licht aus ihrem Herzen auf ihren Lebensweg fließen.

So geht's: Sich in einer künftigen schweren Situation sehen. Herausfinden, welche Ressourcen das künftige Selbst und die anderen Beteiligten brauchen, um die Herausforderung gut zu meistern. Ressourcen in der eigenen Vergangenheit, in der Gegenwart oder bei anderen Menschen finden und alle Beteiligten damit versorgen. Das gute Gelingen in der Zukunft erleben.

7. Kollektion von Arbeitsformen

In diesem Abschnitt finden Sie zahlreiche Beispiele und Kurzbeschreibungen, die Ihnen eine Vielfalt von Arbeitsformen der Lebensweg-Arbeit zugänglich machen, Ideen vermitteln und Zusammenhänge darstellen wollen. Wir stellen all dies nicht anhand ausführlicher therapeutischer Transskripte vor, sondern verwenden spielerisch konstruierte, manchmal überzeichnete, kurze Beispiele, die nicht immer ganz ernst zu nehmen sind. Dennoch sind Ähnlichkeiten mit realen Personen und Erfahrungen nicht immer zufällig. Auf diese Art können wir das Prinzip der jeweiligen Arbeitsweise deutlich machen und auf einem begrenzten Raum in einer ungewöhnlichen Form mehr vermitteln, als sonst in einem Buch üblich ist.

Die eigenen Ressourcen nutzen

Schatzsuche auf dem Lebensweg

Ziel: Ressourcen auf dem Lebensweg finden, aufsammeln und für die Gegenwart oder eine schwierige Situation in der Zukunft verfügbar machen.

Beatrice mag die physische Bewegung auf ihrem Lebensweg. Sie hat bald ihre Abschlussprüfung. Am fleißigen Lernen mangelt es ihr nicht. Doch Selbstvertrauen fehlt ihr noch. Auch Erfolgserlebnisse möchte sie erinnern. Ihre Reise in die Vergangenheit unternimmt sie zu Fuß auf einer Wiese vor den Toren der Stadt.

Ihre Zeitlinie macht sie an einigen Büschen und Stauden fest. Sie beginnt in der Gegenwart und spürt zuerst nach, wie viel Selbstvertrauen sie wohl im Moment hat. Das gute, aber nicht allzu starke Gefühl verankert sie, indem sie kurz die Hand auf ihren Bauch legt. Dann läuft sie behutsam rückwärts in Richtung Vergangenheit, in Erwartung von Signalen, die ihr Körper schickt, wenn sie auf einem „Ressource-Punkt" angekommen ist.

Es dauert nicht lange, dann ist sie in einer Situation angelangt, in der ihre Freundin sie um einen Rat in einer schwierigen Lage bat. Sie wurde gebraucht und das gab ihr Selbstvertrauen. Mit der Bewegung „Hand auf den Bauch" fügt sie diese Erfahrung ihrer Ressourcen-Sammlung hinzu. Die nächste Erfahrung von Selbstvertrauen erinnert sie, als sie zum ersten Mal erfolgreich mit ihrer Theatergruppe auf der Bühne stand. Und weiter geht's zurück, so lange, bis sie das Gefühl hat, genug gesammelt zu haben... Gut gelaunt und gestärkt geht sie langsam ihren Lebensweg in Richtung Gegenwart. Sie geht dabei innerlich noch einmal in jedes Ressource-Erlebnis hinein und nimmt symbolhaft mit, was ihr fürs Leben in Gegenwart und Zukunft brauchbar erscheint. Sie bringt die ganze Energie der gestapelten Erlebnisse an die Stelle in der Zukunft, wo die Abschlussprüfung stattfinden wird, und kann sich nicht mehr vorstellen, dass es dort Probleme geben könnte.

So geht's: Auf dem Lebensweg nach Ressourcen suchen, sie aufnehmen, „stapeln" und in die Gegenwart oder eine bestimmte Situation in der Zukunft bringen. Dabei Farben, Symbole, Klänge oder ähnliches nutzen.

Einen alten Mangel ausgleichen

Ziel: Einen Mangel in der Vergangenheit nachträglich mit heute vorhandenen Ressourcen ausgleichen und dadurch ein inneres Modell einer damals noch nicht möglichen Lösung erfahren.

Gerhard hat lange gebraucht, bis er sich das erarbeitet hat, was er heute kann und auch öffentlich verkörpert. Als Führungskraft ist er in der Lage, Entscheidungen zu treffen, Menschen zu motivieren und Hintergründe zu erkennen. Es fällt ihm heute leicht, anderen Menschen gegenüber aus eigenem Ermessen „Ja" oder „Nein" sagen zu können, ohne es allen recht machen zu wollen. Früher war das anders. Gerhard war beliebt, weil er ständig darum bemüht war, die Wünsche anderer zu erfüllen. Er traute sich nicht, jemand etwas auszuschlagen. Schon als Kind war das so. In der Schule kopierten andere die Hausaufgaben, die er gemacht hatte, sein neues Mountainbike benutzten seine Freunde häufiger als er. Später, als sich die Jungs für Mädchen interessierten, gab er seine Ambitionen stets auf, wenn ein anderer Junge sich um das gleiche Mädchen bemühte. Andererseits bekam auch er stets viele seiner Wünsche von seinen Eltern erfüllt, denen Großzügigkeit ein sehr hoher Wert war.

Gerhard beschließt, seine heutige Fähigkeit, „Nein" zu sagen und sich keinesfalls ausnutzen zu lassen, auch seinem jüngeren Selbst zur Verfügung zu stellen und innerlich jene alten Erfahrungen auf neue Art zu erleben. Er möchte damit seinem inneren Kind etwas Gutes tun und sich einen tieferen Erfahrungshintergrund auch für seine private Lebensgestaltung in der Gegenwart schaffen. Außerdem hat Gerhard einen Sohn, dem er andere Beispiele geben möchte, als er sie seinerzeit erlebt hat. Zunächst bewegt er sich deshalb auf seinem Lebensweg zurück und markiert mehrere typische Erfahrungen, in denen er zu seinen Ungunsten einfach „Ja" gesagt hatte oder anderen zuliebe etwas aufgegeben hat, was ihm wichtig war. Er würdigt das bisherige Verhalten des jungen Gerhard, erkennt auch, dass der Junge tatsächlich ein großes Herz hatte und beliebt war. Die andere Seite war es jedoch, dass er Konfrontation vermied, viele eigene Interessen aufgab und eigentlich nicht wusste, ob andere ihn mochten oder nur ihren Nutzen von ihm haben wollten.

Gerhard nimmt nun Abstand von diesen Erfahrungen und besinnt sich seiner inzwischen gewachsenen Fähigkeiten, klar zu entscheiden, „Nein" sagen zu können und die eigenen Interessen zu wahren. Auch sein Selbstbild ist heute ein anderes. Er sieht sich als starken, klugen Mann, der fest und stabil wie ein Baum in der Landschaft steht. Immer noch kann er herzlich sein und Mitgefühl an der richtigen Stelle ist ihm nicht fremd. Ausnutzen aber lässt er sich sicher nicht. Es ist, als verfüge er neben dem guten Herzen auch über ein Schwert, das gerecht ist, klar, aber auch kämpfen kann. Mit diesen Symbolen und dem guten Gefühl, das sie ihm geben, begibt er sich nun zu jeder, der damals unbefriedigend verlaufenen Erfahrungen, mit der frühesten beginnend. Als großer, starker Mann tritt er zum kleinen Gerhard und erklärt ihm, dass er aus seiner Zukunft kommt und ihm das bringt, was er dort für ihn geschaffen hat, da es ihm seine Eltern leider nicht geben konnten. Er erklärt ihm mit einfachen Worten, dass es unter Freunden darauf ankommt, dass Geben und Nehmen im Ausgleich sind und dass er das Recht hat, auf seine eigenen Bedürfnisse zu achten. „Das sind die Zutaten guter Freundschaft", sagt er. Mit diesen Worten reicht er dem kleinen Gerhard ein kleines Duplikat seines Schwertes. Es ist noch aus Holz und er hilft ihm, damit zu üben. Schon in den ersten Schuljahren erlebt der Junge nun, wie er aus freier Entscheidung „Ja" und „Nein" sagen kann. Seine Mitschüler können damit erstaunlicherweise gut umgehen und wenn mal jemand sauer ist, kommt er damit auch gut zurecht. Ein paar Stunden oder Tage später ist alles wieder in Butter. Gerhard erlebt dies aus der Perspektive des Großen, aber auch aus der des Kleinen. Dessen Schwert wird, indem er älter wird, größer und schärfer. Aber gleichzeitig behält er ein warmes Herz. Diesmal macht er nicht mehr allein alle Schulaufgaben. Jeder ist mal dran und lässt abschreiben. Das Mountainbike verleiht er nur noch einem Jungen. Von dem kann er sich dafür nach Bedarf neue Musiktitel kopieren. Ganz anders erlebt sich Gerhard schließlich, wenn es um Mädchen geht. Er stellt sich der Konkurrenz und auf diese Art wird Angie, in die er damals so verliebt war, nun tatsächlich seine Freundin. Immerhin hält es neuneinhalb Wochen. Später findet er heraus, wer besser zu ihm passt und landet irgendwann tatsächlich bei seiner heutigen Frau. Mit etwas mehr Vorerfahrung, allerdings. Wieder in der Gegenwart angekommen, hat Gerhard das Gefühl, sowohl aus seinen bisherigen, wie auch aus den nun neu konstruierten Erfahrungen viel gelernt zu haben. Mit Herz und Schwert fühlt er sich gut für die Zukunft gerüstet. In Gedanken gibt er von beidem etwas an seinen Sohn weiter.

So geht's: Einen Mangel aus der Vergangenheit erinnern. Die Ressource in der Gegenwart finden. Mit dieser Ressource den Mangel in der Vergangenheit ausgleichen. Erleben, wie dies auf die Gegenwart wirkt. Oder: Einen Mangel in der Zukunft erleben und diesen mit einer Ressource versorgen.

Was hinter den Wünschen steckt

Ziel: Wünsche von einer möglicherweise zu großen Bedeutung entfrachten und damit leichter erreichbar machen.

Lena hätte gerne ein Haus im Grünen. Sie weiß, das ist auch in absehbarer Zeit nicht drin, stellt sich aber vor, dass sie es hätte. Jetzt im Moment. Sie fragt sich, was das Schönste, das Wertvollste daran wäre: Sie hätte Platz. Dann erinnert sie sich, wann sie sich dieses Schönste, Wertvollste, also viel Platz, früher schon einmal gewünscht hat. Weil es ihr nicht spontan einfällt, geht sie auf ihrem Lebensweg zurück, um dort stehen zu bleiben, wo sie in einer Vorlesung im überfüllten Hörsaal auf der Treppe saß. Jetzt fragt sie sich, was damals das Schönste und Wertvollste daran gewesen wäre, Platz zu haben: Sie hätte sich bewegen und entfalten können. Jetzt tut sie so, als hätte sie sich damals entfalten können, erlebt ganz und gar, wie das gewesen wäre und was daran das Schönste und Wertvollste wäre: Freiheit. Nun sucht Lena auf ihrem Lebensweg frühere Situationen, in denen sie sich Freiheit gewünscht hatte, und landet in der 5. Klasse, als sie am liebsten den langweiligen Geschichtsunterricht verlassen hätte. Wieder erlebt sie, wie es gewesen wäre, das zu tun, und was daran das Beste gewesen wäre. Sie wäre einfach weggelaufen und hätte die Pferde besucht, die ihre Freunde waren. Und dort hätte sie Verbundenheit erlebt. Wann hatte sie sich schon einmal Verbundenheit gewünscht? Damals, vor ihrem dritten Geburtstag, als sie ins Krankenhaus musste und die Familie nach der Besuchszeit wieder nach Hause ging, während sie bleiben musste. Sie fragt sich, welche Ressourcen sie und ihre Familie damals gebraucht hätten, und ihr fällt ein, dass eine Umarmung und die Idee, auch verbunden zu sein, wenn man sich nicht sieht, ihr geholfen hätte. In ihrer Vorstellung umarmt die Mutter sie ganz lange und der Vater erzählt ihr eine Geschichte von unsichtbaren Verbindungen. Jetzt fallen ihr viele schöne Momente ein, in denen sie tatsächlich mit den Eltern zusammen war. Und sie empfindet ein altes Gefühl von Geborgenheit, das ihr damals im Krankenhaus abhanden gekommen war. Hinter Geborgenheit findet Lena für den Moment keine tiefere Absicht mehr. Sie hat herausgefunden, dass Geborgenheit und Freiheit zu ihren tiefsten Wünschen und Bedürfnissen gehören, und kehrt mit dieser Erkenntnis in die Gegenwart zurück. Dabei erlebt sie noch einmal die wundersame Erfüllung der alten Erfahrungen, so dass sie auch in Zukunft davon zehren kann.

In der Gegenwart angekommen, erkennt sie, dass ihr Ausgangswunsch „Haus" mit der Absicht „Platz" nicht die dahinter liegenden tieferen Bedürfnisse „Geborgen-heit" und „Freiheit" erfüllen kann und sie entfrachtet diesen Wunsch von der unangebrachten Bedeutungsfülle. Sie erlaubt sich, viele Wege zu finden, wie sie als erwachsener Mensch Geborgenheit und Freiheit finden wird. Sollte ein Haus im Grünen auf einem dieser Wege liegen, so wäre das durchaus in Ordnung. Vielleicht erreicht sie ihr Ziel jetzt sogar leichter, denn ohne die große Bedeutung kann sie es ganz locker angehen. Lena erkennt, dass sie nun nicht mehr so schnell auf Werbung hereinfallen wird, denn Werbung suggeriert die Erfüllung tiefer Bedürfnisse durch den Kauf eines Produkts. Manchmal ist es besser, wir entkoppeln sekundäre, oft materielle Wünsche von unseren tieferen Bedürfnissen. Damit ersparen wir uns möglicherweise eine Enttäuschung, und wir können uns um das kümmern, was wir wirklich wollen.

So geht's: Einem Wunsch auf den Grund gehen und sich fragen, was daran das Schönste und Wertvollste wäre. Zurückgehen bis zu einem Zeitpunkt, an dem das Bedürfnis nach diesem Schönsten und Wertvollsten schon einmal da war. Die Erfüllung dieses Bedürfnisses voll erleben, wenn nötig, Ressourcen hinzufügen, die damals fehlten. Sich fragen, was an dieser Erfüllung das Schönste und Wertvollste ist. Damit weiter zurückgehen und eine frühere Erfüllung erleben. Mit dem jeweils Wertvollsten und Schönsten einer erfüllten Situation in gleicher Weise immer weiter zurückgehen, bis keine frühere Situation mehr auftaucht. Jede Situation in der Vorstellung vervollkommnen oder mit Ressourcen versorgen. Mit dem Gefühl, tiefste Bedürfnisse erfüllt zu erleben, schrittweise in die Gegenwart kommen und den Ausgangswunsch im neuen Licht der größeren Bewusstheit sehen. – Diese Methode haben wir bei Dr. Günther Bayer aus München kennen gelernt.

Tiefste Ressourcen finden

Ziel: Die tiefste positive Absicht hinter einem Problem oder einer schwierigen Situation finden. Dabei Zugang zu wertvollen Ressourcen finden, welche u.a. das Problem transformieren.

Helga begleitet Luise durch den Prozess der Kern-Intention. Beide entscheiden sich, bei Kerzenschein und entspannender Musik zu arbeiten. Ausgangspunkt: Luise ist häufig erkältet, im Moment jedoch sind die Symptome nicht akut. Sie kann sich darauf einlassen, dass es einen Persönlichkeitsanteil gibt, der mit diesem an sich unangenehmen Symptom mehrere, aufeinander aufbauende gute Absichten verfolgt. Zunächst stellt sich Luise auf einen am Boden liegenden Zettel, der die Ausgangssituation markiert. Hier spürt sie noch einmal richtig nach, wie es ist, so erkältet zu sein, d.h., sie aktiviert das Thema. Mit Helgas Hilfe beginnt sie dann, Kontakt zu diesem inneren Teil aufzunehmen, dankt ihm für die guten Absichten und bittet ihn, ihr die erste gute Absicht mitzuteilen. Um die Antwort zu empfangen, begibt sie sich einen Schritt nach vorn, wo Helga für sie einen Zettel auf dem Boden ausgelegt hat. Als sie auf dem Zettel steht, kommt ihr „Nein-sagen-Können" als Antwort in den Sinn. Nachdem sie sich bedankt hat, erlebt sie, wie es ist, klar und deutlich nein zu sagen; teils kennt sie es aus anderen Situationen, teils stellt sie sich die befreiende Wirkung vor. Von hier aus fragt sie den inneren Teil gleich auf dreierlei Weise: „Wenn du das ‚Nein-sagen-Können' erreicht hast, (nein zu sagen), was kommt dann, welche gute Absicht hast du dann für mich, was wird dann möglich?" Helga bittet Luise zum nächsten Zettel zu gehen, den sie vor ihr ausgelegt hat und dort die innere Antwort zu empfangen. Luise tut dies, steht auf dem nächsten Zettel und erfährt die Antwort: „Selbst-bestimmt sein". Auch diesen Zustand erlebt sie mit allen Sinnen, als Symbol dafür fällt ihr eine Raubkatze ein, dazu ein alter Musiktitel von den Rolling Stones. Und sie stellt sich ein weiteres Mal die Frage, was dadurch möglich wird.

So erfährt sie auf den nächsten Zetteln die aufeinander aufbauenden weiteren guten Absicht ihres inneren Teils: „Spaß haben", „frei sein", „Liebe" und schließlich „Einssein". Jede Erfahrung erlebt sie als eine wertvolle Ressource. „Einssein" ist Luises tiefste gute Absicht, ihre Kern-Intention in diesem Prozess. Sie symbolisiert das wunderbare Gefühl, wie es ist, mit anderen Menschen und der Welt eins zu sein, indem sie zwei Finger der rechten Hand zusammendrückt. Und sie gibt sich die Erlaubnis, dies tief im Innern weiterhin erfahren zu dürfen. Von hier aus beginnt sie den Rückweg, nimmt symbolisch den Zettel, der für die Erfahrung des „Einsseins" steht, auf und geht mit dem wunderbaren Gefühl dieser Kern-Ressource zur vorherigen Station, die „Liebe" heißt. Hier erlebt sie, wie ihre Erfahrung von Liebe sich noch einmal vervollkommnet, wenn sie auf die bereits mitgebrachte Ressource des „Einsseins" aufbauen kann. Sie hebt auch diesen Zettel auf und damit symbolhaft die Ressource „Liebe".

So geht sie von Erfahrung zu Erfahrung die einzelnen Schritte weiter zurück, wobei jede Erfahrung durch die bereits mitgebrachten Ressourcen noch einmal ihre Intensität und ihre Qualität verändert. Vor der Ausgangsposition bleibt sie stehen, visualisiert dort ihr verschnupftes Selbst und stellt sich vor, durch ihre Hände alle Ressourcen in dieses hineinfließen zu lassen. Der letzte Schritt führt sie in ihre Ausgangssituation: „häufige Erkältungen". Hier spürt sie, wie es in ihrem Kopf heller und weiter wird, und sie muss tief und wohltuend atmen. Indem sie die Finger leicht zusammendrückt, erlebt sie das Gefühl des „Einsseins" noch einmal besonders intensiv. Sie fühlt sich hier nun völlig gesund und nimmt sich vor, dieses Gefühl, diesen Zustand als inneres Heilmittel in ihre Zukunft mitzu-nehmen. Dabei wird ihr bewusst, dass es Zeit ist, in einigen wichtigen Punkten ihr Leben zu ändern.

So geht's: Eine problematische Erfahrung erinnern, mit dem dafür „verantwortlichen" Teil Kontakt aufnehmen, die gute Absicht erfragen. Deren Erfüllung repräsentieren und die gute Absicht hinter dieser Absicht erfahren. Auch diese als Erfüllung repräsentieren – so lange, bis die „tiefste Absicht" erreicht ist. Sich diese Erfahrung (Kern-Erfüllung) innerlich erlauben und damit Schritt für Schritt unter Einbeziehung der vorherigen Ressourcen zur Ausgangssituation zurückkehren, mit diesen das Ausgangsproblem transformieren. Arbeiten Sie allein, können Sie die Stationen auf einen Merkzettel schreiben. – Diese Methode basiert auf dem *Core-Transformation-Prozess* von Connirae Andreas (1995).

Von Insa Sparrer und Matthias Varga von Kibéd gibt es auf der gleichen Grundlage eine Systemische Strukturaufstellung, die Core-Transformations-Aufstellung, welche sich auch im Organisationskontext bewährt (Sparrer 2001).

Ressourcen von anderen empfangen

Wertvollen Menschen noch einmal begegnen

Ziel: Mit neuem Bewusstsein Menschen aus der Vergangenheit als Quellen von Ressourcen wiederentdecken. Die Personen können imaginative Begleiter sein.

Marc ist Landschaftsarchitekt und möchte die Lebensweg-Arbeit dazu nutzen, sich jene Ressourcen zugänglich zu machen, die er für Erfolg im Beruf braucht. Er sucht zunächst auf seiner eigenen Zeitlinie, die er auf der Wiese des Schlossparks ausgelegt hat. Er stellt sich an den Punkt null und nimmt sich vor, bis zur Gegenwart zu laufen und dabei Menschen wieder zu begegnen, die ihm etwas Wichtiges vermittelt haben oder hätten vermitteln können – Mentoren, Freunde, Lehrer, Vorbilder, Eltern... Er will aufgeschlossen sein und unbefangen aufnehmen, was an Bildern, Eindrücken, Gefühlen und Worten kommt, und bittet sein Unbewusstes, ihm dabei zu helfen. Die für ihn wichtigen Menschen bittet er, wenn es passt, ihn ein Stück zu begleiten, vielleicht bis in die Gegenwart.

Natürlich trifft er als erstes, noch als Säugling, seine Eltern. Er bedankt sich dafür, dass sie einfach da waren und ihm das Leben geschenkt haben. Es ist, als gäbe sein Vater ihm etwas in die Hand, was er nur fühlen kann. Es ist warm und voller Energie, scheint von weit aus der Vergangenheit zu kommen. Die Eltern gehen eine Zeitlang neben ihm her – der Vater auf der einen, die Mutter auf der anderen Seite – was ihm Schutz gibt und ihn nährt. Irgendwann ist er in der Schule angekommen, die Bilder der Eltern stehen jetzt nicht mehr im Vordergrund. Marc bleibt stehen, als er seinen strengen Grundschullehrer sieht, den er eigentlich gar nicht mochte. Diesmal überreicht ihm der Lehrer ein Samuraischwert, Symbol für Disziplin und Klarheit. Er bedankt sich überrascht für das Geschenk und verspricht, es zu nutzen, zu pflegen und an einem inneren Ort aufzubewahren. Marc sagt dem Lehrer, dass er damals Angst vor seiner Strenge hatte. Als Teenager begegnet er

189

einem Mädchen, das ihm leider nicht zugetan war. Sie gibt ihm den Rat, anderen nichts vorzuspielen, sondern aus der eigenen Mitte heraus zu handeln. Er schenkt ihr sein Tagebuch, dass er damals über seine Wünsche und Hoffnungen geschrieben hat. Sie lächelt. Seine Freunde geben ihm in der nächsten Phase Selbstvertrauen und der Universitätsprofessor später gibt ihm ein Buch von Peter Joseph Lenné.

In der Gegenwart angekommen, fühlt sich Marc gestärkt und voller Energie. Es ist, als wären die Geschenke dieser Menschen aus der Vergangenheit jetzt in ihm verankert, als würde die Saat, die sie in ihm angelegt haben, aufgehen. Er blickt in die Zukunft und lässt Ideen aufkommen, wie er seinen weiteren beruflichen Weg ganz nach seiner Fasson gestalten könnte. Und er fühlt Kraft, dies zu tun. Irgendwann später geht er seinen Lebensweg noch einmal, und er hat alle Ressourcen seines Lebens in einem großen Korb dabei. Und er begegnet den Menschen, denen er noch etwas geben möchte, was er damals nicht getan hat oder nicht konnte. Aber das ist eine andere Geschichte.

So geht's: Mit einem Thema an den Beginn des Lebensweges gehen und auf dem Weg in die Gegenwart wichtige Menschen ein weiteres Mal begegnen – dieses Mal, um Ressourcen, Geschenke, wichtige Botschaften zu erhalten. Vielleicht geht der Austausch auch in beide Richtungen, so dass da ein Geben und Empfangen ist. Wo es passt kann der Lernende die Menschen aus seinem Lebensweg einladen, als Begleiter oder Berater mitzukommen. Die Methode basiert auf einem Modell von Martin Haberzettl.

Parallele Leben

Ziel: Ressourcen für das eigene Leben auf dem Lebensweg einer erfundenen oder realen Person entdecken.

Kurt ist Künstler. Er hat das Gefühl, dass seine Kreativität nicht ganz frei fließt. Deshalb möchte er sehen, ob er Ideen und Strategien anerkannter Genies für sein Leben nutzen kann. Zuerst überlegt er, in welchen Abschnitten seines Lebens er schöpferischen Input hätte brauchen können oder noch brauchen wird. Ad hoc fallen ihm der Kindergarten, die Schule, die Freunde, seine erste Liebe, die Berufsausbildung, die Studien- und Freizeit ein. In der Zukunft werden natürlich sein Schaffen als Bildhauer und Maler, aber auch Kommunikation im Allgemeinen eine große Rolle spielen. Kurt schreibt die vergangenen und mögliche künftige Stationen auf Zettel, die er in ihrer zeitlichen Reihenfolge auf dem Boden seines Ateliers auslegt. Damit hat er seinen Lebensweg markiert.

Leonardo da Vinci wäre ein gutes Modell. Er hatte Visionen und war seiner Zeit voraus. Ein gutes Vorbild. Wo es passt, schreibt Kurt auch für da Vincis Leben ähnliche Lebensabschnitte auf kleine Karten und legt sie parallel zu den seinen in etwa dreißig Zentimeter Entfernung im Raum aus, so dass die beiden Lebensalter in etwa nebeneinander liegen. Mit der Zeit im Kindergarten beginnend, erlebt Kurt noch einmal die wichtigsten Abschnitte seines Lebens, indem er von Karte zu Karte in Richtung Gegenwart geht. Auf jedem Punkt verweilt er gerade so lange, bis er die Qualität dieser Zeit nachempfunden hast und fragt sich dabei: „Was war das Schönste und Wertvollste an dieser Zeit für mich und mein späteres Leben?" und „Was hätte ich mir zu dieser Zeit am meisten gewünscht?"

Anschließend tritt er in die Schuhe da Vincis und erlebt, was dieser in seiner Jugend und im Erwachsenenalter erlebt haben könnte. Es ist ihm klar, dass er möglicherweise phantasiert. Er nimmt aber durchaus Unterschiede im Vergleich zu seinem Lebensweg wahr, auch wenn er sie nicht genau beschreiben kann. Zum Beispiel ist dort in einer späteren Lebensphase viel Leichtigkeit, aber auch harte Arbeit.

Kurt steht nun mit je einem Bein am Anfang der beiden parallelen Lebenswege. Langsam bewegt er sich voran und vergleicht das Gefühl, das sich im rechten und das, das sich im linken Bein einstellt. Er tut so, als ob er von jedem Leben, das für ihn und seine Entwicklung Nützlichste in sich aufnähme. Wo es auf seiner Seite Defizite gibt, prüft er, ob das Benötigte nicht auf da Vincis Zeitlinie zu finden ist. Über seine Beine lässt er die Ressourcen in seinen Lebensweg fließen. Von der Gegenwart seiner Zeitlinie aus blickt er zurück auf sein bisheriges Leben und schaut, was sich verändert haben könnte. Einiges hat eine andere Bedeutung bekommen, manch weniger schönes Erlebnis sieht er nun als Lernerfahrung für eine große Zukunft. Dorthin richtet er nun seine Augen. In Gedanken an sein künftiges Schaffen geht er langsam weiter auf seinem Lebensweg.

So geht's: Sich wichtige Ressourcen von einer realen oder fiktiven Person zugänglich machen, indem man den Lebensweg dieser Person betritt. Fertigkeiten oder Zustände des Modells nachvollziehen und erleben. Die Ressourcen in den eigenen Lebensweg fließen lassen, der parallel auf dem Boden ausliegt.

Aus Alternativen lernen

Der passende und der unpassende Kontext

Ziel: Einschränkende oder unpassende Persönlichkeitsmerkmale, wie Verhalten, Überzeugungen, Werte, Selbstbild u.a. in einem Herkunftskontext verarbeiten, für die Gegenwart bessere Wahlmöglichkeiten schaffen.

Hermann ist Politiker und will eine Rede halten. Schon während der Vorbereitung ist er „zu aufgeregt". Aufregung, so weiß er selbst, ist an und für sich nichts Negatives, kann in bestimmten Situationen sogar angenehm oder nützlich sein. Gegen Lampenfieber hätte er nichts, er weiß, dass er dadurch Kraftreserven mobilisieren würde. Etwas anderes ist jedoch seine Aufregung, und so beschränkt er sich zur Sicherheit aufs Ablesen seines Manuskriptes. Das gelingt ihm häufig nur mit etwas zitternder Stimme. Da er aufs öffentliche Reden nicht verzichten möchte, erkundet er in Gedanken an seine Aufgabe die Ebenen Persönlichkeit, die er auf Zetteln in einer Linie vor sich ausgebreitet hat. An „Umgebung" und „Verhalten" findet er nichts Aufregendes. Anders auf dem Zettel „Fähigkeiten": Er erinnert sich, dass ihm freies Reden im offiziellen Rahmen schon lange Probleme macht. Noch deutlicher ist die Reaktion auf „Überzeugungen". Hermann weiß nicht genau, was es ist. Jedenfalls hat es nichts mit seinen Fähigkeiten zu tun.

Quer zur Reihe der Persönlichkeitsebenen, auf der Ebene „Überzeugungen", legt Hermann seine Zeitlinie aus. Es ist jene, die nur für Hermanns Überzeugungen stehen soll. Das Gefühl haltend, geht er langsam zurück und hält dreimal bei ähnlichen Erlebnissen in der Vergangenheit an. Schließlich ist er bei seiner Herkunftserfahrung angelangt: In der Grundschule musste er sich gegen Herrn Kracht, seinen Lehrer, vor der ganzen Klasse verteidigen. Herr Kracht war sehr autoritär und, so empfand es Hermann, überaus ungerecht. Er war sehr aufgeregt und verteidigte sich vehement mit seinen vergleichsweise beschränkten Mitteln. Ohne Erfolg. Auch der Schulleiter war auf der Seite seines Kollegen. Hermann erinnert sich, dass er fortan immer aufgeregt war vor dem Unterricht bei Herrn Kracht und nach weiteren Erfahrungen mit autoritären Lehrern eine neue Überzeugung „gewonnen" hatte: „Ich muss mich vor Gruppen mit aller Kraft verteidigen."

Nach diesem Aha-Erlebnis versorgt sich Hermann im Nachhinein mit den Ressourcen, die er in jener Situation gebraucht hätte: Verständnis und Sicherheit. Ein gutes Symbol dafür war der kleine grüne Drachen, den er damals im Zeichenunterricht gemalt hatte. Herr Kracht kommt nachträglich in den Genuss von mehr Einfühlungsvermögen und persönlicher Freiheit; für Hermann war es in Ordnung, ihm diese Ressourcen zu geben. Anschließend erinnert er sich, dass er vor diesem Zwischenfall ganz gerne vor der Klasse sprach. Auch wenn er während seiner Kindergartenzeit Theater spielte, fühlte er keine Einschränkung. Aus all dem formuliert Hermann nun eine neue Überzeugung: „Ich kann sagen und zeigen, was in mir ist." Das angenehme Gefühl und die neue Überzeugung nimmt er mit, als er langsam in Richtung Gegenwart geht. Die Aufregung hat deutlich nachgelassen. Er trägt die neue Überzeugung weiter an die Stelle seines Lebensweg, an der die nächste Rede stattfinden wird.

Hier legt er seine Persönlichkeitsebenen erneut als Bodenmarkierungen aus und ergänzt seine neue Überzeugung um hinzukommende Fähigkeiten und Verhaltensweisen. Sein neues Verhalten generiert er gleich an Ort und Stelle: Er redet frei über das, was ihm gerade einfällt, und stellt sich dabei vor, wie er gut im Boden verwurzelt ist und wie seine Stimme dabei fest und sicher wird. Was seine Fähigkeiten betrifft, so merkt er bereits jetzt, dass ihm leicht sehr viele gute Gedanken einfallen. Er nimmt sich vor, die nächste Rede zu halten, ohne vom Blatt abzulesen.

Den richtigen Kontext entdecken heißt manchmal auch, eine Person ausfindig zu machen, von der der Lernende ein Verhalten oder eine Überzeugung übernommen hat. Hat sich Hermann beispielsweise von der Nervosität eines anderen Menschen anstecken lassen, so kann er diese Nervosität in einem Ritual wieder zurückgeben. Das kann, muss aber nicht in der Vergangenheit stattfinden.

So geht's: Im Falle von Volker ging es darum, herauszufinden, wo ein unpassendes Verhalten oder eine unpassende Reaktion im Leben einen Platz hat, und es diesem innerlich zuzuordnen, während für die aktuelle Lebenssituation neue Ressourcen und Verhaltensweisen gefunden werden. Bei Hermann werden die zu transferierenden Inhalte den Persönlichkeitsebenen zugeordnet und Ressourcen für Herkunftserfahrungen gesucht. In Modifikation der oben beschriebenen Arbeitsform, benutzt er für die Erforschung der Persönlichkeitsebenen eine Reihe von Zetteln als Bodenmarkierungen und bewegt sich quer dazu auf der Zeitlinie vom aktuellen Kontext zum Herkunftskontext und abschließend zu einem zukünftigen Kontext.

Weichenstellungen zurückverfolgen

Ziel: Zurückverfolgen heutiger und früherer Entscheidungen und Erleben von Alternativen, um frühere Erfahrungen und neue Modelle für die Lebensgestaltung zu finden. (Bild 10)

Bild 10: Beispiel für Weichenstellungen auf dem Lebensweg

Klara geht mit einem altbekannten Thema im Kopf auf ihrer Zeitlinie zurück: Sie braucht immer wieder ihre Unabhängigkeit, kann sich nicht binden, so dass ihre Beziehungen zu Männern immer nur kurz sind und häufig wechseln. Klaus begleitet sie. Auf dem Weg in die Vergangenheit zieht sie an ihren zahlreichen Partnern vorüber, bis hin zu ihrem ersten, Siegfried, von dem sie sich damals mit siebzehn nach drei Monaten getrennt hatte. Klaus fordert sie auf, an der Stelle vor der Trennung innezuhalten und auszuprobieren, was geschehen wäre, wenn sie sich anders entschieden hätte und bei Siegfried geblieben wäre. Klara bewegt sich mit dieser Vorstellung ein Stück in die Zukunft, als wäre eine Weiche anders gestellt. Klaus beobachtet sie und merkt, wie Klara dabei immer angespannter wird, bis sie schließlich sagt: „Das halte ich nicht aus, der ist eigentlich ein guter Typ, aber ich habe Angst, dass es ernst wird, ich will nicht heiraten und Hausmütterchen in einer Familie sein. Frauen haben in der Ehe keine Chance.“

Klaus bittet sie, mit diesem Satz und dem dazu gehörigen Gefühl weiter in ihre Vergangenheit zurückzugehen und Klara bleibt im Alter von elf Jahren auf der Zeitlinie stehen, berichtet von einem fürchterlichen Streit zwischen ihren Eltern und dass es darum ging, dass die Mutter eine Abendschule besuchen wollte, was der Vater ablehnte, sie sollte abends für ihn da sein. Zu dieser Zeit, sagt Klara, wollte sie von zu Hause weglaufen, hat es aber nicht getan. Klaus bittet Klara nun, sich vorzustellen, wie es gewesen wäre, wenn sie von zu Hause weggelaufen wäre. Klara bewegt sich einige Schritte in diese Alternative hinein und sagt: „Es wäre schlimm geworden, vielleicht wäre ich in ein Heim gekommen und dort dann gar nicht mehr herausgekommen.“ Klaus bittet Klara, auf dem Lebensweg weiter zurückzugehen und nachzuforschen, ob sie ein solches Gefühl schon einmal erlebt hat. Im Alter von fünf Jahren bleibt Klara stehen und berichtet von ihrem Stubenarrest, den sie bekommen hatte, weil sie mit ihrem Dreirad einfach fortgefahren war und alle sie suchen mussten. Der Vater hat sie den Tag danach nicht aus der Stube gelassen und war sehr böse gewesen. Klara erinnert sich mit einer Mischung aus Wut und Resignation an diesen Tag. Klaus bittet sie, das Ereignis von außen zu betrachten, und fragt sie, was geschehen wäre, wenn ihr Vater toleranter und gütiger gehandelt hätte. „Dann wäre mein Leben anders verlaufen.“

Klaus bittet Klara, sich dieses mögliche Leben auszumalen, was ihr gut gelingt. Sie stellt sich einen komplett anderen Vater vor und atmet auf. Nun will Klaus wissen, was ihr Vater gebraucht hätte, um tolerant und gütig sein zu können. „Das Gefühl, das ihn jemand mag“, fällt Klara ein. Er sei immer sehr eifersüchtig gewesen in Bezug auf die Mutter. Jetzt erinnert sie sich, dass ihre Mutter ihr später einmal gesagt hatte, dass die Ehe ein großer Fehler gewesen wäre und dass Frauen in einer Ehe keine Chance hätten. Sie sei nur wegen der Kinder beim Vater geblieben, aber all das hätte sie ihm nie gesagt. Klaus fragt Klara, was gewesen wäre, wenn die Mutter dem Vater die Wahrheit gesagt hätte und ihn verlassen hätte. Er lässt sie diese Alternative erleben. Klara ist sehr bewegt und probiert innerlich diesem Entwurf des Lebens aus. Sie sagt: „Es hätte einen riesigen Krach gegeben, aber dann wäre Ruhe eingekehrt und diese Lüge wäre vorbei, denn meine Mutter war sicher nicht glücklich mit ihm." Klara entwirft einen neuen Lebensweg, in welchem sich die Eltern getrennt hätten. Ab und zu wäre sie beim Vater gewesen und der hätte eine andere Frau gehabt und wäre dann viel netter und toleranter gewesen. Sie hätte aber bei der Mutter gelebt und die wäre jetzt viel stärker gewesen, hätte auch wieder geheiratet. Klara merkt, dass sie all die Jahre die ungelöste Thematik ihrer Eltern mit sich herumgetragen hatte. Sie entschließt sich, diese Last an die Eltern zurückzugeben und ahnt aufgrund ihrer Entwürfe, wie sie derartige Themen in ihrem eigenen Leben viel besser lösen könnte, als es ihre Eltern vermochten. Auch eine Ehe erscheint ihr nicht mehr bedrohlich, vorausgesetzt, dass von beiden Seiten Liebe da ist. Die inneren Alternativen, die sie sich entworfen hat, sind ein ermutigender Ansatz für ihr zukünftiges Leben. Klaus und Klara arbeiten noch mehrfach zusammen und Klara findet in der Folge zu einem früheren Partner zurück, mit dem sie sehr glücklich gewesen war.

So geht's: Mit einem Thema auf dem Lebensweg zurückgehen, frühere Entscheidungspunkte aufsuchen und die damals nicht gelebten Alternativen erproben. Von hier aus entweder weitere frühere Erfahrungen finden oder mit neuen Lösungen, die sich aus den Alternativen ergeben, zurückkehren.

Überzeugungen verändern

Sich widersprechende Überzeugungen verbinden

Ziel: Einander widersprechende Überzeugungen auf einer neuen Ebene in Einklang bringen.

Andreas hat zwei Überzeugungen, die nicht so recht zueinander passen. Einerseits glaubt er, dass er als Architekt nur dann Erfolg haben wird, wenn er mindestens zehn Stunden am Tag hart arbeitet, andererseits denkt er, dass harte Arbeit krank macht. Weil er einen Weg sucht, wie sich Erfolg und Gesundheit wider Erwarten doch vereinbaren lassen, versucht er's mit der Hilfe eines Beraters und der Lebensweg-Arbeit. Zunächst geht er beiden Überzeugungen auf den Grund, findet ihren Ursprung mit Hilfe der Zeitlinie. Die erste übernahm er, als er sah, dass sich seine Eltern den lieben langen Tag mit ihrer Gärtnerei abmühten und keinen Zweifel zuließen, dass das nötig war. Die zweite erfuhr er am eigenen Leib: Beim Ferienjob auf dem Bau verausgabte er sich als Schüler über mehrere Wochen und erhielt prompt die Quittung in Gestalt einer Sehnenzerrung, der ihn schließlich den Urlaub mit seinen Freunden kostete. Die hatten ihm das Unglück sogar noch prophezeit.

Er lässt die Überzeugungen in je eine Hand gleiten und definiert jede Hand als Teilpersönlichkeit mit dem entsprechenden Glauben. Als Beobachter relativiert Andreas mit Hilfe seines Beraters die beiden Überzeugungen. Er findet Gegenbeispiele für jede und lernt, dass sie zwar für konkrete Erfahrungen aus seinem

Leben stehen, keineswegs aber allgemeingültig sind. Jetzt sucht er eine neue Überzeugung, welche beiden Erfahrungen gerecht wird: Erfolgreiche Arbeit hat das richtige Maß und die richtige Zeit. Beide „Hände" können dem zustimmen und sind bereit, sich mit der jeweils anderen Seite versuchsweise zu versöhnen. Ohne Druck auszuüben legt er die Hände zusammen und nimmt wahr, dass sich daraus eine Sonnenblume entwickelt, die jetzt größer und größer wird. Sie findet die Wurzeln ihrer Zukunft in den beiden Erfahrungen.

Mit diesem Symbol geht Andreas seinen Lebensweg von Beginn an langsam bis in die Gegenwart. Er beschließt, bewusst oder unbewusst neue Lernerfahrungen zu machen. Als er in die Zeit, in welcher er die erste Überzeugung gewonnen hat, eintritt, würdigt er die Eltern für ihre Leistungen, lässt aber die Überzeugung, das dies immer so sein muss, bei ihnen. Dafür nimmt er Lebensmut und die Erfahrung, dass vieles im Team besser geht, mit. Bei der Entstehung der zweiten Überzeugung angekommen, gibt er sich diesmal gleich die Ressource, dass er auf seinen Körper hört und herausfindet, wann ihn etwas fördert und was ihn überfordert. Ungeachtet der Sehnenzerrung war er durch die Arbeit doch sehr fit geworden. Er bedankt sich für die guten Lehren aus dieser Zeit und erlebt zur Entschädigung innerlich nach, welch tollen Urlaub er gehabt hätte, wäre er achtsamer gewesen. Die Ressourcen „Achtsamkeit", „Lebensmut" und „Teamgeist" verwandelt Andreas in Nahrung für seine Sonnenblume, die sich prächtig entwickelt, während er mit ihr auf seinem Lebensweg in die Gegenwart und auch noch ein Stück in die Zukunft geht.

So geht's: Ausgangspunkt sind zwei sich widersprechende Überzeugungen. Für jede den Ursprungskontext finden. Ihre Allgemeingültigkeit relativieren und jede Erfahrungen jeweils in eine Hand nehmen. Welche neue Überzeugung integriert die beiden Erfahrungen, deckt sie als übergeordneter Glauben ab? Wenn beide „Hände" zustimmen können, nähern sie sich an und geben ein Symbol für die Integration beider Überzeugungen frei. Mit diesem Symbol den Lebensweg von Beginn in Richtung Gegenwart gehen, von beiden Glaubenskontexten sinnvolle Lernerfahrungen oder Ressourcen mitnehmen, anderes zurücklassen. Das Modell ist eine Variation einer Technik von Robert Dilts zur Integration gegensätzlicher Glaubenssätze (Dilts 1993). Eine andere Arbeitsform zu diesem Thema bietet die *Glaubenspolaritätsaufstellung* von Sparrer und Varga von Kibéd (2000, Teil V). Sie ermöglicht es, über Stellvertreter auch an solchen Überzeugungen zu arbeiten, die sich noch nicht sprachlich ausdrücken lassen.

Überzeugungen zurückgeben

Ziel: Sich von einschränkenden Überzeugungen lösen, die von anderen Menschen übernommen wurden.

Anne bedauert, dass in ihr Überzeugungen schlummern, die sie im Grunde einschränkend findet. Zum Beispiel: „Männer wollen immer nur das eine", ein Satz, den sie möglicherweise einmal aufgeschnappt und aus irgendeinem Grund verinnerlicht hat. Natürlich hat sich die Überzeugung oft genug bewahrheitet, aber das ist ja gerade die Tücke von Überzeugungen, wie sie weiß. Sie möchte zumindest diese jetzt an den Absender zurückgeben.

Dass Männer „immer nur das eine" wollen, hat Anne, wie sie auf ihrem Lebensweg herausfindet, als Elfjährige aus dem Munde ihrer Großmutter aufgeschnappt. Als Anne sich die Szenen aus der Beobachterposition anschaut, bemerkt sie, dass dieser Aspekt seitdem immer mitschwingt, wenn sie einem männlichen Wesen begegnet. Das findet sie zum einen amüsant, zum anderen möchte sie die „Weisheit" gerne zurückgeben. Das tut sie auf symbolische Weise, indem sie die Überzeugung auf ein Papier schreibt, ihr dafür dankt, dass sie ihr möglicherweise viele gute Dienste erwiesen hat, und sie schließlich an ihre Großmutter zurückreicht. Denn sie hat entschieden, dass sie sie nicht mehr braucht. Ihrer Oma sagt sie: „Vielen Dank für die Überzeugung. Ich benötige sie nicht mehr und gebe sie dir deshalb zurück. Es ist nicht meine. Es ist deine. Danke." Dann stellt sie sich in die Schuhe der Großmutter und nimmt wohlwollend den zurückgegebenen Glauben an. Schließlich stellt sie sich noch einmal in die Position ihres jüngeren Selbst und formuliert einen neuen Glaubenssatz: „Männer wollen verschiedene Dinge und ich kann das unterscheiden." Sie vergewissert sich der Zustimmung der Großmutter.

So geht's: Alte Überzeugungen bis in ihre Herkunft zurückführen und ihr Wirken im bisherigen Leben bewusst machen. Positive Effekte würdigen und die Entscheidung zum Loslassen treffen. Die Überzeugung im Herkunftskontext mit einem Ritual an den ursprünglichen Träger zurückgeben, eine neue, erweiternde Überzeugung annehmen.

Zutaten für eine neue Überzeugung

Ziel: Ein Ziel oder eine hierzu erforderliche neue Überzeugung durch Erfahrungen aus der Vergangenheit unterstützen.

Walter möchte unbedingt Schriftsteller werden. Er erlebt dessen Erfüllung jetzt in Vollkommenheit auf allen Ebenen der Persönlichkeit. Er hat es symbolisch in die Zukunft seines Lebensweges gepflanzt. Er stellt sich, hier auf der Zeitlinie stehend, die Frage, welche Überzeugung wohl darin zum Ausdruck kommt, dass er dieses Ziel gewählt und erreicht hat. „Ich habe etwas zu sagen", lautet die spontane und auf den ersten Blick etwas lapidar erscheinende Überzeugung, die er jetzt auf ihre „Zutaten" hin untersucht: „Ich bin es wert, mich zu äußern"; „Ich habe Erfahrungen und Wissen"; „Ich habe den Mut, ehrlich zu sein"; „Ich habe keine Scheu vor der Mühe" und „Andere hören mir zu". Auf seinem Lebensweg geht Walter anschließend zurück, um für jede Aussage unterstützende Bezugserfahrungen zu sammeln. Es ist jene Schatzsuche auf dem Lebensweg, die er von Iris und Beatrice gelernt hat.

In seiner Schulzeit stößt er auf eine traurige Erfahrung: damals musste er als Klassensprecher zurücktreten, weil er auf Missstände in der Schule aufmerksam gemacht hatte. Für diese Erfahrung führt Walter ein Reimprinting durch und verwandelt sie in eine wertvolle Lernerfahrung. All die unterstützenden Zutaten geben Walter ein großes Stück Ermutigung und Befähigung, seinem Ziel entgegenzugehen. Er weiß, worauf er bauen kann. Er weiß auch, dass er lernen wird, was noch fehlt – wie er auch früher immer Neues hinzugelernt hat.

So geht's: Ziel auf allen Persönlichkeitsebenen in Vollkommenheit erfahren und auf dem Lebensweg in die Zukunft pflanzen. Als zukünftiges Selbst herausfinden, welche Überzeugung dieses Ziel überhaupt erst möglich macht. Bestandteile dieser Überzeugungen bestimmen und für jeden Bestandteil in der Vergangenheit oder anderswo Bezugserfahrungen und Ressourcen finden.

Einschränkende Erfahrungen verwandeln

Erfahrungen in einen neuen Zusammenhang stellen

Ziel: Defizitäre Erfahrungen durch Hinzufügen nützlicher Aspekte aus Gegenwart, Zukunft oder Vergangenheit in einen versöhnenden Rahmen stellen und ausgleichen.

Bernd saß, bevor ihn die Bundesrepublik freikaufte, in politischer Haft in der DDR. Das war keine leichte Zeit, aber sie hatte, genau betrachtet, auch ihr Gutes, besonders was die Auswirkungen in der Zukunft angeht. Um die Gefängniszeit zu verarbeiten, macht sich Bernd bewusst, was daran auf welcher Erfahrungsebene positiv war und wann es sich manifestierte: Seit seiner Verhaftung hatte er beschlossen, dem Staat und seinen Vertretern nichts mehr vorzumachen. Es wurde mit offenen Karten gespielt und niemand musste Republiktreue heucheln, für Bernd eine Erleichterung, sich endlich kongruent verhalten und seine Identität einbringen zu können. Hier gab es auch Mitstreiter, die ebenfalls die DDR verlassen wollten; er saß mit ihnen in einem Boot, fühlte sich zugehörig. Wesentliche Werte waren Klarheit in Bezug auf das Ziel, Kongruenz, wahre Freundschaft, auch seine Eltern waren auf seiner Seite. Nach einer Weile entwickelte Bernd neue Fähigkeiten, wie wachsende Menschenkenntnis und soziale Kompetenz, denn er lebte mit zwanzig Gefangenen in einer Zelle. Soziale Prozesse verstand Bernd, der als Einzelkind aufgewachsen war, intuitiv immer besser.

Nach fünfzehn Monaten kam dann die Freiheit im Westen. Hier gab es die Chance, noch einmal neu anzufangen. Der Wahlmöglichkeiten gab es ungleich mehr, was Beruf, Reisen oder auch Konsum anging. Nach vier Jahren kristallisierte sich Bernds neue berufliche Identität heraus, die viel mit Kommunikation, Lernen, neuen Freunden, Unterstützung, Therapie und Entfaltung, schöpferischer Verwirklichung, dem eigenen Institut, Arbeit für die Mitmenschen, äußerer und innerer Freiheit zu tun hatte. Soweit das Positive. Zu leiden hatte Bernd während der Zeit als Häftling unter der sehr engen Umgebung, die keine Spaziergänge zuließ.

Er fühlte sich unsicher, abhängig und gezwungen, sich den Machtstrukturen zu unterwerfen. Das Essen war schlecht und manchmal zweifelte er am Erfolg seines mutigen Planes. Im Westen war er zu Beginn damit konfrontiert, dass er unerfahren in den gesellschaftlichen Gepflogenheiten und dadurch auch allein war.

Bernd macht ein Zeitlinien-Reframing, um diese negativen Erfahrungen auszugleichen und vielleicht den einen oder anderen Lerneffekt nachträglich zu erzielen. Dazu legt er eine Zeitlinie aus. Die positiven Aspekte schreibt er auf Karten, die er auf der rechten Seite seines Lebensweges genau an den Stellen platziert, wo sie aufgetreten sind, die negativen Erfahrungen markiert er in ähnlicher Weise auf der linken Seite. Er fragt sich, ob die rechts platzierten Erfahrungen die Defizite auf der linken Seite in irgendeiner Weise ausgleichen können. Als erstes heilt er die erlebte Enge im Knast mit der größeren Freiheit und den Reisen, die er anschließend genießen konnte. Er legt die Karte, die für „Freiheit und Reisen" steht, neben jene, die Enge symbolisiert, und erkennt, dass beides zusammen seine Erfahrungswelt komplett macht. Er ist mit der Enge versöhnt. Mit der im Gefängnis erlebten Zusammengehörigkeit von Menschen, die das gleiche Schicksal teilen, gleicht Bernd das Alleinsein zu Anfang in der neuen Heimat aus, und er ist auch hier froh, das es beides gibt. Später kommen die viele Freunde und Menschen mit ähnlichen Visionen hinzu, die ihm eine andere Art von Zugehörigkeit schenken. Das ist ein weiterer Ausgleich. Das schlechte Gefängnisessen erfährt eine gewisse Versöhnung durch die gesunde, reichhaltige Kost in der Zeit nach überstandener Haft. Die Abhängigkeit von rigiden Aufsehern ergänzt er durch die selbstbestimmte Wahl eines Berufes, mit dem er andere Menschen fördern kann.

Gottfried hat seinen Coach Karl aufgesucht, um mit ihm zusammen an seinem Lieblingsthema „Beziehungen" zu arbeiten. Gottfried findet es interessant, vergangene, nicht ganz gelungene Entscheidungen und Erfahrungen einmal in einem anderem Licht zu sehen und vielleicht den einen oder anderen Lerneffekt nachträglich einzuheimsen. Angenehm findet er, dass Karl für ihn eine Beobachter-position eingerichtet hat. Auch in die „nicht begonnene Vergangenheit", die Zeit, bevor alles anfing, kann er gehen, wenn er will. Die Arbeit beginnt. Gottfried steht in der Gegenwart, denkt an sein Thema und beginnt, langsam rückwärts in Richtung Vergangenheit zu gehen. Bald steht er an dem Punkt, als er sich von seiner Freundin trennte. Karl bittet Gottfried, sich diese Zeit von außen zu betrachten und stellt Fragen: „Was waren die positiven Resultate der Trennung? Was hat sie Schlimmes verhindert? Was war deine gute Absicht, die du mit der Trennung verwirklichen wolltest? Wäre es auch anders gegangen? Was meint ein weiser Mann dazu? Was würden die Hopi-Indianer dazu sagen?"

Die so gewonnenen positiven Aspekte sammelt Gottfried auf Zetteln rechts neben seiner Zeitlinie. Links finden sich solche Aspekte, die nicht so angenehm waren: „Was hat später gefehlt? Was hast du Falsches gelernt? Was ist noch verwundet? Was hättest du wissen müssen?" – Und dann wieder für die rechte Seite: „Was war das Gute an diesen Defiziten?" – Genauso verfährt Gottfried mit einigen weiteren Erfahrungen, an denen er auf seinem Weg in die Vergangenheit stehen bleibt. Am Ende geht es darum, die negativen Aspekte auszugleichen, indem er die passenden Einsichten und Ressourcen, vielleicht aus einer anderen Zeit, mit der rechten Seite verbindet. Karl fragt ihn nun, was er aus seinem Lebensweg lernt. Gottfried sagt, dass es sich stets gelohnt hat, seiner Intuition zu vertrauen und dass er jetzt weiß, was er wirklich will.

So geht's: Links neben der Zeitlinie negative und rechts positive Aspekte einer Erfahrung sammeln. Die negativen Erlebnisse mit den positiven aus derselben oder einer anderen Zeit in einem neuen Zusammenhang erleben, Defizite ausgleichen, sich mit den Erfahrungen versöhnen. Die ursprüngliche Form des Modells wurde von Robert Dilts entwickelt und trägt die Bezeichnung „Timeline-Reframing".

Auch unabhängig von einem speziellen Thema ist es eine gute Idee, positive und negative Erfahrungen an getrennten Seiten des Lebensweges zu positionieren (Bild 11) und die auf der einen Seite gesammelten Ressourcen für den Ausgleich der auf der anderen Seite repräsentierten Defizite zu nutzen.

Bild 11: Lebensweg mit positiven und negativen Ereignissen

Trauer und Verlust verarbeiten

Ziel: Trauer und Verlust schrittweise verarbeiten und alles Wertvolle aus der Beziehung innerlich mitnehmen.

Alberts Frau ist vor ein paar Monaten gestorben. Er möchte seine Trauer besser verarbeiten und besucht einen Freund, der selbst einen herben Verlust zu bewältigen hatte. Der lädt ihn ein, auf der gemeinsamen Zeitlinie des Paares, die auf dem Boden ausliegt, nochmals mit seiner Frau den Weg bis zu ihrem Tod zu gehen, was für Albert in Ordnung ist. Er nimmt vom gemeinsamen Lebensweg alles wichtige – Liebe, Lernerfahrungen, Auseinandersetzungen, Annehmen und Loslassen in einer Partnerschaft – in sein Herz auf in dem Bewusstsein, dass es immer da sein wird. Außerdem gibt er ihr von sich all das, was er ihr innerlich stets geben wollte, auch wenn er dies seinerzeit nicht in dieser Form vermochte. Am Ende der gemeinsamen Zeitlinie dann die Trennung – Albert verabschiedet sich mit Tränen von seiner Frau und nimmt an, dass ihre Seele noch eine Zeit lang seine Begleiterin sein wird. So geht er allein auf seinem Lebensweg weiter, spürt aber ihre Nähe und kann mit ihr sprechen. Schließlich erreicht er in der Phantasie einen großen See und eine kleine Bootsanlegestelle, hier sagt sie ihm, dass sie nun nicht mehr mitkommen kann. Es ist wie ein zweiter Abschied. Er wünscht ihr eine gute Reise ins Licht und empfängt von ihr ein letztes symbolisches Geschenk, das er in sein Herz aufnimmt. Er verabschiedet sich und merkt, dass sie ihm wohlgesonnen ist und ihm ein schönes weiteres Leben wünscht. Allein rudert er zu einem neuen Ufer, sie bleibt zurück. An Land beginnt er ein neues Leben.

So geht's: Den gemeinsamen Lebensweg noch einmal gehen und alles Wertvolle einsammeln, geben und empfangen, was noch fehlt. Den Weg in die Zukunft mit innerer Begleitung des Partners, dann allein gehen.

Eine Entwicklungsblockade lösen

Ziel: Eine in früherem Alter stecken gebliebene Entwicklung nachträglich weiterführen, dem betreffenden Persönlichkeitsanteil Wachstum ermöglichen.

Sibylle findet zusammen mit ihrer Therapeutin Carla heraus, dass etwas in ihr im Alter von vier Jahren blockiert wurde und sich seither kaum verändert hat. Damals hatten sich ihre Eltern getrennt und der Vater, der ihr sehr wichtig war, zog weg. Seitdem war sie misstrauisch, besonders Männern gegenüber. Sie ließ auch in der Gegenwart kein gutes Haar an ihnen. Gemeinsam erkannten sie die gute Absicht dieses Verhaltens: Es sollte Sibylle fortan vor Enttäuschungen bewahren. Mit Carlas Hilfe entdeckt Sibylle auf dem Lebensweg die Zeit vor dem Ereignis und erlebt die Geborgenheit und das Vertrauen. Gern war sie beim Vater. Sibylle hat sich ganz in das Kind hineinversetzt, während Carla mit ihr ein wenig vorwärts in Richtung Zukunft geht – bis kurz vor die Zeit, in welcher der Vater sie verließ. Sie fragt, was die kleine Sibylle benötigt, damit sie die auf sie zukommende Erfahrung diesmal anders verarbeiten kann. „Ehrlichkeit und einen richtigen Abschied", sagt diese. Carla bittet sie jetzt, ihren Wunsch beiden, Vater und Mutter innerlich mitzuteilen und zu warten, ob diese ihr antworten.

Währenddessen berührt Carla die kleine Sibylle wie eine gute ältere Freundin auf dem Rücken in der Höhe des Herzens. Nach einer Zeit sieht Sibylle die Gestalt ihres Vaters. Er kommt näher, berührt sie und sagt: „Ich werde weit fort gehen von dir, das tut mir sehr leid. Deine Mutter und ich können nicht mehr zusammen leben, das ist unsere Sache. Du aber, Sibylle, sollst glücklich werden. Ich gebe dir meinen Segen und bin innerlich für dich da." Dann gibt er ihr ein goldenes Amulett und nimmt sie noch einmal in die Arme. Sibylle weint und zugleich atmet sie auf. Sie sammelt noch einmal all die guten Erfahrungen der ersten Jahre, hält das Amulett in ihren Händen und bewegt sich ein wenig weiter vorwärts auf der Zeitlinie. Plötzlich spürt sie die Mutter an ihrer Seite. Sie sagt, dass sie für Sibylle da ist, auch wenn der Vater gegangen ist, und dass der Vater für Sibylle ein guter Vater war. Es tut Sibylle gut, die Mutter neben sich zu wissen. So bewegt sie sich ganz langsam auf ihrem Lebensweg weiter, die Zeit der Trennung ist schon vorbei – und sie bemerkt, dass sie trotz einiger Tränen immer noch das Gefühl von Vertrauen und Geborgenheit in sich spüren kann, jenes von den ersten Jahren. Es ist, als ob alles Wertvolle vom Vater in ihrem Herzen seinen Platz gefunden hätte. Indem sie älter wird, erlebt sie die Trennung der Eltern und wie der Vater wegzieht als nötige Entscheidung, die zwei Menschen trafen, die zu einer anderen Lösung beim besten Willen nicht gefunden haben. Sie versteht gleichzeitig, dass dies die Beziehungsthematik der Eltern ist, die im Grunde mit ihr nichts zu tun hat. Jetzt ist Sibylle bereit, eigene Wege zu finden, um Nähe und vertrauliche Beziehungen zu leben. Carla begleitet sie weiter in diesem Prozess.

So geht's: Das blockierende Ereignis auf dem Lebensweg finden, vor diese Zeit zurückgehen und von hier aus ein ressourcevolleres Modell der Erfahrung gestalten und erleben. Damit zurück in die Zukunft gehen.

Eine Umarmung kommt nie zu spät

Ziel: Die unterbrochene Hinbewegung zwischen Mutter und Kind innerlich vollenden.

Elisabeths Mutter war eine bekannte Schauspielerin und deshalb oft unterwegs. Das war für die Tochter mitunter ganz aufregend, besonders als Jugendliche, doch wie sie sich erinnert, hat ihr in ganz jungen Jahren besonders eines gefehlt: in den Arm genommen zu werden. Nicht dass sie von Seiten ihrer Mutter Liebe vermisst hätte, doch sie war einfach zu selten zu Hause. Das konnte auch die nette Haushälterin nicht ersetzen. Ihr Berater schickt Elisabeth in eine fiktive Situation. Sie stellt sich ihre Mutter am Beginn eines Arbeitstages im Studio vor. Ihr Berater spielt selbst eine Rolle in dieser Veränderungsarbeit. Er wendet sich der Schauspielerin zu und eröffnet ihr, sie habe heute frei, er habe ihre Tochter mitgebracht und werde ihr heute alles vom Leib halten, was nach Arbeit aussieht. Sie könne sich jetzt ganz ihrem Kind widmen. Damit ihr das für den Moment leichter fällt, reicht er der Mutter symbolisch in einem Geschenkkarton noch weitere Ressourcen: Freude und Muße. Bald darauf wird Elisabeths jüngeres Selbst nachträglich liebevoll von der Mutter umarmt. Sie genießt es, in ihrer Vorstellung zu ihr hin zu gehen und sich dann in die Arme schließen zu lassen.

So geht's: Eine typische Situation in der Vergangenheit erinnern, in der dem jüngeren Selbst mütterliche Aufmerksamkeit und Liebe gefehlt haben. Der Begleiter kann die Mutter entlasten und schützen, so dass das Kind in ihre Arme laufen und damit die „unterbrochene Hinbewegung zur Mutter" nachholen kann.

Das Selbst und die anderen

Ressourcen für die Ahnen

Ziel: Tiefe Ressourcen in Form von Licht an die Ahnen weitergeben und aufnehmen, was aus ihren Quellen zurückfließt.

Dagmar hat den Prozess der Kern-Intention genossen. Sie hat das Erlebnis der Erfüllung eines ihrer höchsten Werte (lebendig sein), als Quelle symbolisiert und möchte diese Erfahrung an ihre Eltern, Großeltern und Ahnen weitergeben. Dazu stellt sie sich vor, wie sie vor dem Beginn ihres Lebensweges steht, rechts die Zeitlinie des Vaters, links die der Mutter. Diese Linien reichen weiter in die Vergangenheit zurück. Diese beiden Zeitlinien wiederum werden links und rechts von den Zeitlinien der Großeltern umgeben und diese dann von denen der Urgroßeltern usw.

Dann legt Dagmar die rechte Hand auf die Zeitlinie das Vaters, die linke auf die der Mutter und visualisiert, dass aus der Quelle des Lebendigseins Licht über ihre Hände in die Zeitlinien der Eltern fließt, in deren Vergangenheit hinein, von wo aus es in die Zeitlinien der Großeltern fließt und so fort. Sie stellt sich vor, dass dieses Licht die Eltern und die anderen Vorfahren erreicht, so dass deren Ressourcen geweckt werden und in die Gegenwart zurückfließen. Nach einer Weile erlebt sie, wie neue Energie aus der Vergangenheit in ihre Hände strömt und sie auf beiden Seiten umgibt. Sie stellt sich vor, wie links und rechts vor ihr Mutter und Vater glücklich und voller Energie ihr wahres Potential entfaltet haben und sich in Liebe vereinigen, wobei sie ihre Hände langsam zu einer Schale zusammenführt. In der Mitte der Schale entsteht die erste Zelle ihres Lebens. Dagmar visualisiert das Symbol der Quelle in ihrer Handschale und geht einen ersten Schritt vorwärts in ihr Leben, wobei sie ihre Hände zur Brust führt. Nun nimmt sie von links und rechts die Ressourcen der Eltern und der weiteren Vorfahren auf, saugt sich förmlich voll mit der sie umgebenden Energie. Langsam bewegt sie sich auf ihrem Lebensweg vorwärts und erlebt, wie sie diesen Weg diesmal voller Energie und Ressourcen zu gehen vermag. Indem sie älter wird, öffnen sich die sie umgebenden Ahnenreihen und Dagmar geht aufrecht und sicher ihren eigenen Weg. Sie spürt die Unterstützung der Vorfahren in ihrem Rücken, erreicht die Gegenwart und trägt die neue Energie in die Zukunft.

Clemens, Dagmars Freund, will einen ähnlichen Prozess erleben, muss aber feststellen, dass auf der Seite des Vaters keine Ressourcen und keine Energie zurückfließen. Dagmar rät ihm, auf der Seite des Vaters in die Vergangenheit seiner Familie zu gehen und nachzuempfinden, ob er beim Vater, bei den Großeltern, bei den Urgroßeltern... ungelöste Blockaden oder Hindernisse wahrnehmen kann. In der Tat empfindet Clemens eine leichtes Zittern und eine Kälte, als er seiner Vorstellung nach bei den Urgroßeltern angelangt ist. Clemens hat die Empfindung, im Lebensweg seines Urgroßvaters auf ein blockierendes Ereignis gestoßen zu sein. Als er von hier aus weiter in die Vergangenheit geht, bekommt er wieder ein gutes, warmes Gefühl. Dagmar leitet Clemens nun an, die schwierige Stelle am Boden zu markieren und sie dann von außen zu betrachten. Sie bittet ihn, seinen Urgroßvater zu fragen, was er benötigt, und Clemens erhält in der Tat innerlich eine Antwort, ein Symbol, das vor seinem geistigen Auge auftaucht: Es ist eine Waage, gehalten von der Göttin der Gerechtigkeit, Justizia. Clemens wird bewusst, dass Fairness und Gerechtigkeit sehr hohe Werte in seinem Leben sind. Er visualisiert, wie die Göttin der Gerechtigkeit mit der er einen guten Kontakt zu haben scheint, in das Leben des Urgroßvaters geht, ihm die Hand reicht und dieser sich dankbar und tief entspannt. Nun betritt Clemens die kritische Stelle erneut und hat diesmal ein entspanntes, gutes Gefühl. Wieder in der Gegenwart, bemerkt er, wie sich jetzt auch seine väterliche Seite mit Ressourcen füllt. Sie haben eine andere Qualität als die der mütterlichen Seite. Den weiteren Prozess lässt er sich in ähnlicher Weise entwickeln, wie Dagmar es tat in der Bewegung auf ihrem Lebensweg. In der nächsten Nacht ist es Clemens, als wären sein Urgroßvater, sein Großvater und sein Vater bei ihm gewesen, hätten „Dankeschön" gesagt und ihm ein wertvolles Geschenk ins Herz gelegt.

So geht's: Tiefste Ressourcen erleben und diese aus einer Position vor dem Anfang des eigenen Lebensweges in Form von Energie oder Licht in die Lebenswege der Eltern, Großeltern und weiterer Ahnen fließen lassen. Wahrnehmen, was zurückkommt, und mit allen Ressourcen den eigenen Lebensweg beschreiten. Eventuelle Blockaden in der Ahnenreihe auffinden und symbolisch durch zusätzliche Ressourcen ausgleichen.

Beziehungsfähigkeit fördern

Ziel: Einschränkungen, die eine tiefe Nähe zum Partner verhindern, erkennen und metaphorisch lösen.

Tom möchte eine tiefere Beziehung. Er weiß, er kann sich auf Frauen nicht so recht einlassen, und möchte dies in einer Übung klären, die von Tina angeleitet wird. Ursel hat zugesagt, ihm als „Projektionsfläche" zu dienen. Tom steht ihr in sicherem Abstand gegenüber, schaut ihr in die Augen und bittet sie jeweils, ihm langsam ein Stück entgegenzukommen oder stehen zu bleiben. Er erforscht dabei, was sich an Bildern und Empfindungen bei ihm einstellt, wenn eine Frau sich ihm nähert – denn genau das ist schwierig für ihn. Als sich in ihm ein starkes Gefühl ausbreitet und er am liebsten „Stopp!" sagen will, schließt er die Augen und wird von Tina, die ihn in seinem Prozess begleitet, mit indirekter Sprache in seine innere Erlebniswelt geführt. Dann befragt sie ihn, welche Gefühle, Bilder oder metaphorischen Erfahrungen in ihm hochkommen: „Was fühlst du?"; „Gibt es etwas zu sehen?"; „Bist du allein?"; „Was geschieht?"

Tom befindet sich in seiner Vorstellung auf einem Weg und sieht eine offenbar giftige Schlange auf sich zukommen, was ihn daran hindert, weiterzugehen. Links und rechts des Weges stehen Apfelbäume. Ihm fällt kein reales Erlebnis ein, das er damit verbinden könnte, Tina meint, dass dies eine alte, archetypische Erfahrung sei. Tom hat Angst vor der Schlange. An dieser Stelle bietet ihm Tina an, als Ressource einen Apfel von einem der Bäume zu probieren. Tom sagt, „typisch Frau" und lehnt ab. Tina merkt, dass sie als Frau in einer Arbeit über Toms Angst vor Frauen keineswegs auf Vertrauen bauen kann und prüft, ob sie eigene Bedürfnisse mit Toms Thema verbindet. Dieser erlebt indessen, dass die Schlange näher kommt. Tina bittet ihn, die Situation aus einem sicheren Abstand zu betrachten, doch er lehnt erneut ab. Die Schlange zischt ihn an. Tom hat das Gefühl, dass er gebissen wird und dadurch in eine neue Traumwelt eintritt...

In seiner Nähe befindet sich eine sonderbar vertraute Frau. Sie reicht ihm einen Apfel, er beißt hinein. Tom fühlt sich mit allen Sinnen zu dieser Frau hingezogen. Sie schauen sie sich in die Augen und es ist, als würde er vor Liebe und Verlangen den Verstand verlieren. Sie berühren sich, umarmen sich und Tom erlebt ein unbeschreibliches Gefühl von Weite und Freiheit. Es ist, als wären sie zu einem Wesen verschmolzen. Nach einer Weile lächelt Tom und sagt: „Ich hatte immer Angst, die Kontrolle zu verlieren, aber es war wunderschön und es war nicht tödlich." Von irgendwoher hört er nun eine Stimme und erschrickt: „Hier spricht Gott. Jetzt sollt ihr meinen Garten verlassen." Tom fühlt sich schuldig und bestraft. Seine Frau aber fragt: „Sag, Gott, wie meinst du das?" Gott antwortet: „Ihr seid die ersten, die mich fragen, die anderen haben mich lieber missverstanden. So höret: Ich freue mich, dass ihr getan habt, wozu ich euch geschaffen habe. Ihr dürft nun euren eigenen Garten gestalten, denn ihr seid erwachsen und könnt Verantwortung übernehmen. Ich bin alt und will nicht mehr alles allein tun. Ich habe euch alles, was ihr auf dem weiteren Weg braucht, gegeben und ich schaue freundlich auf euch." „Und die Sünde?", fragt Tom. „Das ist eine Sünde der Kleriker", sagt Gott. Tom erwähnt, dass er Angst vor der Verantwortung hat. Gott lächelt: „Ich habe da noch eine Ressource für euch." Und nun ist es Tom, als würde eine warme, kraftvolle Energie ihn durchströmen. Er fühlt Mut, Freude und Kraft.

Er tritt mit seiner Frau hinaus in die Weite und fühlt, dass dies ein erfülltes Leben wird, das glücklich zu Ende geht. Sie haben drei Kinder, machen noch viele wertvolle Erfahrungen und Gott ist freundlich. Tom dankt seiner Frau, den Kindern und Gott und kehrt reich beschenkt in die Gegenwart zurück. Unterwegs sieht er noch einmal die Schlange und bedankt sich auch bei ihr. Sie schenkt ihm die Ressource der Intuition. Denn, so meint sie, in der Gegenwart muss Tom gut unterscheiden können, wohin er seine Schritte lenkt und welche Menschen für ihn richtig sind. Nach einer Weile öffnet Tom die Augen und lächelt. Da steht immer noch Ursel. Ganz entspannt lädt er sie ein, näher zu kommen. Dicht voreinander bleiben sie stehen, schauen sich in die Augen und es ist angenehm. Dann verabschieden sie sich, und Tom bedankt sich für die Erfahrung. Er bedankt sich auch bei Tina.

So geht's: Einem Partner des anderen Geschlechts (Projektionsfläche) gegenüber stehen und ihm langsam näher entgegengehen oder ihn entgegenkommen lassen. Wenn sich starke Gefühle einstellen oder sich die Wahrnehmung auf andere Art deutlich verändert, innehalten, die Augen schließen und in eine metaphorische Erfahrungswelt eintreten. Diese mit gutem Ausgang durchleben, und, so nötig, Ressourcen für sich selbst und andere Beteiligte mit Ressourcen finden. Abschließend die Begegnung mit dem Partner des anderen Geschlechts fortsetzen und Veränderungen wahrnehmen.

Beziehungs-Weg

Ziel: Eine Beziehung mit Ressourcen regenerieren.

Roy und Astrid verstehen sich nicht mehr so gut wie früher. Ihr Paarberater Ronald schlägt ihnen nach einem Vorgespräch vor, ihre Zeitlinien nebeneinander im Raum auszulegen und gemeinsam in die Geschichte zurückzugehen. Auf dem Rückweg nennt jeder die positiven Erfahrungen, Ressourcen und guten Zeiten, die er zu einer bestimmten Zeit erfahren hat, und die Defizite und Schwierigkeiten, die es gab. Ronald schreibt die Aussagen auf Zettel und platziert diejenigen, die sich auf Ressourcen beziehen in der Mitte zwischen den Zeitlinien des Paares. Geht es um Defizite, so platziert er die Zettel links bzw. rechts neben ihren Zeitlinien. Nun leitet Ronald die beiden an, Ressourcen und neue Einsichten zur Verarbeitung schwieriger Erfahrungen zu finden. Dort, wo es Streit gab, erklären beide, was ihre tiefere gute Absicht war, und suchen neue Wege, diese anders als bisher zu erfüllen und anders als bisher miteinander umzugehen. Dabei kommen Roy und Astrid die in der Mitte abgelegte Ressourcen zugute. Da gab es die Zeit, in der Roy seine Steuerprüfung hatte und sehr gestresst war. Astrid lernt, ihn diesmal so zu unterstützen, wie er es gebraucht hätte, statt sich zu beklagen, dass er so wenig Zeit hat. Sie weiß ja, dass der spätere gemeinsame Urlaub auf den Kanarischen Inseln auch ein Ergebnis der guten Ergebnisse dieser Prüfung war. Und sie sagt, dass es ihr leid tut, dass sie ihn damals so wenig verstanden hatte. Und da gab es die Zeit, in welcher Astrid einige Wochen zu einer Selbsterfahrung fort war und dann ganz verändert wiederkam. Damals wusste er nicht, dass dies damit zusammenhing, das sie viele persönliche Probleme aus ihrer Vergangenheit gelöst hatte. Roy war sehr misstrauisch gewesen und hatte ihr Vorwürfe gemacht. Jetzt gibt er sich die Ressourcen, dass er diese Zeit auch allein genießen kann und außerdem Vertrauen, das am Anfang der Beziehung als Ressource in der Mitte liegt.

Auf diese Weise verarbeiten sie durch Ressourcen und Einsichten viele alte Konflikte und verwandeln sie in Ressourcen und Lernerfahrungen. An der einen oder anderen Stelle sagen sie sich, dass ihnen frühere Fehler Leid tun und entwerfen durch ein Rollenspiel ein besseres Modell der Situation. Abschließend gehen sie den gemeinsamen Weg noch einmal von der Vergangenheit in Richtung Gegenwart und sammeln dabei alle Ressourcen und wichtigen Lernerfahrungen ein. Dann geht es weiter in Richtung Zukunft. Jeder kann seine Wünsche und Hoffnungen äußern, aber auch das, was er einzubringen hat. Soviel wird klar: Sie wollen zusammenbleiben und eine offenere Form der Beziehung leben, die jedem mehr Zeit und Raum gibt. Um so wertvoller ist es ihnen, sich mit dem anderen austauschen zu können und immer wieder Zeit füreinander zu haben.

So geht's: Die Zeitlinien der Partner auslegen, auf ihnen Defizite und Ressourcen markieren. Erstere gemeinsam verarbeiten und durch Ressourcen versöhnen. Mit den Ressourcen und neuen Lernerfahrungen in die Gegenwart und als Entwurf in die Zukunft gehen.

8. Die Zukunft vorbereiten

Arbeit mit Visionen

Visionen und ihre Quellen

Visionen sind Wegweiser für den Lebensweg. Sie sind unmittelbar mit unserer Erfahrung, unseren Bedürfnissen und Anlagen verbunden, sie wachsen aus ihnen – damit sind sie nicht beliebig, nicht austauschbar und können uns nicht verordnet werden.

Persönlichkeitsanteile. Um etwas zu verwirklichen, müssen wir Denken und Handeln können. Wenn es aber darum geht, jenes „Etwas" auszuwählen, ist die menschliche Fähigkeit des kreativen Träumens die wohl wichtigste. Eine zeitüberdauernde Orientierung und Ausrichtung, die das Träumen dem Denken und Handeln mitgibt, nennen wir eine Vision. – Ist diese nur ein Produkt der Phantasie? – Dann wäre die Ausrichtung unseres Lebens recht beliebig, zufällig.

Quellen von Visionen. Sind Visionen nur in die Zukunft projizierte Erinnerungen? Dann bräuchten wir nur dorthin zu gehen, wo wir schon einmal waren. Wenn es auch durchaus verlockend sein mag, in den Schoß der Natur zurückzukehren, scheint sich der erwachsene Mensch jedoch schon auf zu viele Einbahnstraßen begeben zu haben: Er findet nicht mehr zurück in eine ursprüngliche und undifferenzierte Daseinsform, in eine Erfüllung die fordert, dass man das opfert, was erreicht wurde. Und dennoch gibt es Sehnsüchte nach einer Zeit, in der vielleicht noch alles einfach und gut war – das Paradies, die Urgeborgenheit, der Schoß ... Wenn die alte Gestalt verloren ist, gibt es jedoch die Möglichkeit, dass sich deren Essenz in neuer Form manifestiert – ob durch die Hand eines Schöpfers, durch menschliches Handeln oder durch beides in einem. Das ist eine Quelle von Hoffnung. Aus dem verlorenem Garten Eden entstand die Chance auf das himmlische Paradies oder – um auf der Erde zu bleiben – die Vorstellung von Entfaltung, Freiheit, Liebe, Sicherheit und Harmonie.

Nicht immer ist es Erfüllung, manchmal ist es gerade das Defizit, aus dem wir kommen und das uns dazu treibt, Ausgleich in unserer Zukunft zu suchen, um auf diese Weise *ganz* zu werden. Wenn uns das gelingt, vervollständigen wir unser Leben und heilen alte Wunden. Dazu kann es gehören, frühere Erfahrungen zu verarbeiten und alte Verstrickungen aufzulösen. Und das nie da gewesene, bisher unvorstellbare? Was nicht bekannt ist, kann nicht durch bewusste Reflexion herbeigerufen werden, eher dadurch, dass das Alte zurücktritt und ihm Raum gibt. Vielleicht braucht es die Stille, den Abstand oder das Vergessen. Dann aber, wenn dieser Raum da ist, erfahren Menschen zuweilen, was möglich ist, was für sie wertvoll und sinngebend ist, erleben es in Form innerer Bilder, Gefühle und Worte, die eine andere Dimension ihres Daseins berühren. Für viele sind dies spirituelle Erfahrungen. Natürlich können derartige sinngebende Visionen auch mit den ursprünglichsten Erfahrungen eines Menschen zusammenhängen oder symbolische Lösungen früherer Schwierigkeiten beherbergen. Sie mögen außerdem mit der Erkenntnis einer eigenen Lebensaufgabe verbunden sein, die alles bisherige und zukünftige in ein neues Licht stellt.

Besinnung durch Mangel. Die oft schmerzhafte Erfahrung des Defizits, sogar der „Hölle", mag, allein betrachtet, nicht sehr wünschenswert erscheinen, und doch kann sie wichtig sein, um eine Wende einzuleiten, um sich jener Lebensinhalte bewusst zu werden, die wirklich zählen, um vom Belanglosen zum Wesentlichen zu kommen – und wenn das geschieht, wächst mit der inneren Klärung zugleich eine neue, positive Motivation. Ein Prozess, der einen wachsenden Teil unserer Gesellschaft angesichts der immer deutlicher werdenden Auswirkungen von Umweltzerstörung, existentieller Unsicherheit und Gewalteskalation erfasst. Der Umkehrpunkt, aus dem heraus lebensfördernde Visionen wachsen, liegt jedoch weniger im „weg von alledem", sondern in der verbindlichen Antwort auf die Frage: „Was wollen wir statt dessen?"

Von Innen nach Außen. Glückliche Menschen erleben die Erfüllung dessen, was ihnen wertvoll ist, innerlich bereits in der Gegenwart. Sie empfinden Wärme, auch wenn es draußen noch kalt ist, erleben Freude, auch wenn ernste Arbeit getan wird. Wir sagen von solchen Menschen, dass sie innerlich „reich" sind, auch Liebende oder spirituelle Menschen gehören vielfach dazu. Und jene, die in sich selbst schon heute verkörpern, was sie äußerlich erst noch schaffen und verwirklichen wollen. Als wären sie nicht abgetrennt von den Quellen des Gestern und den Ufern des Übermorgen – sondern bereits mitten im Fluss des Wassers. Machen sich solche Menschen „nur" etwas vor, sind sie der Selbsttäuschung unterworfen und werden irgendwann unsanft aus ihren Träumen geweckt? – Möglich, wenn sie die Welt da draußen ausblenden. Deshalb reicht das Träumen alleine kaum, unser Denken und Handeln will angeschlossen sein. So kann das Innere das Äußere verbessern und diese Verbesserung wirkt von außen zurück nach innen. Alles braucht frische Nahrung.

Weniger glückliche Menschen verzehren sich zuweilen in unerfüllter Sehnsucht nach weit entfernten Visionen, während die Gegenwart ihnen als trockenes Jammertal erscheint – wie wir es vielleicht von der unerfüllten Liebe kennen. Leider hilft die Sehnsucht meist wenig dabei, heute schon Energie und Ausstrahlungskraft für die Verwirklichung unserer Träume zu erhalten. Ohne die Kraftquelle der innerlich erlebten Erfüllung, und sei es nur als Ahnung, wird der Weg steinig oder einfach zu lang. Oder es geht uns wie dem Esel, dem ein Futtertrog unerreichbar vor das Maul gehängt wurde, damit er immer weiter läuft.

Visionen finden. Wir mögen in die Wüste gehen, Meditieren, Vorbilder suchen, Bücher lesen, innere Stimmen hören. All das sind wertvolle Wege, die viel in uns bewirken können. An dieser Stelle schlagen wir Ihnen einen stärker realitätsbezogenen Ansatz vor, der auf den Grundmerkmalen sozialer Systeme, wie wir sie im Kapitel 2 von Teil III vorstellen, beruht und die eigene Persönlichkeit, die Positionierung, den Austausch sowie das größere Gesamtsystem betrachtet. Wenn eine Vision all diese Aspekte einbezieht, haben wir gute Chancen, etwas dauerhaft Wirksames hervorzubringen. Hierzu brauchen wir nicht mehr, aber auch nicht weniger als folgende Schritte zu durchlaufen. Jeder Schritt sollte den Suchenden einige Tage innerlich begleiten:

1. Gehe davon aus, woher du kommst, was gewachsen ist.
2. Erkenne, was in dir steckt, was sich entfalten will und kann.
3. Entdecke, wonach du strebst – für dich und für andere Menschen.
4. Kommuniziere, tausche dich mit anderen über Bedürfnisse und Fähigkeiten aus.
5. Entdecke, was du geben kannst und willst.
6. Frage nach deiner idealen Position in einem größeren System.
7. Fördere das Ganze, dessen Teil du bist, und lass dich vom Ganzen fördern.
8. Träume, denke, handle.

Mit leichten Veränderungen lassen sich diese Schritte auch auf Gemeinschaften, Organisationen und Unternehmen übertragen.

Visionen und systemische Entwicklung

Viele gesellschaftliche Prozesse werden von Visionen inspiriert oder dienen der Suche nach ihnen. Umgekehrt gehen Visionen aus derartigen Prozessen hervor. Sie verstehen sich dann als Wegweiser zu einem neuen Gleichgewicht und zu neuer Synergie.

Die Kraft der Motivation. Nur, was Menschen wirklich motiviert, mit ihren inneren Bedürfnissen korreliert und ihnen auch noch erfüllbar erscheint, hat die Kraft, etwas zu bewirken. Das gilt für Ziele, Wünsche und Visionen in gleichem Maße. Wir fassen verschiedene Möglichkeiten zusammen, die Quellen einer solchen Motivation sein können:

Dimension Zeit
- Etwas Vergangenes soll wiederkehren. (Regression)
- Etwas Gegenwärtiges soll bleiben. (Konservierung)
- Etwas Neues soll sich entwickeln. (Progression)

Dimension Balance
- Etwas soll so stark/viel wie möglich werden. (Maximierung)
- Etwas soll ganz verschwinden. (Eliminierung)
- Zwei sollen zusammenwachsen. (Integration)
- Einseitiges soll ausgeglichen werden. (Balance)
- Fehlendes soll hinzukommen. (Vollständigkeit)
- Überflüssiges soll abgebaut werden. (Entlastung)

Dimension Entwicklung
- Etwas soll wachsen, blühen, sich entfalten. (Wachstum)
- Etwas will verarbeitet werden und heilen. (Reifung)
- Was innen angelegt ist, soll außen Wirklichkeit werden. (Manifestation)
- Etwas soll sich umwandeln. (Transformation)
- Innere Erfüllung suchen. (Spiritualität)

Dimension Funktionsweise
- Das Zusammenspiel soll von allen optimal mitgestaltet werden. (Synergie)
- Jeder soll tun, was verlangt wird/vorgeschrieben ist. (Dominanz)
- Ziele sollen, egal wie, erreicht werden. (Zielorientierung)
- Wege sollen, egal wohin, angenehm sein. (Prozessorientierung)

Dimension Selbst – andere
- Etwas nur für sich wollen. (Egoist)
- Anderen etwas vermitteln wollen. (Missionar)
- Seinen Nutzen bei anderen suchen. (Opportunist)
- Ganz dem Wohle aller dienen. (Altruist)
- Verbundenheit anstreben. (Zugehörigkeit)
- Eigenständigkeit anstreben. (Freiheit)

Die Aufzählung lässt sich erweitern. Die Punkte verkörpern verschiedene Werte, können sogar für Lebensüberzeugungen stehen. Sicher findet jeder von uns in der Liste einiges, was ihm wünschenswert erscheint, manches, das endlich „an der Zeit" ist, anderes, das prinzipiell gut wäre. Wir bemerken auch, dass es bei jedem Thema darauf ankommt, welchen Inhalt wir hineingeben – und natürlich in welcher Dosierung.

Sobald ein Wert erfüllt wurde, verändern sich die Auswahl, andere Anliegen melden sich bewusst oder unbewusst, gewinnen an Bedeutung. Manchmal geschieht dies schon zu Beginn, und wir können uns nicht entscheiden, wohin die Reise gehen soll. Umgekehrt erlebt derjenige, welcher sich nur einem Wert verschreibt, irgendwann einen immer größeren Widerstand von Seiten anderer Intentionen, Bedürfnisse und Werte in ihm oder in Gestalt anderer Menschen. Jeder Wert im Alleingang erreicht seine „Grenzen des Wachstums".

Zukunftsfähigkeit und Balance. Wir formulieren nun einige Kriterien, die sowohl Einzelnen wie auch Organisationen und Unternehmen Aufschluss über die Ausgewogenheit ihrer Ziele und Visionen geben – und deutlich machen, welche Aspekte es stärker zu betonen lohnt. Stabile, sich dauerhaft entwickelnde Systeme bewegen sich, aus jedem Entwicklungsschritt lernend, hin zu immer höheren Formen einer Balance

- zwischen Kurzzeitzielen und Langzeitvisionen;
- zwischen Orientierung auf den Weg und Orientierung auf das Ziel;
- zwischen Geben und Nehmen;
- zwischen Verändern und Bewahren;
- zwischen Abstraktion und Konkretisierung;
- zwischen Selbstbestimmung und Anpassung;
- zwischen Konkurrenz und Kooperation;
- zwischen Struktur und Funktion;
- zwischen Form und Inhalt;
- zwischen Stolz und Demut;
- zwischen Teil und Ganzem;
- zwischen Eigenständigkeit und Zugehörigkeit.

Das sind Einsichten, die schon in der alten chinesischen Philosophie des Taoismus im Ausgleich der Kräfte des Yin und Yang formuliert worden sind. Die Kunst besteht darin, in jedem historischen Zusammenhang die maßgeblichen Wegweiser zu erkennen. Visionen sind so lange entwicklungsfördernd, wie sie diesem Wegweiser dienen. Sie sind verbraucht, sobald ein Ungleichgewicht entsteht, dessen Ausgleich in ihnen keinen Anwalt findet. Dies kann ein Ungleichgewicht im nächstgrößeren System sein. Das Auftreten so großer globaler Ungleichgewichte, wie des „Nord-Süd-Gefälles" oder des Verhältnisses von ökonomischer Wertschöpfung und ökologischer Wertvernichtung zeigen an, dass die Zeit für neue, globale Visionen gekommen ist. Auch die Beschleunigung von Entwicklungsprozessen und die immer stärker erkennbare Verbundenheit individueller, sozialer, politischer und ökologischer Strukturen lassen eine auf Teilbereiche beschränkte Zukunftsorientierung immer weniger zu. Das Prinzip ganzheitlicher Visionen kann nicht die Maximierung eines Wertes auf Kosten des anderen sein, sondern muss immer das Zusammenwirken und die Balance im Sinne eines „sowohl... als auch..." darstellen. Kurzfristig geht es darum, zu erkennen, was gegenwärtig nicht im Gleichgewicht ist – um dort, wo das Defizit liegt, die Energie zu konzentrieren.

Eine gesellschaftliche Vision der Autoren, die wir gern weiterverbreiten möchten, lässt sich mit einer einfachen Metapher ausdrücken, der des Modems. Ein Modem verschafft uns Zugang zu anderen Computern und Menschen. Es kann das nur, wenn auch andere ein solches Modem besitzen. Je mehr Computer und damit Menschen an ein Modem angeschlossen sind, desto wertvoller also ist das eigene Modem, umso mehr kann ich damit tun. Wenn also viele über Ressourcen verfügen, erhalten die eigenen Ressourcen erst ihren Wert.

Zwischen Wachstum und Auflösung. Gerät ein System aus dem Gleichgewicht, werden also bestimmte Werte zu Lasten der anderen überbetont, wirkt dies auf längere Sicht kontraproduktiv, entzieht dem System die Funktionsfähigkeit als Ganzes. Balance bedeutet nicht, dass jedes System alle Funktionen wahrzunehmen braucht. Was einem System fehlt, kann ein anderes geben. Im Zusammenspiel innerhalb größerer Systeme können und werden sich Subsysteme so weit spezialisieren, wie andere die Ergänzung liefern. Bleibt im Gesamtsystems ein Wert oder ein Anliegen gänzlich unterrepräsentiert, wird dieser in den Visionen und Wünschen der Betroffenen in den Vordergrund treten – und Feldkräfte zur Veränderung des Ganzen freisetzten: Kräfte, die evolutionär, aber auch revolutionär wirken können. Kräfte, die auch zur Abspaltung oder Herausbildung neuer Subsysteme führen können. Das sind Möglichkeiten, um im größeren Maßstab wieder ein Gleichgewicht herzustellen. Darin liegt die Funktion von Subkulturen, neuen Parteien und gesellschaftlichen Strömungen... Anliegen, die keinen „legalen" Weg finden, breiten sich im Stil der Mafia aus – und der ist zerstörerisch!

Erweist sich das bisherige System als nicht integrations- und wandlungsfähig, kann es auf diese Weise zu seiner Zerstückelung oder Zerstörung sowie zur kompletten Neustrukturierung führen. Erweist sich ein System als integrativ, kann es neue Inhalte aufnehmen und dabei wachsen. Große Volksparteien tun dies, indem sie die Themen und Anliegen möglichst vieler gesellschaftlicher Strömungen zu den ihren machen, sogar die des politischen Gegners. Integrationskraft ermöglicht Größe, Polarisierung bewirkt Trennung.

Zwischen Struktur und Chaos. Was gewachsen ist, verfestigt sich, bildet Strukturen heraus, die spontane Veränderung schwer machen, vielleicht ganz verhindern. Das gilt für Gemeinschaften, aber auch für Gedanken, Überzeugungen und Fähigkeiten. Struktur gibt Menschen Sicherheit, solange sie ihnen dient. Sie

212

wird zum Zwangskorsett, sobald der Einzelne seinen Weg verändern will. Struktur betont gerade, klare Linien, das Leben aber mag gebogene Linien und Kurven. Selbst wenn zu einem gegebenen Zeitpunkt eine Struktur optimal zur Lebenssituation passte, wie eine Tangente an der Linie des Lebens lag, wird sie mit der Zeit immer stärker davon abweichen. Dann ist die Zeit für Veränderung gekommen. Vielleicht ist die Struktur gar nicht so starr, lässt sich bewegen, anpassen, vielleicht gibt es sogar Strukturen, die diese Veränderung steuern. Vielleicht aber wird der Druck nur stärker und die Unzufriedenheit nur größer. Dann ist es Zeit, die Struktur zu sprengen – ein Moment des Chaos, in welchem nichts mehr so ist, wie vorher, wird erreicht. Ein gefährlicher Moment, wenn das Alte fort ist und das Neue noch nicht gewachsen ist. Einige sehnen sich zurück nach der alten Sicherheit, andere genießen die neuen Möglichkeiten, manche suchen im gesetzfreien Raum ihren Vorteil, andere arbeiten an einem besseren Modell für die Zukunft. Wenn das Alte nicht mehr geht, wird die Krise zur Chance.

Arbeitsformen für die Zukunft

Die eigene Zukunft gestalten

Ziel: Herausfinden, was wir unbewusst oder bewusst von der Zukunft erwarten, um darauf reagieren zu können.

Gisela möchte erkunden, was sie innerlich von der Zukunft erwartet. Sie macht sich deshalb auf ihrer Zeitlinie in kleinen Schritten auf den Weg in die Zukunft und achtet darauf, welche Gefühle, Bilder und Worte sich dabei einstellen. Zunächst ist ihr der Weg ziemlich vertraut, gleicht einer Fortsetzung der Gegenwart. Das ist die Zeit ihres Journalistik-Studiums, die Freunde sind da, das vertraute Lebensgefühl. Nach einigen Schritten kommt eine neue Phase, sie erlebt sich an einem anderen Ort im Ausland und hat das Gefühl, sehr allein zu sein. Auf dem weiteren Weg gelangt sie an andere Orte, doch nirgendwo fühlt sie sich zu Hause. Beruflich ist sie erfolgreich, privat ohne Zugehörigkeit. Das wirkt sich auf ihre Gesundheit aus. Irgendwann gibt es einen Krankenhausaufenthalt. Danach findet sie ein Haus am Meer, nahe ihrer Heimat, und erlebt auf der Zeitlinie, wie sie hier in Ruhe und Besonnenheit ein Buch schreibt. Sie ist nicht allein. Da ist ein Mann, ein einfacher Mann vom Land, da ist ein Dorf, sie hat einen Platz und schreibt, was in ihr ist. Ihr ist leicht ums Herz.

Gisela ist nicht wenig darüber erstaunt und besorgt, welche Bilder ihr Inneres ihr gab. Sie erinnert sich an ihre Großmutter Friede, die im Dritten Reich mit ihren Eltern aus Deutschland emigrierte und erst nach dem Krieg wieder zurückkehrte. Ohne zu wissen, was die Oma im Einzelnen erlebt hat, ist es Gisela, als habe ihr Inneres das Drehbuch ihres Lebens in Anlehnung an diese Oma verfasst. Gisela beschließt, die inzwischen verstorbene Oma in einem Ritual zu ehren und ihr die von ihr übernommenen Schicksalsanteile zurückzugeben. Anschließend wird sie sich bewusst, dass sie wirklich Bücher schreiben und so ihre eigenen Erfahrungen verarbeiten will. Ihr kommt der Gedanke, sich nach dem Studium für eine Weile irgendwo im Norden niederzulassen.

Erneut begibt sie sich nun auf ihrer Zeitlinie in die Zukunft. Nach dem Studium erlebt sie eine Zeit von Besinnung und Kraft. Sie veröffentlicht Texte und kleine Bücher über die Zeit und die Einfachheit. Nach weiteren Schritten hat sie einen großen Freundeskreis. Jetzt beginnt sie zu reisen und berichtet – anders als andere Journalisten – nicht über Katastrophen und spektakuläre Ereignisse, sondern darüber, wie Menschen ihr Leben glücklicher gestalten, wie es ihnen gelingt, Konflikte zu meistern und in Frieden zu leben, einander zu unterstützen, neue Dinge zu lernen, gesund zu bleiben und mehr. Nach einigen weiteren Schritten sieht sich Gisela in einer glücklichen Partnerschaft und kehrt von hier aus in die Gegenwart zurück.

Michael, der beruflich sehr gefordert ist, stellt auf dem Weg in die Zukunft fest, dass seine Gesundheit, wenn er weiterhin so leben würde wie bisher, in einigen Jahren sehr leiden würde. Zurück in der Gegenwart, fragt ihn sein Berater Joseph, was er ab jetzt tun könnte, um dies zu vermeiden. Die heilsame Deutlichkeit der gerade gemachten inneren Erfahrung gibt Michael die Kraft, andere Prioritäten in seinem Leben zu setzen. Joseph unterstützt ihn dabei, sich sanft umzustellen: Die Ernährung, die Zeitplanung. Zwei von drei Aufgaben, gibt Michael ab: Er erlaubt es sich, Dinge zu delegieren. Auch in seinem Freundeskreis muss er mal schauen, wer ihm wirklich wichtig ist und wer nicht. Nun macht er sich wieder auf den Weg in die Zukunft und erlebt, wie er immer gesünder, entspannter und kraftvoller wird. Michael entscheidet sich für diese Alternative.

So geht's: Auf der Zeitlinie als Entdecker die innerlich repräsentierte Zukunft erkunden. Den herausgefundenen Zukunftsentwurf durch Ressourcen oder geeignete Lebensgestaltung positiv verändern. Gegebenenfalls ein übernommenes „Drehbuch" zurückgeben und neu gestalten.

Damit die Entscheidung leichter fällt

Ziel: Wahlmöglichkeiten auf dem Lebensweg „durchspielen", um Entscheidungen treffen zu können.

Johann steht vor einer schweren Wahl. Er ist sich unsicher, ob er in der kommenden Woche seine sichere Stelle kündigen soll, um eine andere Arbeit anzunehmen. Er legt seine Zeitlinie im Garten aus. Kurz hinter der Gegenwart markiert er den Punkt, an dem es kein Zurück mehr gibt. Den Verästelungen eines Baumes gleich, gehen von dort die Linien der verschiedenen Alternativen ab: die alte Stelle, der neue Job und eine dritte Variante, die noch unbekannte Option.

Johann steht an der Wegkreuzung. Er entscheidet sich, zunächst den Weg zu betreten, der die alte Stelle darstellt. Trifft er diese Wahl, so heißt das, dass er sich dort noch einmal engagieren muss. Doch schon beim Loslaufen merkt er, dass dies sehr ermüdend ist. Innere Bilder sprechen eine deutliche Sprache: Auseinandersetzungen mit den Vorgesetzten, die alles beim Alten lassen wollen; unzeitgemäße Kommunikation, Unzufriedenheit – aber auch Positives wie Sicherheit und ein hübscher Arbeitsplatz. Johann sagt erst einmal nein, verlässt diesen Weg und schüttelt das unerfreuliche Erlebnis ab. Dann stellt er sich zurück auf den Punkt der Entscheidung und geht den Weg des neuen Stellenangebots. Hier scheint vieles besser zu laufen, Johann spürt unter seinen Fußsohlen mehr Energie und sieht viele Entwicklungsmöglichkeiten für sich und die Firma. Er geht noch ein Stück weiter und plötzlich erlebt er sich an einem anderen Wohnort. Ob es eine Zweigstelle der Firma ist oder ob er gewechselt hat, das kann er nicht beurteilen.

Johann ist gespannt, welche neuen Welten sich auf dem ihm noch unbekannten Weg auftun. Zu seiner Überraschung sieht er sich unterrichten, was sich sehr angenehm, aber auch unsicher anfühlt. Noch keine Ahnung hat er, was er lehren und wo er die Fähigkeiten dazu erwerben wird... in der alten Firma jedenfalls nicht. Also macht er das Experiment, diesen Weg an die zweite Option, die neue Stelle, anzuhängen. Er möchte eine Antwort darauf, ob er das Unterrichten dort lernen und vielleicht sogar praktizieren wird, und tatsächlich zeigen sich entsprechende Bilder. Johann fragt sich kurz, ob er jetzt einfach nur innere Erwartungen wahrgenommen oder vielleicht sogar Realität kreiert hat. Jedenfalls ist er einen Schritt weiter. Er wird das Angebot annehmen und einen Teil seiner Aufmerksamkeit in Richtung Fort- und Weiterbildung richten. Um für diesen Weg besser gerüstet zu sein, besinnt er sich auf die Ressource „Sicherheit" bei seiner alten Arbeitsstelle und entdeckt, dass Sicherheit für ihn mittlerweile etwas geworden ist, das von innen kommt.

So geht's: Wahlmöglichkeiten als in die Zukunft gehende Äste des Lebensweges auslegen, ggf. auch eine noch unbekannte Option. Eine Möglichkeit nach der anderen abschreiten und Eindrücke sammeln. Auch aus den phantasierten oder realen Erlebnissen der nicht gewählten Alternativen können Ressourcen gesammelt werden, die in den weiteren Lebensweg integriert werden können.

Als ob das Ziel erreicht wäre

Ziel: Einen Wunsch in die Zukunft pflanzen. Von dort aus Ressourcen oder Erkenntnisse sammeln. Einwände berücksichtigen. (Bild 12)

Nicole möchte schon seit Jahren Sängerin werden, denn sie weiß, dass sie das Zeug dazu hat. Auf dem Boden hat sie ihre Zeitlinie ausgelegt, die weit in die Zukunft reicht. Hier will sie ihr Ziel platzieren: einpflanzen wie einen Baum, sichtbar machen wie einen Leuchtturm. Carlo hilft ihr dabei und führt sie durch den Prozess. Zunächst gilt es, das Ziel zu einer Erfahrung werden zu lassen. Hierzu erlebt sie es mit allen Sinnen, als wäre es bereits erfüllt. Außerdem bewegt sie sich mit dem Ziel durch die Erfahrungsebenen, welche sie weiter vorn in diesem Buch kennen gelernt hat: Ihre zukünftige Umgebung wird eine Band sein, ein Saal voller Menschen, oft auch ein Studio. Ihr neues Verhalten sind Singen und Tanzen – allein und mit der Band. Ihre Fähigkeiten werden gewachsen sein, speziell die Ausdruckskraft und Virtuosität ihrer Stimme. Neue Werte und Überzeugungen werden eine Rolle spielen, wie musikalisches Gefühl, gutes Zusammenspiel, Hingabe und der Glaube an die Kraft der Musik. Auch ihre Identität wird sich verändert haben, da ist viel mehr Selbstvertrauen und das Bewusstsein, eine Botschafterin der Freude zu sein. Sie fühlt sich der Band und ihrem Publikum zugehörig und all das ist Teil einer großen, fast spirituellen Mission: sie will Freude und Glück verbreiten. All das fühlt sich gut an für Nicole, negative Auswirkungen oder Einwände gegen das Ziel kann sie nicht feststellen. Nun stellt sie sich vor, ihr Ziel wie auf einer kleinen Bühne in ihren Handschalen zu halten – einen kleinen Schatz, den sie umhertragen und betrachten kann. Damit begibt sie sich auf ihren Lebensweg in Richtung Zukunft und spürt nach wenigen Schritten, dass jetzt die Zeit gekommen ist, zu der das Ziel in Erfüllung gegangen sein sollte. Sie legt ihre Handschalen an diese Stelle und stellt sich vor, hier ihr Ziel in ihre Zukunft einzupflanzen. Jetzt begibt sie sich noch einmal ganz in das Erleben ihres Ziels hinein. Sie stellt sich zusätzlich ihre Freundin vor, die sie bewundert – und dann ihr Publikum, das ihr applaudiert.

All das motiviert sie, dennoch möchte Nicole wissen, was hinter ihrem Ziel liegt. Was wird ihr möglich, wenn sie Sängerin ist? Dazu geht sie noch ein Stück weiter in die Zukunft und es fühlt sich gut an: Sie kann sich ihrer Fähigkeiten entsprechend überall ausdrücken, auch dort, wo es nicht ums Singen geht. Andere zollen ihr Respekt und sie hat Freude, ihnen zu begegnen. Von diesem Punkt in der Zukunft aus schaut sie zurück in die Gegenwart und auf den Weg, den sie zurückgelegt hat. Der jüngeren Nicole, die dort in der Gegenwart noch unsicher ist, gibt sie die Botschaft mit auf den Weg, dass sie es schaffen kann und dass sie sich nicht entmutigen lassen soll. Dabei fällt ihr auf, dass sie dies nicht mit wirklicher innerer Überzeugung auszudrücken vermag. Um Klarheit zu erlangen, geht sie die Ebenen ihrer Erfahrung noch einmal durch und bemerkt, dass sie sich ihrer neuen Identität noch unsicher ist. Sie bemerkt, dass ihre Persönlichkeit noch Zeit zum Wachsen braucht. Und sie hat plötzlich das Gefühl, Erfolg in Form von Applaus und Honoraren gar nicht annehmen zu können, weil sie eine derartige Würdigung nicht wirklich wert sei.

An dieser Stelle bietet Carlo ihr Hilfe an. Er regt an, dass sie auf der Zeitlinie mit diesem Gefühl in die Vergangenheit geht. Im Alter von fünf Jahren stößt Nicole auf eine Erfahrung, in welcher sie unbedingt den größeren Bruder in die Schule begleiten wollte. Sie folgte ihm bis in das Klassenzimmer, aber dort wurde sie von allen ausgelacht und schämte sich sehr. Auch ihrem Bruder war das peinlich. In einem Reimprinting erhalten der Bruder, die Klasse und Nicole selbst neue Ressourcen und sie erlebt, wie sie diesmal geachtet wird – und wie er freundlich erklärt, dass es eine Auszeichnung für sie ist, noch ein Jahr nur spielen zu dürfen. „Alles zu seiner Zeit", lernt sie nun. Nachdem sie diese Erfahrung verarbeitet hat, steht Nicole ganz hinter ihrem Ziel und würde am liebsten gleich beginnen. Zurück in der Gegenwart, blickt sie in die Zukunft und sieht dort das eingepflanzte Ziel. Sicher und besonnen plant sie den Weg. Der erste Schritt wäre, eine Band zu finden und vorzusingen. Um sich auf die erste Herausforderung vorzubereiten, führt sie noch ein Proimprinting durch, wie wir es später als Arbeitsform (siehe „Die Zukunft vorab meistern", Seite 181) beschreiben: Sie gibt in der Vorstellung sich selbst und anderen, nämlich den Bandmitgliedern, die sie noch gar nicht kennt, alle Ressourcen, die für ein gutes Gelingen nötig sind.

So geht's: Sich das Ziel als bereits erreicht vorstellen, in die Zukunft des Lebensweges „einpflanzen" und hinsichtlich der Auswirkungen überprüfen. Von hier aus dem jüngeren Selbst Ressourcen oder Tipps geben. Wenn nötig, Einschränkungen oder Einwände identifizieren und mittels Reimprinting oder anderen Techniken klären.

Bild 12: Ein Ziel in die Zukunft pflanzen

9. Zusammenfassung

Unsere Wahlmöglichkeiten. Lebensweg-Arbeit nutzt eine Reihe wirkungsvoller Prinzipien des Lernens und der Veränderung. Die gesammelten Optionen dienen dem modernen Entwicklungsarbeiter, er kann sie dem Lernenden anbieten. Genauso bereichert die Anwendung dieser Optionen das Leben jedes Einzelnen, nämlich:

* das Ausdrücken und Wahrnehmen der Beteiligten: Nimm wahr, was du erlebst und drücke es aus, lasse auch andere von sich sprechen und sich ausdrücken;
* die Wahrnehmungspositionen: Betrachte das Ereignis aus verschiedenen Perspektiven;

- die Erfahrungsebenen: Erlebe die Wirkung, die eine Erfahrung auf verschiedenen Ebenen hat, wie Verhalten, Fähigkeiten, Werte, Überzeugungen, Zugehörigkeit, Spiritualität;
- der Lebensweg: Entdecke prägende Ereignisse, typische Muster, die Gegenwart und die Zukunft;
- das Verknüpfen: Verbinde Erfahrungen, Ressourcen und Defizite, lass getrennte Anteile sich austauschen;
- das Ressource-Prinzip: Finde Ressourcen und gib sie in dein Leben;
- die systemische Erweiterung: Finde, was andere brauchen, und erlebe die anderen mit diesen Ressourcen;
- der Austausch: Lerne das Benötigte zu empfangen und zu geben, nicht jedoch das Unnötige;
- das Umdeuten: Erkenne die guten Absichten und lerne neue Wege zu ihrer Verwirklichung;
- das Kontextualisieren: Bringe Erfahrungen, Überzeugungen und Fähigkeiten in jene Lebenssituationen, in denen sie Sinn machen;
- die Feineinstellungen der Sinne: Nutze die Kraft des Lichts, der Farben, Klänge, Symbole und Bewegung.

Die Kunst besteht darin, herauszufinden, was für wen an welcher Stelle das Richtige ist, und darin, den Gesamtprozess zu gestalten, innerhalb dessen diese Optionen zur Anwendung kommen können. Dabei hilft es uns, die nun folgenden Lern- und Veränderungs-Muster zu kennen.

Tipps für die Lebensweg-Arbeit. Wenn Sie als Lernender an der Gestaltung Ihres Lebensweges arbeiten, so möchten wir Ihnen einige Aspekte ans Herz legen:

- Arbeiten Sie mit sich selbst nur, wenn Ihnen ein guter Ressource-Zustand zur Verfügung steht, oder erarbeiten Sie diesen zunächst.
- Alles, was hier „Arbeit" heißt, heißt auch Spiel, denn wir lernen im Spiel am meisten.
- Gute Erfahrungen erleben Sie voll und ganz.
- Schlechte Erfahrungen erleben Sie aus einem Sicherheitsabstand.
- Wechseln Sie die Perspektiven, um Zusammenhänge zu erkennen.
- Kehren Sie immer wieder an den sicheren Ort in der „Gegenwart" zurück.
- Therapeutische Arbeit erfordert einen erfahrenen Begleiter.
- Machen Sie Ihr Leben zur Quelle von Ressourcen.
- Was Ihnen früher nicht möglich war, verwirklichen Sie heute und morgen.
- Das Als-ob ist der Samen des Es-Ist.
- Die wichtigste Ressource für Sie selbst und auch anderen gegenüber ist aufmerksame Wahrnehmung.
- Achten Sie auf das innere Ja und das innere Nein.

218

Teil III
Veränderung für soziale Systeme

1. Aus der Geschichte systemischer Arbeit

Systemische Modelle der Therapie und Beratung finden sich in verschiedenen Schulen. Bei all ihrer Unterschiedlichkeit haben sie dennoch eines gemeinsam: Ihre Vertreter sehen die Probleme und Schwierigkeiten ihrer Klienten im Kontext von *Wechselwirkungen*, seien es die Beziehungen in der Familie oder in Teams oder jene zwischen Denken, Handeln und neuen Lebenserfahrungen. Der Therapeut, Berater oder Supervisor versteht sich als Kooperationspartner, der weiß, dass es oft der Anregung von außen bedarf, damit Menschen neue Erkenntnisse und Handlungen zur Lösung von Problemen entwickeln: Wer in Problemen steckt, ist häufig betriebsblind für die Wechselwirkungen, denen er ausgesetzt ist und kommt von selbst kaum auf Gedanken, die wirklich eine Veränderung bewirken würden. Kaum eine Metapher drückt das Prinzip so gut aus wie es dem Philosophen Heinz von Foerster in seiner Geschichte vom achtzehnten Kamel gelingt:

Ein Mullah ritt auf seinem Kamel nach Medina. Unterwegs sah er eine kleine Herde von Kamelen. Daneben standen drei junge Männer, die offenbar sehr traurig waren. „Was ist euch geschehen, Freunde?", fragte er, und der älteste antwortete: „Unser Vater ist gestorben." „Allah möge ihn segnen. Das tut mir leid für euch. Aber er hat euch doch sicherlich etwas hinterlassen?" „Ja", antwortete der junge Mann, „Diese siebzehn Kamele. Das ist alles, was er hatte." „Dann seid doch fröhlich! Was bedrückt euch denn noch?" „Es ist nämlich so,", fuhr der älteste Bruder fort, „sein letzter Wille war, dass ich die Hälfte seines Besitzes bekomme, mein jüngerer Bruder ein Drittel und der jüngste ein Neuntel. Wir haben schon alles versucht, um die Kamele aufzuteilen, aber es geht einfach nicht."
„Ist das alles, was euch bekümmert, meine Freunde?", fragte der Mullah. „Nun, dann nehmt doch für einen Augenblick mein Kamel, und lasst uns sehen, was passiert." Von den achtzehn Kamelen bekam jetzt der älteste Bruder die Hälfte, also neun Kamele; neun blieben übrig. Der mittlere Bruder bekam ein Drittel der achtzehn Kamele, also sechs; jetzt waren noch drei übrig. Und weil der jüngste Bruder ein Neuntel der Kamele bekommen sollte, also zwei, blieb ein Kamel übrig. Es war das Kamel des Mullahs; er stieg wieder auf und ritt weiter und winkte den glücklichen Brüdern zum Abschied lachend zu.

Heinz von Foerster weist hier auch auf die Rolle konstruierter Wirklichkeit hin: „So wie das achtzehnte Kamel braucht man Wirklichkeit als eine Krücke, die man wegwirft, wenn man sich über alles andere klar ist". Jedes Denken macht etwas anderes möglich, und indem wir unser Denken verändern, stehen uns andere Wahlmöglichkeiten zur Verfügung. Dies sind Aspekte der Philosophie des *Konstruktivismus*, der zufolge wir Vorstellungen von der Wirklichkeit in einem aktiven Prozess konstruieren, so dass sie einerseits subjektiv und andererseits veränderbar sind. Als Meister dieser Veränderung wurde der Hypnotherapeut Milton Erickson selbst ein Modell für viele, die von ihm lernten.

Feldtheorie und Psychodrama. Doch auch schon vor diesen Einsichten waren in der Welt der Therapie bedeutsame Querdenker am Werk, die zum Wohle ihrer Patienten Grenze um Grenze überschritten. Zum Ende des 19. Jahrhunderts mehrte sich die Kritik an einer Psychotherapie, die damals nur den Einzelnen im Fokus ihres Interesses hatte. In der amerikanischen Sozialarbeit beispielsweise war es längst gang und gäbe, familiäre Konstellationen zu berücksichtigen. Später bereiteten Kurt Lewins *Feldtheorie* und Jacob Levy Morenos *Psychodrama*, das den Menschen eingebunden in ein soziales Netz, ein System, darstellt, einer solchen systemischen Sichtweise den Boden. Doch erst in den vierziger Jahren des 20. Jahrhunderts haben die ersten Therapeuten Familienmitglieder in ihre Arbeit direkt eingebunden.

Virginia Satir und die Familientherapie. In den fünfziger Jahren begann Virginia Satir, ihre innovativen Wege der Familientherapie zu gehen. So publizierte sie einen Fall, bei dem sie zu Therapiegesprächen nacheinander Mutter, Vater und Bruder ihrer an Schizophrenie erkrankten Patientin hinzuzog. Es schien dabei jedesmal einen Rückschlag zu geben, doch die Lösung lag nicht allein im Inneren der Tochter. Die Kommunikation zwischen den Familienmitgliedern legte offen, dass es Allianzen, Koalitionen gab, dass das Kind in elterliche Konflikte einbezogen worden war... Mit allen Familienmitgliedern erarbeitete Virginia Satir ein *heilendes Gleichgewicht*. Mit anderen Therapeuten, darunter Gregory Bateson, gründete sie in Palo Alto das Mental Research Institute, das einige Jahre später mit seiner „Doppelbindungstheorie" Aufsehen erregte. Danach ist schizophrenes Verhalten wahrscheinlich, wenn in einer engen Beziehung ein Klima der Strafvermeidung vorherrscht. Ein Beispiel: Gegenüber der Aufforderung „Überrasche mich doch mal wieder!" kann ich mich in den Augen desjenigen, der sich beschwert, nur falsch verhalten: Tu ich's, so nur der Bitte wegen, und dann ist es auch keine Überraschung mehr, lass ich's bleiben, ist es ohnedies nicht recht. Wenn es aber okay ist, Erwartungen nicht zu erfüllen, sind wir der Lösung schon nahe.

Viel Resonanz erzeugte Virginia Satirs *Familienskulptur*, bei der ein Mitglied der Familie die anderen nach einem inneren Bild im Raum anordnet. Oder die Beteiligten tun es selbst, bringen ihren Körper in eine Stellung und eine Position im Raum, die ihre Situation und ihre Gefühle ausdrücken. Genauso erlebt jedes Mitglied seine Familie in diesem Moment, so stehen die Menschen zueinander. Das geschieht zunächst ohne Worte und gibt auf diese Art allen Beteiligten Aufschluss über Abstand und Nähe, Über- und Unterordnung. Es wird sichtbar, wer dazu gehört, wer wen anfasst, zwischen wem es Blickkontakt gibt, ob Hände entspannt oder zu Fäusten geballt sind und ob die Körperhaltung aufrecht ist. Nicht Anwesende können symbolisch dargestellt werden, z.B. durch Stühle, auf die sich ein anderes Mitglied setzen kann, um die Wahrnehmungsposition des Verwandten einzunehmen. Auch kann vorübergehend ein Co-Therapeut oder Begleiter in die Rolle eines Mitglieds schlüpfen, etwa um mit dieser Person verknüpfte Gefühle nachzuempfinden und freier zu äußern. Derjenige kann verändern und ausprobieren, bis er mit der Skulptur zufrieden ist. Die anderen Mitglieder lassen sich darauf ein und nehmen die Empfindungen und Veränderungen wahr, die sich durch die Eingriffe ergeben. Viele überrascht, wie der Betroffene die Familie wahrnimmt, sie erahnen die Wechselwirkungen des Verhaltens in sozialen Systemen, erhalten eine Perspektive, die die Sicht mehrerer Generationen umfasst, und verstehen mehr vom Sinn der Symptome. Doch es kann anfangs auch unbequeme Erkenntnisse über den Zustand der Familie geben.

Das Mailänder Modell. Die Gruppe um Mara Selvini Palazzoli sah Familie als regelgeleitetes System; die Macht liegt in den Spielregeln. Veränderung einer noch so leidvollen Konstellation ist schwierig, weil das Spiel weitergehen muss. Die Mailänder sahen den Therapeuten einer paradoxen Anforderung ausgesetzt: Ändert uns, ohne uns zu ändern! Den Begriff des Systems definierten sie für sich neu; es bestand nicht nur aus Personen, sondern aus Information und Kommunikation; Familien waren Informationssysteme, wie auch Teams und Organisationen, hinter deren Kulissen die Familie selbst wirkte. Der Fokus lag nicht auf der Störung einzelner Personen. Das Ziel lag vielmehr darin, das Kommunikationsspiel einer Familie oder eines anderen Systems schnell aus festgefahrenen Mustern herauszubringen, diese auf jeden Fall erst einmal zu stören. Eine Grundlage von Palazzolis Arbeitsweise waren die systemischen Ideen Gregory Batesons; hier nahm das *zirkuläre Fragen* einen wichtigen Platz ein. Damit umschrieb die Mailänder Gruppe eine Technik, die darauf abzielt, die Wechselwirkungen des Verhaltens von verschiedenen Menschen, deren Lebensgeschichte miteinander verknüpft ist, zu verdeutlichen. Man geht davon aus, dass wir alles menschliche Verhalten als kommunikatives Angebot verstehen können. Handlungen, Körpersprache und Symptome haben eine Bedeutung für die Definition einer Beziehung. Diese kommunikative Bedeutung von Verhalten kann interessanter sein als die Beschreibung von Gefühlen. Zirkuläre Fragen zu einem Verhalten oder Symptom richten das Interesse darauf, wie dieses Verhalten von den anderen Mitgliedern des Systems aufgenommen und interpretiert wird. So lautet die Frage an den Lachenden nicht „Warum lachen Sie?", sondern „Was denken Sie, was Ihr Lachen für Ihre Frau bedeutet?" Dieses Wechseln der *Wahrnehmungspositionen* bringt neue Informationen, die sich nicht auf äußere Dinge beschränken, eher Wirkungskreise in Beziehungen offen legen und Prozesse beschreiben. Das zirkuläre Fragen stellen wir im Abschnitt „Systemische Arbeit und Zirkuläres Fragen" von Teil I unseres Buches dar (ab Seite 71).

Die lösungsorientierte Kurzzeit-Therapie. „Problem talk creates problems, solution talk creates solutions" (Spricht man über Probleme, so erschafft das Probleme, spricht man über Lösungen, kreiert man Lösungen.) – Vertreter der lösungsorientierten Kurzzeit-Therapie beschäftigen sich gemäß dieser Überzeugung gar nicht lange mit dem Problem und dessen vermeintlicher Ursache, sondern arbeiten an der Veränderung der Faktoren, die bisher zur Aufrechterhaltung des Symptoms beitrugen. Dazu gehören das Weltbild, die Wirklichkeitskonstruktionen, die Aufmerksamkeit und das Verhalten des Lernenden. Kurzzeit-Therapeuten nutzen und fördern die dem Klienten *innewohnenden Ressourcen* und lassen ihn zum Experten und zum Gestalter des eigenen Lebensprozesses werden. Es geht um die Untersuchung und Veränderung zeitlich versetzter Wirkungen und Rückwirkungen. Zu Beginn der Arbeit legen Therapeut und Klient Kriterien fest, an denen beide merken werden, dass der Prozess geglückt ist.

Ihre Wurzeln hat die Kurzzeit-Therapie bei Milton Erickson, Gregory Bateson und im Konstruktivismus. Wichtige Vertreter finden wir in der Gruppe von Palo Alto, um Paul Watzlawick und in der Gruppe um Steve de Shazer und Insoo Kim Berg. Für die Kurzzeit-Therapie charakteristisch sind spezielle Fragen und Hausaufgaben, welche die Aufmerksamkeit, die inneren Prozesse und das Handeln des Lernenden in eine systemverändernde Richtung lenken. Der Klient schreibt beispielsweise auf, was sich verändern soll und was bleiben soll, eruiert, was andere Personen an seiner Stelle tun würden, achtet auf alles, was eine Verbesserung oder Verschlechterung nach sich ziehen würde oder lässt sich durch die *Wunder-Frage* zu neuen inneren Erfahrungen und Erkenntnissen führen. Eine Frage, die Sie, liebe Leserinnen und Leser, sich in Gedanken an eine schwierige Situation auch einmal selbst stellen können.

Beispiel. Nehmen wir an, während Sie heute Nacht schlafen, geschieht ein Wunder und das Problem, über das wir eben sprachen, ist gelöst. Aber weil Sie geschlafen haben, haben Sie nicht bemerkt, dass das Wunder passiert ist, bis Sie aufwachen. Was wird morgen anders sein, wodurch werden Sie bemerken, dass das Wunder passiert ist?... Was noch?... Was würden Ihr Chef, Ihr Partner anders machen?... Woran würden Sie es erkennen?... Wie würden diese Menschen auf Ihr neues Verhalten reagieren? Und wenn nach dem Wunder zwei, sechs Monate, drei, zehn Jahre vergangen sind, wie würden sich Ihre Beziehungen zu sich und anderen verändert haben?

Im Kapitel „Richtung und Weg" von Teil I beschreiben und nutzen wir wesentliche Konzepte der lösungsorientierten Kurzzeittherapie als Rahmen für die Gestaltung eines Beratungs- und Veränderungsprozesses.

Provokative Therapie. Manche Fragen können sehr provokativ sein, manche Hausaufgaben können paradoxe Interventionen sein, wie der Auftrag an einen Klienten, sich mehr Zeit für sein Unglück zu nehmen. Eine eigene Schule provokativer Therapie ist mit dem Namen Frank Farrelly verbunden und viele, auch der Mitentwickler des NLP, Richard Bandler, haben seinen Stil nachgeahmt. Provokation ermöglicht es, verdrängte und verbotene Zusammenhänge deutlich zu machen, denn gerade das bisher Verschwiegene hat höchste verändernde Kraft. Farrelly konfrontiert den Lernenden mit der Zukunft, mit Konsequenzen und Alternativen, mit inneren Anteilen und unheilvollen Tendenzen. (Farrelly, Brandsma 1986).

Das Heidelberger Modell. Von Deutschland aus gewann besonders dieses Modell systemischer Therapie an Bedeutung. Die Gruppe von Helm Stierlin, Gunther Schmidt, Gunthard Weber u.a. entstand ursprünglich in der Tradition psychoanalytischen Denkens, orientierte sich später jedoch stärker am konstruktivistischen Weltbild, der Mailänder Schule, Ericksonscher Veränderungskunst sowie an der lösungsorientierten Kurzzeit-Therapie. Heidelberg wurde ein integrierendes und innovatives Zentrum systemischer Therapie.

Das systemisch-phänomenologische Familienstellen nach Hellinger. Aus der Zusammenarbeit mit den Heidelbergern heraus hat Bert Hellingers Methode einen vorderen Platz in der Liste der Arbeitsweisen gefunden. Diese Aufstellung baut u.a. auf der Satir'schen Familienskulptur auf. Im Gegensatz zur Skulptur stehen hier jedoch andere Personen für die Familienmitglieder, sog. „Stellvertreter". Ziel ist die Schaffung eines für alle Beteiligten optimalen Lösungsbildes, die grundlegende Klärung von Positionen, Beziehungen und Austausch im Familiensystem. Es wird an einer tragfähigen Grundstruktur gearbeitet. Diese Vorgehensweise kann auch auf Organisationen übertragen werden. Die Bewertungen von Hellingers Arbeit sind gegensätzlich: die einen finden sie genial, andere finden seine Aussagen über das Wirken bestimmter „Ordnungen der Liebe" zu absolut. Hellinger selbst hat dieses System basierend auf einer Vielzahl konkret erfahrener Lösungsmuster entwickelt und betont die Notwendigkeit, jedes System mit neuen Augen zu sehen und sich von dem, was wirkt, führen zu lassen. Wie Virginia Satir für viele positive mütterliche Aspekte verkörperte, fanden manche in Bert Hellinger die von ihnen gesuchten strukturgebenden väterlichen Anteile. Die Familienaufstellungen nach Bert Hellinger beschreiben wir ab Seite 239 im gleichnamigen Abschnitt.

Systemische Strukturaufstellungen. Von Steve de Shazer und Bert Hellinger führt der Weg zu Insa Sparrer und Matthias Varga von Kibéd, welche die Aufstellungsarbeit auf vielfältige neue Anwendungsbereiche übertrugen und schöpferisch weiterentwickelten – gleichzeitig integrierten sie in ihre Arbeit die lösungsorientierte Kurzzeit-Therapie. In ihren Strukturaufstellungen stehen Stellvertreter nicht nur für Menschen, sondern für alle nur denkbaren Aspekte von Problemlösungen, z.B. für Themen, Meinungen, Gefühle oder Geheimnisse. Systemische Strukturaufstellungen beschreiben wir im entsprechenden Abschnitt ab Seite 264 und an verschiedenen anderen Stellen.

Prozessmoderation. In der Arbeit mit Teams und sozialen Gruppen führt der Weg zu dem Amerikaner Arnold Mindell, welcher, mal provokativ, mal aus dem Hintergrund, die im sozialen Feld wirksamen Kräfte erfasst, kanalisiert, verstärkt oder konfrontiert. Seine Prozessmoderation hat das Ziel, allen Anteilen des Systems eine Stimme und eine angemessene Stellung zu ermöglichen und Unterdrückung zu überwinden, um eine *Synergie* der Kräfte, eine „tiefe Demokratie" hervorzubringen. Er zeigt, wie hinter den bewussten primären Themen und Aktivitäten eine Gruppe entscheidend von unbewussten sekundären Prozessen beeinflusst wird, die ein Metereologe als „Gruppenklima" bezeichnen würde. Einem asiatischen Kampfkünstler gleich, versteht er es, die Gruppe aus dem heraus, was gerade geschieht, in neue gemeinschaftliche Lernerfahrungen zu führen, die Offenheit und emotionale Beteiligung voraussetzen. Die Prinzipien der Prozessmoderation nach Mindell fassen wir im Abschnitt „Das soziale Feld" ab Seite 234 zusammen.

Gesellschaft im Wandel. Werden die Systeme noch größer, betreffen sie Unternehmen und Organisationen, sind auch hier interessante systemische Entwicklungsmodelle herangewachsen. Weit verbreitet in Unternehmen ist das Konzept der „Lernenden Organisation", welches in enger Verbindung mit Projekten und Forschungen des Center for of Organizational Learning am Massachusetts Institute of Technology (MIT) in den neunziger Jahren entstand. Lernende Organisationen entwickeln sich nach diesem Modell durch das Zusammenwirken von Lernprozessen in so wichtigen Teilgebieten wie persönliche Meisterschaft, mentale Modelle, gemeinsame Visionen, Lernen in der Gruppe und Systemisches Denken. Für jeden Teilbereich stehen vielfältige Methoden und Arbeitsformen zur Verfügung, die aus unterschiedlichen Schulen kommen können. Dazu gehören der *Dialog-Prozess* für das Lernen in Gruppen oder die Anwendungsmuster kybernetischer Modelle wie sie Peter Senge in *Die fünfte Disziplin* (1996) zusammenstellte. Im Bereich des Managements möchten wir an dieser Stelle auf die Arbeit von Niklas Luhmann hinweisen, der wie kaum ein anderer systemische Prozesse in Unternehmen und Organisationen darstellt und daraus zukunftsorientierte Strategien ableitet, die nicht mehr allein auf linear rationalem Denken beruhen können.

Mit sozialen Systemen befassen sich nicht nur Therapeuten, Coaches und Manager – wichtige Impulse lieferte auch die *Spieltheorie*, welche das Verhalten einer Vielzahl von Menschen in vorgegebenen sozialen Situationen bei bestimmten Aufgabenstellungen untersucht. Der Verlauf dieser Spiele lässt beispielsweise wichtige Rückschlüsse auf das Lernverhalten von Menschen im Spannungsfeld zwischen Kooperation und Egoismus zu. Sie zeigt, welche Rahmenbedingungen welche Entwicklungen wahrscheinlich machen. Unsere veränderte Kultur erfordert neue Kommunikationsformen – und eine Rückbesinnung auf das, was alte Kulturen schon konnten, bevor die große Individualisierung ins Land kam. Doch in einer Kultur wachsen zu jedem Defizit auch Lösungen nach. Was Kommunikation betrifft, fällt uns an dieser Stelle das Internet in die Hände – jener virtuelle Raum, der schon mehr Menschen verbindet, als dies alle anderen Kommunikationsformen je konnten, und in dem jede Form von Austausch virtuell eingerichtet werden kann... nur körperliche Nähe noch nicht. Auch Menschen, die physisch zusammenkommen, finden neue, konstruktive Kommunikationsstrukturen, vom *Open Space* bis zur Zukunftskonferenz. Mehr darüber Finden Sie im Kapitel „Prozesse in

Großgruppen". Natürlich gibt es solche Prozesse auch *online*. Es scheint, wir sind auf dem Weg, aus dem Entweder-oder von Individualität und Zugehörigkeit ein Sowohl-als-auch zu machen.

2. Überblick

Soziale Systeme

Ein typisches soziales System, nennen wir es „Gemeinschaft" oder „Gruppe", besteht aus Teilsystemen und ist selbst ein Teil eines oder mehrerer größerer Systeme. Die Teilsysteme, nennen wir sie „Mitglieder", nehmen im gemeinsamen Feld der Gruppe bestimmte Positionen und Rollen ein und spielen zusammen, indem sie untereinander sowie mit der Gemeinschaft als Ganzes Energie und Informationen austauschen, im Idealfall zu wechselseitigem Nutzen. Wenn der Austausch die Gemeinschaft stärkt, kann diese sich weiterentwickeln: neue Potentiale, Fähigkeiten und einen Nutzen für ihre Mitglieder sowie eine bedeutungsvollere Position im Austausch mit anderen Gruppen erlangen. Jede Gruppe nimmt im nächstgrößeren System, das wir „Gesellschaft" nennen wollen, eine Position ein und tauscht von hier aus Energie und Informationen mit anderen Gruppen aus – im Idealfall wieder zu wechselseitigem Nutzen und zum Nutzen der Gesellschaft als Ganzes. Besonders förderlich wird das Zusammenspiel von Systemen in einem größeren System, wenn es unter dem Stern einer von allen Beteiligten geteilten Vision steht.

Wer und was zu einem soziales System gehört. Wir wollen ein soziales System durch die ihm angehörenden Menschen und bestimmte Elemente ihres Zusammenspiels charakterisieren. Diese können unterschiedlichen Werten gerecht werden. Wir beschreiben sie hier in ihrer idealen Ausprägung.

Persönlichkeit. Kern eines sozialen Systems sind die Mitglieder der Gemeinschaft – mit ihren Bedürfnissen, Erfahrungen, Qualitäten und ihren weiteren Zugehörigkeiten. Ein Ideal des Einzelnen mag es sein, sich im Austausch mit anderen gemäß dem eigenen Wesen und den eigenen Potentialen zu entwickeln und zu entfalten. Ebenso wichtig mag ihm die Beziehung zu anderen sein. Er kann innerhalb der Gruppe eine solche Position oder Funktion suchen, die dem Entwicklungsstand seiner Persönlichkeit wie auch dem Bedarf und den Prinzipien der Gemeinschaft entspricht.

Wichtige Werte der Persönlichkeit betreffen Freiheit, Wachstum, Ausdruck, Manifestation, Macht, Größe, Kompetenz, Lernen, Selbstwert, Würde, Toleranz.

Positionen. Jedes Mitglied nimmt eine soziale oder aufgabenbezogene Position ein, die der Geschichte seiner Zugehörigkeit zum System und seiner persönlichen Entwicklung entspricht und sinnvoll für die Gemeinschaft ist. Mit jeder Position ist eine bestimmte Rolle, ein Rang oder eine Funktion innerhalb einer Gruppe verbunden. Auch Beziehungen werden dadurch bestimmt. Neben einer primären sozialen Position kann ein Mitglied je nach Aufgabenstellung und Situation verschiedene weitere Positionen und Rollen in einer Gruppe einnehmen. Ein Mitarbeiter mag auf einer Party Führungskraft sein, in einer Diskussion Innovator, am Arbeitsplatz Gesundheitsexperte, in den Pausen der Coach. Der soziale Rang bleibt dennoch der eines Mitarbeiters, bezieht sich also auf seine *primäre Position*. Nicht alle in einer Gemeinschaft wichtigen Anliegen, Werte und Funktionen sind Positionen und damit bestimmten Menschen zugeordnet. Maßgebliche Werte und Funktionen, wie Verantwortung, Humor, Lebensfreude, Gerechtigkeit, Warmherzigkeit, Weisheit oder Selbstkritik werden von unterschiedlichen Mitgliedern eingebracht.

Wichtige Werte in der Verteilung von Positionen betreffen Zugehörigkeit, Beruf, soziale Rolle, Leistung, Lebensaufgabe, Karriere, Effizienz, Wettbewerb.

Austausch. Hier vollzieht sich die Kommunikation zwischen den Mitgliedern, ihr Handeln, Reagieren, ihr Wahrnehmen und Interpretieren. Jedes Geben und Nehmen, jede Würdigung, jede Botschaft ist Teil des Austauschs. Schließlich gehören Wertschätzung und Achtung zu den zentralen Ressourcen, die Menschen einander zu geben haben. Natürlich ist auch der Austausch von Informationen, von Erlebnissen und Ideen von großer Bedeutung. All dies mündet, wenn die Kommunikation gelungen ist, in gemeinsames Handeln und Kooperieren, ermöglicht es, aufeinander Bezug zu nehmen und gemeinsame Interessen und Ziele zu verfolgen.

Auf längere Sicht suchen Menschen nach einem Ausgleich zwischen Geben und Nehmen. Und sei es nur Dank, der zurückkommt. Wer ein bisschen mehr gibt, als er erhält, gibt damit Impulse für eine positive Aufwärtsentwicklung. In der Beziehung von Eltern zu Kindern findet das Geben vorwiegend in Richtung zur nächsten Generation statt. Der Ausgleich liegt im Dienst an der Zukunft.

Geben und Nehmen verläuft nicht immer glücklich, speziell wenn Kinder etwas von Familienmitgliedern übernehmen, was sie überfordert oder wenn persönliche Grenzen überschritten werden. Hier geht es darum, das fälschlich Übernommene zurückzugeben und den eigenen Raum einzunehmen.

Wichtige Werte dieses Bereiches sind gute Kommunikation, Ausgleich, Verständnis, Miteinander, Unterstützung, Liebe, gewinnen und gewinnen lassen, Brüderlichkeit, Handel, Kooperation, Synergie.

Gemeinschaft. Aus dem Zusammenwirken der Mitglieder entwickeln sich die Struktur und der Prozess der Gemeinschaft als einer sozialen Ganzheit. Sie ist mehr als die Summe ihrer Anteile, besitzt eine eigene Identität, Werte, Fähigkeiten und eine Zugehörigkeit innerhalb größerer Systeme. Für ihre Mitglieder verkörpert die

Gemeinschaft einen Raum für gemeinsames Handeln, Austausch und Entwicklung. Dem dienen gemeinsam getragene Ordnungen, Regeln, Vereinbarungen, Ziele, Visionen und Werte des Zusammenwirkens. Solche Ordnungen können beispielsweise die Rangfolge der Mitglieder, ihre Zugehörigkeit, Regeln, die Formen des Austauschs und die Formen der Veränderung betreffen. Auch Tabus, Grenzen, Verbote haben hier ihren Platz. Nicht zu vergessen das Selbstbild der Gruppe und ihre Beziehungen zu anderen Systemen. All dies kann sich verändern, wenn alle Mitglieder zusammenwirken; erneuernde und bewahrende Kräfte sind am Werke und ringen zuweilen miteinander. Eine Gemeinschaft gleicht einem überpersönlichen Organismus, der einen eigenen Lebensweg besitzt und seinen Zwecken gemäß lebensfähig sein und sich entwickeln will. Seine Befindlichkeit ist den Mitgliedern erlebbar und kann von ihnen internalisiert werden. Dies ist die Wahrnehmungsposition „wir". Indem die Mitglieder und ihr Handeln der Gemeinschaft als Ganzes dienlich sind, sichern sie sich die eigene Position und werden von der Gemeinschaft unterstützt. Jede Gemeinschaft gibt und fordert von ihren Mitgliedern bestimmte Dinge. Nicht jede Gemeinschaft macht alles möglich. Ausgleich und Ergänzung finden Menschen darin, dass sie andere Gruppen bilden oder zu solchen hinzukommen. Für zwei uns tragende Systeme gibt es übrigens keine Alternative, sie lassen sich nicht durch andere ersetzen: Das ist auf der einen Seite die Ursprungsfamilie und auf der anderen Seite die Erde. Die Familie ist der Ort, an dem wir Muster erlernen, die sich uns tief einprägen, die uns in andere soziale Systeme begleiten. Und die Erde bildet das Rahmensystem für das Wirken all der sozialen Organisationsformen, die Menschen bilden – und wir wissen heute recht gut, wie unser Wirken der Erde dient oder sie zerstört.

Wichtige Werte betreffen Gemeinschaftsgeist, Gerechtigkeit, Geborgenheit, Verbundenheit, Identifikation, Disziplin, Gesamtleistung, Evolution, Kultur, Markt, Ökologie, politische Visionen.

Die Ausprägung der hier genannten Merkmale bestimmt das Maß an Synergie, über die eine Gemeinschaft verfügt – das Maß an wechselseitiger Ergänzung, Entfaltung und Effektivität des Zusammenspiels ihrer Mitglieder, vergleichbar dem Zusammenspiel der Instrumente in einem guten Orchester. Bis sich synergetische Systeme entwickeln können, braucht es (wenn es um Menschen geht) viel kreativen Kommunizierens und aufgeschlossenen Lernens, von Versuch und Irrtum bis zum vorausschauenden Gestalten. Die Positionen, die Beziehungen und der Austausch müssen verstanden und geklärt werden, wobei die Intentionen und Potentiale der Beteiligten eine wichtige Rolle spielen. Außerdem muss sich Vertrauen entwickeln, und es sollte ein harmonisches Gleichgewicht zwischen Eigennutz und Gemeinnutz entstehen.

Entwicklung. Gemeinschaften, wie sie Menschen seit Urzeiten bilden, können die Quelle eines erfüllten Lebens und der erfolgreichen Meisterung seiner Herausforderungen sein. Auf der anderen Seite kennen wir Unterdrückung, Ausbeutung, Isolation und Aufreibung im Kampf. So nimmt es nicht Wunder, dass Menschen

228

ihre Visionen schon immer auf glücklichere Formen des Miteinander gerichtet haben. Jede große soziale Entwicklung hatte ihren Wurzeln in einem der vier Bereiche: *Persönlichkeit, Positionen, Austausch* und *Gemeinschaft*. Die Menschenrechte, welche das Individuum befreien und seine Würde garantieren sollen, der freie Austausch im Handel, die Chancengleichheit im Beruf, die demokratische Willensbildung der Gemeinschaft und vieles mehr. Jeder Bereich kann sich nur im Zusammenspiel mit den drei anderen entwickeln, wird von ihnen gefördert und an Übertreibung gehindert:

- Alleinige Selbstentfaltung (ohne Zugehörigkeit, Austausch und ohne den richtigen Platz dafür gefunden zu haben) dürfte nicht sehr erbaulich sein und eher zerknittert als entfaltet enden. Außerdem ist da niemand, der davon Notiz nimmt.
- Reines Suchen nach Positionen führt zu ständigem Gerangel und Ellenbogenkrieg, wenn kein größeres System reguliert und kein Austausch zu wechselseitigem Nutzen geübt wird. Kooperation und Kontinuität bleiben auf der Strecke. So ist nicht einmal zu erwarten, dass die Positionen in einer Weise besetzt werden, die der Gemeinschaft nutzt und der Entwicklung des Einzelnen entspricht.
- Austausch ohne einen Platz im System zu haben, ohne organisierende und strukturierende Gemeinschaft, bleibt ein Werk des Zufalls. Austausch braucht Persönlichkeit! Wer seine Position und seine Beziehungen zu anderen geklärt hat, kann einen tieferen und verlässlichen Austausch führen. Wo es Ziele gibt, die zusammenpassen, und wo beide Seiten etwas einbringen, wird daraus ein Zusammenwirken, das mehr erreicht als jeder allein.
- Die übermäßige Betonung der Gemeinschaft mündet in Gleichmacherei, hemmt die Individuation und die Entfaltung des Einzelnen, lässt die Antriebsenergie der ganz persönlichen Motivation brachliegen. Nur Menschen, die ihre Individualität und ihre Fähigkeiten entwickeln, können in einer Gemeinschaft Funktionen ausfüllen, die dort für die Meisterung der Zukunft gebraucht werden. Nur durch Austausch und sinnvolle Positionierung der Mitglieder bleibt die Gemeinschaft lebendig und kraftvoll.

Die Struktur eines sozialen Systems ergibt sich aus den Positionen, welche die Beteiligten in ihm innehaben. Die Verteilung der Positionen innerhalb eines Systems nennen wir seine Konstellation. Sie wirkt über einzelne Situationen hinweg und bleibt über längere Zeit erhalten. In der Veränderungsarbeit stellen wir Konstellation dar, indem wir den Mitgliedern des Systems Positionen im Raum zuordnen, wo sie durch Repräsentanten dargestellt oder durch Karten am Boden symbolisiert werden. **Die Prozesse** innerhalb des Systems bestehen im Austausch und im Zusammenwirken der Beteiligten.

Die Herausbildung von Gemeinschaft beginnt damit, dass Menschen in Beziehung zueinander treten und sich austauschen. Wenn dies fruchtbar verläuft, entsteht ein „Wir-Erleben", das nach und nach durch gemeinsam gefundene Werte, Ziele oder Regeln manifestiert wird. So bildet sich ein eigenständiger sozialer Organismus oder „Gruppengeist", der mehr ist als die Summe seiner Teile und in Bezug auf die Mitglieder ein übergeordnetes System verkörpert. Sobald diese Instanz entstanden ist, wirkt sie auf die bisherigen und neu hinzukommenden Mitglieder zurück, setzt Gestaltungsrahmen für deren Positionen und ihren Austausch. In vielen menschlichen Organisationsformen ist die Instanz institutionalisiert, wird durch Repräsentanten, Gesetze und spezielle Rituale zum Ausdruck gebracht. Umgekehrt wirkt das gemeinschaftliche Denken, Handeln und Kommunizieren auf die Ausprägung des gemeinschaftlich Gültigen zurück. Auch hier begegnen wir der bereits bei den Erfahrungsebenen beschriebenen Spannung zwischen Kontinuität und Veränderung. Und auch hier finden wir den Veränderungsweg „von oben" und „von unten". All das braucht seine Zeit. Jedes soziale System hat seine Gegenwart, Vergangenheit und Zukunft, die aufeinander wirken. Seine Entwicklung wird nicht nur von innen, sondern auch dadurch mitbestimmt, wie es im Zusammenspiel mit anderen sozialen Systemen seine Position findet, mit ihnen in Austausch tritt, sich ergänzt und hinzulernt. Es verfügt über die Fähigkeit, sich selbst innerlich neu zu organisieren und höhere Stufen von innerer Synergie oder Funktionsfähigkeit zu erreichen.

Positionen finden. Der Prozess, in dem jeder den richtigen Platz innerhalb eines Systems findet, kann auf vielerlei Art verlaufen:

- Die freie Wahl jedes Beteiligten, sich nach seinen Interessen und Bedürfnissen einzubringen, funktioniert gut, solange nicht alle das Gleiche wollen und das Gleiche ausklammern – und solange die Einzelnen ihre Fähigkeiten nicht überschätzen.
- Wer zu geben hat, was gebraucht wird, wird gern genommen. So sind der Stand der persönlichen Entwicklung, die erworbenen Fähigkeiten und natürlichen Begabungen besonders in zielorientierten Systemen ein wichtiges Kriterium für die Verteilung von Positionen. Der Geeignetste mag jener sein, der sich auf allen Erfahrungsebenen mit einer Position identifizieren kann, sie bereits innerlich repräsentiert und in Einklang mit seinen persönlichen Zielen und Lebensvisionen erlebt.
- Manchmal wird die Positionierung von allen ausgehandelt, manchmal „von oben" bestimmt, in anderen Fällen über demokratische Prozesse und Abstimmungen geregelt. Jede Form hat ihre Vor- und Nachteile, sowie ihre klassischen Anwendungsbereiche. In Firmen sind spezielle Abteilungen damit beschäftigt in *Assessment Centers* ihre Kandidaten zu testen. Zu entscheiden, wer Thronfolger in einer Monarchie wird, ist leichter – es wird immer der erste Sohn des jetzigen Königs sein.

- Wettbewerb oder Konkurrenz motiviert die Beteiligten, ihre Fähigkeiten zu steigern, hilft ihnen, sie zu dokumentieren und herauszufinden, wer in einem Bereich der Beste ist. Wer am besten kämpfen oder sogar intrigieren kann, ist allerdings nicht immer der Geeignetste, speziell dort, wo soziale Kompetenz, Kooperationsfähigkeit und emotionale Reife zählen.

- Wer zuerst da war, eine Position zuerst besetzt und ausgefüllt hat, erwirbt ein gewisses Recht und einen Schutz dieser Position, solange er sie angemessen ausfüllt. Nur so ist es ihm möglich, etwas an die „Neuen" weiterzugeben und irgendwann in Würde zu gehen. Dies gibt dem System Kontinuität, solange nicht Erneuerung und Veränderung blockiert werden.

- Die möglichen Positionen innerhalb eines größeren Systems sind nahezu unbegrenzt – denn mit fortschreitender innerer Differenzierung werden immer neue Funktionen, Positionen geschaffen. Kreativität ist eine Alternative zur Konkurrenz auf dem Weg, sinnvoller Teil des Ganzen zu werden.

- Beziehungen, Kooperation und Synergie werden immer wichtiger. Nicht Einzelkämpfer, sondern jene, die soziale Fähigkeiten einbringen, andere verstehen, gut kommunizieren und im Sinne eines „Wir" denken, werden in einer Gemeinschaft willkommen sein, gesucht werden und leicht einen Platz erhalten.

Ein Positionierungsprozess erreicht sein Ideal, wenn er keine dauerhaften „Verlierer" hervorbringt, sondern alle Beteiligten eine für sie und das Gesamtsystem sinnvolle Position finden – d.h. zugleich, dass individuelle Ansprüche, Potentiale und gemeinschaftlicher Bedarf sich immer neu in Richtung Ausgleich bewegen. Im Zeitalter von Massenarbeitslosigkeit ist dies eine der wichtigsten Herausforderungen unserer Gesellschaft. Die Mitglieder eines Systems brauchen Austausch zu wechselseitigem Nutzen. Davon lebt zugleich das System. Wer dies zugunsten des eigenen Gewinns verleugnet, wird langfristig Gegenkräfte ins Feld rufen, welche die eigene Position untergraben... oder das System.

Streben nach Balance. Nicht nur im zwischenmenschlichen Austausch, auch in der Verteilung wichtiger lebenserhaltender und entwicklungsfördernder Funktionen strebt ein soziales System nach Balance. Die Gemeinschaft kann nicht nur aus Führungskräften bestehen, es kann auch nicht nur Spiel und Spaß angesagt sein oder etwa nur Gehorsam. Entweder kommt das, was fehlt, von außen, d.h. von anderen Systemen hinzu, oder innerhalb des Systems werden jene Mitglieder aktiv, welche die Einseitigkeit empfinden und bewusst oder unbewusst die fehlende Seite einbringen. Eventuell verwandeln sie sich auch in Symptomträger und signalisieren auf diese Weise, dass in der Gemeinschaft etwas fehlt. Es ist, als würden sie von den nach Balance strebenden Kräften des sozialen Feldes erfasst. Wenn innerhalb des Systems Teilgruppen ausgeschlossen, abgewertet oder unterdrückt werden, kann dies für das gesamte System sehr destruktive Wirkungen haben. Es verbraucht seine Energie in einem inneren Unterdrückungsprozess.

231

Strömungen, die nicht integriert werden, neigen zu Untergrundaktivitäten, der Mafia oder der Sabotage vergleichbar. Eventuell spalten sie sich auch vom Ursprungssystem ab und bilden ein eigenes, wodurch auf längere Sicht die Balance in einem größeren System wiederhergestellt wird. Als unsere Vorfahren – und es waren jene, die in der Heimat keine Erfüllung fanden – nach Amerika gingen, ahnte noch keiner, wie viel Ergänzendes sie uns später zurückzugeben hätten.

Ziele und Stile. Was Menschen dazu führt, sich zusammenzuschließen ist von unterschiedlicher Natur. Ist es Liebe, geht es ums Überleben oder die Gestaltung des Lebens, um Freundschaft, um wirtschaftlichen Gewinn, um gemeinsame Interessen oder Visionen? Dementsprechend werden sich in der Gemeinschaft unterschiedliche Werte etablieren, die sich in der Art des Miteinanders manifestieren. Gemeinhin unterscheidet man zwischen *zielorientierten* und *beziehungsorientierten* Gemeinschaften. Auch die Unterscheidung zwischen *demokratischen* und *autoritären* Systemen ist geläufig. Beachtenswert ist außerdem die Art, wie Mitglieder hinzukommen und ihre Positionen einnehmen und wechseln können: Manche Systeme bauen auf jahrzehntelange Kontinuität, andere bilden und verändern sich spontan. All dies hat Einfluss auf die Art der Prozesse, die stattfinden, und hilft, das Verhalten der Mitglieder zu verstehen.

Von System zu System. Je ausschließlicher ein Mensch einem System angehört und von ihm abhängt – und das gilt besonders für ein Kleinkind in seiner Ursprungsfamilie – desto stärker wird er von den dort wirkenden Kräften, der erhaltenen Position, dem erlebten Austausch erfasst und beeinflusst. Dabei ist das kein passiver Prozess, denn auch das jüngere Selbst bringt seine eigenen Bedürfnisse, seine Liebesfähigkeit und seinen Willen ein. Was es hierbei erlebt, repräsentiert es später innerlich. Oft genug als ein Modell für sein Leben. Später neigen Menschen dazu, ähnliche Strukturen aufzusuchen oder zu schaffen wie jene, die sie verinnerlicht haben. Deshalb lohnt es, positive Modelle auf die persönliche Lebensreise mitzunehmen – oder sie sich im nachhinein zu schaffen. Die Wiederholung vergangener Muster ist allerdings nur eine Seite. Genauso neigen wir dazu, erfahrene Einseitigkeiten auszugleichen. Dies ist etwas schwieriger, weil wir es nicht geübt haben. Sobald es uns aber möglich wird, sei es durch Versuch und Irrtum, durch Unterstützung von außen oder als Ergebnis eigener Reife, stehen uns andere soziale Modelle offen, in denen wir neue Positionen einnehmen und einen anderen Austausch pflegen können. Diese helfen uns, alte Erfahrungen zu relativieren, neu zu interpretieren oder zu verwandeln.

Nährende Systeme geben von sich aus jedem das, was er braucht – aber sie sind in der Welt der Erwachsenen selten geworden. Wenn der Einzelne innere oder äußere Quellen zur Verfügung hat, die unabhängig von einem konkreten sozialen System sind, ist er dessen Feldkräften weniger passiv ausgesetzt. Diese Quellen können in anderen Zugehörigkeiten liegen, in einem auf allen Erfahrungsebenen gereiften Selbstverständnis oder in einer spirituellen Anbindung. Auch eine therapeutische Beziehung mag diese Funktion erfüllen. So kann der Einzelne auch dann, wenn ihm ein System zunächst wenig Anerkennung und Verständnis entgegenbringt, die eigenen Potentiale bewahren und dadurch seine Mitgestaltungschancen erhöhen, schließlich sogar jene Position einnehmen, die ihm entspricht. Ein System tendiert dazu, Funktionen und Positionen an jene zu vergeben, die sie auf Dauer echt und überzeugend repräsentieren, während Unsichere leicht übrig gebliebene Positionen erhalten. Dies ist Teil des Wettbewerbs. Der Einzelne erlebt also in der Gemeinschaft einen Spannungsbogen zwischen „Gestalter sein" und „gestaltet werden". Entwicklungsarbeiter sollten sich ein ausreichendes Maß an Unabhängigkeit gegenüber dem System, mit welchem sie arbeiten, bewahren, beispielsweise gar nicht Teil dieses Systems sein. Als Beobachter können sie die ablaufenden Prozesse erkennen und von hier aus Einflussmöglichkeiten erkunden.

Jedes System vermag einem Mitglied bestimmte Dinge zu geben und fordert andere ein. Alles aber findet heute kaum jemand in einer Gemeinschaft. Wenn sie dem Einzelnen nur Energie nimmt, ist der Austausch außer Balance und er sollte dafür sorgen, dies zu verändern oder die Gruppe verlassen. Indem wir Teil mehrerer Systeme sind, von Familie, Beruf, Freizeit bis zu Inernet-Gemeinschaften, werden wir uns verschiedene Entwicklungsbedürfnisse in unterschiedlichen Gemeinschaften erfüllen. Was wir in einem System erleben, kann auf unsere Befindlichkeit, unser Wirken und unsere Beziehungen innerhalb eines anderen Systems wirken. Deshalb sollten wir nicht alle Energie in eines auf Kosten eines anderen stecken.

Wechselwirkungen im System. Die meisten Wechselwirkungen haben wir schon erwähnt. In der Beziehung zu anderen Menschen wirkt der eine auf den anderen und dieser wirkt auf den ersten zurück. Natürlich geht die Wirkungskette oft über dritte, vierte oder einfach viele. In einem System nehmen alle gemeinsam Einfluss auf den „Gruppengeist" oder die gemeinsamen Werte, Regeln und Instanzen, welche wiederum auf die Einzelnen und ihre Positionen wirken. Die gesamte Gemeinschaft schafft für den Einzelnen so etwas wie eine Entwicklungsumgebung, die ihn auf verschiedenen Erfahrungsebenen fördern oder hindern kann. Erfahrungen innerhalb eines Systems beeinflussen das Verhalten und die Positionierung innerhalb des nächsten Systems.

Die Veränderungsmöglichkeiten ergeben sich aus den Wechselwirkungen. Und sie hängen von unseren Zielen ab. Wenn wir wollen, dass das gesamte System einen neuen Gleichgewichtszustand erfährt, der allen gerecht wird und von allen angenommen wird, sollten wir mit den Positionen der Beteiligten zueinander und der Art ihres Austauschs arbeiten. Dazu gehört auch eine angemessene Würdigung und Wertschätzung untereinander. Der Prozessbegleiter schafft einen Rahmen, in dem sich jeder ausdrücken kann, lenkt die Aufmerksamkeit auf bisher unbeachtete Bereiche, setzt Impulse und unterbreitet Veränderungsvorschläge. Die Informationen darüber, was geschehen soll und kann, liefern die Systemmitglieder. Im Idealfall finden sich alle Ressourcen für eine allparteiliche Lösung im System und können zwischen seinen Mitgliedern weitergegeben werden. Manchmal ist das betrachtete System nicht vollständig und andere, nicht anwesende Personen müssen in die Arbeit einbezogen werden.

Ganz ohne äußere Impulse bewegt sich ein System dennoch nicht. Stets bringt ein Begleiter seine Fähigkeiten der Wahrnehmung, Kommunikation und Strukturierung in das System ein. Er nutzt die Sensibilität und die Potentiale aller Beteiligten. Seine Interventionen gleichen im Idealfall einem gut gesetzten Billardstoß, welcher die Potentiale jener Person weckt, die den stärksten Einfluss auf andere hat, so dass im ganzen System Ressourcen „in Umlauf" gebracht und neue geweckt werden. Das gelingt nicht immer, eventuell fehlen allen oder einzelnen Beteiligten etwas, das sie nicht im System finden, es mag um Verständnis, Vertrauen, Selbstwert, Wertschätzung oder Mut gehen. In diesem Fall müssen sie schrittweise aufbauen oder zusätzliche Ressourcen von außen erhalten. Oft geht beides Hand in Hand. Die Arbeit kann sich mitunter auf eine Person konzentrieren, die gleichsam der Schlüssel für das ist, was im System fehlt.

Zu den nützlichen Lernschritten innerhalb eines Systems gehört es, wenn Einzelne ihre Vorannahmen und Bewertungen von anderen Systemmitglieder überprüfen und korrigieren. Wenn sie die Wahrnehmungspositionen der anderen kennenlernen, ist dies eine gute Basis für wechselseitiges Verständnis und fruchtbaren Austausch.

Neben der Veränderungsarbeit für das ganze System bleibt die mit dem Einzelnen eine wichtige Option. Wir können jeden Beteiligten darin unterstützen, die Ressourcen zu finden oder zu entwickeln, die er braucht, um im System seine Position zu finden und einzubringen, was ihm wichtig ist. Auch dafür, mit den dortigen Schwierigkeiten umzugehen. Wir können untersuchen, inwieweit seine aktuellen Erfahrungen auf Mustern aus seinem Ursprungssystem beruhen und diese verändern oder von der Gegenwart ablösen. Umgekehrt können wir im Sinne dieses Einzelnen daran arbeiten, dass das gesamte System ein Platz wird, dem er gerne angehört. Wachsende soziale Kompetenz geht meist einher mit dem Verzicht auf Maximalforderungen und Anspruchsdenken. Dafür gibt es mehr Austausch und ein Bewusstsein dessen, welche Wirkungen das eigene Verhalten auf andere hat. Wir können jeden darin unterstützen, seine Einflussmöglichkeiten und seine Verantwortung für das, was im System geschieht, zu entdecken und positiv zu nutzen. Es wird auf ihn zurückwirken.

Das soziale Feld

Ein Feld im physikalischen Sinn, z.B. ein Magnetfeld, beschreibt eine räumliche Verteilung von Energie, durch welche in verschiedenen Positionen des Feldes unterschiedliche Kräfte wirken, die etwa durch die Ausrichtung von Eisenspänen sichtbar gemacht werden können. Das Feld entsteht durch komplementäre Pole, in diesem Fall „Plus" und „Minus". Wenn das Feld, d.h. die Energieverteilung, sich zeitlich ändert, handelt es sich um ein „dynamisches Feld".

Ein soziales Feld – und wie so oft haben die aus der Naturwissenschaft entlehnten Begriffe hier metaphorischen Charakter – erstreckt sich über dem Raum zwischen den Mitgliedern einer Gruppe. Es meint die auf die Mitglieder in ihren Positionen und zwischen ihnen wirkenden Kräfte. Diese Kräfte können sich als Emotionen, Bedürfnisse, Spannungen, Gedanken, Verbote, bewusste oder unbewusste Antriebe äußern. Wesentlich ist die Erfahrung, dass das Befinden, Denken, Handeln der Einzelnen ebenso durch ihre persönliche Identität wie durch ihre Position und ihre Beziehungen innerhalb der Gruppe beeinflusst wird. Hinzu kommt die Wirkung, welche der Zustand und der Prozess der Gruppe als Ganzes auf jeden hat. Ein Mitglied wirkt wiederum spezifisch auf andere Mitglieder und den Gesamtprozess der Gruppe ein. Die Wechselwirkungen werden im Gruppenprozess sichtbar, hörbar und fühlbar, sie verleihen dem Feld eine spezifische Bewegung, schaffen sozusagen das Klima und die Befindlichkeiten der Beteiligten.

Welche Kräfte wirken zwischen den Mitglieder einer Gruppe? Menschen sind mehr als passive Eisenspäne im Magnetfeld, jeder ist selbst eine aktive Energiequelle, verfügt über seine Ausstrahlung und ist ebenso den ihn umgebenden Kräften und Ausstrahlungen ausgesetzt, auch solchen, die von außen auf die Gruppe als Ganzes wirken. Manche dieser Feldkräfte berühren uns innerhalb einer Gruppe kaum, als würden sie wirkungslos durch uns hindurchgehen oder gar nicht an uns herankommen. Für andere sind wir so empfänglich wie die Eisenspäne für Magnetpole und richten uns danach aus. Worauf wir besonders reagieren, hat mit unserer Biografie, unseren Werten, Intentionen und Fähigkeiten zu tun. So bestehen zwischen den Mitgliedern einer Gruppe unterschiedliche Anziehungen, Sympathien, Antipathien, Ähnlichkeiten und Gegensätze, denn jeder hat ganz eigene „elektromagnetische Ladungsverteilungen", „freie Valenzen" und „Bindungskräfte", um Begriffe aus der Chemie zu bemühen. Dementsprechend ordnen sich die Beteiligten gern so an, dass ihre Position im Feld ihnen eine gute Befindlichkeit und eine gute Beziehung zu anderen Energiequellen ermöglicht.

Noch einmal Balance. Betrachten wir soziale Erfahrungsgegensätze wie „Führen – Folgen", „Aktivität – Passivität", „Vernunft – Gefühl", „Unabhängigkeit – Gebundenheit", „Nähe – Distanz" „männlich – weiblich" können wir entdecken, dass Feldwirkungen in Gruppen mit der Spannung zwischen derartigen Gegensatzpaaren zu tun haben. Menschliche Gemeinschaften suchen nach einem Gleichgewicht verschiedener Erfahrungsqualitäten – entweder gleichzeitig oder im Laufe ihrer Entwicklung. Wo immer nur Aktivität herrscht, werden einzelne Mitglieder der Gruppe Passivität suchen, wo immer nur Nähe herrscht, werden einzelne die Distanz suchen. Zielbezogenheit will durch Orientierung auf Beziehungen ausgeglichen werden, Eigennutz durch Gemeinnutz, Planung durch Spontaneität. Macht findet ihr Gegenstück im Streben nach Demokratie. Je autarker, umgebungs-

235

unabhängiger ein System existiert, umso eher ist es erforderlich, dass es ein Gleichgewicht aller Anteile in sich trägt. Je einseitiger ein System ausgebildet ist, desto stärker muss es seine Ergänzung im Außen, d.h. im Zusammenwirken oder in der Auseinandersetzung mit anderen Systemen finden. (Bild 13)

Bild 13: Ein Team und seine Balance

Verbunden sein. Betrachten wir die moderne Gesellschaft als System, kann z.B. beobachtet werden, dass die Vermehrung von Singles statistisch mit einer Verstärkung androgyner Merkmale einhergeht, d.h., der/die alleinstehende entwickelt, ob aus Not oder Freude sowohl die männlichen als auch die weiblichen Eigenschaften stärker in sich als ein sich spezialisierender Mensch, der in einer festen Partnerschaft lebt. Das Paar verkörpert wiederum die Vollständigkeit. Je fester die Eingebundenheit in ein größeres System ist, desto spezialisierter werden Lebensstil, Funktion, ja auch Interessen, Fähigkeiten und Wertvorstellungen des Einzelnen. Indem er Zugehörigkeit erlangt und eine Position einnimmt, stellt sich der Einzelne auch den damit auf ihn und in ihm wirkenden *Bindungskräften*. Sie haben mit der Erfahrung von Verantwortung und Gewissen zu tun. Da das eigene Verhalten Auswirkungen auf andere hat, ist es nicht mehr beliebig auswechselbar – der mögliche Verlust an Freiheit hindert manche Menschen, ihre Zugehörigkeit zu finden. Umgekehrt hindern Schuldgefühle und schlechtes Gewissen manche Menschen, ihren persönlichen Weg zu gehen und auf den Platz zu wechseln, der ihnen heute angemessen wäre. Ihr Gewissen sollte an höhere, unabhängige Instanzen angebunden sein, als die Meinung einzelner Bezugspersonen, die Veränderung nicht zulassen wollen.

Dynamik und Demokratie. Wenn ein System die in ihm nach Ausgleich von Einseitigkeiten rufenden Kräfte unterdrückt, wie etwa eine Mehrheit die Anliegen einer Minderheit unterdrücken kann, entstehen Spannungen, Kampf ja sogar Sabotage oder Terrorismus. Der Versuch, jene Minderheit zu vernichten, hat systemtheoretisch keine Chance, weil das nach Ausgleich strebende Feld die ungelösten Aufgaben und die unterdrückten Themen an andere Mitglieder weitergibt, die sich ihrer bewusst oder unbewusst annehmen, solange ein Ungleichgewicht im System vorherrscht. Einer der Meister im Erkennen und Umgestalten solcher Prozesse ist Arnold Mindell. Er beschreibt, wie sich das Feld als Ganzes in seinem Streben nach Ausgleich gleichsam einzelne, für eine Thematik empfängliche Mitglieder sucht, so dass diese jene Anteile vertreten, die unterrepräsentiert sind (Mindell 1997). Wenn die Gruppe der inneren oder äußeren Opposition sehr klein ist, sich vielleicht auf eine Person konzentriert, kann das Verhalten und Erleben dieser Person als Symptom der Unterdrückung aufgefasst werden. Fehlt es im System beispielsweise an Erlaubnis zur Kreativität, wird es sicher irgendeine besonders „verrückte" Person geben, die in dem Maße zu übertreiben gezwungen ist, wie der Anteil im System unterdrückt wird. Hat in einem System wirklich eine Monokultur gesiegt, tritt ihm die andere Seite möglicherweise im Außen entgegen – in Gestalt anderer Systeme. Der innere Aufwand, die Unterdrückung lebendiger Anteile aufrecht zu erhalten, sei es in einer Familie, einem Team oder einem Staat, ist hoch und verschlingt einen Großteil des Potentials und der Energie der Beteiligten, die gegeneinander, statt in eine gemeinsame Richtung wirken. In diesem Fall gibt es keine Alternative zu einer Reorganisation und einer Demokratie der Anteile, die jedem eine Daseinsberechtigung, eine Funktion und eine sinnvolle Position zuerkennt. Tiefe Demokratie im Sinne Arnold Mindells kennt keine machtlose Minderheit, sondern bezieht alle angemessen ein. Wir können sie als Vorstufe zur *Synergie* verstehen, in welcher alle Anteile eines Systems optimal zusammenwirken. Der Weg dahin kann über Revolution oder Evolution verlaufen; der Weg ist die im System zu leistende Prozessarbeit des Ausdrucks, des Austauschs, der Neupositionierung und des sozialen Reifens.

Aus all dem erkennen wir, dass ein soziales System keineswegs statisch ist, dass es sich mit der Zeit verändert und dass innere Änderungen sich auch äußerlich manifestieren wollen. Bestimmte Anteile wollen stärker in den Vordergrund rücken, Beteiligte wollen ihre Positionen verändern oder behaupten, Beziehungen entstehen und wandeln sich. Viele dieser Prozesse und Wirkungen werden den Mitgliedern einer Gruppe gar nicht bewusst. Besprochene Themen und unbewusste Antriebskräfte können in verschiedene Richtungen gehen. Wir sprechen bei den bewusst wahrgenommenen Aspekten eines Gruppengeschehens von den *primären Prozessen*, denen die unbewusst wirkenden *sekundären Prozesse* gegenüberstehen. Sekundäre Prozesse zeigen sich in dem, was im System ohne bewussten Grund einfach so geschieht, es kann Müdigkeit sein, ein aggressiver Ton, Unruhe, Krankheit oder Ausgelassenheit. Ein neutraler Beobachter kann all dies wahrnehmen und so den Verlauf systemischer Prozesse dokumentieren.

Gestaltungsziel. Werden die sekundären Prozesse erkannt und thematisiert, können die dahinter liegenden Intentionen und Kräfte für die Weiterentwicklung des Systems genutzt werden, andernfalls sind sie gezwungen, indirekt zu wirken. Tiefe Demokratie, wie sie Arnold Mindell zum Ziel seiner Arbeit mit Gruppen erklärt hat, gibt allen Beteiligten im System die Chance und die Ehre der Beteiligung.

Auch in Familienaufstellungen ergeben sich die weitreichendsten Lösungen, wenn zuvor abgewertete und verdrängte Familienmitglieder und damit das Prinzip, welches sie verkörpern, ihren Wert und ihren Platz im System zurückerhalten. Lösungen in systemischer Arbeit sollten in diesem Sinne einen allparteilichen Charakter haben.

Auf vielen Gebieten kann der Entwicklungsarbeiter gestaltend tätig werden. Hier eine ergänzende Zusammenstellung:

- Gemeinschaftlich getragene Werte und Regeln.
- Gemeinschaftlich getragene Ziele und Visionen.
- Einbeziehung der Minderheiten – tiefe Demokratie.
- Eine sinnvolle Verteilung der Positionen und Funktionen.
- Gelungene Kommunikation und Austausch.
- Möglichkeit, Wahrnehmungspositionen zu wechseln.
- Einbeziehen der Positionen der anderen in das eigene Denken.
- Persönliche Entwicklung der Einzelnen.
- Klärung und Verarbeitung vergangener Erfahrungen.

3. Die Welt der Aufstellungen

Überblick

Die systemische Aufstellungsarbeit erarbeitet Lösungen zu grundlegenden Beziehungsmustern zwischen Menschen, die sich in ihrer Zugehörigkeit, ihrer Position zueinander, in ihren Rollen, Bindungen und Verantwortlichkeiten zeigen. Und sie arbeitet an der Achtung und Wertschätzung füreinander. Oft wird hier das familiäre Ursprungssystem zum Thema, werden Verstrickungen in diesem System gelöst. Während der Aufstellungsarbeit hat jede Veränderung einer Position ihre Auswirkungen und Rückwirkungen auf alle Beteiligten – und nach der Art dieser Effekte wird sie eingeschätzt, beibehalten oder korrigiert. Durch schrittweise Veränderung und angemessenen Austausch wird das System nach und nach in einen für alle Beteiligten optimalen Zustand gebracht. Wer die passende Position im System gefunden hat, kann von hier aus geben, was er zu geben hat, und empfangen, was er zu empfangen hat. Er kann sich entwickeln, weitergehen und sein eigenes System in der Zukunft aufbauen. Innerlich hat er ein positives Modell dafür, das er zu anderen weiterträgt.

Das Prinzip einer Aufstellung besteht darin, dass alle Mitglieder eines Systems eine Position im Raum einnehmen, die ihrer Position und Rolle innerhalb der Gemeinschaft und ihrem Verhältnis zu anderen Gruppenmitgliedern entspricht.

238

Wenn die Gruppenmitglieder nicht anwesend sind, können sie durch andere Menschen, sog. „Stellvertreter" dargestellt werden. Sie werden vom Klienten seinem inneren Bild der Gruppe entsprechend positioniert. Im nächsten Schritt können die Einzelnen nun ihre Befindlichkeit, ihre Wünsche und die Art ihres Kontakts zu anderen zum Ausdruck bringen. Oft nehmen sie dabei aufeinander Bezug. Möglicherweise sprechen sie auch darüber, was sie für die Gruppe beitragen möchten. Wenn es um Veränderungsarbeit geht, bietet ein Moderator oder Coach nun verschiedene Prozessschritte an, die das Ziel haben, dass es allen Beteiligten zunehmend besser geht. Dazu gehört eine respektvolle Klärung ihrer Beziehungen und eine sinnvolle Veränderung ihrer Positionen. So wird es den Beteiligten möglich, sich immer besser auszutauschen und jene Positionen und Rollen einzunehmen, die ihrer Bedeutung im Team entsprechen und ihren Beziehungen gerecht werden. Aus dem Problembild einer Gruppe entsteht so ein Lösungsbild. Die Aufstellungsarbeit als Veränderungsmittel stellen wir weiter unten in verschiedenen Anwendungsformen ausführlicher dar.

Familienaufstellungen nach Hellinger

Ordnungen der Liebe

Viele Lebenskonflikte und psychische Probleme lassen sich auf traumatische Erfahrungen in der persönlichen Biografie zurückführen und über die Lebensweg-Arbeit bearbeiten. Andere basieren auf unbewussten Bindungen und Verstrickungen in der Ursprungsfamilie, welche die persönliche Entfaltung in Gegenwartsbeziehungen und im Beruf behindern. Bert Hellingers Kunst der Familienaufstellung ist eine wirksame Art, solche Störungen zu klären und zu lösen. Ziel der Arbeit ist es, dass die Positionen der Familienmitglieder zueinander so rearrangiert werden, dass jeder den Platz findet, der seiner eigenen Entwicklungsaufgabe und dem Wohl des ganzen Systems am besten gerecht wird. Auf dem Weg dahin treten die Familienmitgliedern miteinander mehrfach in einen heilsamen und reinigenden Austausch, der in besonderen Formen des Klärens, Würdigens, Gebens und Empfangens besteht.

Hellinger beschreibt, basierend auf seiner langjährigen Erfahrung, grundlegende Muster für die wirksame Veränderungsarbeit mit Familien. Seine Modelle gehen davon aus, dass es in Familien bestimmte natürliche Muster der Positionierung und des Austauschs gibt, die man verallgemeinern kann und die lösungs- und entwicklungsfördernd für alle Beteiligten sind. Hellinger nennt sie die „Ordnungen der Liebe" und spricht von der *Ursprungsordnung*, die herauszuarbeiten und wiederherzustellen ist.

*Bild 14: Familienstudie mit
Vorfahren ohne Geschwister*

Muster des Positionierens. Ein Familiensystem hat sich herausgebildet, um im Zusammenwirken nach außen und nach innen bestimmte Entwicklungsanliegen zu erfüllen. Dazu gehört es, dass Liebe und wechselseitige Ergänzung, Fortpflanzung und das gedeihliche Aufwachsen der Kinder, der Erwerb des Lebensunterhalts, erfüllende Arbeit, Kontinuität und die Verbesserung der Lebensqualität gelebt werden wollen. Auch der Austausch mit anderen Systemen, d.h. mit der Außenwelt, gehört dazu. Um derartiges zu verwirklichen, nehmen die einzelnen Mitglieder im System „Familie" bestimmte Positionen ein, die den im System benötigten Funktionen zugeordnet sind. In der Ursprungsordnung sind die Funktionen sinnvoll auf Großeltern, Vater, Mutter und die Kinder verteilt und sie sind nicht ohne weiteres übertragbar. Für Eltern sind andere Aufgaben angemessener als für ein Kind.

Die Positionen im Familiensystem werden nicht gleichzeitig, sondern zeitlich nacheinander besetzt. Damit eine Familie wie auch jedes andere soziale System wachsen kann und neue Mitglieder willkommen sind, dürfen die Positionen bisheriger Zugehöriger durch die Nachfolgenden nicht in Frage gestellt werden, sondern wollen geschützt bleiben. In Familien wird dies durch eine natürliche

Rangfolge der Familienmitglieder gewährleistet. Ein höherer Rang bedeutet, dass eine Person im System mehr Rechte genießt, aber auch größere Pflichten und Verantwortlichkeiten zu tragen hat. Wer früher Mitglied des Systems war, genießt diesen höheren Rang – Eltern haben also Vorrang vor den Kindern, Erstgeborene rangieren vor den jüngeren Geschwistern. Das Miteinander und die Beziehungen gelingen, wenn die Mitglieder einer Familie diese Ordnung achten, andernfalls kann es zu blockierenden Positions- und Verteilungskämpfen, zu Über- und Unterforderung oder auch zum Verlust der Zugehörigkeit kommen. Wer Bruder oder Schwester im Rang „überholen" will, führt einen ebenso erfolglosen wie destruktiven Kampf. Manche Kulturen sorgen bis in die Umgangsregeln hinein für eine angemessene Stellung der Familienmitglieder. In der Türkei beispielsweise spricht man sich vielfach mit dem Rang an: „Guten Morgen, älterer Bruder."

Dieses **Prinzip der Reihenfolge** wurde von Bert Hellinger wahrscheinlich auch in Anregung durch afrikanische Traditionen erkannt und in die Arbeit mit Familien eingeführt. Gunthard Weber hat es, wie auch weitere grundlegende Teile der Arbeit von Bert Hellinger, als erster systematisch und zusammenfassend dargestellt (Weber, 1997). Gemeinsam mit anderen hat er dieses und andere Prinzipien auf die Arbeit mit Organisationen übertragen. In Organisationen kommt es oft zu Störungen, wenn neue Mitarbeiter dienstältere nicht anerkennen. Mehr dazu finden Sie ab Seite 253. Eine andere Ausprägung des Prinzips der Reihenfolge dient der Förderung des Nachwachsenden und Neuen. Gemeint ist die Rangfolge zwischen unterschiedlichen Systemen. Diese ist invers: Das jüngere System, etwa die Gegenwartsfamilie eines Klienten, hat Vorrang vor dem älteren, d.h. seiner Ursprungsfamilie.

Werden von den Familienmitgliedern wichtige Positionen und Funktionen nicht ausgefüllt, gerät das System aus dem Gleichgewicht – was nicht zuletzt Kinder häufig durch eigenen Einsatz zu kompensieren versuchen. Ein Einsatz, der leicht zu Überforderung führt. Das Gleichgewicht geht ebenfalls verloren, wenn das System seine *Vollständigkeit* verliert, indem einzelne Familienmitglieder vom System, zu dem sie auf natürliche Weise gehören, ausgeschlossen, fortgeschickt oder dem System gar verschwiegen werden. Eine Vorstufe des Ausschlusses besteht darin, diese Mitglieder nicht zu würdigen, sie zu unterdrücken, abzuwerten oder ihnen anders Unrecht zu tun. Jedes Familienmitglied hat ein **Recht auf Zugehörigkeit**, die es nur unter besonderen Bedingungen verlieren kann und das über den Tod hinaus erhalten bleibt. Jemanden aus der Gemeinschaft auszuschließen ist eine Störung dieser Zugehörigkeit und eine *Verletzung der Bindung*, die zwischen den Beteiligten besteht.

Im Sinne der Feldtheorie sucht das System nach Wiederherstellung eines Gleichgewichts, in welchem alle Anteile eine angemessene Position haben. Deshalb nimmt wiederum meist ein anderer den Platz der unterdrückten oder ausgeschlossenen Person ein oder des Prinzips, das sie verkörperte. Er identifiziert sich unbewusst mit dem nicht Gewürdigten und versucht, aus Liebe und Bindung an das System, dessen Anteile einzubringen. In der Identifizierung mit dem Unter-

241

drückten steuert er sich und das System jedoch meist lediglich in eine Wiederholung des alten Unterdrückungsmusters und gibt seine eigenen Potentiale auf. Die **Übernahme des Schicksals** von Familienmitgliedern, die beispielsweise durch vorzeitigen Tod ausschieden oder als Schuldige ausgeklammert wurden, erfolgt meist durch eine Person der nachfolgenden Generationen. Es kommt auch vor, dass ein Kind glaubt, seinem verstorbenen oder behinderten Geschwister „nachfolgen" zu müssen. Wer das Schicksal eines anderen übernimmt, erlebt dessen Gefühle als **Fremdgefühle** – und er übernimmt sie letztendlich aus Liebe. Innerlich wird dies begleitet von einschränkenden Leitsätzen, wie „Ich folge dir nach", „Ich tue es für dich", „Ich sühne für deine Schuld" oder „Ich räche das dir zugefügte Unrecht". Die Übernahme wird nach Hellinger gelöst, indem dem früheren Familienmitglied nachträglich sein Platz im System eingeräumt wird und ihm vom Lernenden symbolisch das von ihm übernommene Schicksal zurückgegeben wird. Eine ausgeschlossene Person muss zunächst wiedergefunden und anerkannt werden, um dann ihre angemessene Position im Herzen der Beteiligten d.h. im System zu erhalten. Eine abgewertete Person sollte gewürdigt werden, ihre positiven Absichten und Verdienste wollen anerkannt werden, ihr sollte Ehre bzw. eine ehrenvolle Position zuteil werden. Indem das System auf diese Weise seine Balance wiederfindet, wird der Nachfolgende davon befreit, die fehlende Seite vertreten zu müssen; er kann seine eigene, neue Position finden, das Beste aus seinem Leben machen und das eigene Schicksal leben.

Rollen, Positionen und Funktionen anderer zu übernehmen und Einzelne auszuschließen oder abzuwerten, bezeichnet Hellinger als **Anmaßung**, denn es nimmt Entwicklungsaufgaben aus der Verantwortung derer, denen sie gestellt sind, heraus und legt sie in andere Hände, die dadurch wiederum nicht ihren eigenen Weg gehen können oder überfordert sind. Findet sich eine Person in einer Position, die für sie gemäß der Ursprungsordnung nicht angemessen ist, kann sie auf verschiedenste Art im Familiensystem verstrickt sein, d.h. langfristig so in Prozesse, Konflikte und Schicksale anderer einbezogen sein, dass dadurch neue Konflikte entstehen und weitere Personen betroffen sind. Die **Prinzipien von Übernahme und Anmaßung** sind reine Forschungsergebnisse von Bert Hellinger.

Positionen und Grenzen. Zwischen Familienmitgliedern von unterschiedlichen Rängen, speziell zwischen den Generationen, verlaufen unsichtbare *Grenzen* innerhalb des Systems, die geachtet werden wollen. Eltern können ihre Verantwortlichkeiten nur annehmen, *nicht* loswerden. Kinder haben eigene Entwicklungsbedürfnisse, die sie verwirklichen sollten. Wenn solche Grenzen überschritten werden, wird diese Entwicklung empfindlich gestört. Nachfolgend haben wir einige Formen zusammengefasst, wie Systemgrenzen überschritten werden können:

- In der **Parentifizierung** werden einem Kind Funktionen und Verantwortungen übertragen, die den Eltern gebühren, vielleicht erhält es sogar die Rolle, Mutter oder Vater eines Elternteils zu vertreten. Oft sucht ein Elternteil bei seinem Kind das, was ihm von den eigenen Eltern gefehlt hat oder empfindet ihm gegenüber Gefühle, die den eigenen Eltern gelten. Dazu gehört auch die Parentifizierung durch andere problematische Rollen und Funktionen, die Eltern dem Kind zuordnen können, zum Beispiel auch die Rolle eines Partners oder die des anderen Geschlechts. Der Preis für das Kind ist in jedem Fall der Verzicht auf sein Kindsein.

- Manchmal hat ein Kind die Aufgabe angenommen, die elterliche Beziehung in Ordnung zu bringen oder einen Elternteil aus Treue zum anderen abzulehnen. Ist ein Kind in die Paardynamik oder die Intimsphäre der Eltern verstrickt, wird dies als **Triangulation** bezeichnet. Die äußere Loyalität mit einem Elternteil führt über die Suche nach Ausgleich zu heimlicher Identifizierung und Loyalität mit dem anderen. Triangulation kann die Geschwistersolidarität erheblich beeinträchtigen, speziell wenn jedes Elternteil „sein" Kind hat. Auch wenn das Kind zur Korrektur der elterlichen Beziehung für Mutter oder Vater die Rolle des Partners übernimmt, welche dieser nicht ausfüllt, können wir dies der Triangulation zuordnen.

- Wenn Eltern **Überverantwortung** für Kinder übernehmen, ihnen eigene Lernerfahrungen und selbstständige Verantwortungsbereiche abnehmen, nehmen sie ihnen wichtige Entwicklungschancen, sowohl sich zu erproben wie auch Konsequenzen für eigenes Verhalten zu erkennen, zu tragen und daraus zu lernen. Hier geht es darum, dass das Kind diese Eigenverantwortung von den Eltern zurückerhält.

- Eine andere Form, die angemessene eigene Position zu verlassen, besteht im **Platzmachen** für andere. Vielleicht glaubt ein Kind, da seien schon zu viele Geschwister. Es will die Eltern entlasten, indem es, wie auch immer, das System verlässt. Vielleicht verzichtet ein Kind auf eigene Entwicklung, damit alle Energie in ein anderes gesteckt werden kann, oder es verzichtet ein Jugendlicher auf Sexualität, um keine Aufmerksamkeit auf sich zu ziehen.

- Das bereits beschriebene *Übernehmen* des Schicksals einer anderen Person oder die **Identifizierung** mit ihr ist eine Verletzung von Systemgrenzen und führt zu einer fremdbestimmten Entwicklung des Kindes. Mitunter identifizieren Vater oder Mutter das Kind mit eigenen Elternteilen, was zur Parentifizierung führt. Oft projizieren sie eigene innere Anteile und Wünsche auf das Kind, identifizieren es also mit sich selbst oder Teilen ihrer selbst. Auch andere Personen, wie frühere Geliebte, erwünschte oder unerwünschte Familienmitglieder können sie in dem Kind sehen.

- **Jedem ist sein Schicksal** zuzumuten und es gehört zu seiner Aufgabe, etwas Gutes daraus zu machen. Es wäre anmaßend, anderen ihre Lern- und Lebensaufgaben abnehmen zu wollen oder anderen die eigenen zu übergeben.

Austausch und Ausgleich. Mit der Störung der Positionen gerät auch der *Austausch* aus dem Gleichgewicht. Wie aber sieht ein entwicklungsfördernder Austausch aus? Wir haben hier wichtige Aspekte anders als bisher üblich gruppiert:

- Beziehungen von Gleichrangigen, z.B. in einer Partnerschaft, beruhen auf dem **Ausgleich von Geben und Nehmen**. Alles andere führt zum Verlust des Gleichgewichts, zu Gefühlen von Anspruch oder Schuld. Oder die Beziehung wird beendet. Manchmal gibt es keine andere Möglichkeit, Ausgleich herzustellen, als dem anderen zu danken oder auszudrücken, was einem Leid tut.
- Der **Austausch zwischen den Generationen** basiert nicht auf dieser Gleichrangigkeit. Geben und Nehmen können nicht ausgeglichen sein. Der Frühere gibt, der Spätere nimmt. Eltern geben den Kindern das Leben, etwas, das durch nichts anderes auszugleichen ist. Nur wer genug genommen hat, kann auch geben. Wenn Kinder genug genommen haben, verlassen sie die Eltern und geben, was sie zu geben haben, an die nächste Generation weiter.
- Eine besondere Form des Austauschs besteht darin, einander zu **würdigen**. Hier geben zuerst die Späteren den Früheren: „Wenn man den Eltern die Ehre erweist, kommt etwas tief in der Seele in Ordnung."
- Zwischen Eltern und Kindern sind sinnliche Erfahrungen echter Begegnung, Annahme und Verbundenheit von hohem Wert. Wenn diese nicht zustande gekommen sind, liegt eine **unterbrochene Hinbewegung** vor und es ist auch in späteren Jahren heilsam, diese zu vollenden (siehe auch Seite 202).

Die Prinzipien des Austauschs und des Ausgleichs von Geben und Nehmen in der Solidarität zwischen den Generationen wurden ursprünglich von Ivan Boszormenyi-Nagy (1987) dargestellt und von Bert Hellinger (Weber 1997, Hellinger 1997) weitergeführt.

Ordnungskräfte. Verstößt ein Mensch bewusst oder unbewusst gegen die Ordnungen und Vereinbarungen des Familiensystems, kann es sich von diesem bestraft fühlen. Die Instanz, über welche das System auf den Einzelnen einwirkt, ist dessen **Gewissen**. Das Gewissen reguliert das Finden und Aufrechterhalten einer angemessenen Position, einen förderlichen Austausch, gute Beziehungen und die Zugehörigkeit zum Ganzen. Das Gewissen ist systemerhaltend und Ausdruck der Ordnungskräfte des Systems. Wer im Konflikt mit diesen Kräften lebt, empfindet bewusst oder unbewusst oft Gefühle von Schuld. Sie anzunehmen, setzt Kräfte frei, sie zu verdrängen, bindet Energie. Möglicherweise erreicht der Betreffende seine Ziele nicht, wird krank oder findet keine erfüllenden Beziehungen. Oft treten diese Wirkungen erst bei den Nachkommen auf. Wenn etwa ein Familienmitglied auf Kosten der anderen Vorteile gewonnen hat, gleichen spätere Generationen dies durch Verlust aus. Die Lösung liegt darin, die Identifikation aufzulösen und auch die Schuld an jene Person zurückzugeben, die sie zu tragen hat.

244

Ablauf einer Aufstellung

Um Familienkonstellationen sichtbar zu machen und Verstrickungen zu lösen, entwickelte Bert Hellinger eine spezielle Arbeitsweise, die er später als „phänomenologische Familienaufstellung" bezeichnete.

Voraussetzung der Arbeit ist es, dass ein Klient ein wichtiges und ernstes Thema oder Problem hat, das er durch die Familienaufstellung lösen möchte. Dementsprechend wurde zuvor besprochen, ob es sich um eine Arbeit mit der Gegenwartsfamilie oder der Ursprungsfamilie des Klienten handelt. Natürlich können beide beteiligt sein. Weiterhin ist es wichtig, herauszufinden, welche Familienmitglieder oder sonstige Personen für die Klärung und Lösung des Problems dabei sein sollten. Was die Ursprungsfamilie anbelangt, so gehören dazu der Klient selbst, Eltern, Geschwister, Großeltern, Onkel und Tanten. Aber auch andere Personen, wie ein früherer Partner oder Verlobter eines Elternteils oder ein vor der Geburt verlorenes Kind können eine wichtige Rolle spielen. Eventuell fehlende Personen können später im Laufe des Prozesses gefunden und hinzugenommen werden. Zu den Vorinformationen, die der Klient über seine Familienmitglieder beisteuert, gehören Angaben darüber, ob jemand früh verstorben, ausgestoßen oder ausgeklammert wurde, eine schwere Krankheit hatte oder hat, ob es wichtige frühere Partnerschaften gab oder schwere Schicksale. Es geht an dieser Stelle darum, sich auf Essentielles zu beschränken, um den Blick auf grundlegende Muster frei zu halten.

Das innere Bild darstellen. Der Klient richtet nun seine Aufmerksamkeit auf sein inneres Bild der beteiligten Familienmitglieder. Nacheinander wählt er aus einer Gruppe von Anwesenden für jedes Familienmitglied einen sog. Stellvertreter aus, welcher dieses im Verlauf der Familienaufstellung darstellen soll. Auch für sich selbst wählt er einen Stellvertreter. Der Klient fragt sich, in welcher räumlichen Position die Beteiligten seiner inneren Vorstellung nach zueinander stehen und wie weit sie voneinander entfernt sind. Er führt jeden Stellvertreter mit den Händen an den Schultern in eine passende räumliche Position und stellt sie so zueinander in Beziehung, dass sich sein inneres Bild der Familie im Raum abbildet.

Prozessarbeit. Nun kann der Therapeut damit beginnen, die beteiligten Personen in der aufgestellten Konstellation nach ihren unmittelbaren Empfindungen und Gefühlen zu befragen. Die Gruppe agiert wie ein wahrnehmungsfähiger Organismus, der bestimmte Störungsmuster anzeigt. Diese werden durch geeignete Prozessschritte aufgelöst und in ein Lösungsbild verwandelt. Eine Arbeit, deren einzelne Schritte immer durch das Feedback der Stellvertreter überprüft und neu angeregt werden. Zum Prozess gehören das Verändern der Positionen der Familienmitglieder sowie besondere Formen des Austauschs, in welchem diese sich gegenseitig in ritualisierter Weise wesentliche Dinge sagen, einander in ihrem Schicksal und in ihrer Position würdigen, sich etwas geben oder etwas fälschlich Übernommenes zurückgeben. Dabei erhalten auch ausgestoßene oder verdrängte Systemmitglieder einen würdigen Platz im System zurück.

Austausch und Ausgleich. In den Phasen des Austauschs geht es immer wieder um die Suche nach den Quellen der Kraft, die dort liegen, wo Verstrickungen gelöst werden. Beispielsweise wendet sich der Lernende in Demut den Eltern zu, und gerade das macht ihm im eigenen Leben eine freie und autonome Position

245

möglich: „Nur was wir lieben, gibt uns frei", sagt Hellinger, nur so können wir aus der Opferrolle aussteigen. Der Austausch gewinnt eine besondere Tiefe durch ausgewählte *Sätze der Kraft*, die Bert Hellinger in seiner langjährigen Praxis herausgefunden und erprobt hat. Sie können als Angebote genannt werden, sollten aber erst dann verwendet werden, wenn sie deutlich befreiend auf einen Stellvertreter wirken. Das ist nur im richtigen Kontext der Fall. Immer wieder geht es in den Austauschphasen darum, zu würdigen, zu klären, zu ehren und das anzunehmen, was ist. Hier einige Beispiele wie sie von Hellinger (1997), Sparrer und Varga von Kibéd (2000) genutzt werden:

Sätze des Einbeziehens:
- Ich nehme dich wahr.
- Du gehörst dazu.
- Ich gebe dir deinen Platz.

Sätze des Würdigens:
- Ich achte/ehre dich.
- Ich gebe dir/euch die Ehre.
- Bei mir hast du deine Ehre
- Ich gebe dir den Platz, der dir zusteht.
- In Zukunft ehre ich dich auf andere Weise.
- Ich gebe dir einen Platz in meinem Herzen.

Sätze zwischen Mann und Frau:
- Ich nehme dich als meinen Mann/meine Frau, mit allem, was zu dir gehört.
- In unseren Kindern achte und liebe ich dich (Satz auch bei Trennung und Verlust des Partners).

Sätze von den Eltern zu den Kindern:
- Ich gebe dir meinen Segen.
- Dein Vater, deine Mutter [anderes Elternteil] ist genau der/die Richtige für dich.
- Ich bin dein Vater/deine Mutter und du bist mein Sohn/meine Tochter.

Sätze eines Kindes zu Eltern oder Vorfahren:
- Ich bin die/der Kleine und du bist die/der Große.
- Liebe Mutter/lieber Vater, bitte gib mit deinen Segen.
- Du warst schon lange vor mir da.
- Bitte schau freundlich auf mich, auch wenn es mir gelingt, was dir nicht möglich war.
- Ich mache es ganz wie du... (nur) ein bisschen anders.

Sätze des Zurückgebens:
- Ich achte dein Schicksal/deine Last – und lasse es/sie ganz bei dir.
- Dein Schicksal/deine Schuld/dein Ruhm gehört ganz allein dir – ich habe darauf keinen Anspruch.

- Was zwischen euch beiden ist, das lasse ich ganz bei euch. Das ist Sache von euch Großen. Ich kümmere mich um meine Sachen.
- Ich habe dieses Gefühl aus Liebe zu dir übernommen. Ich brauche es nicht mehr, denn es verdirbt mein Leben. Ich gebe es dir zurück.

Sätze des Zurücknehmens:
- Es gehört mir – ganz.
- Das ist meins, nicht deins – und für das meine bin ich groß genug.
- Lass es bei mir, ich gebe es dahin weiter, wohin es gehört und behalte nur meinen Teil.
- Bei mir ist es richtig, für mich ist es leicht.

Am Anfang jeder Aussage sollte der Empfänger wertschätzend in seiner Position angesprochen werden, z.B. „Liebe Mutter...", „Lieber Bruder...", „Liebe Eltern...". Dies öffnet das Tor für die Botschaft.

Eine Vielzahl weiterer Sätze der Kraft beziehen sich auf besondere Themen, wie den Umgang mit Abschied, Verlust, Schuld und das Geben und Nehmen. Die einfache, dem heutigen Sprachgebrauch nach altertümliche Ausdrucksweise berührt der Erfahrung nach tiefere innere Schichten, als es dies die moderne Alltagssprache vermag. Auch Geschichten und Metaphern können so wirken. Die Sätze der Kraft werden ergänzt durch Gesten der Verneigung, das symbolische Weitergeben von Gegenständen und immer wieder das Re-Arrangieren der Positionen.

Abschluss. Manchmal ist es sinnvoll, dass der Klient bereits während des Veränderungsprozesses seinen Stellvertreter im System ablöst, seinen Platz selbst einnimmt, um wichtige Schritte, wie Würdigung oder das Zurückgeben von Lasten, aus der Mitte des Systems heraus zu erleben. In jedem Fall sollte er zum Abschluss im System stehen, dann also, wenn ein *Lösungsbild (Bild 15)* gefunden wurde, das allen gerecht wird, so dass er an „seinem" Platz die heilende neue Ordnung erfährt. Am Ende werden die Stellvertreter aus ihren Rollen entlassen.

Zum Hintergrund der Phänomene

Stellvertreter als Feldsensoren. Betrachten wir nun einige besondere Phänomene, denen wir in der Aufstellungsarbeit begegnen. Eines davon besteht darin, dass die Stellvertreter mit ihrem Eintritt in das System in so hohem Maße aus ihrer bisherigen Persönlichkeitsstruktur heraustreten und jene Empfindungen und Gedanken in sich empfangen, die dem von ihnen vertretenen Familienmitglied zuzuordnen sind. Es ist, als wäre jeder zum Medium der von ihm vertretenen Person geworden, die nun in Form von Fremdgefühlen in ihm wirkt. Über diese sogenannte repräsentierende Wahrnehmung wird jeder Stellvertreter zugleich zum Träger wichtiger Informationen über Aspekte des Gesamtsystems, eventuelle Verstrickungen und Lösungsbedürfnisse. Diese kollektive Weisheit der beteiligten Stellvertreter kann der erfahrene Therapeut nutzen.

Bild 15: Lösungsbild einer Aufstellung

Lassen sie uns das Stellvertreter-Phänomen, das oft übersehen wird, als zentrale Voraussetzung und Besonderheit der Arbeit genauer betrachten. Die Wurzeln der Familienaufstellung reichen von moderner Familientherapie, etwa bei Virginia Satir, bis in die rituellen Traditionen Afrikas, wo die Pflege von Zugehörigkeit, familiärer Bindung und die Würdigung der Ahnen eine große Rolle spielen. Was das soziale Feld bedeutet und wie es auf den Einzelnen wirkt, dieses Wissen ist in Afrika nie verloren gewesen. Hierzu gehört die Erfahrung, dass Beteiligte im Feld den Geist und die Erlebniswelt anderer Personen empfangen und repräsentieren können, die physisch nicht anwesend sind, wohl aber zum System gehören. Auf diese Art werden Einzelne zu Sprechern oder Kanälen von Ahnen, von Verstorbenen oder einfach nicht anwesenden Systemmitgliedern. Die Wirkung eines Menschen auf ein System, in dem er irgendwann eine Position und eine Funktion eingenommen hat, bleibt unabhängig von seiner physischen Anwesenheit in der aktuellen Feldverteilung erhalten, ist wahrnehmbar und physisch artikulierbar. Sie gleicht der Wirkung eines nicht sichtbaren Planeten, dessen Existenz die Umlaufbahnen der anderen Planeten beeinflusst, so dass aus den Bahnen der sichtbaren Planeten die Merkmale und die Position des verborgenen Planeten rückgerechnet werden können – bis dieser schließlich sichtbar wird.

So kann sich in der Familienaufstellung Verblüffendes herausstellen, z.B. dass es uneheliche Kinder gibt oder dass der Vater in Wahrheit ein anderer ist. Mediale Menschen haben die wirkenden Kräfte in Feldern schon immer gut erfasst und

248

manchen „unsichtbaren Planeten" eine Stimme gegeben. Die Fähigkeit, im eigenen Organismus die Empfindungen und Erfahrungen anderer zu empfangen, gehört nicht zuletzt zu den Grundprinzipien schamanischer Heilkunst auf der ganzen Erde. Sie beschränkt sich nicht auf Familienangehörige. Ein traditioneller Schamane empfängt Stimmen, Empfindungen und Heilungskräfte der von ihm angerufenen Geister, moderne Bestseller wiederum sind von Medien geschrieben, die sich zum Kanal der Stimme geistiger Wesen machen. Das Stellvertreter-Phänomen basiert auf unserer alten, wertvollen Fähigkeit, Empfänger oder Kanal für andere zu werden. Es ist die gleiche Fähigkeit, welche innerhalb eines Familiensystems Anlass zu Verstrickungen gibt, wenn nämlich ein Nachgeborener sein Leben als Stellvertreter eines früher nicht geachteten Systemmitglieds lebt. Hier gilt es, die „Besetzung" rückgängig zu machen. Der Stellvertreter, der diese Person darstellt, erlebt also in sich die Erfahrungen eines Menschen, der seinerseits die Erfahrungen eines anderen Menschen erlebt und sich im Laufe des Prozesses davon löst.

Nachdem am Ende einer Aufstellung die Stellvertreter ihre Rollen zurückgegeben haben, finden sie oft konstruktive Wege, die gemachten Erfahrungen als Lernschritte auch in ihr eigenes Leben einzubeziehen, doch dieser Effekt ist ein Geschenk, das nicht zuvor beabsichtigt werden sollte, damit jeder Stellvertreter vertrauensvoll und vollständig die ihm anvertraute Rolle im Familiensystem einnehmen kann. In anderen Aufstellungsformen, wie wir sie etwa zur Arbeit mit inneren Teilen auf Seite 260 beschreiben, kann der persönliche Lernprozess der Stellvertreter hingegen durchaus dem des „Teilegebers" gleichgestellt werden.

Lösung als Energietransfer. Zu Beginn des Prozesses ist das Familiensystem allein im Inneren des Klienten repräsentiert. Die Konfliktmuster des Systems sind auch Konfliktmuster seines Inneren, seines Körpers oder seiner Seele. Ein erster Lösungsschritt besteht darin, dass er seine inneren Muster, Gefühle und Konflikte externalisieren kann, d.h. auf die tragfähige Gemeinschaft der Stellvertreter aufteilt. Jeder Stellvertreter repräsentiert also nicht nur die ihm zugeordnete Person, sondern auch einen ihr entsprechenden inneren Teil des Klienten. Im Verlauf dieses Prozesses treten die Stellvertreter miteinander in Austausch. Sie erleben, wie sich der Zustand der von ihnen vertretenen Person ändert, indem sie bestimmte Dinge empfangen, geben, zurückgeben, zurückbekommen oder ihre Position verändern. Und sie merken, wie ihr Gegenüber auf ihre Botschaften reagiert. Diese Erfahrungen sind real und physiologisch messbar, d.h., in ihrem Körper spielen sich unumkehrbare emotionale und biochemische Prozesse ab. Das ist mehr als Erkenntnis.

Die gesamten Konfliktstrukturen, welche zuvor im Organismus des Klienten gespeichert und repräsentiert waren, wurden also zunächst auf eine Gruppe von Menschen verteilt, die nun sein Energiemuster auffingen. Als Nächstes verändern sie durch ihren Austausch die Struktur dieses Musters, gleichen es aus, lösen Blockaden und geben das so veränderte Muster in Form des Lösungsbildes an den Klienten zurück. Dies ist wiederum ein Grundprinzip schamanischer Heilkunst. Hier

249

empfängt der Schamane die psychischen, geistigen oder auch körperlichen Muster oder Energien des Klienten, erlebt dessen Problemwelt in der Tiefe, während der Kranke zunächst das Gefühl hat, seine Probleme abgegeben zu haben. Der Schamane begibt sich nun in innere Prozesse, nimmt Kontakt auf zu hilfreichen Geistern, tanzt eventuell, meditiert oder reinigt sich, bis er das Problemmuster, welches er aufgenommen hat, in sich selbst gelöst oder verwandelt hat und der Kranke die Lösung als verändertes Energiemuster erkennen kann. Im Fall der Familienaufstellung repräsentiert die ganze Gruppe also jenen Schamanen, jeder Stellvertreter ist ein Teil von ihm. Es findet über kognitive Prozesse ein tatsächlicher Energieaustausch statt, der die bisherigen inneren Muster nachhaltig verändert und auch nicht ohne Auswirkungen auf die Stellvertreter ist. In gut geführten Aufstellungen erleben alle dies als Bereicherung.

Auswirkungen der Arbeit. Was der Klient zu klären hatte, haben alle gemeinsam geklärt – was sich die einen von den anderen wünschten, haben sie sich gegenseitig gegeben. Es waren aber nicht die wirklichen Familienmitglieder, sondern deren Stellvertreter, die dies taten. Die Frage ist nur, ob die realen Familienmitglieder all das in der tiefen Verbindung der Feldkräfte miterlebt haben? Vielleicht hat der Klient von einem, der den Vater darstellte, den lang gesuchten Segen erhalten, von wem also? Etwas im Klienten hat sich gelöst, ist entspannt, es fühlt sich für ihn genauso an, als wäre es der Vater gewesen. Wir kennen die Antwort nicht. Vielleicht sind die Stellvertreter so etwas wie hilfreiche, selbst gesuchte Wahlverwandte, die das in Ordnung bringen, was mit den Blutsverwandten nicht klappte. Auch das wäre okay. Vielleicht waren es die inneren Repräsentationen des Klienten, die mit Hilfe der Stellvertreter etwas miteinander ausgetauscht und geklärt haben. Das innere Abbild des Vaters hat dann dem Klienten den Segen gegeben. Und wie wird die nächste Begegnung mit dem realen Vater verlaufen? Anders.

Weiter oben haben wir gelernt, dass es Auswirkungen auf alle hat, wenn ein Beteiligter im System sich verändert. Noch mehr gilt das, wenn ein Beteiligter ein neues Bild von sich selbst und den anderen hat. Er hat sogar in Form des Aufstellungssystems eine neue Zugehörigkeit erlebt. Somit tritt er als veränderter Mensch in Kontakt mit seiner Ursprungsfamilie, reagiert nicht mehr auf bisherige Muster, hat einem Stellvertreter tatsächlich abgegeben und sich von dem gelöst, was nicht das seine war. Der Lernende repräsentiert nach einer Aufstellung über sich selbst hinaus auch ein neues Modell der anderen und der Beziehungen zu ihnen. Indem beispielsweise ein realer Vater den so veränderten Sohn wahrnimmt, kann sich allein dadurch auch in ihm etwas verändern. Doch das ist seine Wahl und Verantwortung. Der Sohn ist nicht mehr in bisherigen Mustern gefangen, er kann neue Dinge tun, gehen oder bleiben, sprechen oder schweigen und den eigenen Weg finden, auch wenn der physische Vater keinen Segen ausspricht. Vielleicht war in der Familienaufstellung aber auch die Seele des Vaters gegenwärtig; vielleicht waren alle, die aufgestellt wurden, an das Feld angeschlossen. Möglicherweise wirkt das Feld eines solchen Systems über Raum und Zeit hinweg. Oft verändern sich Verwandte, die nichts von der Aufstellung wussten; Beziehungen innerhalb der Familie klären sich wie von selbst. Manchmal erscheinen dem Klienten in versöhnlicher Weise verstorbene Familienmitglieder im Traum. Was unzweifelhaft im Klienten heilt und aus ihm heraus wirkt, ist das *Bild der Lösung*, das er erfahren hat. Jeder, der in einer Gemeinschaft ein Bild der Harmonie dieser Gemeinschaft repräsentiert, verändert die Gemeinschaft zugleich in diese Richtung.

Art der Wahrnehmung und innere Haltung des Aufstellers. Betrachten wir Bert Hellinger als Modell. Bewusst verlässt er das philosophische Modell des Konstruktivismus, nach welchem Wahrheit lediglich eine personenabhängige subjektive Konstruktion ist. Wahrheit ist für ihn eine situationsgebundene, plötzliche Teilhabe an einem überpersönlichen Wissen, etwas, das am besten dann geschehen kann, wenn ein Mensch sich absichtslos, aus einer „leeren Mitte" heraus dem Ganzen aussetzt, etwas, das nur für jenen Moment gilt. Die Lösung taucht aus dem „wissenden Kraftfeld" der Aufstellung auf, zeigt dessen Wirken, das Zusammenspiel und die Bewegung des ganzen lebendigen Systems. Nur ein achtsamer Therapeut kann derartige Momente der Wahrheit erfassen und nutzen. Bert Hellinger ist vielleicht gerade deshalb so wirksam, weil er jene Präsenz und jene besondere Art der Wahrnehmung in seine Arbeit einbringt. Damit zieht er zugleich die ungeteilte Aufmerksamkeit der Gruppe an und spannt den Rahmen dafür, dass das Feld des aufgestellten Systems seine Kraft über alle Beteiligten entfaltet, bis jene Momente der Wahrheit auftauchen, die ihm eine definitive Lösungsarbeit ermöglichen. In jener erfahrenen Wahrheit erkennt er eine heilende Kraft und mutet sie folglich dem Klienten auch zu, selbst dann, wenn sie konfrontativ oder schmerzhaft ist. Menschen mit unterschiedlichen Fähigkeiten leiten mittlerweile Familienaufstellungen nach Hellinger. Sie erreichen sehr gute Ergebnisse, wenn sie eine hohe, am Prozess orientierte Wahrnehmungsfähigkeit einbringen können und über ausreichende Lebenserfahrungen verfügen. Dies bewahrt sie davor, vorgegebene Schablonen zu kopieren oder jenen Mustern gegenüber blind zu sein, die sie in ihrem eigenen Leben noch nicht gelöst haben.

Über das Gesagte hinaus haben in systemischen Aufstellungen auch andere relevante Wahrnehmungsarten ihren Platz, welche sowohl für die Arbeit der Stellvertreter wie auch die des Aufstellers wichtig werden können. Im Kapitel „Wahrnehmungspositionen und systemische Arbeit" von Teil I finden Sie Grundlegendes über unterschiedliche Wahrnehmungspositionen. Insa Sparrer und Matthias Varga von Kibéd haben in „Ganz im Gegenteil" (2000, Teil VIII/8) eine Klassifikation zusammengestellt. Dazu gehören neben der repräsentierenden Wahrnehmung der Stellvertreter unterschiedliche Formen der Feldwahrnehmung, die Fähigkeit, sich in der Vorstellung körperlich in die Rollenspieler hineinzuversetzen sowie die Fähigkeit, Fremdwahrnehmungen und Eigenwahrnehmungen zu unterscheiden.

Gesellschaftliche Wirkung. Betrachten wir die Position und die Wirkung der Aufstellungsarbeit nach Bert Hellinger im größeren System der Gesellschaft, so erkennen wir, dass sich der Erfolg dieser Arbeit systemisch erklären lässt. In einer Gesellschaft haben jene Stimmen und Kräfte besondere Bedeutung, die sie aus Einseitigkeiten herausführen und eine größere innere Balance ermöglichen. Unsere moderne Gesellschaft kümmert sich nur wenig um Themen wie Rückbesinnung, Ordnung, Bindung, Demut oder Schicksal. Das geht einher mit einem Mangel an Orientierung, Zugehörigkeit und Sinnbezogenheit, den viele empfinden. Was unterrepräsentiert ist, vielleicht auch verdrängt, wird unbewusst gesucht, damit das System vollständiger werden kann. Andererseits gibt es gute Gründe dafür, dass das Pendel in einer bestimmten Entwicklungsphase der Gesellschaft in die andere Richtung ausgeschlagen ist. Ordnung, Demut oder Bindung wecken nicht nur positive Assoziationen, denn es gab Zeiten, da wirkten sie auf eine erdrückende Weise und hinderten Menschen an der Entfaltung ihrer Potentiale. So sind die gleichen Prinzipien für die einen ein bedrohlicher Rückschritt in die Zeit, als das Pendel sich noch auf der anderen Seite befand, für andere der erlösende Ausgleich einer einseitigen Gegenwart. Wenn es gelingt, den scheinbaren Gegensatz von Entfaltung und Demut, von Freiheit und Bindung als eine sich wechselseitig fördernde Beziehung zu erleben und zu leben, können der Einzelne und die Gesellschaft ein Gleichgewicht auf einer höheren Ebene finden. Dies heißt außerdem, dass die Ordnungen der Liebe und die Freiheit der Liebe zusammengehören. Auch im Bereich der Veränderungsarbeit finden viele Wege einen sich ergänzenden Platz. Nicht zuletzt in diesem Buch.

Übertragung auf andere Systeme

Übertragbare Prinzipien

Die Prinzipien der Aufstellungsarbeit nach Bert Hellinger können wir auf zahlreiche andere Systeme übertragen. Dazu gehört die Arbeitweise, systemische Strukturen durch Stellvertreter im Raum darzustellen und sie mit deren Unterstützung neu zu gestalten. Dieses Muster hat sich in einer Vielzahl kreativer Weiterentwicklungen und neuer Anwendungsformen fortgesetzt.

Auch für systemische Aufstellungen außerhalb des Familienkontextes ist vorab zu klären, wer oder was dazugehört. Oft finden sich im Laufe der Arbeit noch vergessene oder ausgeschlossene Anteile ein. In jedem dargestellten System sind weiterhin bestimmte Regeln und Bestrebungen wirksam, die für das Finden einer Lösung von großer Bedeutung sind. Dazu mögen Prinzipien gehören, wie

- die Rangfolge der Mitglieder in Abhängigkeit von Zeit, Hierarchie oder Leistung;
- das Streben nach angemessener Würdigung und Wertschätzung der Mitglieder;
- das Streben nach Ausgleich im Geben und Nehmen;

- das Streben nach innerem Gleichgewicht der Anteile und Positionen;
- das Streben nach tiefer Demokratie, Ergänzung und Synergie;
- das Streben nach Funktionsfähigkeit, Stabilität oder Evolution.

Da ein Mensch in verschiedenen Systemen lebt, denkt und wirkt, ist es besonders interessant, wie diese miteinander in Beziehung stehen. So kann die Arbeit an einem System zu der Arbeit an einem anderen System überleiten, hier fortgesetzt werden, eventuell zu einem dritten System führen und wieder zurückkommen. Der Übergang vollzieht sich, indem sich ein Mitglied in einer bestimmten Situation Ähnlichkeiten mit Mustern eines anderen Systems bewusst wird. Dies ist der Ausgangspunkt für den Wechsel der Aufstellungsform, d.h. eine gleichzeitige Untersuchung des assoziierten Systems. Insa Sparrer und Matthias Varga von Kibéd prägten hierfür den Begriff *Strukturebenenwechsel*, welcher in ihrer Theorie systemischer Strukturaufstellungen eine wichtige Rolle spielt.

Wie wir bisher gelernt haben, bezieht sich die Veränderungs- oder Prozessarbeit in einer Aufstellung auf folgende Aspekte:

- Die Stellvertreter geben über die erlebten Empfindungen und Gefühle Feedback.
- Den Stellvertretern werden schrittweise, im Einklang mit der natürlichen Ordnung des Systems, angemessenere Positionen angeboten. Vergessene oder ausgeschlossene Systemmitglieder erhalten wieder einen Platz im System. Dies ist die Struktur- oder Stellungsarbeit.
- Zwischen den Stellvertretern findet ein Austausch von Botschaften und Energien sowie eine Klärung von Beziehungen und Aufgaben statt, bei Bert Hellinger oft über „Worte der Kraft". Den Austausch zwischen den Beteiligten ordnen wir der Prozessarbeit zu.

Organisationsaufstellungen

Die Methode des Familienstellens lässt sich gut auf Teams, Gruppen, Unternehmen und Organisationen übertragen. Pionierleistungen haben hierfür Bert Hellinger, Gunthard Weber, Brigitte Gross und Siegfried Essen geleistet, indem sie die Prinzipien von Familienaufstellungen auf dieses Anwendungsgebiet übertrugen und anpassten. Mit verallgemeinerten Ansätzen folgten Insa Sparrer und Matthias Varga von Kibéd. Zahlreiche Aufsätze dieser und weiterer Autoren finden sich in dem Sammelband von Gunthard Weber (2000). Die Bezeichnung „Organisationsaufstellung" kann einerseits auf die innere Organisation solcher Gemeinschaften, als auch auf die Arbeit mit Organisationen bezogen werden. Die Methode bringt Klarheit über Position und Rolle, die der Einzelne in einem System ausfüllt, und hilft, Entscheidungen zu treffen. Eine Organisationsaufstellung zeigt unbestechlich, wo Konkurrenz, Ablehnung, Ausbeutung und Koalitionen herrschen, wer für wen oder was der Sündenbock ist und wer sich eine Rolle anmaßt, die nicht seinem Entwicklungsstand und seinen Fähigkeiten entspricht.

Derlei Störungen wirken sich immer zum Nachteil Einzelner und damit letztlich auch des ganzen Systems aus. Wie im Familiensystem erfahren die Teilnehmer erstmals eine Ordnung, die es ihnen ermöglicht, einen angemessenen Platz einzunehmen. Auch hier geht es um gegenseitige Achtung und Würdigung. Auch hier gibt es Regeln der Rangfolge, der Zugehörigkeit sowie des Ausgleichs von Geben und Nehmen. Werden sie beachtet und steht jeder an dem ihm gebührenden Platz, so gewinnt das ganze System. Wenn nicht, regieren Unzufriedenheit, innere Kündigung und mentale Sabotage.

Neben den Ähnlichkeiten wollen wir auch darauf aufmerksam machen, was Organisationen von Familien unterscheidet. Meist ist eine Organisation ein Zusammenschluss von Menschen, die bestimmte Ziele oder Visionen erreichen wollen. Die Gestaltung und Zusammensetzung der Gemeinschaft ist auf diese Ziele abgestimmt. Die Zugehörigkeit des Einzelnen wird durch vereinbarte Leistungen im Sinne dieser Ziele aufrechterhalten und überprüft. Sie ist, anders als in Familien, nicht unveränderlich, es können durchaus neue Personen hinzukommen, aufgenommen werden, andere gehen fort oder werden ausgeschlossen. Aber auch jene, die physisch fortgegangen sind, können weiter stark auf das System wirken. Die Position eines Menschen innerhalb der Gemeinschaft ist nicht dauerhaft festgelegt und kann sich ändern, indem Funktionen und Verantwortungsbereiche neu verteilt werden. Betrachten wir die wichtigsten Prinzipien für die Arbeit mit Gruppen und Organisationen im Einzelnen:

Positionierung, Rangfolge und Zugehörigkeit. Positionen in Organisationen und Firmen sind weit eher veränderlich, als dies in Familien der Fall ist. Ein wichtiges Gestaltungsprinzip heißt hier Leistungsfähigkeit. Ideal könnte es sein, wenn jeder Mitarbeiter die Position in der Organisation oder Firma einnähme, die seinen Fähigkeiten am ehesten entspricht. Besonders höhere Positionen erfordern neben fachlicher Kompetenz zunehmend persönliche Reife und soziale Kompetenz. Jede Weiterbildung und Arbeit an der persönlichen Entwicklung fördert diese Potentiale. Ein höherer Rang, d.h. eine verantwortungsvollere Position in der Organisationshierarchie, drückt sich unmittelbar in der erhaltenen Vergütung aus. Sollte stets die jeweils fähigste Person eingesetzt werden, würde es allerdings häufige Positionswechsel geben und ein enormer Wettbewerb um ranghöhere Positionen könnte einsetzen. Leistungsfähigkeit als einziges Kriterium kann deshalb nicht ausreichen, zumal viele Personen ähnliche Fähigkeiten einbringen könnten.

Hier kommt nun das Prinzip der *Reihenfolge* hinzu, welches wir aus der Arbeit mit Familien kennen gelernt haben. Wer länger dem System zugehörig ist, hat größere Rechte und Pflichten als ein neu Hinzugekommener, also auch Vorrang bei der Besetzung von Positionen, was zudem durch seinen höheren Erfahrungsschatz berechtigt sein könnte. Im speziellen Fall hat jemand, der eine bestimmte Position bereits innehat, Vorrang vor einem möglichen Nachfolger. Auch in unserer Kultur wirkt im Hintergrund ein Prinzip, das beispielsweise in Asien sehr ausgeprägt ist: der Vorrang des Älteren. Werden diese Prinzipien verletzt, indem beispielsweise ein junger, neu hinzugekommener Mitarbeiter eine Führungsposition erhält und dabei auch noch einen langjährigen, älteren Mitarbeiter verdrängt, wird der Neue es schwer haben, wirkliche Akzeptanz und Gefolgschaft zu finden, so dass er die neue Position allenfalls formell ausfüllen wird, denn auch seine Mitarbeiter haben eigentlich nach der Zeit ihrer Zugehörigkeit einen höheren Rang erworben. Nur wenn es ihm gelingt, die Persönlichkeit und die Leistungen der nach Alter und Zeit der Zugehörigkeit ranghöheren Mitarbeiter angemessen zu würdigen, sich im übertragenen Sinn vor ihnen zu verneigen, hat er eine Chance, in der Führungsrolle akzeptiert zu werden.

Es geht also um ein Gleichgewicht der Prinzipien „Leistungsfähigkeit" und „bisherige Zugehörigkeit", von „Wandel" und „Kontinuität". Ein Personalchef benötigt viel Sensibilität für die verschiedenen Ränge in seiner Firma, seien sie leistungsbezogen, durch Zugehörigkeit oder Alter bedingt. Hinzu kommen in jeder Organisation informelle Ränge: Innerhalb einer Gruppe von Mitarbeitern beispielsweise mag es einen von allen anerkannten „Anführer" geben, auch wenn dieser keinen formellen Posten innehat. Dies will erkannt und gewürdigt sein. Willkürliches Einstellen, Entlassen und Umbesetzten von Mitarbeitern kreiert abgesehen von allgemeiner Verunsicherung – ein System ohne erfahrbare Zugehörigkeit und inneres Engagement.

Wenn eine wichtige Person aus einer Firma ausscheidet, ohne *gewürdigt* zu werden, kann dies zur Wunde für das System werden. Meist werden andere Mitarbeiter zum Anwalt dieses Menschen, vertreten zukünftig seine Positionen oder suchen verdeckt nach Rache. Dies kann ein Unternehmen schädigen. Nicht nur deshalb ist es von zentraler Bedeutung, ausscheidende Personen angemessen zu würdigen, auch solche, die wegen schlechter Leistungen gehen müssen. Dazu können auch finanzielle Abfindungen dienen. Ein besonders sensibles Thema ist der *Generationswechsel* auf höchster Ebene, vielleicht die Nachfolge des Gründers einer Organisation. Hier ist es in der Tat die ältere Generation, die etwas an die nächste weitergibt, und sie ist in der Tat die Ranghöhere. Sie kann, so lange sie lebt, bestimmen, wann die Zeit gekommen ist. Und sie kann für sich behalten, was sie braucht. Es ist von hohem Wert für die Nachfolger, beides zu erhalten: den Segen der Älteren – und doch die Schlüssel, um handeln zu können.

Innere Systemgrenzen klären und achten. Was in Familien der Beziehung zwischen den Generationen entspricht, gleicht in Firmen und Organisationen den Hierarchieebenen zwischen Führung und Mitarbeitern. Sie bestimmen den Rang eines Mitarbeiters, d.h. seine Rechte und Pflichten. Die vorhandenen und benötigten Positionen und müssen manchmal erst herausgearbeitet und von geeigneten Personen besetzt werden. Meist hat der Gruppenleiter den höchsten Rang, die meisten Rechte und Pflichten. Notwendig für ein zielorientiertes System sind klare Zuständigkeiten und Verantwortlichkeiten, die den Beteiligten entsprechend ihrem Rang und ihrer Position zugeordnet sind. Ein Verstoß gegen Systemgrenzen ergibt sich,

- wenn Mitarbeiter Aufgaben, Verantwortungsbereiche oder Entscheidungskompetenzen ihrer Vorgesetzten übernehmen. Sie tragen dann Verantwortungen, die sie ihrer Position gemäß überfordern, übernehmen Pflichten, ohne die damit verbundenen Rechte zu haben. Dieses Muster entspricht dem der *Parentifizierung* in Familien. Indem risikobehaftete Entscheidungen oder rechtlich fragwürdige Handlungen an Mitarbeiter delegiert werden, versuchen sich Vorgesetzte bisweilen einer späteren Verantwortung zu entziehen;

- wenn Vorgesetzte *Überverantwortung* entwickeln, d.h. die Verantwortlichkeiten ihrer Mitarbeiter übernehmen, ihnen Bereiche der Eigenverantwortung abnehmen und alles selbst machen. Dies führt bei Mitarbeitern in der Tat zum Verlust des eigenen Verantwortungsbewusstseins;

- wenn Vorgesetzte untereinander uneins sind und ihre Konflikte über die Mitarbeiter austragen, die jeder von ihnen auf seine Seite zu ziehen sucht, so dass sie an ihrer Stelle diese Konflikte ausagieren. Dies entspricht dem Muster der *Triangulierung*, das wir weiter oben dargestellt haben.

Unklare und verletzte Systemgrenzen zeigen sich in Kompetenzgerangel, Schuldzuweisungen, Weiterschieben von Verantwortung, Streit oder Verantwortungslosigkeit. Was in diesen Fällen gut tut, sind klare Zuständigkeiten, Zielvereinbarungen, Mut zur Führung und das Akzeptieren von Konsequenzen für gute und schlechte Leistungen.

Prinzipien des Austauschs. Vielfältige Formen des Austauschs finden in Organisationen und Firmen statt. Da ist der Informationsaustausch zwischen den Beschäftigten innerhalb und zwischen den verschiedenen Ebenen der Hierarchie, da ist die eingebrachte Leistung und die empfangene Vergütung, da sind die zwischenmenschlichen Beziehungen, die Achtung, die Würdigung und die gemeinsamen Aktivitäten, das Zusammenspiel der Beteiligten. Jedes System strebt nach einem Gleichgewicht von Geben und Nehmen, denn sonst würde es entweder ganzheitlich leer werden oder überlaufen. Bei Menschen ist dieses Streben oft nicht zu beobachten, und wir wissen, dass es auf Dauer auch wenig gesund ist, nur zu geben oder nur zu nehmen. Was also tun? Den genauen Ausgleich von Geben und Nehmen mag der penible Pfennigfuchser erreichen. Wer zu viel nimmt, entwickelt auf Dauer ein inneres Schuldgefühl anderen gegenüber, wird misslaunig oder mürrisch. Wer zu viel gibt, entwickelt ein Überlegenheitsgefühl, züchtet Arroganz. Ein wenig mehr zu geben ist ein gutes Rezept, dadurch bekommt man auch mehr zurück und es entsteht eine Bewegung auf einer Spirale in Richtung Überfluss.

Im Unternehmen besagt das Prinzip des Austauschs, dass Leistung und Entlohnung in einem angemessenen Verhältnis stehen sollten. Wer ein bisschen zu viel erhält, wird auch ein bisschen mehr geben, wohingegen deutliche Überbewertung und Unbewertung von Leistung beiden Seiten nicht gut tun. Es legt auch nahe, Mitarbeitern ein bisschen mehr Anerkennung zu geben, als nötig wäre. Anerkennung nicht nur für Leistung, sondern für die einmalige Persönlichkeit, die dahinter steht. Bert Hellinger beschreibt ein anderes Prinzip des Austauschs, wonach der Frühere gibt, der Spätere nimmt. Ältere Mitarbeiter unterstützen Hinzugekommene, Chefs und Führungskräfte unterstützen ihre Mitarbeiter in ihrer Entwicklung. Die einen geben, die anderen nehmen, und geben das Ihre an jene weiter, die nach ihnen kommen.

Konflikte. Nicht immer verläuft der Austausch zwischen Mitarbeitern unproblematisch. Menschen finden sich auf zweierlei Art zusammen, entweder nach dem Motto „Gleich und gleich gesellt sich gern" oder nach dem Motto „Gegensätze ziehen sich an". Dabei können sie sich auch in ihren Schwächen stärken oder in ihren Einseitigkeiten polarisieren. Das Opfer findet seinen Ausbeuter, der Alkoholiker findet seinen Saufkumpan, der Ängstliche findet seinen Verfolger. Meist sind es Rollen und Formen des Austauschs, welche die Betreffenden bereits in anderen Systemen zur Genüge praktiziert haben, so dass sie lang gewohnte Muster fortsetzen. Was hilft? – Jedes Verhalten hat eine Absicht und eine Funktion, heißt es. Erst wenn Menschen bessere Wahlmöglichkeiten finden, sind sie bereit, das Unzulängliche zu lassen. Oft braucht es hierzu neue Erfahrungen in der Gegenwart, vielleicht auch eine Neubestimmung ihrer sozialen Positionen, Rangfolge und Zugehörigkeit. Mitunter fehlt ihnen hierzu die Erlaubnis der Vergangenheit und es ist nötig, Verstickungen im Familiensystem oder prägende Ereignisse auf dem Lebensweg zu klären.

Unter dem Begriff „Mobbing" wird eine Vielzahl destruktiver Formen des Austauschs zusammengefasst. Meist geht es darum, eine unbeliebte Person oder einen Konkurrenten abzuwerten oder aus dem System zu drängen. Dieser reagiert in einer Form, die den Mobbenden wiederum neue Angriffsflächen liefert. Hier werden oft alte Familienmuster wiederholt, die in Einzelarbeit mit dem Mobbing-Opfer verarbeitet werden können.

Konflikte in einem Team können auch als Spiegel übergeordneter Hierarchieebenen verstanden werden. Wenn Geschwister zu wenig Zuwendung und Anerkennung von „oben", d.h. von den Eltern erhalten, streiten sie untereinander und werten sich ab. Erzeugen die Vorgesetzten ein Klima des Mangels? Sind sie in der Lage, ihre Mitarbeiter ausreichend zu würdigen? Oder werden in der Firma ganz bestimmte Aspekte des Lebens verdrängt, unterdrückt, die dann auf einzelne Menschen projiziert und dort bekämpft werden? Manchmal ist Offenheit verboten, manchmal ist es nicht erlaubt, Gefühle zu zeigen… Stets ist es ein wichtiger Schritt, unterdrückten Seiten aufzuzeigen und sich zu fragen, was die Beteiligten wohl benötigen, um angstfrei und respektvoll mit ihnen umzugehen.

Die Arbeitsweise bei Organisationsaufstellungen. Das meiste, was wir über Familienaufstellungen geschrieben haben, gilt auch hier, so dass wir uns etwas kürzer fassen. Am Anfang ist es wichtig, alle an dem System beteiligten Personen oder Kräfte räumlich so darzustellen, wie ihr Beziehungsmuster derzeit empfunden wird. Wenn wir in einer Übungsgruppe mit einem Klienten arbeiten, der seine Arbeitsumgebung oder Firma aufstellen will, erforschen wir zunächst die am System Beteiligten, die für ihn wichtig sind, lassen ihn Stellvertreter für diese und für sich selbst auswählen und bitten ihn, diese im Raum, seinem inneren Bild entsprechend, zu positionieren. Nicht nur Einzelpersonen, auch ganze Teams, Projektgruppen, hierarchische Ebenen, ja auch wichtige Werte und Ziele des Unternehmens können durch Stellvertreter repräsentiert werden. Eventuell arbeiten wir allein mit dem Lernenden. Dann wählen wir Bodenmarkierungen für die Beteiligen aus und bitten ihn, jede Position selbst darzustellen. Natürlich kann auch der Begleiter sich daran beteiligen. Es ist außerdem möglich direkt mit den Mitarbeitern der Organisation zu arbeiten, d.h. ohne Stellvertreter. Jeder findet dann eine eigene Position und stellt sich selbst dar. Diese Arbeit erfordert Erfahrung und den Konsens der Beteiligten, dass sie sich darauf einlassen wollen. Eventuell nicht anwesende wichtige Personen können durch Stellvertreter oder Bodenmarkierungen dargestellt werden und erhalten zu gegebener Zeit ihre Stimme. Wenn nicht Einzelpersonen, sondern ganze Gruppen am System beteiligt sind, wählen wir für jede Gruppe, die durch eine Stimme ausgedrückt werden kann, einen Stellvertreter oder Repräsentanten.

Sobald das System räumlich dargestellt ist, können die Beteiligten sich über ihre Befindlichkeiten, ihre Wünsche und Nöte äußern. Darauf hin schlägt der Moderator der Aufstellung bestimmte Prozessschritte vor, wie das schrittweise Verändern der Positionen der Beteiligten und klärende Formen des Austauschs. In diesem Austausch geht es oft um die Neubestimmung von Verantwortlichkeiten und Aufgaben, um Wertschätzung und Achtung, um einen Ausgleich von Geben und Nehmen. Manchmal ist es wichtig, etwas zurückzugeben, etwa ein Aufgabe, außerdem kann es wichtig sein, eine unbeachtete wichtige Person zu würdigen, ob sie anwesend ist oder nicht. Offenheit und Ehrlichkeit in der Kommunikation bilden eine wichtige Ressource für den Prozess. Irgendwann haben die Beteiligen neue Positionen im Raum gefunden, das *Lösungsbild* der Organisation. Positionen und Verantwortlichkeiten sind klar bestimmt und es herrscht eine Atmosphäre von Achtung. Dieses Bild wirkt im Lernenden und in der Organisation als Gestaltungsmuster weiter.

In der „klassischen" Arbeitsweise können Organisationsaufstellungen nur mit externen Stellvertretern durchgeführt werden. Insa Sparrer und Matthias Varga von Kibéd entwickelten mittlerweile neue Formen, die sie **Organisations-Strukturaufstellungen** nennen. Diese erlauben es, die Organisationsstruktur in verdeckter Arbeit mit den anwesenden Beteiligten einer Organisation oder eines Teams durchzuführen. Aufgestellt werden hierbei nicht die beteiligten Personen, sondern bestimmte logische Strukturen und Typen, die für ein gegebenes Lösungsanliegen relevant sind. Hier kann also ein Stellvertreter für ein Ziel, ein anderer für Hindernisse, Ressourcen oder verborgene gute Absichten stehen. Diese Arbeitsform lässt sich daher auch firmenintern gut einsetzen.

Das Gegenwarts- und das Ursprungssystem. Immer wieder können wir beobachten, dass Menschen in ihrer gegenwärtigen Zugehörigkeit, sei es in Firmen oder Organisationen, Muster wiederholen, die sie in ihrem Ursprungssystem gelernt haben. Es ist von hohem Wert, in der Einzelarbeit Muster aus beiden Systemen zu bearbeiten, d.h., vom aktuellen System zum Ursprungssystem zu wechseln, sobald dieser Zusammenhang auftaucht. Vielleicht ist da die große Schwester, die immer wieder die Verantwortung für alle übernimmt, oder das Mobbing-Opfer identifiziert sich mit dem früher von der Familie ausgeschlossenen bankrotten Onkel. Da erlebt jemand in seinem Chef den eigenen autoritären Vater, die nette rundliche Kollegin wird zum Ebenbild der gefürchteten überfürsorglichen Mutter. Zwei haben sich in der Firma gefunden, die sich wechselseitig an ihre Brüder erinnern. Nur waren die Brüder alles andere als angenehm. Und einer tut alles für die anderen und hält immer den Kopf hin. Wie damals.

Einige Teams haben einen größeren Einflussbereich als andere. Etwa Regierungsmannschaften, Fußballvereine, Pop-Gruppen oder der Vorstand der Weltbank. Es ist schade, wenn deren Wirken durch „alte Geschichten" blockiert wird, die wir charakterlichen Schwächen, Animositäten und Eitelkeiten zuordnen. Da geht der Finanzminister, da trennt sich die gerade erfolgreiche Band, da setzt jemand Gerüchte in Umlauf und einer hat nie gewagt, nein zu sagen. Und die Praktikantin verführt den Präsidenten. – *Wer aber reagiert da?* Sind es wirklich die erwachsenen, selbstbestimmten Menschen? Es betrifft uns alle. Wenn, wer wir in gegenwärtigen Systemen sind, was wir erleben und wie wir andere erleben, ein Spiegel alter Einschränkungen oder Verstrickungen ist, lohnt es sich, dem Spiegel zu danken, führt er uns doch alte Muster immer wieder vor Augen, damit wir das damals Ungelöste endlich lösen mögen. Wir können das tun, indem wir die alte Geschichte anschauen, verarbeiten und lösen, was verstrickt ist. Oder wir können Erfahrungen auf unsrem Lebensweg mit Ressourcen versehen. Wir können aber auch das aktuelle System als Veränderungschance annehmen und im Hier und Jetzt etwas Neues tun, neue Erfahrungen sammeln und das, was uns damals nicht möglich war, heute vollbringen: klare, respektvolle Beziehungen, eine eigene Position und ein Geben und Nehmen erschaffen, wie es für alle stimmt. Ressourcen lauern überall!

Ausgewählte Systeme

Neben der Arbeit mit der Ursprungsfamilie und der mit Teams, Firmen und Organisationen können, wie gesagt, viele andere Systeme Gegenstand von Aufstellungen sein. Nachdem wir die Prinzipien dieser Arbeit bereits beschrieben haben, stellen wir Ihnen hier in Kürze weitere Anwendungsmöglichkeiten aus dem Feld menschlicher Beziehungen vor.

Gegenwartsfamilie. Von großer Bedeutung in Beratung, Coaching und Therapie ist die Aufstellung des Gegenwartssystems, d.h. der Gegenwartsfamilie. Natürlich kann auch der Freundeskreis oder die Geschichte bisheriger Partnerschaften ein Thema sein. Oft gibt es in diesen Aufstellungen Querverbindungen hin zu Konstellationen aus der Ursprungsfamilie, auch Verbindungen zu unverarbeiteten Ereignissen auf dem Lebensweg oder zu metaphorischen Erfahrungen werden oft deutlich. Sobald die Aufmerksamkeit sich auf frühere Strukturen richtet, lohnt sich ein Wechsel der Strukturebenen hin zu diesen.

Supervisionsaufstellungen. Für den Beratungskontext möchten wir die Supervisionsaufstellung nicht unerwähnt lassen, in welcher der Berater selbst Lernender ist. Hier wird das System des Beraters im Verhältnis zum System des Klienten betrachtet. Für beide Seiten werden Stellvertreter gewählt. Anliegen der Aufstellung ist es, geeignete Formen zu finden, wie der Berater mit dem Anliegen und der Problemstruktur des Klienten umgehen kann.

Die ersten beiden Aufstellungsformen wurden von Bert Hellinger eingeführt. Es folgen drei Formen von Insa Sparrer und Varga von Kibéd:

Konfliktaufstellungen. Was Stellvertreter in der Aufstellungsarbeit für uns repräsentieren, tun manchmal unbewusst und ungewollt auch andere aus unserem sozialen Umfeld. Sie repräsentieren für uns einen fehlenden oder abgelehnten Teil unseres inneren Systems. Dies kann für beide Seiten sehr belastend werden und wird in Konfliktaufstellungen unter Bezugnahme auf das Ursprungssystem gelöst (Sparrer, Varga von Kibéd, 2000).

Politische Aufstellungen. Wenn wir den persönlichen Bereich verlassen, kommen wir zu politischen Konstellationen. Hier stehen Stellvertreter für politische Gruppen, Richtungen, Völker oder Nationen. Wenn sie aufgestellt werden, können alle Beteiligten tiefere Einsichten in die Dynamik großer und langjähriger Konflikte gewinnen, wie jene in Bosnien, Israel bzw. Palästina oder etwa die deutsche Vergangenheit. Sie erleben den Weg von der Verstrickung und der Vergeblichkeit bisheriger Kämpfe hin zur Lösung. Leider aber erleben die verantwortlichen Führer dies bisher nicht mit. Nicht nur politische, auch die Beziehungen kultureller oder beispielsweise therapeutischer Richtungen oder Verbände können Thema einer solchen Arbeit sein.

Meta-Aufstellungen. Dieses Konzept beruht darauf, den Raum für eine Aufstellung durch eine übergeordnete Aufstellung zu bestimmen und zu gestalten (Sparrer 2001). Es wird unter anderem bei politischen Aufstellungen genutzt.

260

Das Aufstellen innerer Teile

Die Aufstellung innerer Teile steht in enger Beziehung zur weiter unten beschriebenen Arbeit mit inneren Teams. Um welche Teile es geht, sollte mit dem

Lernenden zuvor herausgearbeitet werden, es sei denn, wir verwenden ein vorgegebenes Modell. In der Aufstellungsarbeit kann sich zeigen, dass einzelne Teile mit Familienmitgliedern assoziiert sind, so dass mit diesen weitergearbeitet werden muss. Zur Aufstellung innerer Teile können auch die äußere Welt oder andere Menschen hinzukommen. Dann sollte zwischen der inneren und der äußeren Welt eine erkennbare Grenze markiert sein, die jedoch Austausch erlaubt.

Abgelehnte Teile sind Aspekte unseres Wesens, die wir so nicht annehmen können, weil die Art ihres Auftretens scheinbar mit anderen Wesensanteilen unvereinbar ist. Sie verletzen vielleicht wichtige Werte, verlangen zu viel oder sind möglicherweise einfach verboten. Je weniger sie gemocht werden, desto stärker aber scheinen sie zu wirken – ob wir es wollen oder nicht. Diese abgelehnten Teile können für abgewertete oder ausgeschlossene Familienmitglieder stehen, auch für solche, deren Verhalten wir nicht akzeptieren konnten, das uns oder anderen möglicherweise Schaden zufügte. Oder ein Elternteil konnte bestimmte Eigenschaften des anderen nicht akzeptieren, und wir glaubten, auf dessen Seite stehen zu müssen. In diesen Fällen wechseln wir zur Arbeit mit dem Ursprungssystem. Indem wir die positive Absicht eines Teils erkennen, haben wir den ersten Schritt zu seiner Integration getan.

Besetzte Teile. Ist ein Teil des inneren Teams zu einem Vertreter einer anderen Person geworden, so als hätte diese ihn mit ihrer Art, zu denken, zu fühlen und zu handeln, besetzt, dann erleben wir dies als besetzten Teil. Da viele unserer Persönlichkeitsanteile dies und jenes von anderen übernommen haben, ist das nur dann ein Problem, wenn der Lernende das Übernommene als Fremdkörper erlebt, als nicht zu seinem Wesen gehörig. Er oder ein Stellvertreter dieses Anteils erlebt dann meist deutliche Fremdgefühle. Dieser innere Teil scheint nicht der sein zu können, der er wirklich ist, als wäre seine wahre Natur unterdrückt. Oft erlebte der Lernende in diesem Zusammenhang eine Grenzverletzung, über die etwas, was nicht zu ihm gehört, in ihn eingedrungen ist. Eine naheliegende Lösung besteht darin, die „eingedrungene" Persönlichkeit wieder zu ihrer Herkunft in der Außenwelt zurückzubefördern und in der nun frei gewordenen inneren Position den eigenen inneren Anteil in seiner wahren Gestalt wachsen zu lassen. Wie wir ungeliebte Fremdanteile herausbefördern können, so können wir natürlich auch wünschenswerte Anteile einladen. Rollenmodelle, Mentoren oder Freunde können Nährstoff für unsere inneren Anteile zur Verfügung sein. Wenn wir alles, was wir unser Eigen nennen, zurückverfolgen, werden wir viele Quellen anderswo finden. Der Unterschied aber liegt darin, dass wir uns mit diesem identifizieren konnten und es wie Nahrung in körpereigene Substanz verwandelten, während wir besetzte Teile als Fremdkörper erlebten.

Emotionale Konflikte manifestieren sich in der Beziehung innerer Anteile, beispielsweise unserer Organe. Der Lernende identifiziert sich dabei meist mit bestimmten Anteilen, andere sind ihm nicht gerade angenehm, und er platziert sie dementsprechend in einer deutlichen räumlichen Distanz. Die entfernten Anteile können mit einschränkenden Erfahrungen aus dem Familiensystem assoziiert sein, der Lernende erlebt sie möglicherweise im obigen Sinne als „besetzt". Indem diese Anteile „befreit" oder auf neue Art gewürdigt und angenommen werden, verändern sie für den Lernenden ihr Erscheinungsbild. Er erhält einen ausgewogenen Zugang zu allen Aspekten seines Wesens.

Planetenaufstellung. Die Heidelberger Heilpraktikerin Sonja Seiberlich entwickelte ein Verfahren des Coachings, in welchem sie das persönliche Horoskop des Klienten zur Grundlage der Aufstellung innerer Teile macht. Nach diesem Modell verkörpert jeder Planet als Archetyp einen Persönlichkeitsanteil in einer durch die Gestalt des Horoskops angelegten Ausprägung. Diese Struktur wird im Raum mit Bodenmarkierungen ausgelegt. Der Lernende begibt sich auf eine ihm genehme Position in seinem inneren Raum und erlebt von hier aus, wie Probleme und Schwierigkeiten sich als „besetzte Planeten", die Sonja als Stellvertreterin darstellt, zeigen. Dem Lernenden gelingt es, Anteile, die nicht zu ihm gehören, aus seiner Innenwelt zurück in die Außenwelt zu befördern. Jetzt kann er die eigentliche Kraft und Bedeutung des zuvor besetzten Planeten als Archetyp in seinem Leben erleben. Anders als im klassischen Horoskop, können die Planeten übrigens auch ihre Position zueinander verändern und ein noch besseres inneres Team bilden, eines, das dem Entwicklungsstand des Lernenden entspricht.

Körperaufstellungen. Eher nach klassischen Aufstellungsmustern können wir mit Körperaufstellungen arbeiten – hier werden innere Organe, Körperteile, Funktionskreise, körperliche Fähigkeiten oder Symptome des Lernenden durch Stellvertreter repräsentiert, die ihnen eine Stimme geben. Die Positionen der Organe zueinander und ihr Austausch sind Thema der Arbeit. Die Auswahl der relevanten Organe bestimmt der Lernende. Insa Sparrer hat mit dieser Arbeit begonnen und sie mittlerweile in eine erweiterte Aufstellungsform, die *Körperstrukturaufstellungen* überführt, in welcher mit Überlagerungen zwischen dem Körpersystem und dem Familiensystem gearbeitet wird (Sparrer 2001).

Für die Körperarbeit bietet sich außerdem das systemische Modell der chinesischen Medizin mit seinen zwölf Grundmeridianen an, denen alle wichtigen Organe zugeordnet sind. Wir können diese Meridiane als innere Anteile betrachten und nutzen. Gemeinsam mit Ärzten der traditionellen Chinesischen Medizin haben Insa Sparrer und Matthias Varga von Kibéd interessante Beispiele hierfür erarbeitet.

Körperaufstellungen können zur Lösung gesundheitlicher Probleme beitragen, indem sie seelische Konflikte aufzeigen und lösen, die sich in bestimmten Organen und in ihrer Beziehung manifestieren. In Ergänzung zu den inneren Teilen können auch bestimmte Verhaltensweisen, Gewohnheiten, Lebenssituationen oder andere Menschen aufgestellt werden, um sichtbar zu machen, wie diese auf die Organe wirken. Ebenso ist es möglich, bestimmte Medikamente oder homöopathische Mittel als Teile der Aufstellung mit einzubeziehen. Wenn wir körperliche Symptome einer Krankheit durch Stellvertreter aufstellen, sind weitere Faktoren, die mit dem Thema zu tun haben, ebenfalls eingeladen.

Aufstellungen der Erfahrungsebenen, gemeint ist hier das im Abschnitt „Ebenen der Erfahrung" beschriebene Modell, sind ein gute Basis für die Arbeit mit inneren Anteilen, speziell wenn es um das persönliche innere Gleichgewicht geht. Die aufzustellenden Anteile des Lernenden sind seine Umgebung, sein Verhalten, seine Fähigkeiten, Werte, Überzeugungen, Identität, Zugehörigkeit und Spiritualität. Wenn ein Anteil wiederum aus deutlich verschiedenen Anteilen besteht, z.B. unterschiedliche Überzeugungen oder Identitätsbilder beinhaltet, können diese wie Geschwister dargestellt werden. Da die Anteile unterschiedlich komplexe menschliche Erfahrungsbereiche verkörpern, gibt es zwischen ihnen auch Rangunterschiede, die in der Aufstellung deutlich werden. Von den dargestellten Ebenen ergeben sich oft Verbindungen zum Familiensystem, zur Lebensweg-Arbeit oder zur Arbeit mit besetzen Teilen.

Aufstellung von metaphorischen Welten. Es können noch viele andere innere Welten aufgestellt werden: Träume mit ihren Symbolen und Beteiligten, Märchen und Geschichten, aber auch das, was wir auch als Konstellationen aus vergangenen Leben betrachten könnten. Wie nennen es aber einfach nur metaphorische Welten und betrachten sie als seelische Realitäten die etwas mit Themen aus dieser Welt zu tun haben, oft auch mit Menschen, mit denen wir in Verstrickungen geraten sind. So mag ein Lernender über eine metaphorische Rückführung spontan eine mit Schuldgefühlen vermischte Rivalität in der Beziehung zum eigenen Vater auf ganz andere Art erleben: Damals, im Mittelalter, war der Vater vielleicht ein Krieger und verlor im Kampf gegen ihn, den Lernenden, der dem geschlagenen Gegner dafür die Frau nahm, woraufhin dieser Rache schwor... Klingt dramatisch und ist zugleich wertvoller Stoff für eine Aufstellung der damaligen Situation, in welcher es irgendwann um Vergebung und Abschied geht. Es ist so, als hätte der Lernende eine altes Schuldgefühl abgelegt und würde sich nicht mehr für seinen Vater verantwortlich fühlen. Nach diesem Modell sind Verstrickungen in diesem Leben die Reflexion von ungelösten Konflikten aus anderen Leben. Damit können wir von der Aufstellung der Ursprungsfamilie, die bisher als tiefste Strukturebene galt, auf weitere innere Welten zurückgreifen, die sich für die Lösungsarbeit anbieten und in eventuell noch tieferen Strukturen unseres Nervensystems Resonanz finden. Ebenso können wir diese als archaische Reflektionen von Reflektionen der Ursprungsfamilie auffassen. Dem Konstruktivisten geht es nicht um Wahrheit.
Auch Träume bieten relevanten Stoff, aus dem fruchtbare Aufstellungen erwachsen können. Die Therapeutin Christl Lieben aus Wien schuf eigens hierfür ihre sehr interessanten *Traumaufstellungen*. Auch möchten wir hier die *Märchenaufstellungen* und *Drehbuchaufstellungen* nennen, welche Insa Sparrer und Matthias Varga von Kibéd erarbeitet haben (in Weber, 1998). Diese dienen weniger therapeutischen Zwecken, als dazu, die vielfältigen Möglichkeiten, wie sich Märchen

263

oder Drehbücher entwickeln können, zu erkunden. Damit geben sie dem Künstler, Märchenerzähler oder Drehbuchautor wertvolle Gestaltungsideen.

Bilder archetypischer Kräfte, wie sie heute noch als Heilige in der afrokaribischen Religion des Santeria verehrt werden, nutzt die Autorin und Künstlerin Kay Hoffman zur Erfahrung und Entwicklung verborgener, oft auch unterdrückter innerer Teile. Die sinnliche Kraft von Trommeln, Tanz und Ausdruck helfen den Lernenden, wichtige Anteile, die mit starken Gefühlen verbunden sind, zu entdecken, anzunehmen und zu entwickeln. Der Tanz verschiedener Kräfte verbindet Aufstellungsarbeit und Prozessarbeit zu einer schöpferischen Erfahrung.

Systemische Strukturaufstellungen nach Sparrer und Varga von Kibéd

Allen Aufstellungen ist gemein, dass es räumlich darstellbare Positionen und einen Austausch der Elemente oder Beteiligten gibt. Darin wird schon deutlich, dass nicht nur Menschen als Teil des Systems betrachtet werden müssen, auch Ideen, Konzepte, Gefühle, innere Anteile, Symptome, Ziele, Wahrnehmungspositionen oder Ressourcen können durch Stellvertreter dargestellt werden. Zu den Vorreitern auf diesem Gebiet gehören Insa Sparrer und Matthias Varga von Kibéd. Sie bezeichnen die von ihnen weiterentwickelte Methodologie als „Systemische Strukturaufstellungen", von denen sie mittlerweile über 64 Muster für unterschiedliche Themen und Anwendungsgebiete erarbeitet und erprobt haben. Ihr besonderes Verdienst ist es, die Prinzipien der Aufstellungsarbeit auf logische Strukturen, lösungsorientierte Muster und andere Systeme übertragen zu haben. Sie haben eine verallgemeinerte Theorie und Grammatik systemischer Strukturaufstellungen geschaffen, deren Grundlagen sie in dem Buch *Ganz im Gegenteil* (2000, Teil VIII) darstellen. Wir beschreiben hier einige zentrale Aufstellungsformen, welche die beiden entwickelt haben. Jede kann, wie erwähnt, wichtige Verbindungen zu anderen Systemen, wie der Ursprungsfamilie aufweisen, mit welcher der Lernende dann ergänzend arbeiten mag.

Problemaufstellung

Die Problemaufstellung geht von der Struktur eines ungelösten Problems aus, das durch *Ziele* und *Hindernisse* gekennzeichnet ist. Von Belang für die Problemlösung sind weiterhin ungenutzte oder scheinbar fehlende *Ressourcen*, ein verborgener Nutzen der in dem Problem liegt und *zukünftige Aufgaben*, die sich stellen, wenn das Ziel erreicht ist. All diese werden als Wahrnehmungspositionen aufgestellt, oft gibt es von bestimmten Kategorien mehr als eine, d.h., es tauchen mehrere Hindernisse, Ressourcen etc. auf. Natürlich wird gleich zu Anfang auch die Perspektive des Lernenden aufgestellt. Sie bildet den *Fokus*, von dem aus die anderen Anteile gesehen werden. Indem die positiven Intentionen, Funktionen und der Wert aller beteiligten Anteile erkannt und gewürdigt wird, verwandeln sich auch die zunächst unliebsamen im Laufe der Zeit in konstruktive Mitstreiter. Hindernisse erhalten die Bedeutung von zukünftigen Ressourcen oder gegenwärtig noch erforderlichen Schutzwällen. In ihnen liegt ein verborgener positiver Nutzen. Nach der Aufstellung der Struktur geht es darum, schrittweise Veränderungen herbeizuführen, die zu einem letztlich für alle Anteile zufriedenstellenden Lösungsbild führen. Dies sollte vor allen Dingen aus der Perspektive des Klienten unterstützend, motivierend und befriedigend sein. Dazu gehört es im Allgemeinen, dass er unterstützende Kräfte in seiner Nähe oder hinter sich wahrnimmt, dass er das Ziel vor Augen hat und erst dahinter die zukünftigen Aufgaben auf ihn warten. Alternativ zu dieser Struktur können wir für die Problemaufstellung auch andere Anteile verwenden und beispielsweise mit den von Robert Dilts genutzten Begriffen *angenommene Ursache*, *Symptom*, *Ziel*, *Effek*t und *Ressource* arbeiten. Auch Überzeugungen und widersprüchliche Stimmen von innen oder außen können Anteile der Problemaufstellung sein.

Eine Alternative schlagen wir für die Arbeit mit zunächst fehlenden Ressourcen vor. Sie können im System einen Platz und eine Stimme als „Geister" erhalten, um schließlich im Laufe des Prozesses geeignete Quellen für ihre physische Manifestation zu finden. Vielleicht führen sie den Lernenden auch zu diesen Quellen. Auch als reine Geister können sie bereits Gutes tun und an Lösungen mitarbeiten, die es ihnen später möglich machen, sich zu manifestieren. Dies hilft uns über das Dilemma hinweg, dass wir manche Potentiale scheinbar nur erreichen können, wenn wir sie zuvor bereits hatten.

Tetralemma-Aufstellung

Die Tetralemma-Aufstellung ist eine spezielle Form der Arbeit mit Gegensätzen, Entscheidungskonflikten, Antagonismen und Doppelbindungen. Ausgangspunkt ist also ein Dilemma, in welchem das **eine** oder das **andere** eine Rolle spielen. Dies wird nach einer Struktur aus der indischen Logik zunächst zum viergestaltigen Tetralemma ergänzt, indem zwei weitere Positionen hinzukommen, nämlich die Position **beides** oder „sowohl..., als auch..." und die Position **keines von beiden** oder „weder... noch...". Schon wenn diese vier Positionen angesichts eines Konfliktthemas eingenommen werden, zeigen sich zahlreiche neue Lösungsmöglichkeiten.

Das **eine** meint hierbei eine Handlungsalternative, Richtung, Sichtweise, ggf. die vom Lernenden bevorzugte oder gewählte. Das **andere** verkörpert deren Gegenteil, einen konträren Standpunkt, die andere Alternative, ggf. das, was der Lernende bisher nicht gewählt hat oder ablehnt. In dieser Perspektive ist es wichtig, zunächst den Wert dieses **anderen** zu erfassen, zumindest die wichtige Funktion oder gute Absicht, die in dieser Handlungs- oder Sichtweise steckt. Möglicherweise ist lediglich die Art, wie es seine Absichten oder seinen Funktion manifestiert, noch veränderungsbedürftig. Und das kann auch für das **eine** gelten. Indem die

Positionen des **einen** und des anderen eingenommen werden, kann der Lernende möglicherweise ihre Bedeutung und die ihnen innewohnenden Ressourcen erkennen und würdigen. Die Position **beides** erfordert bereits einen Integrationsprozess, der vom Kompromiss der Positionen bis ihrer Integration zu einem neuen Ganzen reicht. Manchmal lassen sie sich nicht gleichzeitig verwirklichen, aber nacheinander. Einen klassischen Weg, widersprüchliche Anteile zu integrieren, bieten Verhandlungsmodelle, wie wir eines im Abschnitt „Versöhnen von Positionen" (Seite 70) vorgestellt haben.

Ein weiterer Aspekt des Lernens kommt nun mit der Position **keines von beiden** hinzu. Hier wird der bisherige Konflikt mit ausreichendem Abstand in unbeteiligter Distanz gesehen. Dies ist eine *Meta-Position*. Der Lernende ist an der Situation nicht mehr beteiligt, erkennt aber von hier aus den großen Zusammenhang, dessen Teil der Konflikt ist, möglicherweise auch dessen historische Entwicklung. Er sieht, unter welchen Voraussetzungen bzw. in welchem Rahmen der Konflikt gedeihen konnte, und kann sich fragen, ob diese Voraussetzungen überhaupt universell gültig sein müssen. Es könnte sein, dass ein bestimmter Lebenskontext, eine früher gebildete Überzeugung oder eine früher übernommene Aufgabe den fruchtbaren Boden für die Existenz des Konfliktes liefern und dass es sich lohnt, diesen mit anderen Arbeitsweisen, wie Lebensweg-Arbeit oder Aufstellung der Ursprungsfamilie, zu verändern. In der Position „keines von beiden" wachsen neue Erkenntnisse und Einsichten, Überzeugungen können sich verändern, Werte sich wandeln.

Doch auch damit sind die Lernmöglichkeiten nicht ausgeschöpft. Die Entwickler fügen eine fünfte hinzu: **all dies nicht – und selbst das nicht**. Der Name dieser Position bedeutet, dass keine der vorausgegangenen vier Positionen alle Aspekte des Problems beschrieben hat, dass immer weiter Raum für Neues und anderes da ist – und dass auch das, was immer noch kommen mag, nicht der Weisheit letzter Schluss sein wird. Hier ist Raum für ganz andere Einfälle, Themen, Zusammenhänge, für Unerwartetes und Neues. Vielleicht auch für eine ganz andere Art, Lösungen zu suchen, einen ganz anderen Lern-, Arbeits- und Veränderungsstil. Und auch dieser mag nicht der Letzte sein. Diese Position ist an keinen Ort gebunden, kann sich als **freies Element** überall aufhalten. Der Satz „Im Grunde ist alles ganz anders" gehört übrigens zu den hilfreichen Überzeugungen, die mich, Bernd, sowohl in der Arbeit mit Menschen als auch in der Auseinandersetzung mit Wahrheitsbesitzern unterstützen.

Aufstellungen und lösungsorientierte Kurzzeittherapie

Ihrem ursprünglichen Selbstverständnis nach ist die lösungsorientierte Kurzzeit-Therapie nach Steve de Shazer recht wenig an der Erforschung und Bearbeitung ursächlicher Strukturen, wie der Ursprungsfamilie, interessiert. Sie entwickelte statt dessen sehr effektive Muster, allen voran das Interview, anhand derer der Begleiter mit dem Lernenden Lösungsmöglichkeiten für die Zukunft kreieren kann. Die Grundprinzipien dieser Arbeit haben wir im Kapitel „Richtung und Weg" in Teil I dargestellt.

Der Prozess der lösungsorientierten Arbeit hat eine Struktur. Teil dieser Struktur sein **Ziel**, die **Erfahrung des Wunders** und dessen **Kontext** sowie **Ausnahmen** vom bisherigen Problem. Insa Sparrer hat diese Anteile der Lösungsarbeit in Systemische Strukturaufstellungen überführt und hier mit ihnen weiter gearbeitet (Sparrer 2001). Die von ihr so benannte *Lösungsaufstellung* folgt im Anschluss an ein Kurzinterview, in welchem die genannten Aspekte einer Lösung herausgearbeitet worden sind. Diese werden nun in der Aufstellung unter Einbeziehung des Lernenden, der den **Fokus** setzt, dargestellt. Bisher zeigten sich dabei stets in einzelnen Positionen Defizite, aufgrund derer mit der Ursprungsfamilie weitergearbeitet wurde. Hier musste dann ein Ausschluss von Familienmitgliedern bearbeitet werden. Dieser war in der gegenwartsbezogenen lösungsorientierten Arbeit nicht wahrnehmbar gewesen.

Die *Versöhnungsarbeit* im Ursprungssystem erklärt und erfüllt die tiefere Absicht hinter dem bisherigen Problemverhalten und löst noch bestehende Verstrickungen oder unverarbeitete Erfahrungen auf, so dass es dem Lernenden leichter und freier möglich wird, die Vergangenheit hinter sich zu lassen und in die Zukunft zu gehen. Für den Weg in die Zukunft wiederum bietet die lösungsorientierte Arbeit gute Möglichkeiten, die zudem problemerhaltende Wechselwirkungen und Verstrickungen im Gegenwartssystem klären und lösen können. Beide Arbeitsweisen wollen es dem Lernenden möglich machen, sich von Fesseln zu befreien. Vielleicht erleichtert die Klärung der Zukunft es dem Lernenden, alte Verstrickungen lösen zu können. Vielleicht ermöglich die Versöhnungsarbeit es ihm, seinen Lebensentwurf verwirklichen zu können. Was wir hier für die Ergänzung der lösungsorientierten Arbeit durch Familienaufstellungen gesagt haben, lässt sich natürlich auch auf die Lebensweg-Arbeit erweitern. Indem der Lernende mit Hilfe dieser Arbeit einschränkende Überzeugungen oder traumatische Erfahrungen löst, werden Entwicklungsblockaden abgebaut und der Lernende wird frei für den Weg in die Zukunft. Er hat viel nachzuholen und zu lernen. Im lösungsorientierte Ansatz findet er einen guten Veränderungsagenten.

Zusammenfassung und Erweiterung

Die Gestaltungsprinzipien

Wir fassen in diesem Abschnitt die wichtigsten Vorannahmen oder Gestaltungsprinzipien der Aufstellungsarbeit zusammen und beschreiben ihre Funktion für die Entwicklung eines sozialen Systems. Jedes Prinzip vertritt einen Wert, welcher seine Kraft erst im Zusammenspiel mit anderen Werten entfaltet. Manche bauen aufeinander auf, andere wirken gleichzeitig und suchen Balance. Wenn ein Wert auf

Kosten anderer maximiert wird, tut dies dem System nicht gut. In der Aufstellungsarbeit befinden alle Mitwirkenden darüber, was stimmig und sinnvoll für sie ist. Ihre Empfindungen, Impulse und Wirkungen aufeinander sind der Maßstab dessen, welches Prinzip in einer bestimmten Konstellation geachtet werden will. Dabei erweist sich die Reihenfolge, in welcher die Prinzipien zur Wirkung kommen, nicht beliebig, da manche Werte erst verwirklicht werden können, wenn andere bereits gewährleistet sind. Systemerhalt und Systementwicklung sind an bestimmte Voraussetzungen gebunden, die wie ein Fundament sichergestellt werden wollen. Systemexistenz hat dabei den Vorrang vor Systemwachstum und Systemfortpflanzung. Mehr zur systemischen Begründung der Reihenfolge haben Insa Sparrer und Matthias Varga von Kibéd (2000, Seiten 165 bis 170) beigetragen.

In der nun folgenden Zusammenstellung erlauben wir uns, durch Ergänzungen und Vertiefungen auf bestimmte Aspekte hinzuweisen, die in der ursprünglichen Formulierung eines Prinzips im Hintergrund blieben, uns aber wichtig und von potentiellem Wert für die Aufstellungspraxis erscheinen.

1. Prinzip:

Anerkennen dessen, was gegeben ist. Gegeben ist die gegenwärtige Konstellation eines Systems, gegeben sind die Menschen, welche dazugehören, ihre natürlichen Bindungen, Befindlichkeiten, ihr bisheriges Schicksal, aber auch die Vergänglichkeit dessen, was gestern noch zählte und da war. Wir achten dieses Prinzip, indem wir das, was ist, mit Demut, Hingabe und ohne Größenphantasien in seiner Wahrheit akzeptieren. Dieses Prinzip hat Bert Hellinger eingeführt

Ergänzung 1:

Erkennen dessen, was möglich ist. Veränderbar sind die Bedeutungen, welche wir den Ereignissen geben, die Lernerfahrungen, welche wir daraus erwerben und die Schlussfolgerungen, welche wir daraus ziehen. Veränderbar sind Beziehungen und Konstellationen und das, was zwischen Menschen geschieht. Wir achten dieses Prinzip, indem wir aus dem, was wir erfahren haben, lebensfördernde Entwürfe für die Zukunft schaffen und unsere Veränderungspotentiale entwickeln.

Ergänzung 2:

Das Streben nach Vollständigkeit. Wenn etwas im System fehlt, wird mindestens eine Person es einbringen, wenn etwas unterdrückt wird, kämpft es im Untergrund, was verboten ist, übt den größten Reiz aus. Gefühle und Gestaltungsbeiträge, die Systemmitglieder liefern, dienen dazu, das zu ergänzen, was im System fehlt. Jedes System strebt nach Vollständigkeit, sei es, dass es sich hierfür mit anderen zusammentut, oder dass es sie in sich selbst zu entwickeln sucht, sei es dass die Anteile gleichzeitig da sein sollen, oder dass sie wie Jahreszeiten aufeinander folgen. Wir achten dieses Prinzip, indem wir Einseitigkeit ergänzen und eine Vielfalt von Werten, Rollen, Ausdrucksformen und Verhaltenstilen zulassen.

2. Prinzip:
Die Gleichwertigkeit der Zugehörigkeit. Jedes Mitglied eines Systems hat ein gleiches Recht auf seine Zugehörigkeit, darf nicht ohne wesentlichen Grund ausgeschlossen werden und auch nicht unterdrückt oder verdrängt werden. Wer Mitglied eines Systems ist, wird in Familien durch Ehe, Partnerschaft, Verwandtschaft und Geburt bestimmt, gehört also zu dem, was gegeben ist. In anderen Systemen kann die Zugehörigkeit erworben werden. Klare Zugehörigkeit ermöglicht klare Systemgrenzen. Wir achten dieses Prinzip, indem wir jedem Beteiligten seinen gebührenden Platz und seine Stimme geben. Auch dieses Prinzip stammt von Bert Hellinger.

Ergänzung:
Die Vielfalt der Zugehörigkeit. Jeder ist unterschiedlichen Systemen zugehörig, und kann weitere Zugehörigkeiten eingehen. Dazu gehört auch jene zu sich selbst, seiner Seele, dem Leben und vielleicht der Schöpfung. Andere Zugehörigkeiten betreffen beispielsweise die Männer, die Frauen, eine Glaubensgemeinschaft, Kultur oder Berufe. Die Stärke einer Bindung wird durch den Wert des Gebens und Nehmens geprägt. Nur wenn wir eine Anbindung außerhalb eines aktuellen sozialen Systems haben, können wir in diesem „gegen den Strom schwimmen" und etwas verändern. Wir achten dieses Prinzip, indem wir solche Formen von Zugehörigkeit finden und leben, die unserem Leben Sinn geben und uns Entwicklung ermöglichen.

3. Prinzip a:
Der Vorrang des Früheren vor dem Späteren. Innerhalb eines Systems hat das Mitglied, welches früher da war, Vorrang vor denen, die später kamen. Dies sichert das Wachstum des Systems, ohne dass den bisherigen Mitgliedern der Platz genommen wird. Zwischen Systemen hat jenes Vorrang, das sich später gebildet hat. Auf diese Weise wird der Schutz und das Wachstum des Neuen gewährleistet, das noch schwache Grenzen hat. Dies unterstützt die Entwicklung neuer und andersartiger Systeme als Teil der Evolution. Wir achten dieses Prinzip, indem wir die denen einen angemessenen Platz und die Ehre geben, die vor uns da waren.

Prinzip b:
Der Vorrang des Späteren vor dem Früheren. Zwischen Systemen hat jenes Vorrang, das sich später gebildet hat. Auf diese Weise wird der Schutz und das Wachstum des Neuen gewährleistet, das noch schwache Grenzen hat. Dies unterstützt die Entwicklung neuer und andersartiger Systeme als Teil der Evolution. Es sichert den Schutz des Nachwachsenden. Von Nachwachsenden, Lernenden und Suchenden hängt die weitere Entwicklung des Systems ab, sie

brauchen eigenen Raum, um ihre Potentiale zu entwickeln, oft brauchen sie Begleitung und Ermutigung. So sichert das System seine Zukunft. Wir achten dieses Prinzip, indem wir uns und anderen Raum und Zeit geben, zu wachsen, zu lernen, zu üben und auch Fehler zu machen.

Die Prinzipien 3a und 3b stammen von Hellinger. Systemtheoretisch haben Sparrer und Varga von Kibéd sie über den „Schutz der schwachen Grenzen" begründet.

Vertiefung:
Eigenverantwortung und Systemgrenzen achten. Innerhalb eines Systems gibt es Grenzen zwischen Hierarchieebenen, Verantwortungsbereichen, Zuständigkeiten, aber auch solche zwischen Generationen, Geschlechtern und einzelnen Menschen. Was ein Einzelner oder eine Gruppe zu tragen, zu entwickeln oder zu klären hat, gehört nicht in Kopf und Hände der anderen, will auch nicht von diesen beeinflusst werden. Wo Kinder Aufgaben von Eltern übernehmen, verzichten sie auf eigenen Entwicklungsprozesse und übernehmen, was ihnen nicht angemessen ist. Wir achten dieses Prinzip, indem wir das Eigene tragen und anderen das Ihre lassen.

Ergänzung:
Die Gleichberechtung in tiefer Demokratie. Die Anliegen, Stimmen und Gestaltungsbeiträge aller Beteiligten haben im Systemprozess Gewicht, ohne dass sie von der Mehrheit oder von Ranghöheren unterdrückt werden dürfen. Das System entwickelt Lösungen, die allen gerecht werden und jedem Anteil eine angemessene Beteiligung geben. Wir achten dieses Prinzip, indem wir gerade die zarten und schwachen Stimmen unterstützen und jene, die sich abgekapselt haben, einladen und einbeziehen. Wir achten es, indem wir von der positiven Absicht jedes Gestaltungsbeitrages für das System ausgehen. Das Prinzip entstammt der Arbeit von Arnold Mindell (1997).

4. Prinzip:
Der Ausgleich von Geben und Nehmen. Ein System will die Kräfte aller seiner Mitglieder in gleicher Weise fordern und fördern. Gefühle regulieren dies. Wer etwas erhält, empfindet das Bedürfnis, etwas zurückzugeben, um sich nicht schuldig zu fühlen. Zwischen den Generationen zählt nur eine Richtung: Eltern geben, Kinder nehmen und geben ihrerseits an die nächste Generation. Nur, wer genug bekommen hat, kann geben. Wer bekommen hat, was ihm nicht gebührt, kann und sollte zurückgeben. Alles andere wäre Anmaßung. Wir achten dieses Prinzip, indem wir geben, was wir zu geben haben, zurückgeben, was nicht das Unsere ist und weitergeben, was die Nachfolgenden von uns brauchen. Es fördert den Austausch, wenn wir ein wenig mehr geben, als wir bekommen. Dieses Prinzip geht auf Ivan Boszormenyi-Nagy (1987) zurück und wurde von Bert Hellinger weitergeführt.

Ergänzung:

Positionen wechseln und wechselseitige Ergänzung. Nur, wenn die Beteiligten etwas voneinander wissen, die Wahrnehmungspositionen anderer kennen, wird ein gutes Zusammenwirken möglich, können sie einander berücksichtigen. Wer das hat, was andere oder das ganze System benötigen, ist willkommen, das seine einzubringen und anderes anzunehmen. Gemeinsam entsteht daraus Synergie, d.h. mehr, als jeder einzeln erreichen kann. Manchmal heißt es auch: „Einer für alle, alle für einen." Wir achten dieses Prinzip, indem wir Ausdruck, Kommunikation und Verständnis fördern. Wir achten es auch, indem wir das Eigene einbringen und gemeinsam etwas Neues schaffen.

5. Prinzip a:

   Der Vorrang der höheren Verantwortung. Wer Verantwortung für das Ganze übernimmt, ob durch formale Positionen oder informal durch persönlichen Einsatz, stärkt das System. Wer besonders starken Einfluss nach innern oder nach außen hat, ist in ähnlicher Weise für das System wichtig. Auch höhere Hierarchieebenen, integrierende Instanzen oder Identifikationsfiguren gehören dazu. All dies stärkt dessen „Immunkraft" im Umgang mit Schwierigkeiten jeder Art. Wir achten dieses Prinzip, indem wir Einsatz und das Tragen von Verantwortung würdigen und belohnen.

   Prinzip b:

   Der Vorrang von Kompetenz. Sowohl hohe Fähigkeiten und innere Reife als auch hohe Leistungen und Erfolge sorgen dafür, dass das System sich weiterentwickelt und werden auf vielerlei Art belohnt. Über Wettbewerb wird findet eine Auslese nach Kompetenz statt. Wir achten dieses Prinzip, indem wir die Funktionen und Positionen nach Leistungsfähigkeit besetzen und Begabte fördern.

6. Jokerprinzip:

   Der Vorrang des Narren. Wer das System stört, kitzelt, spiegelt und entblößt, stärkt ebenfalls dessen Immunkraft, sorgt für nötige Veränderungen, gibt Anstöße, öffnet die Augen. Dies kann auch ein Externer, beispielsweise ein Coach oder Berater sein. Hintergrund dieser Ergänzung ist die Nichtabschließbarkeit jeder Systembetrachtung, wie sie auch durch die fünfte Position, das „freie Element" in der Tetralemma-Aufstellung von Sparrer/Varga von Kibéd symbolisiert wird (siehe Seite 265). Wir achten dieses Prinzip, indem wir zu kritischer Distanz ermutigen und Raum für Selbstreflektion und Humor schaffen.

Die Prinzipien 5 und 6 wurden explizit von Sparrer und Varga von Kibéd in die Aufstellungsarbeit einbezogen und in der Literatur dargestellt. In der angegebenen Reihenfolge bilden die Prinzipien 1 bis 4 ein Fundament für die Aufstellungsarbeit mit Familien. Für die Arbeit mit Organisationen ist es nötig, die Prinzipien 5 a und b hinzuzunehmen. Prinzip 6 bildet gewissermaßen den kreativen i-Punkt und steht für all das, was sich anderswo nicht widerspiegelt.

Im konkreten Fall scheinen sich einzelne Werte und Prinzipien zu widersprechen, doch das bedeutet nichts anderes, als dass es kein Patentrezept für die Arbeit mit Systemen gibt. Statt dessen stellen die Werte ein eigenes System dar, wollen in Beziehung gesetzt, abgewogen und integriert werden, oft finden sich dann Lösungen eines „sowohl als auch" oder eines „erst dieses, dann jenes". Bei einer Störung auf der Ebene eines aufbauenden Prinzips empfiehlt es sich, zuerst die ihm als Voraussetzung zugrundegrundlegenden Prinzipien zu prüfen. In verschiedenen Entwicklungsphasen eines Systems werden unterschiedliche Werte im Mittelpunkt stehen Die dauerhafte Dominanz einzelner Werte auf Kosten anderer tut der Lebendigkeit eines Systems nicht gut.

Die einzelnen Prinzipien melden sich in dem Maße zu Wort, wie sie vernachlässigt werden. Denken wir an den sozialen Rang, der einerseits durch Alter, andererseits durch Leistung oder eine verantwortliche Position erworben werden kann. In Organisationen spricht nichts dagegen, jedem seinem Rang entsprechend die hiermit verbundene Anerkennung und eventuelle Rechte zuzugestehen, als würden verschiedene Auszeichnungen vergeben. Jeder weiß einen anderen um seiner Auszeichnung willen zu würdigen. Sicher aber haben die Einzelnen aufgrund ihrer unterschiedlichen Beiträge auch einen unterschiedlichen Geschmack, was die Form ihrer Würdigung betrifft. Jeder kann also das Seine erhalten und anderen das Ihre lassen. Natürlich gibt es auch Wettbewerb... aber auch ein potentiell nützliches Prinzip, das die optimale Besetzung von Positionen fördert.

Alternative Lösungsentwürfe

Wir haben uns bei der Beschreibung der Aufstellungsarbeit primär an Bert Hellinger orientiert und würdigen den Mut und die Sensibilität, mit welcher er genau jenen Prinzipien, die in unserer Gesellschaft immer weniger beachtet wurden, ein neues Gewicht gegeben hat. Begriffe, wie Annahme, Demut und Schicksal waren genauso wenig populär wie die Idee, Mutter und Vater zu ehren.

Manche der Bedeutungen und Interpretationen, wie sie Bert Hellinger oder andere Therapeuten gegebenen Tatsachen zugeordnet haben, halten wir für veränderbar. Maßstab einer guten Lösung ist stets das Befinden aller Beteiligten des Systems. Bestimmte Vorerfahrungen, Überzeugungen und Werte, welche den Rahmen einer Aufstellung bilden, werden jedoch Einfluss darauf haben, unter welchen Bedingungen die Einzelnen diese Stimmigkeit erleben. Die Auswirkungen der Vorannahmen des Begleiters auf den Prozess und dessen Ergebnis sind bekannt. Sparrer und Varga von Kibéd empfehlen deshalb zuweilen, dass ein Repräsentant, vielleicht sogar ein völlig Unbeteiligter, den Prozess mitgestaltet. Es ist dieses „freie Element", welches oft entscheidende neue Impulse liefert, die bisher niemand beachtete. Ein solches wird dadurch gekennzeichnet, dass es in Aufstellungen die Freiheit hat, sich nach eigenem Gutdünken zu bewegen. Je weniger Bedingungen wir einer Sache zugrundelegen, um so offener wird oftmals der Blick für das Menschliche, Situative, Besondere.

272

Wir befassen uns nun mit einigen Lösungsgedanken, die jene Bert Hellingers in einen anderen Zusammenhang stellen oder ergänzen. Sie können uns dabei helfen, Lösungsmuster zu finden, die dort wirken, wo bisher etwas fehlte.

1. „Unsere Kinder sind nicht unsere Kinder, sie sind die Kinder der Sehnsucht des Lebens nach sich selbst", heißt es in einem Gedicht, mit dem Khalil Gibran allen Eltern Achtung für die Einmaligkeit und Freiheit derer, die sie zu behüten haben, ans Herz legt (Gibran 1996). Hier kommt das Prinzip des Vorrangs des späteren Systems vor dem früheren zum Ausdruck. Wer seine Kinder nach seinem Bild oder seinen Bedürfnissen zu formen sucht, begeht eine Anmaßung gegenüber dem Leben, wer ihnen Schutz und Unterstützung nicht geben kann, wird seiner Verantwortung nicht gerecht. In beiden Fällen gibt das Leben, wir können es auch das große System nennen, diese Aufgaben an andere und berechtigt diese nicht minder, als es die Eltern berechtigt hat. Adoption kann Nachteil, kann aber auch ein Segen sein.

2. Was uns unsere Eltern nicht geben konnten, können wir durch andere Menschen und durch uns selbst im Leben erfahren. Was wir von anderen bekommen, ist oft von hohem Wert, zumal sie dazu kaum verpflichtet sind. Es ist ihr Geschenk an das Leben und wächst aus dem Herzen, das nicht bei Familiengrenzen halt macht. Auch hier sehen wir den Hintergrund für eine positivere Bewertung von Adoption, als wir diese bei Hellinger finden. Die andere Seite ist es, für das, was wir suchen, selbst zu sorgen. Das heißt, die Verantwortung für das eigene Leben zu übernehmen, und es heißt, den eigenen Weg zu wagen. Die Brücke zum Empfangen und Geben bauen wir, indem wir eigenverantwortlich solche Beziehungen eingehen und gestalten, die beiden Seiten gut tun. Es kann heilsam sein, die Alten irgendwann an den Erfolgen des erwachsenen Kindes Anteil haben zu lassen, etwas davon in das Ursprungssystem zurückfließen zu lassen.

3. Ungelöste Themen, die wir von Familienmitgliedern übernommen haben, können wir ihnen zurückgeben. Was wir sicher zurückgeben sollten, ist insbesondere der damit verbundene Misserfolg, sind einschränkende Überzeugungen und schicksalhafte Aufträge. Ein hinter all dem liegendes unerfülltes Lebensanliegen des Familienmitgliedes kann aber auch für das eigene Leben von Wert und Bedeutung sein – im Sinne einer Verwirklichung, die dem früheren Familienmitglied versagt blieb und für die wir bisher noch kein positives Modell gefunden haben. Wir können heute jedoch, anders als der Vorfahr, Wege finden, solche, die wirklich zu einer Erfüllung führen. Einen Satz, der eine derartige Rückgabe begleiten kann, finden wir auch bei Bert Hellinger: „Indem ich es mir für mich leicht werden lasse, gerade da, wo es für dich schwer war, ehre ich dich...". Ein anderer Schritt ist es, dem, der das Problem „erfand", damals fehlende und heute verfügbare Ressourcen oder Lernmöglichkeiten anzubieten – wie dies im Reimprinting geschieht. Auf diese Weise geben wir kein bloßes Misslingen zurück, sondern machen ihm in der Vorstellung das

zugänglich, was er braucht, um in seinem Leben ein Gelingen zu erleben. Über die veränderte Erfahrung des Vorfahren erhalten wir darüber hinaus ein positives und wohlwollendes Modell für das eigene Leben. Dies sollte nicht mit der Anmaßung verwechselt werden, etwas für andere lösen zu wollen oder zu müssen, sondern es möge dabei helfen, das, was wir von einem Vorfahren leider nicht bekommen konnten, nun zu lernen und damit das eigene Leben und gern auch das dieses Vorfahren zu bereichern.

4. Frauen und Männer wählen einander, um die nächste Generation zu schaffen. Wer viele Partner hatte, mag sorgfältiger und länger gewählt oder wichtige Entwicklungsschritte vollzogen haben, die eine aktuelle Beziehung erst möglich machen. Dieser Mensch braucht keineswegs seine Chance auf eine glückliche Ehe verwirkt zu haben. Hier wurde Bert Hellinger häufig missverstanden. Er sagt lediglich, dass die Bindung zwischen den Partnern in diesem Fall weniger tief ist, d.h. die Auswirkung einer Trennung ist geringer, wenn es bereits viele Trennungen gegeben hat. Die potentielle emotionale Tiefe und das Glück in einer solchen Beziehung sind davon unbetroffen.

5. Wer gleichgültig oder empfindungslos ist, anderen Systemmitgliedern nicht die Ehre erweisen kann oder kein Mitgefühl zeigt, ist oft tief verletzt und bitter. Es mag sein, dass wir hier mit den Mitteln der Aufstellung nichts tun können. Oft fehlt ihm genau das, was zu geben er nicht in der Lage ist. Wir sollten sein Verhalten würdigen und ihn darin unterstützen, die Ressourcen zu finden, die seinem Herzen fehlen. Was er in der Familie nicht kennengelernt hat, darf er außerhalb der Familie finden. Es gibt unserer Ansicht nach Formen von Barmherzigkeit, die über die bisherigen Grenzen der Aufstellungsarbeit hinweg heilen und wirken.Nach dieser Auffassung gibt es auch keine letztlich bösen oder verlorenen Menschen. Natürlich überfordern die Defizite mancher Menschen einen Therapeuten oder Berater. Doch das sind nur dessen Grenzen, nicht die des Möglichen. Marshall Rosenberg, ein international tätiger Trainer für gewaltfreie Kommunikation, unterscheidet zwischen den freundlichen Giraffen und den „böse" agierenden Wölfen. Und er sagt: „Für Giraffen ist ein Wolf nur eine Giraffe mit einem Sprachfehler." (Rosenberg, 1999)

Lebensweg-Arbeit und Aufstellungen

Wir haben im Abschnitt Reimprinting bereits viel über das Nutzen von Erfahrungen aus der Aufstellungsarbeit gesagt und haben es nun leicht, das, was sich ergänzt, zusammenzufassen, woraus wir sowohl eine erweiterte Form des Reimprinting als auch eine Ergänzung der Aufstellungsarbeit entstehen lassen können.

Mit Konstellationen arbeiten. Neben der Arbeit mit Ereignissen und Situationen können wir auch in der Lebensweg-Arbeit mit Konstellationen arbeiten, d.h. das grundsätzliche Beziehungsgefüge zum Thema machen, aus welchem heraus andere Ereignisse erklärbar werden. Die räumliche Darstellung des

Beziehungsgefüges liefert wichtige Erkenntnisse und Gestaltungsmöglichkeiten, auch wenn sie ohne Stellvertreter mit Hilfe von Bodenmarkierungen ausgeführt wird. Der Lernende versetzt sich zur Erforschung des Systems selbst in all die jeweils relevanten Positionen hinein.

Beziehung als Ressource. Die wichtigsten Ressourcen für Konstellationen bestehen darin, eine für alle angemessene Position zueinander zu finden und in einen Austausch zu treten, der dies möglich macht. Hierzu gehört die Würdigung bisher abgewerteter oder ausgeschlossener Mitglieder. Es kann wichtig sein, auch physisch nicht anwesende Familienmitglieder, wie Verstorbenen, eine ehrenvolle Position zuzuordnen. Die Aufstellungsarbeit gibt uns die Möglichkeit, die Einzelnen ihrem Rang entsprechend zu würdigen und zu positionieren, den sie durch zeitliche Reihenfolge, Leistung oder Verantwortung erworben haben. Einander in diesen Positionen „die Ehre zu geben", öffnet ihre Herzen und ermöglicht einen förderlichen Austausch.

Entstricken und Zurückgeben. Bevor es möglich ist, neue Erfahrungen zu gestalten, müssen eventuelle Verstrickungen zwischen Familienmitgliedern erkannt und gelöst werden. Formen von Identifikation, Fremdgefühle, unangemessen übernommenen Aufgaben, Verantwortungen und Funktionen in der elterlichen Beziehung werden erkannt und respektvoll zurückgegeben. Zusätzlich zu den rituellen Formen der Aufstellungsarbeit bieten sich hier weitere Möglichkeiten. Indem der Lernende sich in die Positionen anderer Familienmitglieder begibt, kann er deren Befindlichkeit und ihre Lebensanliegen selbst erfassen. Er erkennt dabei, welche Gefühle, Aufgaben, Stimmen oder Überzeugungen er zu den eigenen werden ließ und kann sie an der jeweiligen Stelle „aus sich herausfließen" lassen und dort ablegen. Zum neurolinguistischen Prozessbegleiten gehört es weiterhin, die sinnliche Qualität und räumliche Position von Stimmen, Gefühlen und anderen Vorstellungen genau zu erkunden, so dass beispielsweise ein im Herzen befindliches schweres, dunkles Fremdgefühl auch von hier aus fortgenommen wird. Es wird dem Empfänger freilich nicht als ebensolches in dessen Herz gelegt, sondern ihm zur freien Verfügung zurückgegeben. Für ihn mag es etwas ganz anderes bedeuten. Wenn wir etwas aus unserem Inneren zurückgeben, füllt sich der freie Raum mit dem eigenen Inhalten, die lange darauf gewartet haben. Wenn diese noch nicht entwickelt sind, kann auch ein Vakuum entstehen – es ist sinnvoll, dies mit Licht und positiven Symbolen zu füllen, die Zeit haben, sich später im Sinne des Lernenden zu manifestieren.

Eine respektvolle und weise Art, etwas zurückzugeben, Identifikationen aufzulösen und doch seine Loyalität zu einer Person zu bewahren sowie das, was wertvoll ist, weiterzuführen, besteht darin, sich Veränderungen zu erlauben, wie sie in dem Satz: „Ich mach es wie du, nur ein bisschen anders." zum Ausdruck kommen.

Oft begegnet uns in der Praxis auch das Gegenteil von Identifikation, nämlich das Ablehnen, ja sogar Verabscheuen von Eigenschaften einzelner Familienmitglieder, sei es aus Loyalität zu einem anderen Elternteil oder wegen negativer

Erfahrungen, die mit dieser Person verbunden sind. Damit jedoch schneiden wir uns oft auch von der Kraft ab, welche diese Person verkörpert. Wir empfehlen hier den Satz: „Ich nutze diese Kraft auch, nur anders". Darüber hinaus ist in diesem Fall das Ressourcearbeit besonders sinnvoll, denn wenn wir das eigentliche Potential der bisher negativen Person erfahren, brauchen wir ihre Anteile in uns nicht mehr zu verdrängen.

Ressourcen einbeziehen. Während an dieser Stelle die Anteile der Aufstellungsarbeit ausklingen, gewinnen jene des Reimprinting an Bedeutung. Nachdem jeder sich selbst angehört und bisherige „falsche Lösungen", die zu Verstrickungen führten, zurückgenommen sind, nehmen die Beteiligten sich selbst auf neue Art wahr – auch ihre Defizite, Wünsche und Aufgaben. Wir können hier abschließen und dem System das Weitere überlassen. Wir können aber auch im Ursprungssystem neue Lebensmodelle und einen fruchtbaren Austausch gestalten, die uns als Bezugserfahrungen für die Gestaltung der Zukunft dienen. Anders als in der Aufstellungsarbeit, gewinnt dabei das Gegenwartssystem in Gestalt des erwachsenen Lernenden und seines Begleiters an Bedeutung. Sie bringen ihre gewachsenen Erfahrungen, Lernfähigkeiten und Ressourcen in die Verarbeitung, Klärung und Gestaltung der Vergangenheit ein. Der Lernende erforscht, indem er sich in die Positionen des Ursprungssystems hineinversetzt, welche Wachstumsschritte und Energiequellen das jüngere Selbst und andere Beteiligte brauchen, um sich weiterzuentwickeln oder um anderen das geben zu können, was diese benötigen. Wie im Kapitel „Muster des Reimprinting" in Teil II beschrieben, schließt sich hier systemische Ressourcearbeit an. Damit meinen wir, dass solche Ressourcen als Anstoß von außen hinzukommen, die es dem System möglich machen, den Austausch untereinander ideal zu gestalten. Immer wieder gehören Wertschätzung, Respekt und das Anerkennen der positiven Absicht zu den Kernressourcen. Auch die Sätze der Kraft gehören dazu. Im konkreten Fall können uns beispielsweise fragen, welche Erfahrung der Vater benötigt, um in der Lage zu sein, dem Kind seinen Segen zu geben. Diese Ressourcearbeit darf den Beteiligten nicht die Verantwortung für ihr eigenes Leben und ihre Aufgaben nehmen, sondern soll sie dazu befähigen, dieser Verantwortung gerecht zu werden. Nicht das Kind gibt seinen Angehörigen derartige Ressourcen, sondern der Erwachsene, sein Begleiter oder andere Beteiligte, auch spirituelle Gestalten mögen dazugehören. In jedem Fall fragen wir innerlich den betreffenden Angehörigen, ob er bereit ist, derartige „Entwicklungshilfe" anzunehmen – und gegebenenfalls von wem und zu welcher Zeit seines Lebens. Hierzu kann es notwendig werden, ihn in seine Kindheit zurückzuführen, eine Lebensweg-Arbeit also, die innerhalb der ersten Lebensweg-Arbeit stattfindet. Wir können ebenso die Wahl treffen, nur das jüngere Selbst mit Ressourcen zu versorgen oder zusätzliche Ressourcegestalten in das System einzubringen. Um sicherzustellen, nicht anmaßend gegenüber dem Schicksal von anderen zu sein, kann der Lernende die im Reimprinting imaginierten Angehörigen auch lediglich als innere Anteile oder Rollenmodelle aufzufassen, die er lernend verändert, ohne das dies das Leben und Schicksal der realen Angehörigen betrifft. Eine einfache Form der Ressourcearbeit ist es, einem Angehörigen, dem wichtige positive Lebenserfahrungen gefehlt haben, etwas von den eigenen als Geschenk anzubieten. Das Geschenk ist ein Duplikat, dem Lernenden geht nichts verloren.

Von Konstellationen zu Ereignissen. Wenn die Ursprungskonstellation, die Beziehungen und der Austausch zwischen den Beteiligten sich gut entwickelt haben, ist das Leben noch voll von Ereignissen, die bisher nicht gerade befriedigend verlaufen sind, auf der neuen Grundlage aber ganz anders verlaufen würden. Manche von ihnen verliefen sogar traumatisch. Jetzt hat der Lernende die Möglichkeit, derartige wichtige Ereignisse gesondert zu verarbeiten, alte Lernerfahrungen zu verändern und sie auf ressourcevolle Art zu erleben. Manche Erfahrungen haben einfach gefehlt, möglicherweise der liebevollen körperliche Kontakt mit den Eltern. Auch dies kann innerlich nachgeholt werden. Die Vollendung einer früher einmal unterbrochenen Hinbewegung (Seite 202) zwischen Mutter und Kind ist ein Beispiel dafür. In all diesen Fällen erlebt der Lernende, wie sich die bisherigen Veränderungen in sinnlich erfahrbarem Verhalten auswirken. Der hohe Abstraktionsgrad der Aufstellungsarbeit wird in Erleben verwandelt. Der Lernende kann stets weitere Ressourcen, die noch notwendig sind, hinzufügen. Er erlebt seinen Lebensweg auf neue Weise, kann sich auch einen parallelen Lebensweg imaginieren, der nun möglich geworden ist und den bisherigen ergänzt. Das Bisherige braucht der Lernende deshalb nicht zu vergessen, es enthält wichtige Informationen, doch es darf seine emotionale Kraft verlieren und durch ein anderes Modell für die Lebensgestaltung ersetzt werden. Vielleicht bildet sich das neue Modell auch aus beidem: Dem, was war und dem, was möglich war.

Von Ereignissen zur Ursprungsfamilie. Manche Ereignisse und eigene Lebensmuster führen uns unerwartet zurück zum Ursprungssystem, indem wir erkennen, dass wir große oder kleine Lebensmuster, Drehbücher, Überzeugungen oder Gedankenanteile (Meme) leben, die denen eines Angehörigen sehr ähneln. Wir brauchen uns nicht mit deren gesamtem Schicksal zu identifizieren, oft ist es nur dieser oder jener Aspekt: Die Art, wie Opa mit Oma umging, die Scham des Vaters, als er das Studium abbrechen musste, die Schuld der Mutter, als sie untreu war... Derlei Muster schlummern mitunter tief in uns und wachen irgendwann auf, um uns in bestimmten Lebensphasen zu überraschen – dort nämlich, wo wir kein eigenes Modell entwickelt haben, vielleicht in der zweiten Ehe, vielleicht irgendwo nach einer Beförderung, oder nach der Pensionierung. Indem wir in Ereignissen und ganzen Lebensphasen Parallelen zu Erfahrungen von Familienangehörigen finden, welche diese zu bestimmten Zeiten ihres Lebens durchliefen, bieten sich uns neue Veränderungsmöglichkeiten an. In jedem Fall sollten wir das Schicksal und die Person, von der wir etwas übernommen haben, liebevoll würdigen. Dann geht es darum, ihr das Muster, welches wir in dieser Form nicht gebrauchen können, respektvoll zurückzugeben, wie wir es bereits beschrieben haben. Nun suchen wir Ressourcen und andere Modelle für uns selbst, um mit der betreffenden

Lebensphase oder Erfahrung auf andere Art umzugehen. Dazu gehören eventuell andere Überzeugungen, Gedanken und Wertvorstellungen. Vielleicht hilft uns wiederum der lösungsorientierte Rahmen. Gleichzeitig oder anschließend können wir unserem Angehörigen oder dessen Seele anbieten, mit uns zu lernen oder selbst Ressourcen anzunehmen.

Manchmal lohnt es, sich auf die Suche nach Ursprungserfahrungen bei Vorfahren im Familiensystem zu machen. Im Abschnitt „Mehr als ein Leben" (Seite 150) haben wir Möglichkeiten beschrieben, dies zu tun und entsprechende Lösungswege vorgeschlagen.

Die Zukunft gestalten. Auf vielerlei Art können wir das, was uns die Eltern nicht geben konnten, in unserem Leben finden. Indem wir selbst die Verantwortung für unser Leben übernehmen, können wir aus dieser Haltung heraus unsere Vergangenheit verarbeiten, aber auch unsere Zukunft gestalten. Die Lebenssituation, welche wir geschaffen haben, gewissermaßen unser Karma von gestern, treibt uns gern in alte Rollen und Muster. Indem alte Bindungen und Weltbilder fortfallen, haben wir nun die Möglichkeit, uns anders zu verhalten und das Leben so zu gestalten, dass wir uns dabei gut entwickeln. Manches, was damals fehlte, darf nun – wenn auch in der Art der Erwachsenen – in Erfüllung gehen. Auch auf diese Art gleichen wir alte Defizite aus. Der lösungsorientierte Rahmen hilft uns, im Alltag jene Schritte zu erkunden und zu beschreiten, die uns einem Wunder näher bringen.

Lebensweg-Arbeit als Aufstellung. Die Komponenten des Lebensweges, wie das jüngere, das gegenwärtige und das zukünftige Selbst, aber auch wichtige Bezugspersonen in verschiedenen Phasen ihres eigenen Lebensweges können durch Stellvertreter in einer Aufstellung dargestellt und miteinander in Beziehung gesetzt werden. So kann die beste Form einer Lösungsstruktur und eines sinnvollen Austauschs zwischen ihnen erarbeitet werden. Während im klassischen Reimprinting der Lernende sich selbst in alle relevanten Positionen hineinversetzt, erlebt er hier das innere System aus einer neuen Perspektive, in welche die Wahrnehmungen aller Stellvertreter einfließen. Neben Insa Sparrer haben auch die Autoren auf diesem Gebiet interessante neue Arbeitsformen entwickelt.

Fassen wir zusammen, wie beide Arbeitsfelder sich ergänzen, so ergeben sich sorgsam zu balancierende Pole, die in eine neue Arbeitsweise einfließen, welche wir Lebensweg-Aufstellungen nennen können. Wir arbeiten mit den Wechselbeziehungen

- zwischen Familienkonstellationen und Lebensereignissen,
- zwischen jüngerem, gegenwärtigem und zukünftigem Selbst,
- zwischen Situationen und Erfahrungen des Lebens,
- zwischen Annehmen oder Verändern,
- zwischen Eigenverantwortung und Unterstützung,
- zwischen Geben und Nehmen,

- zwischen dem Selbst und den anderen,
- zwischen verschiedenen Ebenen der Erfahrung.

Aufstellung als sozialer Prozess

Wir beschreiben abschließend eine eigene Aufstellungsform, in welcher es nicht darum geht, ein Lösungsbild zu finden. Wir wollen vielmehr Erfahrungen über die in sozialen Feldern wirksamen Prinzipien sammeln, nach denen die Mitglieder ihre Positionen finden und miteinander im Austausch stehen. Damit knüpfen wir an die im Kapitel 2 dieses Hauptteiles beschriebenen Modelle und Prinzipien sozialer Prozesse an und öffnen Verbindungen zu anderen Formen der Arbeit mit Gruppen und Teams.

Positionen einnehmen. Unsere Feldaufstellung wird von einem Begleiter moderiert und beginnt, indem er die Teilnehmer einer Gruppe, welche zunächst in einem großen Stuhlkreis sitzen, der den Raum völlig ausfüllt, bittet, sich nacheinander auf einen ihrem Gefühl nach passenden Platz im Raum zu stellen – einen, der ihre Position innerhalb der Gruppe darstellt. Die vom Stuhlkreis umgrenzte Innenfläche symbolisiert das Gruppenfeld. Wer sich in diesen Bereich stellt, hat damit eine Position innerhalb der Gruppe gewählt, unabhängig davon, ob sie im Zentrum oder eher am Rand liegt. Wer sich außerhalb des Stuhlkreises aufstellt, macht damit deutlich, dass er sich nicht innerhalb der Gruppe erlebt, diese allenfalls als Beobachter von außen wahrnimmt.

Die Teilnehmer können sich im Laufe des Prozesses verschiedene Muster ihrer Rollenwahl und ihres Austauschs in der Gruppe bewusst machen. Betrachten wir zunächst die Reihenfolge, in welcher die Einzelnen sich erheben und ihre Position in der Gruppe einnehmen. Am Anfang ist die gesamte Fläche frei. Wer als erster seine Position wählt, hat dementsprechend die freie Auswahl, kann allerdings nicht wissen, wie sich die Umgebung seines gewählten Platzes später entwickeln wird. Er steht zunächst allein, braucht sich nicht mit anderen eine begrenzte Fläche zu teilen oder gar mit ihnen darum zu kämpfen. Wer eine unbesetzte Fläche innerhalb eines Gruppenfeldes einnimmt, bestimmt mit der eingenommenen Position gleichzeitig wichtige Faktoren des Feldes: Er gibt mit seiner Persönlichkeit diesem Ort eine Bedeutung und eine Ausstrahlung auf andere, später hinzukommende Gruppenmitglieder. Wer später seine Position einnimmt, kann sich daran orientieren, was schon vorhanden ist, welche Positionen von anderen eingenommen wurden. Das Feld hat mit den ersten drei Personen bereits Konturen gewonnen. Der Hinzukommende kann sich dort hinzugesellen, wo er Nähe wünscht, dort Abstand halten, wo er Distanz wünscht, oder eine ganz neue, noch freie Position besetzen. Möglicherweise ist sein Lieblingsplatz aber bereits von anderen besetzt oder es ist dort schon zu eng geworden. Neben der Reihenfolge, in der die Gruppenmitglieder ihre Position wählen, werden andere Muster erkennbar: wer ist gerne im Mittelpunkt, wer gern am Rande oder in einem sicherem Abstand, wer kann sich nicht festlegen, bewegt sich von Position zu Position, wer steht gern allein, wer gern in der Nähe anderer?

Ein Gruppenmitglied, das seine Position in dem Feld einnimmt, stellt sich an dieser Stelle kurz vor und beschreibt symbolhaft in welcher Rolle und Funktion es sich in der Gruppe sieht. Hierbei helfen Metaphern, etwa die Vorstellung, die Beteiligten befänden sich gemeinsam auf einem Schiff. Dann wählen die Beteiligten meist Rollen aus dieser Welt, wie Kapitän, Steuermann, Koch, Ruderer, blinder Passagier, Abenteurer, „Luxuspassagier", Entertainer und mehr. Nach einer Weile haben alle Gruppenmitglieder im Raum ihre Position eingenommen und damit die Gruppe als Feld dargestellt.

Streben nach Balance. Jetzt ist es interessant, wahrzunehmen, inwieweit die verteilten Positionen dem Feld als Ganzes die Qualität des Gleichgewichts geben. Stehen alle Personen nahe beieinander an einem Ort, bleiben große Flächen des verfügbaren Raums unbesetzt oder haben sie sich über die ganze verfügbare Fläche verteilt? Wir können uns vorstellen, der verfügbare Raum wäre ein Floß. Hätte es Schlagseite, würde es im Wasser kippen oder sein Gleichgewicht halten? Wir erkennen in dem Streben nach Balance eine Grundtendenz sozialer Systeme. Die Beteiligten fühlen sich weniger wohl, wenn das Floß ihres sozialen Feldes Schieflage hat, und neigen dazu sich so zu verteilen, dass ein Gleichgewicht entsteht. Gibt es an einer Stelle ein Gedränge, werden Hinzukommende hier nicht willkommen sein und die Botschaft erhalten, sich an eine andere Position zu begeben. Wer einen Ort einnimmt, der bisher unbesetzt war, und wer so der Balance des Ganzen deutlich zuarbeitet, wird Anerkennung finden. Die Gruppe wird ihm an diesem Ort ein besonderes Gewicht zuschreiben. In der Tat ist das Gewicht, das einzelnen Positionen zugemessen wird, eine andere Form, über Balance nachzudenken. Wer sich einzeln, auf einer größeren Fläche stehend befindet, hat in dieser Position ein größeres Gewicht, d.h. er trägt eine größere Verantwortung dafür, dass das Floß als Ganzes im Gleichgewicht bleibt. Oft erfordert es Mut, bestimmte Positionen in einem sozialen System einzunehmen, die andere Mitglieder des Systems nicht besetzen, obwohl sie dem Ganzen eine Balance verleihen. Wenn alle aktiv sind, mag dies die Position der Ruhe sein, wenn alle schlafen, die Position des Wachenden, wenn alle bestimmten Trends nachlaufen, die Position dessen, der genau das Gegenteil tut, vielleicht azyklisch handelt oder sich wie ein Außenseiter verhält. Je später ein Gruppenmitglied seinen Platz in der Gruppe einnimmt, umso stärker wird seine Wahl vom Prinzip des Gleichgewichts mitgeprägt. Manchmal lassen Hinzukommende die bisherigen Gruppenmitglieder aufatmen, manchmal ganz im Gegenteil. Dies ist Ausdruck der vergrößerten oder verringerten Balance des Feldes.

Nachdem alle Beteiligten ihre Positionen und Rollen gewählt haben, machen wir uns weitere Eigenschaften des Gruppenfeldes bewusst. Was geschieht, wenn Einzelne versuchen ihre Position zu verändern oder sogar hinauszugehen? Das erweist sich als gar nicht so leicht, denn die Position jedes Beteiligten hat einen deutlichen Einfluss auf die Befindlichkeit aller anderen in der Gruppe – wird sie verändert, scheinen deren Positionen auch nicht mehr zu stimmen. Entweder alle ändern ihre Position oder keiner, heißt es. Entsprechend gibt es den Aufruf an den Ausreißer, doch wieder seine bisherige Position einzunehmen, was dann mit Aufatmen quittiert wird. Systeme haben also eine gewisse Trägheit, die darin besteht, die Einzelnen gern in den von ihnen eingenommenen Positionen halten zu wollen. Erst wenn auch die anderen ihre Positionen verändern können und wollen, kann sich das System als Ganzes reorganisieren.

Ressourcen. Bleiben wir vorerst noch bei den mittlerweile etablierten Positionen und untersuchen weitere Merkmale des Gruppenfeldes. Die Beteiligten werden gebeten, sich bewusst zu machen, welche Ressourcen, Kraftquellen oder positiven Qualitäten die eingenommene Position ihnen gibt. Sie können dies symbolhaft ausdrücken, etwa in Form eines imaginierten Energieballs. Manche beschreiben die in der Position erfahrenen Ressourcen als kräftigen Fußball, andere als Lichtball, Mond, als Schneeball, Tonkugel oder Kristall. Es ist Zeit, sich innerlich dafür zu bedanken, dass man einen Platz gefunden hat, der einem in dieser oder jener Weise etwas Gutes bringt. Natürlich ist es nicht der Platz allein, sondern – im Idealfall – die Gunst der Erfahrung, als der richtige Mensch am richtigen Ort zu sein. Wo wir – im ungünstigen Fall – einer Position keine Ressourcen abgewinnen können, stellt sich die Frage, ob es sich lohnen würde, diesen Ort früher oder später zu verlassen, wohl wissend, dass dies infolge der Trägheit des Systems nicht immer leicht zu bewerkstelligen sein wird.

Nach der Wahrnehmung der Ressourcen widmen wir uns nun der nächsten wichtigen Systemeigenschaft, dem Austausch zwischen den Beteiligten. Es gibt den Austausch mit denen, die in der Nähe sind, deren Position der eigenen möglicherweise ähnlich ist, und mit jenen, die entfernt stehen, schwerer zu erreichen sind, deren Rolle andersartig ist... In wessen Nähe eine Person steht, d.h., mit wem welcher Austausch möglich ist, hängt wiederum von der gewählten Position im Feld ab. Wir bitten die Gruppenmitglieder, zunächst mit denen Kontakt aufzunehmen, die sich in ihrer Nähe befinden; sie zu berühren und die Verbindung zu spüren. Wir bitten sie, sich vorzustellen, dass sie mit ihren Nachbarn in Austausch treten, indem sie Qualitäten, über die sie in ihrer Position verfügen, weitergeben und Qualitäten, über welche ein Nachbar verfügt, aufnehmen. Symbolisch kann dies wieder über die Vorstellung eines Energieballs ausgedrückt werden. Gefragt, wie sich der eigene Energieball als Resultat des Austauschs verändert, überwiegen positive Rückmeldungen: Der Ball wurde heller, größer, kräftiger oder beweglicher. In einzelnen Fällen aber tat der Austausch nicht gut – dann geht es darum, Grenzen zu ziehen oder die Position oder die Einstellung der beiden zueinander zu verändern. Systeme, die sich gedeihlich entwickeln, zeichnen sich durch einen wechselseitig förderlichen Austausch aus.

Der Austausch mit anderen. Offen ist noch der Austausch mit denen, die etwas weiter entfernt im Raum stehen. Galt für den nachbarschaftlichen Austausch das Kontaktprinzip „Gleich und gleich gesellt sich gern", so scheint die Beziehung zu den entfernt Stehenden unter dem Motto zu stehen „Gegensätze ziehen sich an". Es ist erforderlich, zunächst nonverbal Kontakt mit dem potentiellen Partner aufzunehmen, sich dann irgendwo im Raum zu begegnen oder zu besuchen, d.h. den eigenen Platz für eine kurze Zeit zu verlassen. Es kommt für jeden darauf an, dem anderen das geben zu können, was ihm gut tut, und das zu erhalten, was ihm gut tut. Das sind grundlegende Kommunikationsfähigkeiten – hier zeigt sich, wie sehr sie die Dynamik des ganzen Systems prägen. Es geht um solche Fähigkeiten, wie Kontakt aufzunehmen, aufeinander zuzugehen, auszudrücken, was man selbst hat oder sucht, erfassen, was ein anderer Mensch hat, erlebt, sucht usw. Viele Blockaden in Gruppen entstehen durch fehlenden Kontakt, Missverständnisse, Fehlinterpretationen und die Unfähigkeit, sich in die Position anderer hineinzuversetzen. Hier liegen große Lernmöglichkeiten.

Aufgabe: Die gewählten Partner treten sich gegenüber. Bei der Begegnung wird nicht gesprochen. Der erste visualisiert in den Handschalen symbolisch ein Geschenk für den anderen. Der Partner nimmt das geheimnisvolle Geschenk mit seinen Händen entgegen und empfindet, spürt nach, um was es sich wohl handeln möge. Wenn ihm gefällt, was er zu erhalten meint, nimmt er es an. Anschließend tauschen sich beide darüber aus, inwieweit die empfangene Ressource und die gegebene Ressource übereinstimmten. Danach wird das Geben und Empfangen andersherum wiederholt. Anschließend begeben sich alle Beteiligten auf ihre ursprünglichen Positionen und reflektieren, inwieweit sie sich durch den Austausch mit dem entfernten Gegenüber bereichert fühlen und in welcher Weise sie ihre sozialen Fähigkeiten für die Zukunft weiterentwickeln können. Ein zentraler Punkt liegt darin, die Übereinstimmung abgesandter und empfangener Botschaften zu überprüfen. Je weiter entfernt die Positionen zweier Menschen voneinander liegen, umso länger ist der Weg, umso weniger wissen sie eventuell voneinander und umso mehr ist zu tun, bis es eine gute Verständigung gibt. Wenn das gelingt, vergrößert sich der Gewinn für beide.

Bedürfnis nach Veränderung. Infolge der bereits vergangenen Zeit, des Austauschs und der damit verbundenen Bewegung scheinen die anfangs gewählten Positionen nicht mehr für alle Beteiligten ideal zu sein. Ein Bedürfnis nach Veränderung entsteht in einem System immer dann, wenn die Beteiligten sich selbst weiterentwickelt haben oder der Nutzen der bisherigen Rollen und Positionen sich für die Einzelnen erschöpft hat. Dem tragen wir nun Rechnung und befassen uns mit einer Veränderung der Positionen. Den Wert mancher Positionen können wir

erst erfassen, nachdem wir sie ausprobiert haben. Manchmal gibt es Überraschungen. Wir regen deshalb an, dass jedes Gruppenmitglied probeweise eine
solche Position einnimmt, die es normalerweise nie für sich auswählen würde. Wer
gern am Rand steht, stellt sich nun beispielsweise in die Mitte oder umgekehrt,
wer gern allein steht, begibt sich zu anderen, wer gern einen freien Blick hat, hockt
sich mit dem Gesicht zur Wand. Und wir fragen, was es in diesen ungewöhnlichen
Positionen Gutes zu erfahren gibt, welche Ressourcen in ihnen verborgen liegen.
Erstaunlicherweise finden die meisten interessante Ressourcen an den neuen
Orten – wer vorher sehr aktiv war, findet Ruhe oder umgekehrt, wer allein war,
findet Kontakt, eine Wand erscheint als Schutzwall etc. Diese Erfahrung soll dazu
anregen, in Gruppen neue Positionen auszuprobieren, mit ihnen Erfahrungen zu
sammeln und bisherige Vorannahmen zu überprüfen. Eine Anregung auch für
Führungskräfte und Gruppenleiter, die ihren Teammitgliedern immer wieder
Möglichkeiten anbieten sollten, ungewöhnliche Rollen einzunehmen.

Jetzt ist es Zeit, noch einmal auf die ursprünglichen Positionen zurückzukehren
und den aktuellen Entwicklungsstand anhand des persönlichen Energieballs
wahrzunehmen. Er hat sich verändert durch den Austausch mit Nachbarn, mit
weiter Entfernten und durch den Aufenthalt an jenem ungewöhnlichen Ort. Davon
ausgehend bieten wir nun allen Beteiligten an, sich einen neuen Platz zu suchen
– einen, der ihrem jetzigen Entwicklungsstand und den aktuellen Bedürfnissen am
besten entspricht. Es ist nun höchste Zeit dies anzubieten – denn die Veränderung
der Positionen in einer Gruppe kann wie das Atmen des Feldes aufgefasst werden,
das es braucht, um sich zu entwickeln. Werden hingegen die Beteiligten starr in
ihren Positionen gehalten, kommt es zum „Zimmerpflanzen-Effekt", metaphorisch
gleicht der Einzelne dann einer zu hoch gewachsenen Zimmerpflanze, welche an
die Decke stößt und in dieser Position nicht weitergedeihen kann. Wenn in Gruppen
keine Evolution möglich ist, kommt es bei ansteigendem Veränderungsdruck zu
kleinen oder größeren Revolutionen, d.h., die Zimmerpflanzen sprengen sozusagen
den Raum. Die traurigere Alternative ist Resignation, innere Kündigung, man
verlässt die Gruppe. Positionsveränderung kann auch ein Nachrücken auf der
Karriereleiter bedeuten, und oft ist sie in der Gesellschaft mit Wettbewerb oder
Kampf um die attraktivsten Plätze verbunden – nicht immer geschieht das in
Fairness. Im Idealfall führt die Veränderung dazu, dass die verfügbaren Positionen
von jenen Gruppenmitgliedern besetzt werden, die sie ihrem Entwicklungsstand
gemäß am besten ausfüllen können, was schließlich der ganzen Gruppe zugute
kommt. Die Art und die Anzahl der verfügbaren Positionen in einer Gruppe ist
übrigens nicht begrenzt, sondern kann sich mit dem wachsenden Potential der
Gruppenmitglieder und der ganzen Gruppe weiterentwickeln. Oft ist es lohnender,
eine ganz neue Position zu schaffen und einzunehmen, als sich im Wettbewerb
gegenseitig um einen einzigen Platz auf der Karriereleiter zu blockieren. Natürlich
kann Wettbewerb um die soziale Position auch ein wichtiger Motor für eine
Weiterentwicklung sein. Es kommt eben auf den Einzelfall an.

Inzwischen haben sich unsere Gruppenmitglieder einen neuen Platz gesucht, einige ganz nahe ihrer bisherigen Position, andere ganz woanders. Alle sind zufrieden, die Veränderung verlief hier friedlich. Interessanterweise sind einige bisher freie Flächen nun besetzt und der Eindruck des Gleichgewichts bei der Verteilung der Positionen im Raum hat sich verstärkt. Wenn die verfügbare Fläche ein Floß wäre, würde es ohne Schieflage schwimmen. Die neuen Positionen ermöglichen nun wieder einen neuen Austausch und bieten *neue Wachstumsimpulse*, wie sie in einer weiteren Veränderung des persönlichen Energieballs symbolisiert werden können. Ein Gruppenmitglied entdeckt in seiner neuen Position kreative Fähigkeiten, ein anderes sein Verantwortungsbewusstsein etc.

Im bisherigen Verlauf der Feldaufstellung haben die Gruppenmitglieder weitgehend selbst entschieden, wo sie stehen wollten, welchen Ort, wessen Nähe, welche Rolle sie wählten. Häufig verlaufen derartige Aufstellungen *beziehungsorientiert* und das individuelle Wohlergehen erhält einen hohen Stellenwert. Andere Konstellationen ergeben sich, wenn die Gruppe wichtige Ziele gemeinsam zu erreichen hat, für welche bestimmte Aufgaben und Funktionen zum richtigen Zeitpunkt arbeitsteilig erfüllt werden müssen. In diesem Fall bildet sich eine *zielorientierte* Verteilung heraus, jeder übernimmt die Positionen und Funktionen, welche er im Sinne dessen, was gebraucht wird, ausfüllen kann. Wenn beispielsweise ein Segelschiff in ein schweres Unwetter gerät, werden alle Beteiligten das, was in ihrer Macht steht, zur Meisterung der Situation beitragen. Jetzt stehen nicht mehr persönliche Vorlieben und Bedürfnisse im Vordergrund, sondern der sinnvollste Beitrag zum Ganzen.

Der Weg zur optimalen Einteilung der Rollen und Funktionen kann bei gut eingespielten Teams in spontaner Selbstorganisation geschehen. Wenn die Zeit drängt, wird jedoch oft auch eine schnell und klar agierende Führungskraft gesucht. Ihr obliegt die Funktion, das System als Ganzes wahrzunehmen – die erforderlichen Aufgaben ebenso wie die verfügbaren Potentiale der Beteiligten – und all das aufeinander abzustimmen und zu verteilen. Hier wird Macht im positiven Sinne benötigt, um ein funktionierendes Zusammenspiel zu erreichen. Interessanterweise übernehmen viele Menschen Verantwortung in Funktionen, die zur Verwirklichung gemeinsamer Ziele oder sogar weiterreichender Visionen gebraucht werden, und erleben das als sehr erfüllend und befriedigend. Es ist die Erfahrung, dass das eigene Denken und Handeln eine Bedeutung für mehr als die eigene Person hat – eine Erfahrung echter Zugehörigkeit, die sogar persönliche Opfer rechtfertigt und über die gemeinsam erreichten Ziele und die soziale Anerkennung belohnt wird. Das Bewusstsein, für ein größeres Ganzes zu wirken, wird in unserer Zeit immer wichtiger, wenn es um die Mitwirkung des Einzelnen an dem gemeinsamen Projekt „Erde" geht, um Ökologie, Globalisierung, um globales Denken und lokales Handeln. Hier liegt eine sinngebende Alternative zur Vereinzelung der

Menschen in der westlichen Zivilisation. Es gab eine Zeit, in der persönliche Entwicklung und soziale Verantwortung im Widerspruch zu stehen schienen – heute wird deutlich, dass sie sich gegenseitig bedingen.

4. Muster des Teamcoaching

Zur Verfügung stehende Methoden

Sehr viele Arbeitsformen der neurolinguistischen Prozessarbeit sind gleichzeitig Werkzeuge systemischer Veränderungsarbeit. Denken wir nur an die Prinzipien des Folgens und Führens, der Arbeit mit Ressourcen, an das Verhandlungsmodell oder all die Formen des Umdeutens von Ereignissen und Symptomen, wie sie in (Isert 1996) beschrieben sind. Auch die Modelle von Robert Dilts, wie Erfahrungsebenen, wechselnde Wahrnehmungspositionen oder das Reimprinting sind von hohem Wert für die Arbeit. Mit all dem steht uns ein großes Spektrum an wirksamen Interventionsmustern zur Verfügung. Die Kunst des Anwenders besteht darin, dass er herausfindet, was in welcher Phase und Situation in einem sozialen System angemessen ist. Im Vergleich zur klassischen Einzelarbeit gewinnen in der Arbeit mit Systemen die Prozesse Ausdruck, Austausch und Positionierung eine größere Bedeutung. Was sich bei der einzelnen Person als innere Erfahrung abspielt, zeigt sich in einem sozialen System über die Kommunikation, das Miteinander, das Geben und Nehmen, die Darstellung der Rollen und Positionen. Betrachten wir ein konstruiertes soziales System von drei Personen:

Ein Träumer, ein Denker und eine Handelnde (zwei Männer und eine Frau) leiten gemeinsam eine Firma. Die Namen tragen sie nicht von ungefähr. In unserem Beispiel verstehen sie sich nicht besonders gut, der Träumer ist beleidigt und spricht nicht, der Denker grübelt über der Steuererklärung, die Handelnde telefoniert fortwährend mit den Kunden. Deshalb möchten sie von uns ein Teamcoaching. Die Optionen für den Anfang des Prozesses sind Einzelarbeit oder Arbeit mit dem gesamten Team. Wir entscheiden uns für letzteres und ernten erst einmal – Schweigen. Darauf hin bitten wir die Beteiligten, indem sie bestimmte Positionen im Raum einnehmen, darzustellen, wie sie ihre Beziehung zueinander empfinden, wie viel Nähe und Abstand sie haben und welche Körperhaltung und Blickrichtung dem entspricht. Alle drei stellen sich – voneinander abgewandt – in unterschiedliche Ecken des Raumes. Wir schlagen Einzelgespräche vor und erhalten von allen Zustimmung. Anschließend klären wir mit jeder Person Fragen zu ihrer Befindlichkeit und ihrer Motivation: „Wie geht es dir in der Gruppe?, Was hast du zu geben?, Was brauchst du?, Was denkst du von den anderen?, Was glaubst du, was die anderen denken und fühlen?"

Wir einigen uns, mit dem Träumer eine Lebensweg-Arbeit durchzuführen, da er sich schon sein Leben lang unverstanden fühlt, wie er sagt. Der Denker, sagt er, sei genauso gleichgültig wie sein Vater. So arbeitet der Träumer an dem alten Thema und erlebt noch einmal, wie er als Kind allein in einer Ecke saß. Er versteht sein jüngeres Selbst und erlöst es aus der Einsamkeit. Außerdem macht er sich seine Fähigkeit bewusst, auf anderen Menschen zuzugehen. Er fragt innerlich seinen Vater, warum dieser nie auf ihn zugegangen sei, und erhält zur Antwort, dass der Vater große Existenzsorgen gehabt habe, sich damit zurückgezogen habe, um sie niemandem zeigen und niemanden belasten zu müssen. Nach diesem Prozess ist der Träumer in einem Zustand, in dem ihm eine Fülle von Ressourcen zur Verfügung stehen, und bereit, mit den beiden anderen Teammitgliedern zu sprechen.

Der Denker ist durch nächtliche Überstunden überreizt und kann sich nicht entspannen. Wir führen ihn in einer entspannenden Phantasiereise zu einer inneren Quelle. Anschließend besprechen wir, welche Möglichkeiten er hat, sich Regeneration zu verschaffen, und vereinbaren mit ihm eine Hausaufgabe. Er soll lernen, künftig besser auf seine Befindlichkeit zu achten und ausreichende Pausen zu machen.

Die Handelnde, so finden wir heraus, telefoniert nur deshalb so viel mit den Kunden, weil sie das Gespräch sucht und mit ihren Kollegen zu wenig Kontakt hat. Wir würdigen diese gute Absicht und motivieren sie, neue Möglichkeiten für deren Erfüllung zu suchen, vielleicht sogar mit den Kollegen zusammen. Sie sinnt nach.

Im ersten Abschnitt haben wir im Team mit dem Prinzip der *Beziehungs-geografie* (Aufstellen der Positionen im Raum) gearbeitet. In der Einzelarbeit kamen dann *Lebensweg-Arbeit, Ressource-Arbeit* in Entspannung sowie die *Rückführung* eines Verhaltens auf die dahinter liegende gute Absicht zur Anwendung. Sprachlich haben wir insgeheim für unsere Fragen die Prinzipien des *Meta-Modells* und für die Entspannungsreise mit dem Denker die indirekte Sprache des *Milton-Modells* (siehe jeweils Abschnitt „Mit Worten begleiten") benutzt.

Das nächste Treffen beginnt wieder mit der aktuellen Beziehungsgeografie. Die drei Teammitglieder stehen jetzt näher beieinander und schauen sich diesmal an. Die Handelnde sagt zum Denker: „Wir sind dir wohl alle egal!" Wir fragen den Denker, ob ihm die anderen tatsächlich egal seien und erfahren das Gegenteil. Aus Sorge um die anderen und das wirtschaftliche Überleben schlüge er sich die Nächte um die Ohren, und zwar allein. Wir klären mit allen Teammitgliedern weitere nicht überprüfte Vorannahmen und Interpretationen, und bitten sie, einander mitzuteilen, was sie sich wirklich wert sind. Sie drücken jetzt aus, wie sehr sie sich im Grunde doch schätzen, nur hätte jeder gedacht, selbst nicht wirklich geschätzt zu werden. Jetzt stehen die drei näher beieinander. Der Träumer wünscht sich neue Visionen für das Unternehmen, der Denker berichtet von seinen Sorgen wegen der Steuer und der Aberkennung der Gemeinnützigkeit ihrer Firma. Die Handelnde erzählt, was die Kunden beschäftigt und was sie von ihrer Firma erwarten.

Auf die Frage, wann genau im Team die Kommunikation ins Stocken geraten sei, erinnert sich der Denker an die Beschwerde des größten Kunden: „Wir hatten sein Anliegen nicht genau verstanden und dann ging alles schief." Daraufhin bitten wir die drei, sich am Rand des Raumes aufzustellen und die frühere Situation in der Mitte vor ihrem geistigen Auge entstehen zu lassen, d.h., von außen auf ihre damalige Befindlichkeit und ihre Sorgen zu schauen. Sie sollen sich fragen, welche Ressourcen jeder von ihnen damals gebraucht hätte, damit alles gut und erfolgreich verlaufen wäre. Dazu gehört auch das, was die anderen gebraucht hätten. Jeder schreibt, was ihm einfällt, auf einen Zettel. In einer kleinen Besinnung bitten wir sie jetzt, Erfahrungen aus ihrem Leben zu suchen, in denen sie jene Ressourcen besaßen, die sie auf ihre Zettel geschrieben haben. Anschließend legen die drei Teammitglieder diese Zettel in die Mitte des Raumes und finden sich dort zusammen, in der Vorstellung, noch einmal in der Vergangenheit zu sein, mit den Zetteln aber jene Ressourcen hineingetragen zu haben, die sie damals benötigten. Auf einem Zettel steht „sich Zeit nehmen", auf einem steht „zuhören" auf einem steht „reden". Jetzt spielen sie durch, wie sie es damals besser gemacht haben könnten und wie sie es von nun an besser machen werden. Sie wirken entspannt, plaudern und beginnen schon über ihre Zukunft zu sprechen. An diesem Punkt laden wir die Gruppe ein, innerlich wieder in die Gegenwart zurückzukommen.

Sie sprechen weiter über ihre Vorhaben. Jedem scheint dabei allerdings etwas anderes wichtig zu sein, mitunter reden sie aneinander vorbei. Deshalb bitten wir die drei, jeweils die Position des linken Nachbarn einzunehmen, sich in dessen Situation hineinzuversetzen und sein Anliegen zu vertreten. Sie wechseln dabei auch physisch die Plätze. Der Denker spricht jetzt beispielsweise als Träumer davon, wie schön es wäre, eine große Vision zu haben. Sie tauschen noch einmal mit dem linken Nachbarn und kehren dann in ihre Ausgangposition zurück. Jetzt zeigen sie viel mehr Verständnis für die Sicht der anderen. Wir fragen in die Runde: „Was kann jeder von euch dafür tun, dass es allen gut geht und jeder einbezogen ist?" Nach einer Weile breitet sich ein Lächeln auf den Gesichtern in der Runde aus, als hätten sie Antworten auf die Frage gefunden. Wir bitten die drei deshalb, offen mitzuteilen, was jeder für sich selbst und für die anderen tun kann und tun will. Die Handelnde will den Träumer viel häufiger ansprechen und nach seinen Ideen fragen. Der Träumer wird mit dem Denker in den Pausen im Park am Bach spazieren gehen, sich seine Sorgen anhören und ihm ungewöhnliche Ideen vorschlagen, z.B. einen guten Steuerberater zu konsultieren. Die Handelnde meint, dass einer ihrer Kunden genau der richtige wäre. Der Denker atmet auf, worüber sich die Handelnde freut – und das lässt beide viel mehr Sympathie füreinander empfinden. Nach Monaten stellen wir fest, dass der Denker kreativere Arbeitsstile entwickelt, dass der Träumer leichter aus sich herauskommt und gern gute Ideen beiträgt und dass die Handelnde weniger telefoniert, dabei aber mehr Umsätze erzielt.

Wir wissen nicht, wie es den dreien heute geht..., aber wir haben weitere Prinzipien illustriert, diesmal für die Arbeit mit dem ganzen Team. Gleich zu Anfang haben wir die Positionen im Raum verändert, damit auch das Maß an Nähe und Zuwendung. Dann das Klären der Kommunikation: Sind die Vermutungen und Interpretationen des einen über die Gedanken und Intentionen des anderen zutreffend? Welche Bedeutung haben die Botschaften und Ereignisse für jeden Einzelnen? Halten sie einer Überprüfung stand? Wie schön, wenn sich Missverständnisse korrigieren lassen und wenn sogar eine verständliche gute Absicht hinter dem Verhalten des anderen zum Vorschein kommt, selbst wenn das Verhalten deshalb noch nicht angenehm zu sein braucht. Da es ein offenbar noch ungelöstes Problem gab, haben wir das ganze Team auf dem Lebensweg in die Vergangenheit geschickt, zurück zur Ursprungserfahrung. Hier ging es darum, sich und die anderen aus der damaligen Position heraus wahrzunehmen. Von hier aus fanden sie für sich selbst und die anderen Ressourcen, die sie in das „innere" System hereintragen konnten. Später haben die Beteiligten die Wahrnehmungspositionen mit den anderen getauscht. Dadurch haben sie ein tieferes Verständnis voneinander bekommen. Schließlich haben sie neue Wege ersonnen, sich gegenseitig zu unterstützen und ihre Lernerfahrungen in die Zukunft zu übernehmen.

Eingebettet waren hier Aspekte der *Verhandlungstechnik*, wie sie in (Isert 1996, Seite 187) beschrieben ist. Vielleicht haben die drei irgendwann später auch eine *Gruppenzielfindung* (Isert 1996, Seite 169) durchgeführt, sind mit dem *Team-Kaleidoskop* (siehe Seite 291) durch ihre Erfahrungsebenen gelaufen oder haben eine kleine *Zukunftskonferenz* (siehe Seite 316) gemacht. Die Mitglieder unseres Teams, Träumer, Denker und Handelnde, waren übrigens Nachfahren der Persönlichkeitsanteile in der Disney-Strategie, einer von Robert Dilts in Anlehnung an Walt Disney beschriebenen Strategie für das Zusammenwirken von Persönlichkeitsanteilen (siehe Seite 300).

In unserem Beispiel wurde deutlich, dass das Team nur einen Teil der Ressourcen in der aktuellen Situation verfügbar hatte, die anderen fanden die drei anderswo, ob auf ihrem Lebensweg oder über die Impulse ihrer Berater. Wenn im System alle das gleiche Defizit haben, können sie das Nötige schlecht bei den anderen Mitgliedern finden, wohl aber können sie sich gemeinsam auf den Weg machen, um es zu suchen. Das haben die drei getan, indem sie uns als Berater hinzuzogen. Ähnliches gilt auch für Zweierbeziehungen. Wenn beiden das Gleiche fehlt, ist es gut, eine dritte Kraft zu finden.

Innenkreis – Außenkreis

288

Ziel: Die Zusammenarbeit im Team durch neue Sichtweisen und Ressourcen verbessern.

Der Vorstand hat einen Teamcoach engagiert. Die Mitglieder sitzen in einer Runde. Sie sind sich uneins darüber, wie die Finanzen des angeschlagenen

Sportvereins wieder ins Lot kommen. Im Wesentlichen geht es um die gegensätzlichen Positionen „Expandieren" oder „Gesundschrumpfen", „Spieler einkaufen" oder „auf den eigenen Nachwuchs setzen", „Werbeagentur: Ja oder Nein". In der Runde, wir nennen sie den Innenkreis, denken und handeln die Teammitglieder als unmittelbar Beteiligte: Sie erleben das Miteinander so wie auf der letzten Vorstandssitzung: Herr Schröder erlebt seinen Konflikt mit Kollege Fischer, „der ohnedies immer recht hat", die Übereinstimmung mit Kollege Eichel, „der für seine Vernunft bekannt ist". Zu Beginn des Prozesses erleben alle ihre Meinungen und Gefühle jeder aus der eigenen Sicht. Sie diskutieren, stimmen zu, ärgern sich, sind genervt, fühlen sich akzeptiert oder missverstanden, zugehörig oder isoliert.

Nachdem sich die Teilnehmer die Köpfe heiß geredet haben, bewegen sie sich in der Absicht, eine für alle akzeptable Lösung zu finden, aus dem Geschehen heraus und stellen sich hinter ihre Stühle. Damit bilden sie den Außenkreis. Es ist, als könnten sie sich von der Tribüne aus noch einmal das eben stattgefundene Spiel ansehen. Was sie vorher vielleicht als Ärgernis wahrgenommen haben, erscheint jetzt im Fokus des Ganzen in einem anderen Licht. Plötzlich sieht jeder auf dem „Spielfeld" nicht nur den Kollegen, sondern auch sich selbst, wie er eben noch gekämpft, gekocht oder abgewartet hat. Allianzen und Einzelgänger werden deutlich. Der Blick für das Ganze bringt mehr Verständnis für sich und für die anderen. Der Teamcoach fragt „Was brauchen Sie in dieser Situation, um auf gute Art eine Lösung zu finden? Welches Verhalten, welche Fähigkeit, welche Überzeugung könnte Ihnen selbst, welche den anderen helfen?"

Die Kollegen werden gebeten jede Ressource, die ihnen einfällt, auf einen Zettel zu schreiben und diesen dorthin zu legen, wo die Ressource gebraucht wird: auf den eigenen Stuhl vor sich oder den eines anderen Kollegen. Zurück im simulierten Innenkreis nehmen sie die Ressourcezettel auf und besinnen sich darauf, diese, so weit sie es möchten, zu nutzen. Dann beginnt die Diskussion aufs Neue – mit den gewonnenen Einsichten und Ressourcen. Diesmal machen sie deutliche Fortschritte, bleiben nach einer Weile aber erneut stecken.

Die Verständigung klappt noch besser, wenn die Gesprächspartner in der Lage sind, sich in die Schuhe der anderen Teammitglieder hineinzustellen. Der Coach bittet sie, für eine Weile die Stühle zu tauschen, jeder rückt im Uhrzeigersinn einen Stuhl nach rechts und versetzt sich in die Person hinein, die dort bisher saß. Jeder argumentiert jetzt aus der Position des anderen, erfährt aber auch, wie er sich an dessen Stelle fühlt: Schröder erlebt sich als Fischer, Fischer als Eichel, Eichel als Schröder. Nach einer Weile wechseln sie weiter auf den nächsten Stuhl. Einmal die Runde gemacht, ist für jedes Teammitglied der Horizont der möglichen Sichtweisen und damit die Lösungskompetenz um ein Vielfaches größer geworden. Zurück auf den eigenen Plätzen verläuft die Diskussion nun erfolgreich bis zu einem gelungenen Abschluss: Sie beschließen, Geld einzunehmen, statt auszugeben und gehen mit dem ganzen Verein an die Börse.

So geht's: (Bild 16a und b) Die Teammitglieder treten aus dem Prozess der Auseinandersetzung heraus in die Position der Beobachter, gewinnen neue Einblicke und geben sich von dort aus Ressourcen. Wieder im Prozess, gewinnen sie noch mehr Verständnis und weitere Erkenntnisse durch Wechsel in die Position der anderen.

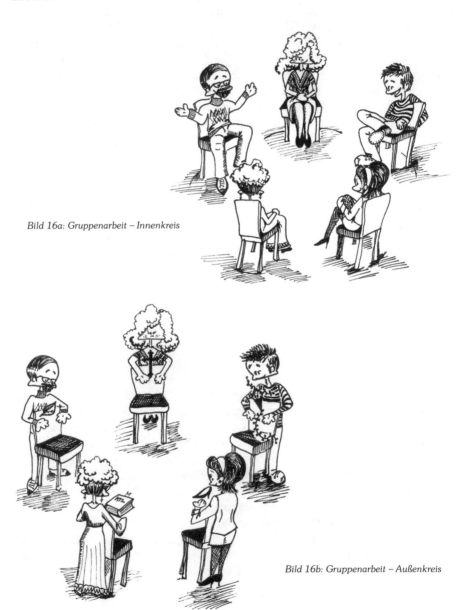

Bild 16a: Gruppenarbeit – Innenkreis

Bild 16b: Gruppenarbeit – Außenkreis

Team-Kaleidoskop

Ziel: Sich im Team in kurzer Zeit auf verschiedenen Ebenen kennen lernen, austauschen. Gemeinsamkeiten entwickeln. (Bild 17)

Peter, Paul und Maria möchten eine Firma gründen oder wenigstens zusammen arbeiten. Sie wollen sich auf „sanften Tourismus" spezialisieren und Menschen durch Landschaften und Städte führen. Als Reiseanbieter und Reisebegleiter wollen sie nicht nur geschichtliche und naturwissenschaftliche Daten herunterleiern, sondern den Teilnehmern zugleich Orientierung und, warum nicht, Lebenshilfe anbieten, ihren Kunden durch die Reise neue Ideen und Fähigkeiten für die Gestaltung des eigenen Lebens vermitteln. Möglichkeiten dafür gibt es genug. Doch woher wissen die drei, ob sie auf Dauer überhaupt miteinander arbeiten können? Ob es nicht jetzt schon Unterschiede gibt, die vielleicht einmal zum Stolperstein werden, womöglich gerade dann, wenn das Unternehmen so richtig zu florieren anfängt?

Ein Glück, dass Paul beim Seminar das Team-Kaleidoskop kennen gelernt hat. Er erklärt es den anderen. Maria findet es sofort ziemlich spannend, die Partner auf diese etwas andere Art kennen zu lernen, und Peter macht sowieso jeden Unsinn mit. Weil das Thema der Übung bereits klar ist, machen sich die drei sofort daran, jeder der ihnen bekannten Erfahrungsebenen (siehe Abschnitt „Ebenen der Erfahrung") von der „Umgebung" bis zur „Zugehörigkeit" auf kleine Karten zu schreiben. Die sechs Karten legen sie anschließend hintereinander so auf dem Boden aus, dass die drei Kartenreihen einen dreistrahligen Stern bilden, durch den ein gedachter Kreis in drei Teile geteilt wird. Rund um die Kreismitte laufen die Kartenreihen zusammen, dort liegen drei Karten mit der Aufschrift „Zugehörigkeit". Sie sind so weit voneinander entfernt, dass jeder der drei vielleicht in angemessenem Abstand voneinander stehen können. Die Karten ganz außen tragen die Aufschrift „Umgebung".

Nachdem sie sich noch einmal des gemeinsamen Themas vergewissert haben, stellen sie sich als erstes auf die eigene Bodenmarkierung für „Umgebung". Nacheinander teilen sie nun den anderen ihre Vorstellungen zu ihrer künftigen Arbeitsumgebung mit: „Wo will ich arbeiten? In welcher Umgebung? Was gibt es da noch? Was soll es nicht geben?..." Wenn alle von sich gesprochen haben, wird gewechselt: Paul steht jetzt auf Marias Karte für „Umgebung", Peter steht auf Pauls, Maria auf Peters „unterster" Erfahrungsebene. Nacheinander nehmen sie wahr, was ihr Kollege wohl so erlebt, und sprechen vorsichtig aus, was ihnen davon gut und was ihnen weniger gut gefällt. Sie stellen sich vor, bei diesem Besuch Anregungen und bereichernde Vorstellungen, die auch für ihre Lebensgestaltung wertvoll sind, als symbolisches Duplikat vom Platz des anderen mitzunehmen. Wenn sie den Eindruck haben, dass dem anderen etwas Wichtiges fehlt, über das sie ausreichend verfügen, schenken sie es ihm ebenfalls auf symbolische Art und Weise. So nimmt Paul in Marias Schuhen wahr, dass sie gut und gerne etwas mehr Ruhe gebrauchen könnte, und überreicht ihr diese Ressource später.

Sie wechseln noch einmal die Positionen und wiederholen den soeben beschrieben Austausch von Ressourcen. Dann stehen alle wieder auf ihrer eigenen Karte für „Umgebung". Sie bringen die Ressourcen, welche sie bei den anderen gefunden haben, mit einer Geste an diese Stelle. Dann spüren sie noch einmal nach und nehmen, wenn sie dies mögen, die ideellen Geschenke auf, welche die anderen bei ihrem Besuch hier gelassen haben. Nun geht es weiter, eine Erfahrungsebene höher: „Wie werde ich mich als Reiseleiter oder Wanderführer verhalten?" Auch: „Was tue ich heute, was wird anders sein? Wie verhalte ich mich den Touristen, wie den Kollegen, wie den Einheimischen gegenüber?" Wieder wechseln Peter, Paul und Maria noch zweimal die Wahrnehmungspositionen: nehmen, geben, zurückkehren, die Ressourcen annehmen. Und dann geht's eine Erfahrungsebene weiter: „Welche Fähigkeiten bringe ich mit ein? Welche möchte ich noch weiter entwickeln? Was kann ich besonders gut, was eher nicht?"

Später, auf der Ebene „Überzeugungen und Werte" beantworten sie Fragen, wie „Woran glaube ich? Worauf lege ich besonders Wert, wenn ich mit euch zusammen arbeite, wenn ich mit Fremden in der Fremde arbeite?" Als die drei auf ihren eigenen Karten stehen, merken sie, dass sie sich nicht nur räumlich ein gutes Stück näher gekommen sind. Und dass es noch näher wird, wenn es gleich um die eigene Identität geht: „Wer bin ich hier? Als wer bin ich beteiligt?" Paul, der die Übung leitet, macht seine Freunde darauf aufmerksam, dass an dieser Stelle manchmal ein Symbol, ein Tier oder ein Klang besonders aussagekräftig sein können.

Es folgt die Ebene „Zugehörigkeit": Die drei stehen nah beieinander und merken erst jetzt, dass sie ein gleichseitiges Dreieck bilden. „Wem fühle ich mich zugehörig?", fragt sich jeder. „Allen Reiseleitern, die Liebe und Respekt aufbringen"; „Der Natur und den Städten"; „Den Menschen auf der Erde". Bei allen Antworten wird klar: Die drei können und wollen gemeinsam arbeiten. Zur Probe nehmen sie sich bei der Hand und gehen in Gedanken auf ihren Erfahrungsebenen zurück, um auf jeder Ebene eine gemeinsame Aussage zu treffen, die ein jeder unterschreiben kann und die jedem Energie gibt: „Wir gehören zur Bewegung des sanften Tourismus. Wir sind ein kreatives Team. Wir glauben, dass Reisen allen nutzt. Wir können es schaffen. Wir verhalten uns echt, wie wir sind und tun, was uns unsere Intuition sagt. Wir wollen weltweit arbeiten, nur nicht dort, wo wir mit unserer Arbeit verbrecherische Regime unterstützen würden." Das waren die Leitsätze nach drei Stunden intensiven Kennenlernens. Und es war der Beginn einer guten Sache.

So geht's: Ein gemeinsames Thema oder Projekt im Auge, legen die Teilnehmer ihre Erfahrungsebenen sternförmig aus. Sie teilen sich ihre Gedanken und Gefühle zu jeder Ebene mit und lernen die der anderen kennen, indem sie deren Ebenen „besuchen", dort Anregungen und Ressourcen aufnehmen oder „Geschenke" anbieten. Mit jeder höheren Ebene kommen sich die Beteiligten psychisch und räumlich näher. Den Rückweg gehen sie gemeinsam, indem sie für jede Ebene eine gemeinsame Aussage finden. Falls ihnen dies nicht möglich ist, könnte es vernünftig sein, eine losere Form der Zusammenarbeit zu wählen. Das Thema, bezüglich dessen sich die Teilnehmer austauschen, kann, wie in unserem Beispiel, eine Zielvorstellung, aber auch eine Beschreibung der gegenwärtigen Situation oder sogar eines Problems beinhalten. Im letzteren Fall hat das Geben und Nehmen von Ressourcen von anderen eine besondere problemlösende Wirkung. Das „Team-Kaleidoskop" basiert auf einer Idee von Elisabeth Körber und Jens Hartung.

Bild 17: Team-Kaleidoskop

Ein Team denkt voraus

Ziel: Gemeinschaftlich einen Entwurf zur Meisterung zukünftiger Herausforderungen entwickeln – Proimprinting im Team.

Udos Mannschaft wird einen Kongress organisieren. Um sich optimal auf die zu erwartenden Schwierigkeiten vorzubereiten, durchlaufen die vier einen Proimprinting-Prozess. Zunächst legen sie eine Zeitlinie des Projektes von der Planung bis zur abschließenden Bewertung im Raum aus. Diese Linie gehen sie nacheinander ab. Jeder markiert durch Zettel, die er auslegt, wichtige Aufgaben und mögliche Probleme, die aus seiner Sicht bei der von ihm übernommenen Auf-

293

gabe auftreten können. Das Ende der Linie markieren sie mit einer Glückwunschkarte: Das Ganze hat zur Zufriedenheit aller geklappt. Anschließend fragt sich jeder,
welche Ressourcen er zur Verfügung hat, um die von ihm selbst oder von anderen
markierten Schwierigkeiten zu meistern. Mit denen geht er ein zweites Mal auf
der Zeitlinie in Richtung Zukunft und bringt die Ressourcen symbolisch dorthin,
wo sie benötigt werden.

Als erster wird Michael ein zweites Mal den Lebensweg des Projektes entlang-
gehen. Er ist für Öffentlichkeitsarbeit und Kommunikation verantwortlich. Wichtige
Ressourcen sind für ihn sicheres Auftreten, präzise und zeitsparende Kommunikation und Freundlichkeit. Er findet diese Fähigkeiten in vielen Erfahrungen aus
seiner Vergangenheit, bei Vorbildern und Freunden, und er hat das Gefühl, dass
die Anerkennung von Udo seine Ressourcen zusätzlich bestärkt. Mit all dem erlebt
er den ganzen Ablauf noch einmal, meistert in Gedanken einige kritische
Situationen, in denen er es mit besonders kritischen Medienvertreten zu tun hat,
und legt überall dort, wo eine wichtige Aufgabe oder ein mögliches Problem
ausgelegt ist, einen Ressource-Zettel hinzu. Er geht den Weg diesmal mit mehr
Sicherheit und dem Vertrauen, dass alles gut gelingen wird. Davon überzeugt er
sich nochmals auf der „Glückwunschkarte".

Udo ist Gründer, Teamchef und zugleich für die Technik verantwortlich. Er hat
viel Erfahrung darin und erwartet überhaupt keine Schwierigkeiten. Sollte dennoch
etwas schief gehen, braucht er vielleicht lediglich etwas mehr Improvisationstalent
als er ohnehin schon hat. Für ihn ist es ein Leichtes, diese Ressource aufzubauen:
Er repräsentiert einfach nacheinander sieben Erlebnisse, in denen er prima
improvisiert hatte. Diese gestapelten Erfahrungen trägt er in die Zeitlinie und legt
sie überall dort hin, wo sie ihm und den anderen zugute kommen können. Außerdem denkt er an die anderen. Er hat schon früher bemerkt, dass seine Anerkennung
Michael sehr gut tut. Er gibt sie ihm vor jeder schwierigen Aufgabe, erkennt Michal
damit als Menschen an, nicht nur wegen seiner Leistung. Die wird dann schon
von allein gut.

Ob seiner Sicherheit ist Udo auch eine Ressource-Person für Corinna, die sich
um den organisatorischen Ablauf der Veranstaltung kümmert. Sie baut für sich
diese Sicherheit an unterschiedlichen Stellen auf, indem sie sich in Udo hineinversetzt. Andere Ressourcen wie Überblick und die Fähigkeit, schnell zu entscheiden, holt sie sich aus ihrer bisherigen Erfahrung, die sie mit kreativer Phantasie
ergänzt. Um ihre Entscheidungsfähigkeit zu aktivieren, tut sie so, als sei sie zuerst
James Bond und dann ein Samurai. Beide treffen innerhalb von Augenblicken
Entscheidungen. Ihr Symbol: ein Schwert, das sie ab jetzt in Gedanken mit sich
führen wird. So ausgerüstet, fällt es ihr leicht, den Weg zu meistern, Ressource-
Zettel auf schwierige Stellen zu legen und bei der Glückwunschkarte anzukommen.
Udo ist den Weg noch einmal mit ihr gegangen und das tat ihr besonders wohl.

Zum ersten Mal übernimmt Horst die Beschaffung von Material, Getränken
und kleinen Häppchen. Er hat auf der Zeitlinie viele Punkte markiert, an denen
er Schwierigkeiten erwartet. Er sammelt Ressourcen auf, indem er vorab auf der

Zeitlinie die Markierungspunkte der gelösten Probleme seiner Kollegen besucht und sich dort von Udo, Corinna und Michael die nötige Unterstützung geben lässt. Weil er denkt, dass die drei möglicherweise Geduld und Vertrauen brauchen, gibt er ihnen diese Ressourcen, indem er eine CD mit Barockmusik für sie abspielt, während er organisiert. Um genügend Selbstvertrauen mitnehmen zu können, verarbeitet er eine Misserfolgserfahrung aus der Schulzeit mit einem Reimprinting, bei dem er sich von Corinna begleiten lässt. Außerdem wählt er drei Mentoren, die er im Geiste mit sich weiß: seinen Vater, Corinnas Samurai und Speedy Gonzales, die schnellste Maus der Welt. Wie die anderen zuvor durchläuft auch Horst den „Lebensweg" des Projektes noch einmal und versichert sich, dass seine Ressourcen geeignet sind, um alle Schwierigkeiten zu meistern. Ein bisschen Unsicherheit bleibt, doch das, so findet er, ist normal und darf angesichts seiner Unerfahrenheit bei der großen Aufgabe sein.

Gemeinsam gehen die vier noch einmal die Zeitlinie entlang und klären an den kritischen Punkten die sinnvollsten Formen, wie sie sich gegenseitig unterstützen können. Am Ende beglückwünschen sie sich und beschließen ein gemeinsames Essen, bei dem sie konstruktiv Kritik üben und in die Zukunft schauen wollen.

So geht's: Die Gruppe legt die Zeitlinie für ein gemeinsames Projekt aus. Jeder teilt mögliche Schwierigkeiten mit und markiert sie auf dieser Linie. Alle Beteiligten finden heraus, welche Ressourcen das künftige Selbst und die anderen brauchen, um die Situation zu meistern. Sie finden die benötigten Ressourcen in den eigenen Erfahrungen oder durch den Austausch mit anderen und bringen sie auf der Zeitlinie dorthin, wo sie benötigt werden. Die Beteiligten erleben gemeinsam gegenseitige Unterstützung und die Bedingungen für das Gelingen in der Zukunft.

Teamaufstellung mit Raumkoordinaten

Um die Positionen der Gruppenmitglieder zu bestimmten Themen oder Fragestellungen darzustellen, bietet es sich an, den verfügbaren Raum zu einem Koordinatensystem werden zu lassen: links bedeutet „dafür", rechts „dagegen", vorn bedeutet „munter", hinten bedeutet „müde" etc. So kann der Einzelne durch die Wahl seiner Position zum Ausdruck bringen, wie er zu einem Thema steht und auf welche Art er daran arbeiten will. Abstimmungen können auf diese Art sehr anschaulich dargestellt werden.

Symbolische Koordinaten. Wollen wir die Befindlichkeit, das Temperament oder die Bedürfnisse und Potentiale von Teammitgliedern metaphorisch darstellen, bieten sich andere Raumkoordinaten an. Als Beispiel hierfür dient uns das indianische Medizinrad, welches mit den vier Jahreszeiten und den vier Himmelsrichtungen korrespondiert. Eine systemische Aufstellung des indianischen Medizinrades findet sich bei Guni Baxer und Christine Essen (in Weber 2001). Wir nutzen es in unserer Arbeit als Koordinatensystem, welches durch einen

Aussenkreis abgerundet wird, und führen damit eine Idee weiter, wie sie als Abschlussarbeit von TeilnehmerInnen einer Ausbildungsgruppe in Köln 1997 präsentiert wurde. Über die Himmelsrichtungen geben wir den Mitgliedern eines zu coachenden Teams Anhaltspunkte darüber, wie sie sich aufstellen können: Der Norden verkörpert den Winter, nach indianischer Lesart ist dies der Ort des weißen Büffels, der ruhenden Kraft und der weisen, gütigen alten Menschen. Der Süden ist der Ort des Sommers, der Bewegung, Aktivität, des Spiels, der Ort des Kojoten und der Kinder, die gern ums Feuer tanzen. Der Osten ist der Ort des Frühlings, des Sonnenaufgangs und der hohen Berge, wo der Adler frei über allem fliegt. Mut, schöpferische Freiheit und Erleuchtung werden ihm zugeordnet. Im Westen findet sich der Herbst, hier findet sich Wasser und Wald, ein Platz für Gefühle, Geborgenheit und Sicherheit. Hier hält der Bär seinen Winterschlaf und verarbeitet in seinen Träumen die Erfahrungen (Bild 18a).

Sobald die Himmelsrichtungen und ihre Bedeutungen erläutert wurden, stellen sich die Gruppenmitglieder im Raum so auf, wie es ihrer Befindlichkeit entspricht: Die aktiven stehen vielleicht eher im Süden, Ruhesuchende im Westen, andere positionieren sich vielleicht zwischen zwei Richtungen. Wir erfahren damit viel über die Befindlichkeiten der Einzelnen und die Ausgewogenheit der Gruppe. Entsteht Gedränge in einer Himmelsrichtung, so deutet das darauf hin, dass ein Großteil ähnliche Bedürfnisse hat und dass bestimmte Kräfte dominieren. Oft durchlaufen Gruppen Phasen, die einander ablösen, wie es die Jahreszeiten in unserm Leben tun. Jeder Anteil hat seine Zeit, einer löst den anderen ab, so dass das System über die Zeit hinweg alle Zustände erfährt. Wir nennen dies eine „dynamische Balance", die auch durch das Symbol eines Pendels ausgedrückt werden kann.

Bild 18a: Symbolische Koordinaten

Das indianische Modell des Medizinrads eignet sich übrigens auch, will man seine momentane ganz persönliche Position im Leben bestimmen: Welche Himmelsrichtung ist jetzt wohl wichtig und richtig für mich?

Der äußere Ring. Wir können die Koordinaten, nach welchen die Gruppenmitglieder ihre Positionen einnehmen, durch einen auf dem Boden ausgelegten äußeren Ring darstellen, der die Gruppe umfasst. Auf ihm lassen sich beliebige Bedeutungen markieren. Wir brauchen uns dabei nicht auf die indianischen Symbole zu beschränken. Beispielsweise können wir das Träumen, das Denken, das Handeln oder all die Anliegen und Interessen, die im Team eine Rolle spielen mögen, Punkten auf dem Ring zuordnen.

Unser äußerer Ring, der nun ein Koordinatensystem darstellt, kann von jedem Gruppenmitglied zugleich als Beobachtungsort oder Beobachtungsrundgang genutzt werden. Von hier aus lassen sich unterschiedliche Blicke auf die innere Konstellation und die eigene Position darin werfen. Die Beteiligten betrachten die Gruppenkonstellation vom Ring aus nicht nur aus der Position eines neutralen Beobachters, denn die verschiedenen Positionen auf dem Ring stehen zugleich für unterschiedliche Arten der Wahrnehmung. Im indianischen Modell würde das heißen, dass man die Gruppe je nach Himmelsrichtung mal aus den Augen und mit dem Herzen des Büffels, des Kojoten, des Adlers oder des Bären betrachtet. Jede Sichtweise ermöglicht andere Erkenntnisse, Ideen und Ressourcen. (Bild 18b)

Bild 18b: Symbolische Koordinaten – der äußere Ring

297

Der Lebensweg von Gruppen

Vergangene Erfahrungen verändern. Die Gruppenmitglieder können die Entwicklung ihrer Konstellationen in unterschiedlichen Phasen darstellen: Zum einen kann es sich um die (nicht immer zufriedenstellende) Gegenwart handeln, zum anderen um eine Wunschvorstellung oder einen Zukunftsentwurf. Auch vergangene Gruppenerfahrungen können gezeigt werden. Eventuell werden hintereinander liegend drei Kreise ausgelegt, d.h. je einer für die Vergangenheit, die Gegenwart und die Zukunft. Im ersten kann eine schwierige frühere Situation nachgestellt werden, die von der Gruppe zwar überwunden aber noch nicht verarbeitet wurde. Vielleicht geht es um eine Zeit in der sehr autoritäre Strukturen herrschten. Zunächst stellen die Beteiligten die damaligen Positionen, Rollen und Beziehungen im Kreis dar. Wenn Personen eine Rolle spielten, die jetzt nicht anwesend sind, werden sie durch Rollenspieler oder Stellvertreter ersetzt, so dass die Konstellation durch alle damals relevanten Personen abgebildet wird.

Die Darsteller begeben sich nun nacheinander aus dem Kreis heraus, wobei sie ihre dortige Position durch einen Zettel auf dem Boden markieren. Sie betrachten die damalige Konstellation aus verschiedenen Positionen dieses Beobachtungskreises. Wo eine Positionen im Beobachtungskreis mit einer bestimmten Qualität, wie der eines indianischen Tieres, verknüpft sind, kann der Beobachter die Gruppe unter Einbeziehung dieser Qualität wahrnehmen, im Osten beispielsweise mit den Augen eines Adlers schauen. Aus dem Beobachtungs-Kreis heraus fragen sich die Gruppenmitglieder, welche Ressourcen sie selbst oder andere Beteiligte damals wohl benötigt hätten, was gesagt oder getan werden sollte. Sie machen sich diese Ressourcen innerlich zugänglich – auch hier kann die Position auf dem Beobachtungs-Kreis helfen –, schreiben jede einzeln auf Zettel und legen diese an die richtige Stelle im Vergangenheits-Kreis. Anschließend begeben sich die Beteiligten auf ihre bisherigen Positionen im inneren Kreis der Vergangenheit zurück – hier finden sie die Zettel mit den Ressourcen vor, die zuvor hineingegeben wurden, stellen sich diese vor und machen sie sich in ihrer jeweiligen Position zugänglich. Nach den Erkenntnissen von außen und dem Kontakt mit den damals fehlenden Ressourcen fällt es ihnen nun leicht, Schritte zur Veränderung einzuleiten, sich anders als bisher auszudrücken, besser zu verstehen oder die eigene Position zu verändern. Das System gerät in Bewegung und findet ein neues Gleichgewicht. Diese Erfahrung wirkt sich natürlich auch positiv auf die Gegenwartskonstellation aus und öffnet neue Möglichkeiten für die Zukunft.

Aktuelle Erfahrungen verändern. Wenn die gegenwärtige Situation der Ausgangspunkt und das Problem ist, kann die Gruppe dies in gleicher Weise verarbeiten, wie wir es in Bezug auf die Vergangenheit beschrieben haben: Die Konstellation im Innenkreis darstellen, das Ganze aus dem äußeren Kreis heraus wahrnehmen, Zugang finden zu Ressourcen für sich selbst und andere, die Ressourcen in den Kreis (per Zettel), im Kreis in jeder Position Ressourcen aufnehmen und Impulse zur Veränderung umsetzen. Eine oft hilfreiche symbolische Art, von außen Ressourcen zu geben, besteht darin, die Gruppe in Licht gehüllt zu visualisieren oder das Bild einer großen, leuchtenden Lotusblüte in die Mitte der Gruppe zu visualisieren. Eine andere einfache, doch sehr wirksame Form besteht darin, dass aus dem Außenkreis heraus jeder Beteiligte eine Idealvorstellung für eine zukünftige Konstellation entwickelt und den eigenen Platz sowie die eigene Rolle darin beschreibt. Wenn die genannten Vorstellungen kompatibel sind, müssen die neuen Positionen und Rollen im Innenkreis nur noch eingenommen und so erlebbar gemacht werden, wenn nicht, bedarf es neuer Entwürfe oder Veränderungen – so lange, bis jeder die richtige Position gefunden hat. Es kann auch durchaus sinnvoll sein, die Gruppe zu verlassen. Wenn dies der richtige Weg ist, geht es allen Beteiligten dabei besser.

Anregungen für Entwicklungsarbeiter

Auf vielen Wegen können wir ein Team in seiner Entwicklung unterstützen. Zum Abschluss dieses Kapitels geben wir Ihnen einige Anregungen, die Ihnen als Prozessbegleiter angesichts unterschiedlicher Herausforderungen nützlich sein mögen:

- Wenn Veränderung ein Thema ist, wird sie nur dann die nötige Antriebsenergie erhalten, wenn sie sich lohnt, d.h., wenn die Vorteile des gegenwärtigen Zustandes jene der Veränderung nicht übersteigen. Das will zuerst deutlich gemacht werden.
- Probleme und Schwierigkeiten jeder Art wollen erst einmal zustande gebracht werden und stellen insofern eine beachtliche Leistung der beteiligten Menschen dar. Diese will gewürdigt sein und die vorhandenen Fähigkeiten können Schlüssel für Lösungen sein, wenn eben diese Energie genutzt wird.
- Nehmen Sie wahr, was ins Gleichgewicht kommen will, und unterstützen Sie jene Kräfte, die dies bewirken. Betrachten Sie auch die historische und die zukünftige Entwicklung des Systems, um die Dynamik des Systems zu erfassen. Wie bei einer Schaukel kann es wichtig sein, dass das Pendel sich in bestimmten Entwicklungsphasen auf einer Seite befindet.
- Erkennen Sie das größere System und den Zeitgeist, innerhalb derer Ihr System seine Position einnimmt und sein Profil ausprägt. Ein autarkes System muss über alle lebensnotwendigen Anteile selbst verfügen, ein System, das im Austausch steht, kann sich spezialisieren und Einseitigkeit aufweisen. Die Balance entsteht durch die Ergänzung im größeren System.
- Klären Sie die Positionen und den Rang der Beteiligten zueinander. Schaffen Sie bei Bedarf Möglichkeiten für eine neue Positionierung und Wertschätzung, so dass alle einen angemessenen Platz im System finden.

299

- Klären Sie die Absichten und Positionen der Beteiligten in Bezug auf die Ziele, Aufgaben, Werte und Regeln der Gruppe. Fördern Sie Anpassungen in den Bereichen, die von der Gruppe nicht mehr getragen werden im Sinne einer tiefen Demokratie.
- Ermöglichen Sie den Einzelnen, sich auszudrücken und verstanden zu werden. Fördern Sie den Austausch auf verschiedenen Erfahrungsebenen; das Geben und Nehmen, die Achtung und die erforderliche Nähe und Distanz. Überprüfen Sie die Verständigung und verbessern Sie diese, indem Sie Möglichkeiten schaffen, einander besser kennen zu lernen. Eine davon ist das Wechseln von Wahrnehmungspositionen.
- Finden Sie Wege, Einzelne zu fördern, welche ihrerseits das System fördern können. Bieten Sie Einzelarbeit an und lösen Einschränkungen von Mitgliedern, die auf ihrer persönlichen Geschichte beruhen.
- Veränderung ist innerlich möglich, aber auch äußerlich. Seine momentane Situation kann ein Mensch gelassen erleben, wenn er sie aus einer neuen Sichtweise und mit anderen Assoziation wahrnimmt. Er kann aber auch aktiv werden, handeln, in seiner Umwelt jene Schritte einleiten, die zur Veränderung der Situation führen. Mal ist die innere Veränderung nur ein „mehr desgleichen", mal die äußere. Gut, wenn sich die beiden wechselseitig ergänzen.
- Bringen Sie ein erstarrtes System in Unordnung, bieten Sie einem chaotischen System Struktur.
- Welche Erklärungsmodelle Sie auch nutzen mögen, stellen Sie sich von Zeit zu Zeit vor, dass im Grunde alles ganz anders ist. Wenn etwas funktioniert, führen Sie es fort, wenn nicht, gehen Sie einen anderen Weg.

5. Das innere Team

Anteile der Persönlichkeit

Um mit lebenden Systemen zu arbeiten, brauchen wir uns nicht auf Gruppen von Menschen zu beschränken. Wir können beim Einzelnen beginnen – bei unserem Klienten oder bei uns selbst. Stellen wir uns vor, dass jeder von uns als eine Gemeinschaft von innerlich wirkenden Anteilen aufgefasst werden kann, seien es Zellen, Organe, Nervenzentren oder Persönlichkeitsanteile. Wie sonst könnten wir uns auch unsere Fähigkeit erklären, sich unserer selbst bewusst zu werden, wenn da nicht verschiedene Instanzen wären, die einander wahrnähmen? Die neuere Hirnforschung unterstützt das sog. „Multimind-Modell", welches besagt, dass in uns unterschiedliche Teilpersönlichkeiten zusammenwirken. Unsere Entwicklung, unsere Gesundheit, unser Erfolg, unser Lebensgefühl und unsere

Ausstrahlung hängen davon ab, dass unsere Teile gute Teamarbeit leisten. Jeder Anteil wünscht sich eine angemessene Position in unserer inneren Landschaft, einen guten Austausch mit den anderen Teilen und eine ressourcevolle Entwicklung, um seine spezielle gute Absicht und seine Funktion für uns immer besser erfüllen zu können. Wir können entweder ganz individuell herausarbeiten, welche Persönlichkeitsanteile ein Lernender uns präsentiert, oder das Zusammenspiel jener Teile untersuchen, die uns aus mehr oder weniger übertragbaren Modellen bekannt sind. Welche könnten das sein? Vertraut sind uns die Organe und Gewebe des Körpers, aber auch die Psyche setzt sich nach gängiger Meinung aus verschiedenen Teilen zusammen. Unterschiedliche therapeutische Schulen und Philosophien haben verschiedene Teile-Strukturen beschrieben:

- die *Psychoanalyse* das Ich, das Über-Ich, das Es; später die Archetypen des C. G. Jung;
- die *Transaktionsanalyse* das kritische oder nährende Eltern-Ich, das Erwachsenen-Ich, das freie oder abhängige Kind-Ich;
- das *NLP* die frei bestimmbaren inneren Teile mit ihren guten Absichten, die Erfahrungsebenen (Verhalten, Fähigkeiten, Werte, Überzeugungen, Identität, Zugehörigkeit, Spiritualität), die Persönlichkeitsanteile nach Walt Disney (Träumer, Denker und Handelnder) und mehr
- die *Familientherapie Virginia Satirs* den Ankläger, den Beschwichtiger, den Verwirrer und den Rationalisierer;
- der *antike Polytheismus* seine Götter und Kräfte, die noch heute in der Astrologie durch Planeten symbolisiert sind (wie Mars, Jupiter, Venus, Saturn, Mond und Sonne...);
- die *chinesischen Medizin* ihre Fünf Elemente (Feuer, Erde, Wasser, Holz, Metall) und die Qualitäten der 12 Organmeridiane;
- das *Enneagramm* seine neun Persönlichkeitstypen;
- die *Welt der Mythen* das innere Kind, die innere Frau, den inneren Mann, den inneren Vater, die innere Mutter, den inneren Krieger, das höhere Selbst, den Schutzengel;
- die *Huna-Lehre* das höhere Selbst, das mittlere Selbst, das niedere Selbst;
- die *christliche Mystik* Körper, Seele und Geist;
- die *Physiologie* alles, was biologisch, chemisch oder elektrisch eigene Funktionen erfüllt.

Diese Liste ließe sich noch weiter fortsetzten. Nicht alle Einteilungen bezogen sich ursprünglich auf Persönlichkeitsanteile, manche beschrieben einfach Menschentypen – doch interessanterweise zeigt sich, dass wir sie alle, nur in unterschiedlicher Ausprägung, in uns finden können. Offenbar kann jede Kategorisierung von Teilen bestimmte Aspekte des Lebens beschreiben, andere weniger. Natürlich gibt es Spezialisten für diese oder jene inneren Teile und sie bleiben ihrer

Spezialisierung gern treu. Wir brauchen uns aber keinesfalls an vorgegebene Teile zu halten. Es lohnt sich herauszufinden, welche Anteile für die Arbeit an der Thematik eines Lernenden relevant sind. In der Praxis sind das Teile, die im Widerspruch zueinander stehen, meist auch keinen Kontakt zueinander haben, vernachlässigt wurden oder sich gegenseitig dominieren. Bevor wir mit ihnen arbeiten, wollen wir aber noch mehr über das Wesen innerer Teile zu erfahren.

Wir können jeden Persönlichkeitsanteil als ein sich entwickelndes, inneres Wesen betrachten. Er verfügt über bestimmte Intentionen oder Absichten, über seinen ganz eigenen Stil, besondere Fähigkeiten, hat aber auch Defizite, Bedürfnisse, und natürlich eigene Werte und Überzeugungen. Es scheint, als sorge jeder Teil für die Erfüllung eines wichtigen Wertes, wie Erfolg, Freude, Durchsetzung, Bewegung, Klarheit, Genuss, Lernen, Gerechtigkeit, Freiheit... Wir könnten unseren Teilen auch solche Namen geben. Ein innerer Teil verkörpert also oft eine lebendige Ressource für das Leben. Ein Team von Teilen ist komplett, wenn alle Grundformen von Ressourcen und Stilen vertreten sind.

Alte Religionen unterscheiden sich in ihrer Arbeit mit Teilen lediglich dadurch, dass sie den wesentlichen Werten des Lebens Götter zuordnen, mit denen der Mensch Kontakt aufnehmen kann, die ihm ihre ganz spezielle Energien geben, dafür aber Ehrung, Huldigung, vielleicht auch ein Ritual, Tanz, ein Opfer oder einen entsprechenden Lebenswandel verlangen. Ziel ist es, dass die Götter ihre Kraft im Lernenden entfalten, d.h., dass der Lernende die durch sie in vollkommener Art repräsentierten Persönlichkeitsanteile in sich selbst entwickelt. Ihm stehen also ideale und starke Rollenmodelle zur Verfügung. Gelebte polytheistische Religionen, wie die afrokaribische Santeria, sind eine gute Möglichkeit, in sich ein vollständiges und lebendiges Spektrum innerer Teile zu entwickeln. Kay Hoffman beschreibt dies in ihrem Buch (Hoffman, 1986). Leider ist die Vielfalt derartiger Rollenmodelle im christlichen Glauben vergleichsweise eingeschränkt, denn allzu vieles ist dort Sünde, was anderswo ein wichtiger Aspekt des Lebens ist. Für das, was dort fehlt, kann der moderne Mensch andere Rollenmodelle finden: Pop-Stars, Sportler, Schauspieler und alles, was die Medien daraus machen. Anders als die Götter, sorgen die modernen Rollenmodelle natürlich auch für mancherlei Enttäuschung.

Je erfahrener, kooperativer ein innerer Teil ist, je mehr Ressourcen ihm zur Verfügung stehen, desto besser wird es ihm gelingen, seine besondere Funktion im Dasein eines Lernenden zu verwirklichen. Vielleicht ist ein Anteil sehr unbeholfen und muss noch viel lernen, vielleicht fehlt ihm Anerkennung oder ein Stück Lebenserfahrung. Wir finden unreife, sogar destruktive Teile, welche die gleichen Werte vertreten, wie andere, die entwickelt und entfaltet erscheinen. Es gibt beispielsweise viele Wege, das Leben zu genießen: von heimlichen Suchtmitteln bis hin zu sinnlichem Glück erfüllter Liebe. Es gibt viele Wege, sich durchzusetzen: von wortstarkem Gebrüll des Anklägers bis hin zur anerkannten, kompetenten Autorität. Nicht nur wie, auch wann und wo im Leben ein Teil aktiv wird, hängt von seinen Potentialen und seinem Platz bzw. seiner Integration in das Gesamtsystem ab. Freude muss nicht nur abends im Fernsehgerät stattfinden, sondern kann den ganzen Tag wie eine Musik begleiten. Manche Anteile sind im Jugendalter aktiver, andere in reiferen Jahren. Wir verraten nicht, welche. Betrachten wir den jeweiligen Entwicklungsstand eines Teils, können wir vom „unentwickelten" und vom „entwickelten" Stadium sprechen. Wir können auch herausfinden, wie wir einen Teil sinnlich repräsentieren, wie er sich zeigt, ausdrückt oder bewegt.

Manche Teile haben ihre Entwicklung in Anlehnung an Rollenmodelle aus der Ursprungsfamilie vollzogen, haben Eigenschaften von anderen übernommen oder haben nie ein positives Vorbild kennen gelernt. Indem sich der Lernende dessen bewusst wird, kann er übernommene Qualitäten, die ihm nicht gut tun, an den Absender zurückgeben. Das gelingt nur, wenn an die Stelle des Alten nun etwas Eigenes, Neues tritt. Vielleicht ist dies schon längst innerlich herangewachsen, vielleicht braucht der Teil neue Lernmöglichkeiten, bessere Modelle und etwas Zeit, das ihm Eigene zu entwickeln.

Damit ein Teil in uns gedeihen kann, will er nicht nur Forderungen seines „Chefs" erfüllen, sondern auch etwas erhalten – etwas, das ihm Entwicklung ermöglicht, denn dann erst kann er geben, was er zu geben hat. Dies ist das moderne Äquivalent zur „Ehrung der Götter". Wird ein Teil unterdrückt oder isoliert, kann er zwar sehr stark werden, dies aber nicht unbedingt als wohlmeinender, kooperativer Partner des Ganzen. Wir würden ihn irgendwann als „böse" erleben und noch mehr unterdrücken. Wie gut ein Teil behandelt wird, hängt zum einen davon, wie gut die Kommunikation klappt, zum anderen davon, über welche Ressourcen die anderen Teile verfügen, welchen Entwicklungsstand sie erreicht haben. Das Bewusstsein können wir ebenfalls als Persönlichkeitsanteil deklarieren, jenen, der großen Einfluss auf die Entwicklungsmöglichkeiten der übrigen Teile hat, denn es kann erlauben, verbieten, Aufmerksamkeit schenken oder sie vorenthalten. Auf einer höheren, meist unbewussten Ebene können wir uns einen Teil vorstellen, der all die anderen integriert, zusammenhält und wie ein Dirigent zusammenspielen lässt. Die Qualität des Dirigenten ist von hoher Bedeutung für das Gelingen im Orchester. Der Dirigent entspricht dem höheren Selbst. Es gibt aber auch Musikgruppen ohne Dirigent, die tolle Musik hervorbringen. Ihr unsichtbarer Dirigent ist der Gruppengeist, der aus all denen besteht, die mitspielen.

Ein Schamane in Madagaskar, den ich, Bernd, kennenlernte, beschäftigte sich damit, seinen Klienten böse Geister auszutreiben. Natürlich stellte ich mich als Klient zur Verfügung, in der sicheren Annahme, über ausreichend böse Geister zu verfügen – zumal es ein Symptom im Körper gab, das darauf schließen ließ. Die Anwesenden fragten den Schamanen, wo denn die bösen Geister hingingen. Er antwortete: „Zu irgendjemand von euch." „Was?", fragten sie besorgt. „Klar, aber dann sind sie nicht mehr böse. Böse sind sie nur, wenn jemand sie nicht gut behandelt oder ihre Grenzen nicht beachtet. Die Geister, die Bernd ärgern, weil er sie nicht richtig behandelt, könnten euch sehr nutzen." Nach der Behandlung, in welcher der Schamane unter dem Einsatz von Trommeln, Tanz und vielen Worten mit meinen Geistern kommunizierte, fühlten sich alle Beteiligten sehr wohl. Nach seiner Weltanschauung hatte ich zu viele Geister und konnte ruhig ein paar abgeben: Eine Herde sollte nur so groß sein, dass man sie auch gut führen kann!

Wir beschäftigen uns hier natürlich nicht primär damit, „böse" Geister auszutreiben, sondern damit, sie zu „guten" werden zu lassen, indem wir sie fördern – und damit, wie diese Geister zusammenarbeiten. Lernende kommen zu uns, um auf diesem Wege innere Konflikte zu lösen oder wichtige Lebensbereiche erfüllter gestalten zu können.

Arbeit mit dem inneren Team

Alles, was man mit einem Team aus realen Personen tun kann, ist mit inneren Anteilen einer Persönlichkeit in ähnlicher Weise möglich. Wir können mit vorgegebenen Teilen arbeiten oder die relevanten Persönlichkeitsanteile bezüglich des Themas eines Lernenden individuell herausarbeiten. Dies geschieht beispielsweise im Gespräch über sein Thema, wobei wir auf alle Körpersignale, inneren Stimmen, Absichten und Aspekte der Erfahrung achten, die der Klient zum Ausdruck bringt. Häufig begegnen wir beispielsweise verbal oder nonverbal einem „Ja, aber...", einem „Und außerdem..." oder einem „Einerseits..., andererseits...". Damit haben wir also mindestens zwei Anteile gefunden. Später können wir bei Bedarf Anteile ergänzen, die noch fehlen, um eine Lösung zu finden.

Die typische Form der Arbeit mit inneren Teams besteht darin, die einzelnen Anteile im Raum darzustellen, sie zu externalisieren. Dies kann durch Bodenmarkierungen geschehen oder durch Stellvertreter, welche für diese Anteile stehen, aus ihnen lebende Gestalten werden lassen. Auch der Gesamtpersönlichkeit sollte ein Stellvertreter oder eine Bodenmarkierung zugewiesen werden. Im Falle von Bodenmarkierungen kann sich der Lernende in jede Position selbst hineinversetzen oder sie von außen imaginieren. Zu Beginn werden das bisherige Verhältnis der Teile untereinander, ihre Potentiale und Defizite deutlich. Die Stellvertreter können dabei durchaus aktiv werden und die bisherige Art der Kommunikation untereinander nachahmen. Der Begleiter unterstützt den Lernenden nun dabei, durch sinnvolle Prozessschritte die Beziehungen und den Austausch der Beteiligten so zu organisieren, dass ein optimales Zusammenspiel möglich wird. Es kann darum gehen, dass diese sich in ihren positiven Intentionen erkennen und würdigen, dass sie ihre Positionen zueinander verändern, dass sie Ressourcen von außen erhalten oder Ressourcen untereinander austauschen, vielleicht auch, dass sie Ereignisse, die in ihrer Vergangenheit liegen oder die Ausrichtung in ihrer gemeinsamen Zukunft klären. Nicht immer aber geht alles wie von selbst.

Es könnte so einfach sein: In einem guten Team ist schließlich jeder auch an dem Gedeihen des Ganzen interessiert und bereit, sein Bestes zu geben – denn er wird ja selbst etwas davon haben. Wozu sonst haben sich unsere Moleküle, Zellen, Gewebe, Nerven... in unserem Organismus zusammengefunden? In der Praxis allerdings sieht es nicht ganz so einfach aus. Machen wir uns einmal bewusst, welche Schwierigkeiten in unserem inneren System auftreten können und wie man sie lösen kann. Diese Muster begegnen uns übrigens auch in der Arbeit mit Teams und Gruppen.

Gegenseitige Behinderung. Was für einen Anteil eine Lösung ist, kann für den anderen ein erhebliches Problem sein oder mit der Zeit als Nebenwirkung zu einem solchen werden. Manche Ziele und Absichten werden nur von einem Teil der Persönlichkeit getragen, der andere hatte vielleicht gar keine Chance, sich einzubringen, und tut es später durch Sabotage.

Lösungswege: Alle Betroffenen einbeziehen und so lange verhandeln, bis alle einverstanden sind; Einwände ernst nehmen, sie zeigen sich oft als Gefühle, Worte oder Bilder; Wege und Ressourcen finden, die die guten Absichten jedes Anteils auf eine solche Art erfüllen, die auch den anderen gut tut. Manchmal gleichzeitig, manchmal nacheinander jeden Teil zu seinem Recht und seinen Ressourcen kommen lassen.

Funkstille. Die innere Kommunikation klappt nicht, Leitungen sind unterbrochen und ein Teil weiß vom anderen nichts oder nichts mehr. Manchmal dringt nur ein Aspekt unseres Lebens ins Bewusstsein, irgendwann später der andere, doch dann ist der erste nicht mehr präsent – Fachleute nennen das „sequentielle Inkongruenz".

Lösungswege: Alle Beteiligten rufen, versammeln, ansprechen, dolmetschen – Zeit geben, vermitteln, spielen; Positionen und Situationen wechseln; durch Vergangenheit, Gegenwart, Zukunft bewegen; körperliche Aktivitäten, die zugleich das ganze Hirn aktivieren, wie Jonglieren, Tanzen, Balancieren.

Überfürsorge. Ein Teil ist verletzt oder geschwächt u.a. Anteile tun alles, um ihn zu schützen, was durchaus anerkennenswert ist. Sie überfordern sich allerdings oft mit der Zeit selbst und ihr absoluter Schutz macht es dem kranken Teil schwerer, gesund zu werden, denn nichts wird an ihn herangelassen, oft schon gar nicht das Bewusstsein. Zum Üben kommt der Teil auch nicht. Teile, die sich schämen oder Angst vor etwas haben, werden auf ähnliche Weise versteckt.

Lösungswege: In einem geschützten Rahmen, wenn Vertrauen und Kompetenz gegenwärtig sind, behutsam die Verwundung freilegen, z.B. auf dem Lebensweg – dabei den erforderlichen Schutz sicherstellen, eventuell selbst Schutzfunktionen übernehmen, so dass die betreffenden Anteile des Lernenden loslassen können. Anschließend den geschwächten Teil mit dem versorgen, was er braucht, ihn stärken und üben lassen. Hierauf baut eine ganze körpertherapeutische Schule, das „Hakomi" auf. Übrigens: Viele Lernende wollen, dass die Begleiter ihnen beim Verstecken des Anteiles helfen.

Überforderung. Ein Teil macht alles, quält sich, trägt die Lasten anderer mit und verbraucht sehr viel Energie.

Lösungswege: Erkennen, wenn es über die Grenzen geht – Umverteilung, Pause, Wechsel; das abgeben, was die Sache anderer ist; die Position und Verantwortlichkeit klären. Wenn der Teil nicht aufhört, sorgt meist das Leben dafür: Es kommt zum Zusammenbruch.

Diktatur. Ein Teil beherrscht mit seinen Interessen alle anderen, die ihm zu dienen haben, es geht nur um seine Bedürfnisse, er verbraucht alle Energie des Systems; was die anderen wollen, zählt nicht. Eine Zeit lang kann natürlich jeder mal im Mittelpunkt stehen, aber immer?

Lösungswege: Man wird niemals genug von dem haben, was nicht wirklich befriedigt. Das Suchtmuster des herrschenden Anteils klären und ihm Wege zu wirklicher Befriedigung ermöglichen, die er vielleicht früher nicht gelernt hat, damit Anspannung und Loslassen zu einem Gleichgewicht finden. Zum Einstieg hilft bei Diktaturen manchmal natürlich auch eine Revolution, d.h. gewaltsame Entmachtung – dann geht es darum bessere Wege zu finden, um die tieferen Bedürfnisse aller zu befriedigen.

Feindschaft. Zwei Teile arbeiten gegeneinander, einer sieht sich vom anderen angegriffen und versucht, besser zu sein und den anderen zu schwächen. Der Kampf schwächt beide.

Lösungswege: Ehrlichkeit; alte Erfahrungen und neue Missverständnisse auflösen, die Bilder, die beide Anteile voneinander haben, klären; wechselseitiges Erkennen und Würdigen der tieferen guten Absichten: Neue Wege für jeden Teil finden, wie jeder zu seinem Glück kommen kann, wobei er dem anderen gleichzeitig gut tut (win-win-Haltung). Die klassische Technik heißt, wie erwähnt, Verhandlungs-reframing. Manchmal, wenn für alle Anteile zu wenig da ist, geht es darum, sie gemeinsam mit dem, was ihnen fehlt, zu versorgen, bis sie es gemeinsam schaffen.

Unterschiedlicher Entwicklungsstand. Es ist nicht ganz leicht, wenn ein Kind in einem Team von Erwachsenen eine verantwortliche Funktion ausfüllen soll: Die einen fühlen sich gebremst, das Kind hingegen überfordert. Und sie kommen nicht so recht voran, denn das schwächste Glied bestimmt die Leistungs-fähigkeit der Kette. Unsere inneren Anteile haben unterschiedliche Fähigkeiten, Bezugserfahrungen und Überzeugungen, die aus unterschiedlichen Phasen unseres Lebens kommen und so ein schwieriges Zusammenspiel haben.

Lösungswege: Erkennen, wer nicht mitkommt; die Positionen und Aufgaben der Anteile so gestalten, dass jene, die es brauchen, sich weiterentwickeln können. Eventuell Schutz, Unterstützung und Begleitung geben; das schwächste Glied stärken.

Was anderen gehört. Wie ist es, wenn Teile in uns ungeprüft Aufgaben, Gefühle, Gedanken übernommen haben, die gar nicht zu uns gehören, die – aus welcher guten Absicht auch immer – von anderen Menschen, vielleicht Familien-mitgliedern übernommen wurden? Und wie, wenn wir etwas, was unser Eigenes war, an andere abgegeben haben oder es uns einfach aus den Händen genommen wurde. Es ist manchmal nicht leicht festzustellen, was zu uns gehört und was nicht, was wir aufnehmen sollten und was uns überfordern würde. Zudem kann es als Anmaßung aufgefasst werden, anderen Lern- und Entwicklungsschritte abzunehmen oder aufzubürden.

Lösungswege: Was anderen gehört, zurückgeben, in allem Respekt: zurücknehmen, was das eigene ist.

Wer hilft unseren Teilen, solche Lösungen zu finden? Klar, es gibt Therapeuten, Coaches, Begleiter und jede Menge Methoden. Aber ist da nicht noch jemand? Innen? Erinnern wir uns an jene integrierende Instanz, die den Informationsaustausch, die Aktivitäten, das Zusammenwirken der Teile steuert, vielleicht das Selbst, das Wesen, die Seele. Vielleicht ist es auch der Teamgeist der inneren Mannschaft oder das morphogenetische Feld nach Rupert Sheldrake, was auf alle wirkt. Diese integrierende Instanz ist der wichtigste Helfer für innere *Teamsynergie*, sie vereinigt und vervielfacht die Intelligenz der Anteile auf einer neuen Ebene und sorgt dafür, dass das geschieht, was für das Ganze gut ist. Manchmal ist es nötig, diese Instanz zu suchen oder sie auch erst aufzubauen. In anderen Fällen tut es gut, sie zu rufen oder anzusprechen. Sie schenkt uns erlebte Weisheit, die nicht immer logisch, aber stets so lebensbezogen ist – weil viele Prozesse dazu beigetragen haben, nicht nur die reine Vernunft!

Wenn drei sich ergänzen

Betrachten wir einen Lernenden, der drei besondere Teile in sich fühlt und sie in ihrer Entwicklung und in ihrem Zusammenwirken fördern will: seinen Körper, seine Seele und seinen Geist. Natürlich könnte er auch andere Anteile zum Thema machen. So ein Dreierteam ist allerdings besonders interessant, weil die Komponenten des Lebens und der Entwicklung in vielen Religionen auf drei Urprinzipien beruhen, denken wir im Christentum an den Vater, den Sohn und den heiligen Geist oder im Hinduismus an Brahma, Vishnu und Shiva. Biologen kennen die drei Keimblätter des Lebens: Ektoderm, Entoderm und Mesoderm. Nicht zu vergessen die drei Grundfarben, aus der sich alle anderen mischen lassen: Gelb, Blau und Rot. Die Dreierkonstellation gilt in der Tat als die Basis der schöpferischen Entwicklung und Selbstorganisation. Es ist dabei nicht logisch berechenbar, wie sich ein solches System entwickeln und verhalten wird, denn es schafft aus sich heraus immer neue Möglichkeiten. Eine spezielle Schule der Mathematik, die *polykonturale Logik*, befasst sich mit dem Zusammenwirken unterschiedlicher Arten von Logik, die hier für die Anteile stehen. Jeder Anteil erlebt die Welt anders, hat auch eigene Werte und Intentionen. Indem die Anteile miteinander kommunizieren, gibt jeder in seiner Erfahrungswelt den anderen Anteilen einen Platz, entwickelt im Laufe der Zeit ein immer wieder korrigiertes Abbild davon, wie diese reagieren, welche Anliegen sie vertreten und was in ihnen vorgehen mag. Das ermöglicht es den Anteilen, sich zu verständigen und erfolgreich auszutauschen.

Sieben Gestaltungsmöglichkeiten. Was mag unser System aus Körper, Seele und Geist sich wünschen? Vielleicht wäre es – einfach gesprochen – schön, wenn diese drei Teammitglieder gern und gut miteinander auskämen und sich jedes von ihnen auf seine Art gesund entwickeln könnte. Um das zu erreichen, haben wir sieben Wahlmöglichkeiten anzubieten, von denen das System natürlich nicht alle braucht:

1. Ressourcen für den Körper;
2. Ressourcen für den Geist;
3. Ressourcen für die Seele;
4. Ressourcen für die Beziehung von Körper und Geist;
5. Ressourcen für die Beziehung von Körper und Seele;
6. Ressourcen für die Beziehung von Geist und Seele;
7. Ressourcen für das Zusammenspiel aller drei.

Drei Teilpersönlichkeiten erlauben uns also *sieben* grundsätzliche *Gestaltungsmöglichkeiten*. Wenn wir alle durchlaufen, kann das an sieben Schöpfungstagen geschehen, denn so ist schließlich die Welt entstanden. Da die innere Welt des Lernenden schon vorhanden ist, müssen wir sie nicht neu erschaffen, sondern können erforschen, wie es darin aussieht: Wie geht es jedem Anteil für sich? Wie geht es den drei möglichen Paaren miteinander? Wie geht es allen miteinander? – Auf diese Art erfahren wir, welche Schwachstellen das System hat und wo Veränderung ansetzten könnte. Wenn wir wissen, welche Ressourcen gebraucht werden, stellt sich die Frage, wie wir sie finden und weitergeben können: Gibt es sie innerhalb des Systems, d.h. durch Klärung der Beziehungen und Austausch zwischen den Anteilen? Werden sie von außen benötigt? Wer kann sie einbringen? Sollten andere Personen oder Gestalten hinzukommen? Werden die Ressourcen in der Vergangenheit benötigt?

Veränderungsmöglichkeiten. All das zeigt sich, wenn die Anteile in ihrer Ausgangskonstellation im Raum dargestellt werden und zu kommunizieren beginnen. Bald wird deutlich, wie es jedem von den dreien geht, was jeder will und wie er sich mit jedem versteht. Der Lernende kann dies erleben, indem er sich nacheinander in jede Position hineinversetzt. Es kann aber auch in einem Rollenspiel von Stellvertretern ausgedrückt werden. Der Begleiter oder Moderator kann nun mit jedem Anteil einzeln oder mit allen gemeinsam arbeiten, wie wir es weiter oben beschrieben haben. Zu dieser Arbeit gehört es, den Anteilen die Möglichkeit des Ausdrucks und der Interaktion zu geben und ihre Positionen zueinander im Raum immer wieder zu aktualisieren. Darüber hinaus stehen dem Begleiter und dem lernenden Team je nach aktueller Situation viele Veränderungsmöglichkeiten zur Verfügung, wovon wir einige Beispiele geben:

- Klappt die Kommunikation? Hat die empfangene Botschaft etwas mit der gesendeten zu tun? Das Wechseln von Wahrnehmungspositionen vertieft den

Kontakt und das Verständnis der Anteile untereinander, indem beispielsweise der Geist einmal das Leben aus der Position des Körpers kennen lernt, der Körper die Welt aus der Sicht der Seele erlebt usw.

- Wer braucht welche Ressourcen, wer im System hat diese und was braucht der Betreffende eventuell von wo, um sie geben zu können? Was muss von außen kommen? Sollen die Ressourcen in die Gegenwart oder in die Vergangenheit der Persönlichkeitsanteile fließen? Oft muss außerdem deren Lebensweg erforscht werden.

- Gibt es „Streithähne", die eine geführte Verhandlung brauchen? Gibt es alte, unverarbeitete Konflikte zwischen den Beteiligten? Welche Ressourcen fehlten damals?

- Hat ein Teil einschränkende Überzeugungen, die hinterfragt und verändert werden wollen? Braucht ein Teil neue Wahlmöglichkeiten, um gute Absichten zu erfüllen?

- Möglicherweise ist ein Persönlichkeitsanteil durch eine Person geprägt, die der Lernende in seiner Geschichte kannte, oft durch einen Familienangehörigen. Es mag sein, dass der Teil sehr Wertvolles von dieser Person erhalten hat. Vielleicht hat er aber eher Hinderliches übernommen – von Ungeschicklichkeiten bis zu einschränkenden Überzeugungen oder fremden Lebensaufgaben. Solches kann der Teil nun von innen nach außen bringen und dorthin zurücktragen, von wo er es übernommen hat. Wenn etwas Altes fort ist, muss etwas Neues an dessen Stelle treten – am besten etwas Eigenes – und vielleicht braucht dies auch Zeit oder Unterstützung, um wachsen zu können.

- Wie soll die Zukunft aussehen? Sind sich alle einig? Wer ist wofür zuständig? Wie unterstützen sich die Teile?

Eine Bereicherung anderer Art kann es sein, wenn jeder der drei, ob Körper, Geist oder Seele einmal die eigene Position verlässt und Moderator des Prozesses wird, weil jeder dabei seinen ganz speziellen Stil, eigene Ideen und Fähigkeiten einbringen kann. Am Ende stehen die Anteile vielleicht so zueinander, dass sich – verbände man sie – ein Dreieck ergeben würde... da ist jener Punkt in der Mitte des Dreiecks, der das Zusammenspiel aller drei verkörpert, die Gesamtpersönlichkeit, welche die jetzt versöhnten Anteile enthält und doch mehr ist als ihre Summe. Es ist eine Position, die nicht Vernunft, nicht Handlung, nicht Traum ist – und doch all dies in sich trägt. Hier wirken die Teile gleichzeitig miteinander, ein Orchester, das im Organismus spielt. Und was der Lernende aus diesem Spiel heraus erlebt, heißt *Intuition*.

Und was geschieht, wenn alle wichtigen Anteile unseres Organismus in Synergie zusammenwirken, miteinander spielen wie ein gutes Orchester?

- Wir erleben mehr Lebensfreude, Genuss, Vollständigkeit und Leistungsfähigkeit – das Gefühl, lebendig zu sein.

- Wir können mit einer Stimme sprechen, wissen, was wir wollen. Was wir sagen, hat Gewicht, denn der ganze Mensch steht dahinter.
- Wir können uns Ziele setzten und Ressourcen finden, die dem ganzen Menschen gut tun.
- Unsere Teamfähigkeit in der Umwelt wird größer, denn was innen gelingt, ist eine gute Grundlage für das Außen.

Kurz gesagt: Es lohnt sich!

Träumer, Denker und Handelnden versöhnen

Ziel: Wichtige Persönlichkeitsanteile in ihrer aktuellen Beziehung darstellen und durch Austausch und Interaktion versöhnen. (Bild 19)

Weil **Bernardo** zwar häufig geniale Ideen hat, sich aber immer wieder selbst ein Bein stellt, machen ihm vier Freunde ein seltenes Geburtstagsgeschenk: Sie spielen ihm drei seiner Persönlichkeitsanteile vor und er darf dabei sein. Vielmehr... er muss. Als erstes das Casting: Romy übernimmt die Rolle des Denkers, Charlie die des Träumers und Bruno die des Handelnden, weil's so am besten passt und weil es Bernardo so verfügen durfte. Wim hat die wenig beneidenswerte Aufgabe, das ganze zu moderieren. Mit anderen Worten: Unter seiner Regie soll der Film laufen, in dem sich die drei Persönlichkeitsanteile Bernardos für eine gemeinsame Vision oder wenigstens ein Ziel zusammenfinden. Sie sollen zusammenarbeiten, nicht gegeneinander. Als Thema wählt das Geburtstagskind die Organisation seiner Firma und dessen, was ins Privatleben davon hinüberschwappt. Sein Ziel ist es, künftig nur noch das zu tun, was ihm Spaß macht und was er am besten kann: in seinen Kern-Kompetenzen zu arbeiten.

Und los geht's! Mit unbändigem Elan hat Charlie eine Idee nach der anderen, Denkerin Romy denkt und kritisiert alle außer sich selbst, und Brunos Hände arbeiten wieselflink.

Bild 19: Träumer, Denker, Handelnder

Allein, was der eine tut, hat wenig mit dem gemein, was der andere denkt oder gar träumt – wie es eben die Mitarbeiter mancher schlecht geführten Firma praktizieren: Allein ich mache es richtig, die anderen stören nur. „Manager" Wim ist um seinen Job nicht zu beneiden, er beruft eine Konferenz ein, fragt alle, was sie mit ihrem blinden Aktionismus erreichen wollen, was ihre Ziele für Bernardos Firma sind. „Ich möchte nur noch träumen, und zwar in fernen Ländern vielleicht Bücher schreiben, oder ein völlig abgedrehtes Projekt durchziehen, pardon, visionieren." „Ich muss das jetzt fertig machen, hab keine Zeit", stöhnt Bruno. Und Romy denkt: „Wir müssen rational an die Sache herangehen." Und damit ist Wims Konferenz erst mal erledigt. Das Team ist jetzt völlig außer Rand und Band. Träumer Charlie denkt überhaupt nicht mehr an die Aufgabenstellung, Bruno tut nur, was er meint, gerade tun zu müssen, rückt irgendwelche Stühle gerade. Romy fühlt sich nicht ernst genommen.

„Was wäre, wenn dir eine sauber funktionierende Organisation ungehindertes Träumen ermöglichen würde?" Wims Idee gefällt Charlie. Er verspricht, sich unter dieser Bedingung noch einmal mit den anderen an einen Tisch zu setzen. Zum Denker: „Und wenn deine Gedanken umgesetzt würden und Erfolg hätten?" „Und du, Handelnder, bekämst endlich klare Anweisungen, könntest kluge Gedanken kraftvoll umsetzen, wie wär's damit?" Alle versprechen, bei einem Versuch mitzumachen, schließlich fühlen sie sich nicht besonders gut. Der tatkräftige Bruno ergreift das Wort. Er will nicht ständig von störenden Gedanken bei seiner Arbeit, die für ihn ohnehin die wichtigste ist, unterbrochen und hin- und hergescheucht werden: „Es ist kein Wunder, dass ich manchmal Magenschmerzen kriege." Am liebsten will er nur noch das tun, was er am besten kann und was ihm auch leicht fällt. Außerdem möchte Bruno von den anderen gelobt werden für seine Arbeit.

Der kritischen Romy gefällt das zwar erst gar nicht, aber schließlich engagiert sie sich doch. Sie hat Wims Gedanken verstanden, dass ein Dreieck keins mehr ist, wenn man eine Ecke wegnimmt; die beiden anderen wären dann überflüssig. Sie möchte gerne philosophieren oder wenigstens klare Strategien entwickeln, mit denen das übergeordnete System mit dem Namen „Bernardo" endlich zu Ruhe und Zufriedenheit gelangt. Das gehe aber nur, wenn Charlie bei seiner Träumerei auch mal daran denke, dass nicht alle seine Visionen und Geistesblitze in taugliche Denkkonzepte umzusetzen sind. Jedenfalls nicht alle gleichzeitig. Überhaupt gehe auch ihr die ganze Firma tierisch auf den Geist, Träumer Charlie könne doch eine geniale Unternehmensberatung ausfindig machen, die fast für umsonst arbeitet. Bruno würde es schon hinkriegen, sie zu engagieren. „Wenn ich dann meine Ruhe habe, helfe ich euch…, ist mir zwar zu doof, aber okay. Ihr stoßt morgen mit der Nase darauf. Aber denkt nicht wieder ‚nein', tut endlich mal, was ich euch sage!" Charlie will außerdem, dass sich die beiden anderen endlich auf seine Bilder einlassen und sie nicht nur als Träumereien abtun. Auch auf Körpergefühle solle künftig gehört werden. Das war das Stichwort für Wim. Der setzt jetzt Cordula ein, die bislang nur zugesehen hat. Cordula „spielt" Bernardos Körper und spürt sofort, dass die drei anderen Akteure selten auf ihre doch so klaren wie wahrhaftigen Signale achten. „Ohne mich seid ihr erst mal nichts." Die drei sollten gefälligst Gedanken und Handlungen darauf verwenden, Cordula wertvolle und wirklich schmackhafte Nahrung zu geben – und das in Maßen. Und mehr Zeit und Wellness auch. Ein schonenderer Umgang mit der Ressource „Körper" tut Not. Damit wolle sie ein starkes Werkzeug und weiterhin ein unbestechlicher Spiegel für Bernardos Psyche bleiben. Sonst aber denke sie über Zwangspausen nach.

Für den Rest des Tages gehen die fünf in eine wundervolle Saunalandschaft. Dort gibt es ein Restaurant, das frische Mahlzeiten und Säfte anbietet. Alle sind ziemlich still und mit dem Film beschäftigt, in dem sie mitgespielt haben. Jedem Einzelnen ist so, als habe er ein bisschen sich selbst gespielt und viel dazugelernt. Das nächste Mal wollen sie öfters mal die Rollen tauschen, damit Wim nicht wieder so erschöpft ist. Er weiß, dass mit diesen Teilen noch Arbeit zu leisten ist. Eventuell wird er ihre Geschichte auf dem Lebensweg Bernardos klären und herausfinden, wie stark sie in ihrer Entwicklung durch andere Personen oder schwierige Erfahrungen beeinflusst wurden.

So geht's: Die Persönlichkeitsanteile eines Lernenden werden von einer Gruppe von Stellvertretern in aktueller Interaktion dargestellt. Ein Moderator nutzt die ihm verfügbaren Interventionstechniken, um die Kommunikation zu verbessern, die gegenseitiger Wertschätzung zu erhöhen, gemeinsame Werte und Ziele zu etablieren und schließlich ein synergetisches Zusammenspiel der Teile zu erreichen. Zusätzliche Teile können hinzukommen. Wenn alle Beteiligten eigene neue Lernerfahrungen machen wollen, ist es offiziell erlaubt, dass die Darsteller der Teilpersönlichkeiten zunehmend ihre eigene Persönlichkeit in die dargestellten Rollen einzubringen. Der sich entwickelnde Prozess weicht dann nach einer Weile von dem des Teilegebers deutlich ab, lässt alle gemeinsam aber bisher unbekannte Gestaltungsmöglichkeiten erleben. Oft führt es außerdem zu wichtigen neuen Lernerfahrungen, wenn die Stellvertreter ihre Rollen während der Arbeit wechseln.

6. Prozesse in Großgruppen

Die Welt bewegt sich weiter, Zusammenarbeit wird wichtiger denn je. Unternehmen und Organisationen wollen und müssen sich verändern, strategisch, strukturell und sozial. Gerade in Zeiten, in denen situatives Reagieren und vorausschauendes Denken erforderlich ist, braucht es das Engagement, die Intelligenz und die Kraft der Gemeinschaft. „Innovationen, die erfolgreich sein sollen, müssen über informelle, sich selbst organisierende Netzwerke verbreitet werden", schreibt Peter Senge (Senge 1990). Die Stärkung der Gemeinschaft ist für ihn der Schlüssel, um Innovationen zu verbreiten und sie im Unternehmen zu halten. Er favorisiert neue Ansätze, die das gesamte Unternehmen oder die ganze Organisation in die

Planung und Realisierung von Veränderungen einbeziehen. Das kann sehr dynamische Entwicklungskräfte frei setzen, die den Veränderungsprozess beschleunigen oder sogar beflügeln.

Großgruppenprozesse sind von hohem Wert, weil nicht nur ein kleiner Kreis von Führungskräften über Visionen, Werte und Ziele befindet, sondern das ganze System oder ein großer Querschnitt des Systems daran beteiligt ist. Sie alle treffen sich zu diesem Zweck für ein paar Tage. Die Organisation oder das Unternehmen mobilisiert die Energien vieler, um neue Ziele und Programme zu erarbeiten und zu gestalten, viele, die zu einer Kraft werden und mit aller Energie diese Ziele verfolgen. Häufig sind auch die Vertreter anderer, im Austausch stehender Systeme, wie Kunden und Lieferanten dabei.

Die Einbeziehung aller Beteiligten in Planung und Umsetzung von Projekten nimmt Bezug auf unser kulturelles Erbe, auf Formen gemeinschaftlicher Lebens- und Zukunftsgestaltung, wie sie in Familien, Sippen, Dörfern und Volksgruppen, die wir zu unrecht als „unterentwickelt" bezeichnet haben, bis heute noch in vielen Teilen der Welt zu finden sind, von indianischen Stammesversammlungen oder dem afrikanischen „Palaver".

In Unternehmen führen herkömmliche Wege der Veränderung von oben, meistens dem Top-Management oder einer Projektgruppe, nach unten zum „Rest der Mannschaft". Was sich die Führung ausgedacht hat, versucht sie den Betroffenen in Form von Memos, Reden, Trainingsprogrammen oder Workshops zukommen zu lassen. Doch nur zu oft bleibt alles stecken und muss neu angeschoben werden. Der Grund: Nur ein kleiner Teil des Wissens und der Intelligenz der Systemmitglieder sind in die neuen Visionen, Werten, langfristigen Ziele und kurzfristigen Prioritäten eingeflossen.

Anders ist dies bei der Großgruppenarbeit: Alle oder viele sind in einem Raum, planen die Veränderung gemeinsam und leiten auf allen Ebenen der Organisation die Umsetzung in die Wege. Aus der Vielfalt der Möglichkeiten haben verschiedene Trainer, Berater und Institute sinnvolle Konferenzmethoden für Großgruppen entwickelt, von denen wir Ihnen drei näher vorstellen möchten:

- das *Open Space* (von Harrison Owen; Petersen 2000)
- die Zukunftskonferenz, *future search conference* (von Marvin Weisbord)
- der Repräsentanten-Prozess (eigenes Modell)

Für unterschiedliche Zielstellungen stehen weitere interessante Großgruppenprozesse zur Verfügung, erwähnen möchten wir die *real time strategic change conference* (RTSC-Konferenz) von Kathleen Dannemiller, Marjorie Parkers Visionskonferenzen und die *technology of participation* vom Institute of Cultural Affairs aus Chicago. Nicht nur Unternehmen, auch andere soziale Gruppen jeder Art (Vereine, Verbände, Interessengruppen und Kommunen) profitieren von dieser Arbeit. Von hoher Bedeutung ist das Potential derartiger Prozesse für die Gemeinschaftsbildung, wobei das von Scott Peck *community building* eine besondere Stellung einnimmt.

Großgruppenprozesse führen die Beteiligten eines Systems durch verschiedene Bereiche der Erfahrungswelt, seien es die Erfahrungsebenen von „Umgebung" bis „Zugehörigkeit", die Zeit von der Vergangenheit über die Gegenwart bis in die Zukunft oder das Erfahren neuer Wahrnehmungspositionen. Ressourcen werden durch positive Bezugserfahrungen, offenen Austausch, angemessene Positionierung und Würdigung jedes Einzelnen freigesetzt.

Open Space

Ihren Ursprung hat diese Methode in Afrika. Der Fotograf Harrison Owen beobachtete, wie die Menschen in den Dörfern immer wieder in kleinen Gruppen zusammenkamen und heftig diskutierten. Die Gruppen lösten sich bald wieder auf und es bildeten sich neue Gruppen. Auch diese Gruppen gingen irgendwann auseinander und das Palaver war zu Ende. Inspiration und Wertschätzung unter den Dorfbewohnern war zu spüren. In unserem Kulturkreis sind solche zwanglosen Gespräche eher unüblich, weshalb Harrison Owen einen Prozess entwickelte, den er *Open Space* nannte, um uns die Kraft und das integrierende Potential des Austauschs in Kleingruppen und seine Integration in die Großgruppe als Konferenzmethode nutzbar zu machen (Owen 1997). Bei *Open Space*-Veranstaltungen werden in der ersten Phase von den Moderatoren oder dem Veranstalter gerne Geschichten erzählt. Geschichten gelten als Träger von Ideen. Sie sollen Identifikation schaffen und Motivation freisetzen.

Open Space-Konferenzen bewegen sich um ein zentrales Thema, das für alle von strategischer Bedeutung ist. Dabei kreieren die Teilnehmer zunächst ihr eigenes Programm von parallel oder nacheinander ablaufenden Arbeitstreffen in Kleingruppen. Jeder, der will, kann zu einer solchen Kleingruppenarbeit unter einem speziellen Thema einladen, diese moderieren, betreuen und für die anderen dokumentieren.

Zuvor werden die Teilnehmer gebeten, wahrhaftig zu sein, und nur das zu tun, was für sie Herz und Bedeutung hat. Sie werden ermuntert, wahrhaftig zu sein, das zu sagen, was sie denken, ohne dabei zu tadeln oder zu urteilen. Die Moderation appelliert an sie, Verantwortung im ganzheitlichen Sinn zu übernehmen und sich nicht am Ziel zu orientieren, sondern am Weg. Bei dieser Veranstaltungsform gibt es nur wenige Regeln, wie diese:

- Wer immer kommt, ist die richtige Person.
- Was auch geschehen mag, es ist das Einzige, was geschehen kann.
- Wann immer es beginnt, es ist die richtige Zeit.
- Vorbei ist vorbei.

Während ein vollständiger Open Space-Prozess meist über drei Tage hinweg verläuft, illustrieren wir im Folgenden die gegenwärtig sehr populäre kürzere Variante.

Rita ist zum ersten Mal bei einem Open Space. Thema: Persönlichkeitsent-wicklung. Hundertzwanzig Menschen sind gekommen, um Eigenes einzubringen oder sich einfach von Gruppe zu Gruppe zu bewegen und dort zu verweilen, wo es interessant ist. Überrascht ist sie, wie gut die Organisation klappt, gibt es doch keine vorgegebene Tagesordnung. Die Anwesenden selbst bestimmen Themen, Arbeitsweise und Ablauf, sie moderieren, leiten, entscheiden, setzen Prioritäten, sorgen für die Inhalte und für Disziplin. Am Anfang ist die Großgruppe versammelt. Wer ein Thema hat, tritt in die Mitte des Kreises, schreibt es mit seinen Namen zusammen auf ein Blatt und nennt kurz sein Anliegen. Dann befestigt er das Blatt am Anschlagbrett – zusammen mit der Zeit und dem Ort, wo Interessierte sich zu einer Arbeitsgruppe einfinden können. Kommt zu seinem Thema schließlich eine Gruppe zustande, so leitet derjenige, der das Thema vorschlug die Arbeit ein und sorgt für Dokumentation, die, wie die der anderen Gruppen fortlaufend an einer Nachrichtenwand ausgehängt wird. Daraus entsteht die umfangreiche Tagungs-dokumentation, die alle vor Ende des Open Space erhalten. Mancher Vielredner und Alleswisser staunt, dass alle anderen in der Gruppe nach dem zuvor ver-kündeten „Gesetz der Füße" handeln, dass sie nämlich nur dorthin gehen, wo es ihnen fruchtbar erscheint und selbst bestimmen, wo und wie lange sie sich beteiligen. Sie gehen einfach wieder, wenn der Redeschwall zu massiv und damit uninteressant wird.

Rita glaubte anfangs, dass es ihr ausreichen würde, nur mal kurz in die Veranstaltung hereinzuschauen. Schnell merkt sie, dass das nicht geht. Denn um wirklich zu profitieren, muss man die ganze Zeit über mit der vollen Aufmerksamkeit dabei sein, erkennt sie. Sie entscheidet, sich völlig auf das zu konzentrieren, was im Hier und Jetzt passiert, wahrzunehmen, was sich auftut und anbietet. Sie spürt, dass das selbstbestimmte Arbeiten ihr und den anderen einen leichten Zugang zu den eigenen Ressourcen und denen der anderen eröffnet; die Ideen kommen nach einer Stunde so richtig ins Fließen. Es sind ganz unterschiedliche Ideen, Ansätze und Schritte, denn kein Gedanke ist von vornherein verboten, es sei denn, er verfehlt völlig das Thema. Gerhard etwa ist als einziger zu der von ihm initiierten Gruppe erschienen und versteht erst nicht, warum Psychoanalyse hier niemanden so recht zu interessieren scheint. Doch er nimmt es leicht. Andere Themen waren offenbar wichtiger, doch vielleicht nur, weil sich viele nicht über die Bedeutung seines Themas im Klaren sind. Er beschließt, zunächst allein an seinem Thema zu arbeiten. Schließlich gesellen sich doch noch andere Interessierte zu ihm. Das kennt er von anderen Veranstaltungen dieser Art. Auch kommt es immer wieder vor, dass manche Gruppen sehr schnell fertig sind. Die Mitglieder suchen dann ein neues Projekt, um daran zu arbeiten. Als Rita schließlich zu Gerhard kommt, diskutierten sie darüber, was die Themen der Zukunft sein werden.

Zukunftskonferenz

Die Zukunftskonferenz, eine Lebensweg-Arbeit für Großgruppen, ist ein in den USA, vor allem von Marvin Weisbord entwickelter Dialog- und Gestaltungsprozess, der das Modell der Lernenden Organisation aus der Theorie in die praktische Umsetzung führt (Weisbord, Janoff 2000). Sie hat sich im englischsprachigen Raum unter dem Namen *future search conference* seit mehr als zehn Jahren gut verbreitet und gewinnt auch im deutschsprachigen Raum an Bedeutung. Der gemeinsame Nenner aller Zukunftskonferenzen ist der Wunsch, in Unternehmen, Körperschaften und Institutionen eine von allen Beteiligten getragene Plattform für künftige Projekte, Strategien und Zustände zu schaffen. Die Zukunftskonferenz ist ein demokratisches Instrument: Alle Meinungen und Wahrnehmungen sind gültig. Differenzen und Probleme werden zwar gewürdigt und deren Hintergründe erkundet, sie werden aber nicht verhandelt. Bei jedem Schritt gilt: Gemeinsamkeiten finden statt Konflikte diskutieren. Der Fokus richtet sich dabei ebenso auf die Vergangenheit wie auf die Vision, die man sich gemeinsam wünscht und ins Leben rufen will. Unter den dreißig bis zu zweiundsiebzig Teilnehmenden können sich auch Vertreter kooperierender Gruppen, wie Kunden, Partner oder Auftraggeber befinden. Fast ausschließlich wird in Kleingruppen gearbeitet. Die Teilnehmenden sitzen zu Beginn an Tischen mit sieben oder acht Personen. Die Zukunftskonferenz ist eine Reise von der Vergangenheit in die Zukunft, die zwei bis drei Tage dauert und sich in fünf Phasen einteilen lässt:

Phase 1: Rückblick in die Vergangenheit. Die Vergangenheit des Systems und des Umfelds ist das Einstiegsthema. Dabei geht es nicht nur um die Organisation, sondern auch um die persönliche Vergangenheit der Teilnehmer sowie die Geschichte der Gesellschaft. Die Teilnehmer stehen abwechselnd von ihren Plätzen auf und erzählen von Höhepunkten, Meilensteinen und wichtigen Entwicklungen, die sie in Zeitlinien eintragen, die an zusammengeklebten Flipcharts dargestellt sind. Ein solcher Start hat befreiende und motivierende Wirkung. Auf langen Papierstreifen entfaltet sich die Historie als lebendiges Mosaik. Die Gruppen interpretieren die gesammelten Informationen und präsentieren ihre Arbeit dem Plenum, das die Bedeutung des Ganzen für die Zukunft reflektiert. Der Rückblick in die Vergangenheit baut Gemeinschaftsgefühl auf, denn die Teilnehmenden haben gemeinsam Erfolg und Misserfolg, Optimismus und Niedergeschlagenheit durchlebt. Ihnen wird wieder bewusst, dass sie bereits in einem Boot sitzen und weiterhin sitzen werden. Dieser weit gefasste Einstieg in die Konferenzthematik schafft die emotionale Basis für einen konstruktiven Dialog, wenn sich in den nachfolgenden Phasen der „Trichter" hin zu spezifischeren und schwierigeren Themen verengt.

Phase 2: Gegenwart, Stolz und Bedauern. Das Plenum identifiziert die heutige Realität im Umfeld und innerhalb der Organisation, inklusive Trends, gesellschaftliche Bedingungen, Partner, Technologie, Markt etc. in einem

Brainstorming und gestaltet ggf. eine große bildliche Darstellung, ein *Mindmap* von den Kräften, welche die Zukunft des Unternehmens oder der Organisation beeinflussen. Kunden und externe Partner bringen oft wichtige Perspektiven ein, und für viele ergibt sich zum ersten Mal ein komplettes Bild der Situation. Schließlich gewichten die Teilnehmenden die Trends, um sie in neuen Kleingruppen auf ihre Konsequenzen hin zu analysieren: „Was haben wir bis heute getan und was müssen wir künftig tun, um für diese Entwicklungen gerüstet zu sein?" Bei der Bearbeitung solcher Fragen wandelt sich Nachdenklichkeit in Energie, die umsetzen will. Anschließend steht das Innenleben der Organisation auf dem Programm: „Worauf sind wir stolz und was bedauern wir an der heutigen Situation – insbesondere an unserem eigenen Beitrag dazu?" heißt die Frage für alle Tische. Diese sind in dieser Phase getrennt nach Aufgabenbereichen im Unternehmen oder Interessengruppen besetzt. Wieder sammeln die Gruppen Wahrnehmungen, die sie interpretieren und im Plenum präsentieren. Die Frage nach Stolz und Bedauern macht gemeinsame Werte bewusst, erleichtert den Wechsel von Wahrnehmungspositionen und entwickelt Verständnis. Es wird deutlich, was zukunftsfähig ist und was nicht.

Phase 3: Die Zukunft entwerfen. Die Zeit ist reif für den Entwurf einer Vision, welche die Menschen in ihrer Ganzheit, mit ihrer Phantasie, ihren Intuitionen, ihren Werten und Gefühlen einbezieht. Nicht profane Statements sind gefragt, sondern die gewünschte Zukunft des Unternehmens will mit kreativen Mitteln anschaulich und lebendig dargestellt werden. Die wieder bunt gemischten Gruppen erhalten die Aufgabe, sich von der „Realität" nicht einengen zu lassen und ein phantasievolles und innovatives Bild der Zukunft für die Zeit in fünf bis fünfzehn Jahren zu entwerfen. Dabei geht es noch nicht um konkrete Lösungen und Strategien, sondern lediglich um den Entwurf eines Idealzustandes für das ganze System. Bei der Präsentation stellen die Gruppen ihre Collagen, Sketche, Modelle, Zeitungsartikel, Reden, Firmenzeitungen oder Verse vor. Die Zukunft wird auf diese Weise lebendig. Nach den Präsentationen werden die Gemeinsamkeiten im Plenum herausgearbeitet. Die ganze Teilnehmerschaft findet sich so in ihren gemeinsamen Zielen, Wünschen, Hoffnungen und Idealen wieder und prägt den Willen, diese Zukunft in dieser Gruppe zu erschaffen.

Phase 4: Gemeinsame Ziele herausarbeiten. Die Visionen der Kleingruppen erweisen sich zumeist als kompatibel. Dennoch müssen die Teilnehmenden herausarbeiten, in welchen konkreten Zielen sie sich einig sind, zuerst für sich, dann zusammen mit einer weiteren Gruppe, schließlich im Plenum. Sind Ziele strittig oder nicht für alle stimmig zu formulieren, werden sie zugunsten der Ökonomie des Prozesses aussortiert und erscheinen auf einer Wand mit der Überschrift „ungelöste Differenzen". Es bleibt ein Fundus gemeinsamer Ziele, der große Möglichkeiten für gemeinsames Handeln bietet, und die Teilnehmenden erleben, wo das System steht.

Phase 5: Maßnahmen planen. Die gemeinsame Basis für konkrete Maßnahmen ist geschaffen. Die Gruppen der Freiwilligen scharen sich um die „Energieträger" einzelner Ziele, um zusammen den Weg dieses Ziels in die Zukunft zu skizzieren. Sie präsentieren ihre Ergebnisse im Plenum und demonstrieren dadurch ihre Verantwortung für die konkreten Strategien. Die Gruppen können Termine vereinbaren, um weiter daran zu arbeiten. Konkrete erste Schritte werden getan, und der folgerichtige Zuwachs an Energie bleibt selten auf die Teilnehmenden beschränkt, sondern überträgt sich auf Kollegen, Partner oder Kunden.

Eine besondere Stärke der Zukunftskonferenz liegt darin, dass sie selbst Gruppen, die ein gemeinsames Thema, aber unterschiedliche Interessen haben, unter dem Dach gemeinsamer Ziele verbinden kann. Sie findet in Unternehmen vor allem Anwendung bei

- Planung und Umsetzung strategischer Schwerpunktziele und Visionen;
- Entwicklung von Visionen und Umsetzung genereller Themen wie Kundenzufriedenheit, Qualität, Technologie, Qualitätssicherung;
- Wiederbelebung „eingeschlafener" Projekte, die nicht so recht vorankommen;
- Optimierung von Prozessen, Fusionsintegration.

Zukunftskonferenzen benötigen aufmerksame Vorarbeit, damit sie erfolgreich verlaufen und unerwartet neue Dimensionen erschließen. Auf der sachlichen Ebene ermöglichen sie es, konkrete Ziele und Maßnahmen, oft auch innovative Durchbrüche zu generieren. Ideell fördern sie die Energie und Kultur der Organisation und die Herausbildung gemeinsamer Werte. Ressorts und Abteilungen bauen Vorurteile ab und entwickeln Verständnis füreinander. Manche Ängste werden durch Elan ersetzt oder lösen sich im Gefühl auf, eine große Gemeinschaft zu sein, die eine wertvolle Vision verwirklicht. Zukunftskonferenzen sind zugleich Arbeit und Ritual, ein Gipfelerlebnis, das den Geist der Organisation formt.

Freilich stellt sich die Frage, ob die Wirkungen nachhaltig sind oder ob der Energieschub schnell wieder abnimmt. Dies mag davon bestimmt sein, ob Geist und Stil dieser Arbeit in der Organisation oder in dem Unternehmen Wurzeln schlagen können, dessen Kultur das Prinzip des Dialogs, der Beteiligung und der Wertschätzung aller Beteiligen zu ihrem eigenen macht. Die Erfahrung zeigt, dass nach einer Zukunftskonferenz in jedem Falle mehr realisiert wird wie bei den meisten herkömmlichen Methoden von Planung und Veränderung, besonders wenn das Plenum nach sechs bis zwölf Monaten für einen halben Tag erneut zusammentrifft. Jede Gruppe berichtet um von ihren Aktivitäten und plant weitere Schritte.

Zukunftskonferenzen nutzen die Fähigkeiten aller Beteiligten, um das ganze System (einschließlich Vergangenheit, Außenwelt und Beteiligten, Fakten, Wahrnehmungen und Werten) zu analysieren und darauf aufbauend Visionen und Ziele zu entwerfen, die das System mit neuer Energie versorgen. So gesehen sind Zukunftskonferenzen ein Schlüsselwerkzeug ganzheitlichen Führens.

Der Repräsentanten-Prozess

Als letztes Muster zur Arbeit mit Großgruppen stellen wir Ihnen in spielerischer Form ein eigenes Modell zur Konfliktlösung vor, in welchem die Repräsentanten der Konfliktparteien zu Initiatoren der Veränderung werden, welche dann von der ganzen Gruppe fortgesetzt werden kann. Zu unseren Visionen, die wir mir Arnold Mindell teilen, gehört es, irgendwann einmal die Medien dazu nutzen zu können, verfeindete Bevölkerungsgruppen, vielleicht sogar Nationen oder Kulturen, einander durch neue Formen des Austausch ihrer Repräsentanten näher bringen zu können. Was Talkshows derzeit leisten, reicht dafür sicher nicht.

Ziel: Teamkonflikte durch die Arbeit mit Repräsentanten in einer für alle befriedigenden Form lösen.

Im Bundesverband ist man uneins, was mit dem alten Vereinsheim geschehen soll. Nur in einem sind sich alle einig: so, wie es ist, ist es nicht mehr tragbar. Eine Gruppe vorwiegend älterer Mitglieder ist dafür, das alte zu renovieren, die zweite Fraktion möchte es abreißen und an derselben Stelle ein neues bauen. Eine kleinere Gruppe würde zu diesem Zweck am liebsten vor den Toren der Stadt ein Grundstück kaufen. Eine vierte Meinung ist, man solle sich in einem öffentlichen Gebäude einmieten. Was die Kommunikation darüber angeht, sind die Positionen recht verhärtet: In Gruppen und Gremien findet primär Schlagabtausch anstelle von Dialog statt. Im Vorstand sind die ersten drei Meinungen in etwa paritätisch vertreten und auch in punkto Kommunikation spiegelt das Gremium die verhärteten Fronten im Verein wider. Heute trifft man sich, um einen weiteren Versuch der Einigung zu unternehmen. Dazu hat der Geschäftsführer Unternehmenscoach Ulla Schygulla engagiert. Sie übernimmt die Moderation und regt einen Prozess an, der helfen soll, die verhärteten Fronten aufzuweichen, die Ressentiments herauszunehmen, um damit den Boden für mehr Offenheit und kreative Lösungen zu bereiten. Damit alle Meinungen vertreten sind, hat der Vorstand einige Vertreter der vierten Position, die sich in ein öffentliches Gebäude einmieten will, eingeladen.

Zunächst werden im Raum drei Bereiche abgegrenzt: der Innenkreis, sozusagen die Arena, und der Außenkreis oder Zuschauerrang. Zudem gibt es einen „Medienplatz", von dem aus sowohl die Akteure als auch die Zuschauer beobachtet werden können. An diesen Ort der kritischen Neutralität sendet jede Gruppe einen Vertreter, der von hier aus den Prozess aufmerksam verfolgt und dokumentiert. Des Weiteren wählen die vier Lager je einen Repräsentanten, der im Innenkreis mit den anderen in einen Meinungsaustausch tritt. Schygullas Regeln der respektvollen Kommunikation (besonders „ausreden lassen" und „Sachlichkeit") haben alle akzeptiert. Im Außenkreis sitzen die verbleibenden „Zuschauer", die keineswegs passiv sind, sondern Partei für ihren Vertreter ergreifen dürfen und sollen. Außerhalb von allem thront Salomon, der Weise, der das ganze Spiel von einer Position der Weisheit aus betrachtet und das Recht hat, Mitglieder zu ermahnen, wenn sie sich nicht an die vereinbarten Regeln halten. Er personifiziert

319

für alle Synthese und Einsicht und wird von einem Mitglied verkörpert, das seit langer Zeit dem System angehört und dafür bekannt ist, dass es eine überparteiliche Rolle einnimmt.

In der Mitte diskutieren nun eifrig die Repräsentanten. Wenn die Standpunkte klar, die Argumente ausgetauscht sind, kommt der entscheidende Schritt: Die Repräsentanten werden gebeten, sich reihum jeweils auf den Platz ihres linken Nachbarn zu setzen und dessen Wahrnehmungsposition einzunehmen; sie vertreten also, nachdem sie die Stühle gewechselt haben, die Meinung einer anderen Gruppe. Die Zuschauer im Außenkreis wechseln mit, so gut es ihnen gelingt, denn ihre Aufgabe besteht darin, sich mit der Person des Stellvertreters zu identifizieren, auch wenn dieser nun experimentell eine andere Meinung vertritt. So lernt jeder die Position und die Argumente einer anderen Seiten kennen, setzt sich sogar dafür ein. Der Wechsel der Stühle und Positionen wird nach einer Weile fortgesetzt, bis jeder Stellvertreter wieder seinen Ausgangsplatz erreicht hat. Die Prozessbeobachter am „Medienplatz" achten darauf, was an neuen Gedanken auftaucht, während sich die Repräsentanten im Innenkreis nacheinander alle Standpunkte zueigen machen, um sie vertreten zu können. Sie befragen die „Zuschauer" anschließend nach ihren neugewonnenen Eindrücken und sammeln ihre Rechercheergebnisse an der Pinwand, geordnet nach Standpunkten. Aussagen, die zwei, drei oder vier Standpunkte vereinen oder alle vereinen, hängen an einem besonderen Platz. Dort finden sich auch die Gedanken Salomons, der frei seiner Inspiration folgen darf. Er trägt möglicherweise Informationen bei, die bislang nicht berücksichtigt wurden. Dann mischen sich die Anhänger der vier ursprünglichen Positionen in Kleingruppen, um mögliche Lösungen auszuarbeiten, ohne dabei abweichende Meinungen zu unterdrücken. Am Ende stellt jede Gruppen ihre Ergebnisse und Vorschläge vor. Wahrscheinlich sind neue Aspekte hinzugekommen, vielleicht hat sich sogar eine Lösung gezeigt, die sehr viele Mitglieder mittragen können. Gegebenenfalls kann die Übung nach einer Pause wieder von vorne beginnen, diesmal eventuell mit Repräsentanten, die im Innenkreis unterschiedliche Ergebnisse aus den Arbeitsgruppen diskutieren.

So geht's: Einander widersprechende Parteien in einer Gruppe wählen Repräsentanten. Diese diskutieren im Innenkreis, während der verbleibenden Gruppenmitglieder im Außenkreis die Repräsentanten unterstützt. Die Repräsentanten tauschen die Wahrnehmungspositionen und diskutieren aus der Perspektive ihrer bisherigen Opponenten, werden dabei weiter von ihren bisherigen Anhängern unterstützt. Die Sachanliegen werden dabei von der Bindung an bestimmte Personen entkoppelt. Die Ergebnisse der neuen Erfahrungen werden dokumentiert und in gemischten Kleingruppen ausgewertet.

Teil IV
Zusammenschau und Ergänzung

1. Lösungen lauern überall

Was macht Veränderungsarbeit eigentlich wirksam? Es ist hilfreich, sich Wirkungsprinzipien bewusst zu machen, die hinter dem liegen, was wir tun. Und es lohnt sich, Wahlmöglichkeiten für das zu haben, was in einer Methode zu kurz kommt. Lösungen lauern überall! Diesen Titel stellte ich, Bernd, nicht nur dem VAK-Verlag für seine deutschsprachige Ausgabe von Joseph O´Connor´s Buch zur Verfügung, er gehört auch zu den Grunderfahrungen systemischer Veränderungsarbeit. Wir fassen hier eine Reihe von Prinzipien und Wegen zusammen, die sehr „lösungsträchtig" sind, wo also diese oder jene Lösung auf uns lauert:

- Verarbeiten – aus dem, was wir erleben, wertvolle Lernerfahrungen machen
- Modelle – eine gute Vorlage dessen finden, wie etwas geht
- Als ob – lernen, wie Kinder lernen, Phantasie als Quelle der Wirklichkeit
- Regelkreise – wissen, was ist und was sein soll – und Schritte von einem zum anderen finden
- Viele Wege stehen zur Wahl – sie in ihrer Wirkung kennen, um den besten zu wählen
- Innere Veränderung – sich selbst ändern, so dass sich das Außen ändern kann
- Äußere Veränderung – die Situation ändern, so dass sich das Innere ändern kann
- Das Tao achten – Einseitiges ergänzen, den Tanz der Gegensätze gestalten
- Verbinden – die Teile des Ganzen verknüpfen, sie in Kontakt und Austausch bringen
- Zusammenspiel – die Teile miteinander agieren lassen, Synergie schaffen
- Anstecken – einander mit Gedanken, Ressourcen, Liebe und mehr inspirieren
- Sortieren – alles aufräumen, an die richtige Stelle bringen, ordnen und ergänzen
- Erleben – das Gebiet kennenlernen, nicht bei der Landkarte bleiben
- Spiegel – sich selbst sehen, reflektieren, hinter die Oberfläche schauen
- Versuch und Irrtum – probieren, bis wir eine Lösung gefunden haben
- Vermeiden lohnt nicht – sich den Aufgaben, Gefühlen und Wahrheiten stellen
- Jenseits der Vernunft – manchmal den Verstand verlassen, er weiß nicht alles
- Bewusst werden – aufmerksam wahrnehmen, was geschieht
- Lösungsräume erweitern – andere Sichtweisen und neue Wahrnehmungen zulassen
- Schritt für Schritt verbessern – die Kunst, das Leben lösungsorientiert umzugestalten
- Zeit geben – jeder Prozess hat seine Dynamik, warten, bis die Früchte gedeihen
- Beziehung – einander wichtig sein, austauschen und unterstützen
- Intuition – viele Informationen gleichzeitig verarbeiten – und plötzlich den nächsten Schritt wissen

Dies war ein Überblick. Gleich gehen wir etwas ausführlicher auf ausgewählte Prinzipien ein. Viele von ihnen haben wir in diesem Buches hier oder dort beschrieben oder angewendet – und wir sind sicher, dass Sie, liebe Leserinnen und Leser, etliche davon wiedererkennen werden. Wir glauben, dass Patentrezepte und allzu einfache Strukturen eine Illusion sind, weil sie der Vielfalt der Situationen und Entwicklungsformen nicht gewachsen sind. Eine Vielfalt von Veränderungs-ansätzen ermöglicht es uns hingegen, jene Form zu finden, die dem Lernenden den nächsten Entwicklungsschritt ermöglicht.

Verarbeiten. Innere Arbeit will nicht auslöschen, was geschehen ist, sondern helfen, das Geschehene neu zu interpretieren und auf kreative und lebensfördernde Art zu verarbeiten. Ereignisse neu zu sehen, vorher unbeachtete Wirkungen, Bedeutungen, gute Absichten und Irrtümer zu erkennen, kann es uns möglich machen, Frieden mit der Vergangenheit zu schließen. Verschiedene Therapeuten beschreiben auf ihre Weise, wie alte, unverarbeitete Erfahrungen unser ganzes Leben beeinflussen können: Da gibt es den „unerlösten seelischen Konflikt" nach Dr. Dietrich Klinghardt, der im Lehrbuch der Psychokinesiologie (1998) darstellt, wie frühe, unbewusste Gefühlsinhalte über das limbische System die Hormonre-gulation und langfristig die Organe beeinflussen können. Bert Hellinger beschreibt die „unterbrochene Hinbewegung", welche die Beziehung des Kindes zu Mutter oder Vater langfristig ebenso blockieren kann, wie problematische Familien-konstellationen, fehlende Würdigung, übernommene Lasten und Defizite. Robert Dilts arbeitet, wie bereits dargestellt, mit *Imprint*-Erfahrungen, in denen der junge Mensch Überzeugungen und Lebenseinstellungen erlernt, die ihn später an der Entfaltung seines Potentials hindern.

Problematische Lebensthemen sind oft deshalb so widerstandsfähig, weil wir sie entweder verdrängen oder sie auf immer gleiche Weise zu lösen versuchen, eine Weise, die leider nur ein „mehr desgleichen" schafft und Teil des Problems wird. Meist nutzen wir dabei nur einen geringen Teil unserer Wahrnehmungs- und Verarbeitungsmöglichkeiten, so als wären ganze Bereiche des Gehirns oder ihr Zusammenwirken blockiert. Indem wir im Umgang mit einem solchen Thema all diese Möglichkeiten aktivieren, unser ganzes schöpferisches Potential anschließen, wächst die Wahrscheinlichkeit immens, dass wir allein durch synergetische Vernetzung in unserem Nervensystem neue Erkenntnisse und Lösungen finden.

Positive Modelle. Immer wieder suchen wir Alternativen dafür, wie die Dinge des Lebens besser ablaufen könnten. Diese Alternativen oder Lösungen können wir neben die Erfahrung dessen stellen, was in der Vergangenheit nicht wie gewünscht funktioniert hat. Denn wir leiden nicht primär daran, dass wir schlechte Erfahrungen hatten; es macht uns zu schaffen, dass ausgleichende, gute Erfah-rungen nicht zugänglich zu sein scheinen. Auch wenn wir nur einen inneren Entwurf eines gelösten Problems oder einer bewältigten Aufgabe entwickeln, können wir damit bereits manches Defizit ausgleichen oder Orientierung für unser Leben gewinnen. Ein Modell ist um so wirksamer, je deutlicher wir es sinnlich erleben. Die sinnlich deutlichste Form besteht darin, es zu realisieren. Lohnende Vorstellungen strebten schon immer ins Handeln. So gesehen, sollte Lebensweg-Arbeit stets auch Impulse für ein verändertes Gestalten der Gegenwart geben.

Lernen über das Als-ob. Die neurophysiologische Wirkung von Imagination und Als-ob-Erfahrung auf unseren Organismus ist sehr stark, manchmal sogar stärker als eine reale physische Erfahrung. Stellen wir uns eine Zitrone vor, so fließt unser Speichel ähnlich, als würden wir in sie hineinbeißen. Manche inneren Bilder, Erfahrungen und Symbole haben tiefe Wirkungen auf das gesamte körperliche und seelische Erleben. Innere Stimmen können uns stärker beeinflussen als äußere. Und visualisieren wir für uns Licht, so hat das messbare positive Auswirkungen auf unsere Gehirnaktivität. Dieses Mittel nutzen wir in der Lebensweg-Arbeit, um innere Verarbeitungsmöglichkeiten zu erschließen und zu erweitern. Die positiven Wirkungen erleben wir in Form gelöster emotionaler Blockaden, Aussöhnung mit schwierigen Erfahrungen, Gewinnung von Energie, Gleichgewicht und Gestaltungsfähigkeit.

Wir wollen auch auf die Kehrseite hinweisen: Inneres Erleben ersetzt keine in der physischen Welt gelebte Erfahrung, sondern dient ihr als Vorbereitung, Nachbereitung oder Begleitung! Es braucht mehr als eine Erlebnisform für ein erfülltes Leben. Man kann Entwicklung als Manifestation des Inneren verstehen. Umgekehrt ist das innere Erleben und die damit verbundene neurologische Vernetzung ein Ergebnis des Austauschs mit der Umwelt. Wir glauben, dass Träumen, Denken und Handeln, also Seele, Geist und Körper, ein sich wechselseitig beeinflussendes System sind, in dem es keinen Herrscher geben sollte, sondern synergetisches Zusammenwirken.

Die Zukunft ist nicht festgelegt... das Leben wäre sonst langweilig. Visionen, Ziele, Absichten richten unsere Aufmerksamkeit und damit unser Handeln ebenso wie Befürchtungen oder Zwänge auf bestimmte Ausschnitte der Welt. Indem wir hier aus eigener Wahl agieren und unsere Aufmerksamkeit auf positive Modelle und Entwürfe unseres Lebens richten, vergrößern wir die Wahrscheinlichkeit, dass wir uns in der gewünschten Richtung entwickeln. Damit nehmen wir das Schicksal in unsere Hände und erleben eine neue Form der Freiheit wie auch der Verantwortung.

Lösungen als Regelkreis. Probleme oder das, was wir als solche erleben, haben ebenso viele Ursachen wie Lösungswege. Was aber sind Probleme und Lösungen eigentlich? Lösungen lassen ein Problem verschwinden, während Probleme durch das Verschwinden von Lösungen entstehen. Wenn beide gleichzeitig da sind, sind sie kein Thema. In der Kybernetik bedeutet ein Problem, dass der erlebte Zustand (oder Ablauf) vom erwünschten Zustand (oder Ablauf) abweicht. Die Lösung soll dementsprechend dazu führen, dass sich Erleben und Wunschvorstellungen einander annähern. Das wäre ganz einfach, wenn wir es nicht mit der Komplexität und den Wechselbeziehungen von Menschen oder Systemen zu tun hätten. Also lohnt es sich, die Voraussetzungen und Prinzipien von Veränderung differenzierter zu betrachten.

Wollen wir etwas verändern, so müssen wir zunächst Soll und Ist kennen. Doch möglicherweise gibt es viele Stimmen, Gefühle und Wünsche in unserem Innern – und alle wollen sie etwas anderes, sind sich weder darüber einig, was ist, noch darüber, was sein soll. Da ist innere Teamarbeit nötig, wie wir sie im Kapitel „Das innere Team" beschrieben haben. Aber selbst wenn wir mit einer Stimme sprechen können, finden wir das, was ist, und das, was sein soll, oft nicht so leicht heraus. Viele Fragen sind offen und manchmal klären sie sich erst, wenn wir uns dessen bewusst werden, was historisch gewachsen ist, wobei uns die Navigation in der Zeit wertvolle Dienste leistet.

Was ist, kann ein konstanter Zustand oder ein Beziehungsgefüge sein, dem der Lernende angehört. Es kann auch ein fortlaufender Prozess sein, in welchem Elemente aufeinander wirken, sich manchmal im Kreise drehen, gegenseitig verstärken oder abschwächen. Beispielsweise können Erfahrungen und Gedanken bestimmte Handlungen und diese Handlungen wieder neue (oder alte) Erfahrungen nach sich ziehen. Veränderung kann also mit Handlungen, Erfahrungen oder Gedanken (die innere Interpretation des Lebens) beginnen..

Viele Wege stehen zur Wahl. Verschiedene therapeutische Richtungen streiten darüber, welcher Zugang der richtige sei. Und nicht alle führen nach Rom. Unsere Langzeit-Muster, in der Transaktionsanalyse „Skripte" genannt, können wir beispielsweise auf dem Lebensweg bearbeiten, aber auch in der Gegenwart finden wir Komponenten, die sie am Laufen halten und Ansatzpunkte für Veränderung sind. Vielleicht hält sogar eine bestimmte Art der Therapie unsere Probleme aufrecht. Was also tun? Es gilt herauszufinden, welche Veränderungs-schritte einen Unterschied machen. Auch Ziele und Wünsche stehen zur Disposition, könnten sie doch ein Produkt des gleichen Denkens sein, das ein Problem aufrechterhält. Manche Arbeitsformen ergänzen einander und wollen parallel beschritten werden, andere sorgsam nacheinander.

Haben wir eigentlich sichere Anhaltspunkte dafür, was einer Lernenden gut tut? Oft braucht diese Suche den größten Teil der Arbeitszeit, denn sobald wir die passende Richtung gefunden haben, geht es auch voran. Woran erkennt der Begleiter, ob bestimmte Schritte etwas im Leben der Lernenden bewirken? Wege gibt es viele; doch um die sinnvollsten zu erkennen, braucht es genaues Hinschauen, Hinhören, Hinfühlen – die Fähigkeit, die Lernende sensibel wahrzunehmen, bis in ihre inneren Prozesse. Jede Veränderung der Atmung, Stimme, Gestik oder Haltung ist ein Zeichen. Wenn das, was sie erlebt, für sie lebensfördernd ist, wird sie ihre Energie spüren, die Nähe der Quelle, Stimmigkeit und Kongruenz. Nicht selten liegt auch eine heilsame Begegnung mit schmerzhaften Gefühlen auf dem Weg.

Die wache Intuition des Begleiters spielt in diesem Prozess eine wichtige Rolle, denn sie verknüpft eine ganze Reihe von bewussten und unbewussten Informationen und Erfahrungen und leitet daraus den nächsten Schritt ab. Das Bewusste, die Logik, lässt sich hingegen leicht täuschen... Begründungen gibt es schließlich für alles.

Innere oder äußere Veränderung. Ein Zeitgenosse, dem unwohl in einer Situation ist, kann zweierlei Lösungswege gehen: Der erste besteht darin, etwas dafür zu tun, dass sich die äußere Situation in der gewünschten Weise verändert, vielleicht auch dadurch, dass er die „problematische" Umgebung verlässt. Die andere Möglichkeit ist es, äußerlich nichts zu tun, sondern innerlich die Art und Weise zu verändern, in welcher er die Situation erlebt und interpretiert. Beide Wege haben für sich allein ihre Tücken: Im ersten Fall läuft unser Zeitgenosse Gefahr, zu scheitern oder in blinden Aktionismus zu verfallen; ändert er „nur" sein inneres Erleben, kann er schnell einem Selbstbetrug aufsitzen, indem er sich das Unzumutbare weiterhin zumutet und schönredet. Wieder geht es um Balance: Wo der Mut zum Handeln fehlt, kann die zweite Variante wiederum ein „mehr desgleichen" sein. Wo die Kraft des Verstehens und Verarbeitens fehlt, kann der erste Weg ein ständiges Vermeiden von Schmerz oder neuem Lernen sein. Manche zuvor ungeliebten Lebenserfahrungen können wir in späteren Jahren genießen, weil wir etwas daraus gelernt haben und sich etwas in uns geändert hat. Manchmal merken wir selbst, welcher Lösungsweg uns eine wirkliche Veränderung beschert; oft braucht es ohnedies beide. Sie ergänzen sich wie in einem Kreislauf: erfahren, verarbeiten, hinzulernen, reflektieren, probieren, handeln, überprüfen – eines fördert das andere.

Das Tao des dynamischen Gleichgewichts. Die chinesische Lehre des Taoismus spricht vom Wechselspiel und vom Ausgleich der Gegensätze, die einander hervorbringen und nur dadurch existieren können, dass es den jeweiligen Gegenpol gibt. Die moderne Wahrnehmungsforschung lehrt, dass wir eine Qualität, welcher Art auch immer, nur dadurch wahrnehmen können, dass wir das komplette Gegensatzpaar kennen, dem sie angehört. Das Helle erkennen wir nur, weil es das Dunkle gibt, das Schwere nur, weil uns das Leichte bekannt ist. Die Chinesische Lehre versteht die Vielfalt des Lebens als Spiel und Zusammenwirken der beiden Grundkräfte Yang und Yin, einer männlichen und einer weiblichen Energieform. Alles Lebendige bewegt sich zwischen diesen Formen und sucht Ergänzung durch das, was fehlt... mal in sich selbst, mal in der Umwelt. Einseitigkeit führt zu Ungleichgewicht, Ungleichgewicht zum Streben nach Ergänzung. So sucht die Natur das Gleichgewicht, indem sie das jeweils Fehlende anzieht. Deshalb brauchen wir den Wechsel von Ruhe und Aktivität, von Verstand und Intuition, von Geben und Nehmen, von Neuem und Gewohntem.

Auch in Familien, Gruppen, Gesellschaften geht es um eine Ausgeglichenheit der Formen und Positionen. Manchmal gibt es ein ruhendes Gleichgewicht, dann, wenn alles gleichzeitig vorhanden und sinnvoll verteilt ist. Zu einem anderen Zeitpunkt steht wieder Veränderung an, was das System in Schwingung hält – wie zwischen Tag und Nacht, Einatmen und Ausatmen. Wo diese Bewegung unterbunden ist, geht Lebendigkeit verloren und ein Druck wird spürbar, der den nächsten Atemzug sucht, ihn aber noch zurückhält. So scheint das Leben in sich selbst große Antriebskräfte für sinnvolle Veränderung zu bergen: das Streben nach Gleichgewicht, nach Ergänzung und Ausgleich der Gegensätze. Indem wir Einseitigkeiten erkennen, auf ihren Ausgleich und ihre Ergänzung setzen, wird unser Handeln vom Leben unterstützt werden. Nicht jeder Zeitpunkt ist dafür geeignet – denn es gibt eine Zeit, einzuatmen und auszuatmen, und es braucht Sensibilität, den Zeitpunkt, der zum Wechsel geeignet ist, zu erfassen.

Verbinden und zusammenspielen. Was gut zusammenspielen will, braucht Kontakt und Austausch. Das gilt für unsere Nerven, Sinne, Organe, unsere Gehirnhemisphären und darüber hinaus für Menschen, Gruppen und Kulturen. In der Tat basieren die meisten Probleme darauf, dass die Beteiligten nichts oder nichts Gutes voneinander wissen, aneinander vorbeiarbeiten oder einfach abschalten. Was liegt also näher, als gerade angesichts eines schwierigen Themas für ein gutes Zusammenspiel der Beteiligten zu sorgen? Sie sollen in Beziehung stehen, sich achten und willens und in der Lage sein, ihr Bestes zum Erreichen des Ziels beizutragen. Diktatur unterdrückt die dem System innewohnenden Kräfte, in einer Demokratie können sie sich einbringen, in der *Synergie* erleben sie die optimale Form des Zusammenspiels. Wie wir das bei Teams und Gruppen fördern können, konnten Sie in Teil III dieses Werkes lesen.

Doch nun zu unserem wunderbaren, vielgestaltigen menschlichen Organismus: Wir tragen am besten zur Lösung von Problemen und zur Meisterung des Alltags bei, wenn wir beide Gehirnhälften nutzen, also jene Hälfte, die vernünftig denkt, und jene, die kreativ und bildhaft arbeitet. Doch das ist längst nicht alles. Körper, Geist und Seele wollen beteiligt sein, alle Sinne haben etwas beizutragen, auch Stammhirn, Zwischenhirn und Vorderhirn, und wir brauchen Myriaden von Nervenzellen, die das innere System vernetzen. Probleme entstehen bevorzugt dann, wenn Teilsysteme unseres Organismus nicht gut zusammenarbeiten, sei es, dass einige gar nicht angeschlossen oder abgeschaltet sind oder dass sie ohne nennenswerten Austausch und Abstimmung nebeneinander her laufen. Die Chancen zur Lösung steigen, wenn das ganze inneres Team wie ein gutes Orchester zusammenspielt. Wer jongliert, balanciert, sich bewegt, Positionen wechselt, visualisiert und vieles ausprobiert, bringt auch auf diese Art eine breite Palette von Instrumenten zum Klingen.

Von Ansteckung und Resonanz. Wenn das innere Orchester eines Menschen in Harmonie spielt, steckt das andere Menschen an. Denn im zwischenmenschlichen Kontakt wirken auch unsere inneren Prozesse aufeinander und suchen Resonanz. Deshalb kann ein guter Begleiter allein durch sein Wesen und seine innere Lebendigkeit die Potentiale des Lernenden anregen. Vorausgesetzt, er hält seine Stimmung auch angesichts der Probleme und des Zustandes des Klienten aufrecht. Hier braucht er neben der Fähigkeit, Kontakt zu halten auch jene, in der eigenen Mitte zu bleiben. Ideal ist es, wenn sich beide Partner im Miteinander zu erweiterter Lebendigkeit ergänzen. Dann entsteht zwischen ihnen Synergie. So kann die Art der Veränderungsarbeit dazu führen, dass Lernender und Begleiter all ihre Potentiale aktivieren und nutzen. Manches Problem löst sich dabei von selbst. Dies bewerkstelligen wir übrigens am leichtesten im Spiel, fragen Sie die Kinder. Was Ihr inneres Orchester am besten zum Klingen bringt, lohnt sich herauszufinden. Wir können uns körperlich, geistig, über menschlichen Austausch oder durch stille Innenschau entfalten – oder all dies kombinieren.

Sortieren und ergänzen. Manchmal ist es, als befänden wir uns in einem großen, verknoteten Wollknäuel oder einer durcheinander geratenen Landschaft. Dann ist es gut, sich die Zeit zu geben, das Chaos auseinander zu nehmen und neu zu sortieren, jeder Erfahrung einen sinnvollen Platz zuzuweisen. Am besten nicht nur innerlich, sondern auf einem Blatt Papier, auf dem Tisch oder sonst wo im Raum. So wird das Wirrwarr handhabbar, das Innere äußerlich erkennbar und so lässt es sich besser in eine passende Struktur bringen. Was in die Vergangenheit gehört, wird an den Ort der Vergangenheit gebracht, was anderen Menschen gehört, wird ihnen zurückgegeben, Überschüsse werden dorthin gebracht, wo Defizite liegen. Fehlen noch Erfahrungsbausteine, so kann jenes Sortieren der erste Schritt sein, sie zu finden. Irgendwann ist die innere Landschaft wieder in Ordnung, vielleicht haben wir sie sogar neu gestaltet.

Erlebtes und Gedachtes. Das beschriebene Problem ist selten das erlebte Problem, die beschriebene Ressource noch nicht die erlebte. In wirksamer Veränderungsarbeit ist deshalb das Erleben ein unverzichtbarer Teil des Prozesses. Wie im Teil II unseres Buches beschrieben, ist es zu Beginn enorm wichtig, ein Thema zu aktivieren, es erfahrbar zu machen. Dies gilt für das Problem ebenso wie für die Ressource. Die nachhaltigste Veränderung erreichen wir, wenn die unmittelbar erlebte Ressource und das unmittelbar erlebte Problem zusammentreffen, auch wenn es sich unserer Vernunft entzieht, die oft kein Konzept dafür findet, was dann innerlich abläuft. Es ist der Moment, in dem Nervenverbindungen miteinander in Kontakt treten und neue Wahlmöglichkeiten entstehen. Übrigens nicht nur, wenn Ressourcen auf Probleme treffen: Jede Art des Zusammenkommens unterschiedlicher Erfahrungswelten schafft neue innere Synergie. Jede? – Manche Dinge wollen gut voneinander getrennt sein. So bleibt es der Kunst und Intuition des Lernenden überlassen, das zu verbinden, was sich ergänzt und bereichert, das andere dagegen auseinander zu halten.

Ein Spiegel hilft uns dabei, uns zu kämmen, zu waschen, jene Stellen zu erkennen, die Pflege oder Veränderung brauchen. Was auch immer wir gerade tun, der Spiegel gibt uns klare Rückmeldung, Feedback über die Ergebnisse unseres Handelns. Er wertet nicht, verstärkt und verhüllt nichts. In gewisser Weise ist erfolgreiche Veränderungsarbeit wie ein Spiegel. Ein Spiegel, der uns zeigt, was ist, und der uns zeigt, was war und was sein kann. Erzählte uns ein Weiser die Geschichte unseres Lebens mit all den verborgenen Mustern, so hätten wir eine einzigartige Chance, den besten Weg in die Zukunft zu finden, vorausgesetzt wir könnten uns darin erkennen. Wenig veränderte sich indes, wenn wir den Spiegel scheuten oder ihn zu übertriebener Selbstkritik nutzten. Was wir brauchen, ist ein Spiegel, der uns auf liebevolle und annehmende Art und Weise vorgehalten wird, der aber nicht beschönigt. Denn erst wenn wir erkennen und annehmen, was entstanden ist, können wir es auch verändern oder loslassen. Jeder, dem wir begegnen, kann uns den Impuls dazu geben. Besonders erfahrene Therapeuten, intuitive Menschen und gute Freunde ermöglichen es uns, mehr zu erkennen, als wir gemeinhin sehen. Der Spiegel kann ein ehrliches Wort sein, eine Geschichte, er kann im Feedback liegen, dass uns der Partner mit seiner Reaktion gibt, oder im sorgsam ausgewählten homöopathischen Mittel. Die Arbeit mit dem Lebensweg spiegelt uns maßgebliche Zusammenhänge der eigenen Entwicklung. Andere Arbeitsformen, wie beispielsweise Aufstellungen, reflektieren andere Aspekte unseres Lebens und machen entsprechende Veränderungsschritte möglich.

Versuch und Irrtum. Kinder probieren für ihr Leben gerne, *wie* etwas funktioniert – Geräte, Autos, natürlich auch Mutter und Vater. Und sie finden schnell heraus, was sie tun können, um die Welt nach ihrem Gutdünken zu beeinflussen. Es ist das spielerische Probieren als Prinzip des Lernens, das auch der Erwachsene immer wieder braucht. Spätestens wenn er am Computer sitzt, muss er viel verstehen und wissen, um ihn bedienen zu können. Stürzt das Programm dennoch ab, steht wieder Probieren an, das er bis dahin hoffentlich noch nicht verlernt hat. Interessanterweise lernen wir beim Probieren viel über das Innenleben des Rechners, und unsere Versuche werden immer gezielter. Wir ahnen, worum es im Umgang mit der Maschine geht, entwickeln Strategien und erkennen Zusammenhänge. Wir werden kompetent und können die Dinge beeinflussen. Der Computer wird vom Herrscher zum Helfer.

Was unser soziales Leben angeht, suchen wir gute Freunde, Liebe, Partnerschaft oder Vertrauen, vielleicht ein motiviertes Team. Wir alle wissen, dass auch bei dieser Suche manches schief gehen kann, ohne dass wir verstehen, warum. Vielleicht fühlt sich jemand verletzt oder falsch verstanden. Vielleicht war das eine oder das andere zu unbeholfen, waren die Worte die falschen. Wie auch immer, wir haben entweder die Möglichkeit, aufgeben und unser Beziehungsglück dem Zufall zu überlassen oder wir probieren etwas anderes aus, forschen und erkennen nach und nach jene Muster, die uns weiterhelfen. Bald wissen wir, wie wir einen Partner erfreuen oder ärgern können, ein Team motivieren oder demotivieren, Liebe

329

erwidern oder ablehnen können. Wir haben die Wahl, ein Gefühl von Mündigkeit und Freiheit stellt sich ein, was nichts mit Beliebigkeit zu tun hat. Denn was wir auch tun, es hat Auswirkungen, die wir zu tragen haben.

Vermeiden lohnt nicht. Was uns antreibt ist nicht beliebig. Auf einer „Zwischenstufe" könnten wir in die Versuchung kommen, unsere gewachsene Befähigung dafür zu nutzen, uns vor den Bereichen zu drücken, in denen wir noch keine Befähigung erworben haben. Manche Menschen vollbringen wahre Heldentaten um der Begegnung mit einer Maus auszuweichen, vor der sie Angst haben. Gerade ohne den hilfreichen Spiegel passiert uns das leicht. Doch ein guter Begleiter wird es erkennen und dem Lernenden die helfende Hand reichen, damit er auch diese Herausforderung zur rechten Zeit auf seine Art und Weise meistert. In jeder Lebensphase sind andere Lernaufgaben wichtig. Einige werden vergessen und müssen später, vielleicht in der Lebensweg-Arbeit, nachgeholt werden. Mancher braucht viele Umwege, bis er die essentiellen Aspekte seines Lebens lernt.

Jenseits der Vernunft. Unser Verstand ist nicht immer der beste Ratgeber. Es kann uns passieren, dass wir alles verstehen und uns dennoch nicht besser fühlen. Unsere Logik scheint sich unserer Befindlichkeit anzupassen und an düsteren Tagen kommen uns Zweifel an der Weisheit unserer Gedanken. Milton Erickson arbeitete deshalb mit Hypnotherapie; er traute dem Unbewussten mehr zu als der Alltagslogik. Aus eigener Erfahrung wusste er, dass er nach der Logik der Ärzte keine Chance gehabt hätte und dass er ohne die Kraft seines Unbewussten kaum in der Lage gewesen wäre, seine schweren Erkrankungen zu meistern.

Ergebnisse der Hirnforschung zeigen, dass wichtige Entscheidungen in den tieferen Hirnregionen des limbischen Systems längst gefällt sind, bevor das Denken beginnt. Unsere Wahrnehmungen, Vorerfahrungen, Bedürfnisse und Gefühle treten blitzschnell miteinander in Kontakt und weisen die Richtung. Hinterher begründet unser logischer Verstand natürlich genau, warum dies oder jenes richtig ist, und glaubt fest daran, dass er es war, der entschieden hat. Denken hat in unserem Organismus jedoch vielmehr eine ausführende als eine richtungsgebende Funktion. Und natürlich scheint es uns zu helfen, wenn wir schmerzhafte Stellen vermeiden und unsichere Gebiete umgehen. Umgekehrt halten uns bestimmte Gedanken, innere Muster, Gefühle und Verhaltensweisen fest, schaffen ein „mehr desgleichen" und stabilisieren, was ist.

Ist dagegen die Zeit reif, in bisher „verbotene" Zonen vorzustoßen, verborgene Defizite zu heilen und schlummerndes Potential fruchtbar werden zu lassen, kann uns die Arbeit mit dem Unbewussten ein wertvoller Zugang sein, bis hin zu tieferen Schichten der Seele. Eine weitere Möglichkeit ist die Arbeit und damit die Kommunikation mit dem Körper, seinen Signalen, Spannungen und Aktivitäten. Bisherige Denkmuster zu verlassen öffnet neuen Raum für Veränderung und Lernen. Traditionelle Zen-Meister und moderne Kurzzeit-Therapeuten führen ihre Klienten gern durch paradoxe Interventionen aus der gewohnten Logik heraus in neue Erfahrungsmöglichkeiten. Das Unerwartete, das in unser Leben tritt, tut ein ähnliches. Jenes „ganz andere" darf nicht Teil der bisherigen Logik sein, nicht in systemischer Abhängigkeit stehen, sondern muss frisch und unbefangen sein, wie ein herunterfallendes Blatt, die Stimme eines vorbeilaufenden Kindes. Auch eine Tarot- oder Erkenntniskarte kann solche Impulse geben.

Bewusst werden. Festgefahrene, „vernünftige" Denkmuster zu verlassen und dem Unbewussten größeren Gestaltungsraum zu geben ist nicht der einzige Weg zur Veränderung. Der Körpertherapeut Moshé Feldenkrais nannte diesen Weg in seinem gleichnamigen Buch „Bewusstheit durch Bewegung" und, anders als Erickson, legte er Wert auf das bewusste Nachvollziehen innerer Prozesse. Es geht in der Feldenkrais-Arbeit darum, bisher unbewusste, im Original meist schnelle Bewegungen zu verlangsamen, genau zu spüren und wahrzunehmen, was der Körper tut. Der Lernende kann nun herausfinden, wie diese Bewegungen verändert, erleichtert und verbessert werden können. Dieses Prinzip muss sich nicht auf den Körper beschränken. Was wir unbewusst tun, ist nicht immer von Eleganz, Weisheit oder Effektivität beseelt. Obwohl wir es kaum merken, geht uns dabei Energie und Wirksamkeit verloren.

Hier hilft uns eine neue Aufmerksamkeit à la Feldenkrais weiter, so nutzen wir in der Veränderungsarbeit die „Zeitlupe" oder das Betrachten aus größerem Abstand, um den ganzen Prozess bewusst zu erleben, die kritischen Punkte zu erkennen und in aller Ruhe bessere Wahlmöglichkeiten zu finden. Diese gilt es einzuüben, bis sie unbewusst weitergeführt werden können. Ganze Teile der Lebensweg-Arbeit wirken dadurch, das sie vergessene, verdrängte, unbewusste Lebenserfahrungen wieder hervorholen, sie bewusst machen, so dass der Lernende das, was er damals nicht (vollständig) verarbeitet hat, nun mit neuem Verständnis nachvollziehen und verändern kann. Unabhängig davon gibt es viele Meditations- verfahren, die ein Gewahrsein und ein nicht eingreifendes, annehmendes Bewusstwerden der inneren und äußeren Lebensprozesse zum Ziel haben. Dieses Bewusstwerden – und hier schließt sich der Kreis – geht oft damit einher, sich jenseits der Alltagsvernunft zu bewegen.

Lösungsräume erweitern. Oft kommen uns Lösungen dann in den Sinn, wenn wir eine Angelegenheit aus verschiedenen Perspektiven betrachtet haben, verschiedene Stimmen aus ihren jeweiligen Wahrnehmungspositionen zu Wort ge- kommen sind und wir all diese Aspekte zu einem größeren Ganzen zusammengefügt haben. Als besonders hilfreich hat sich das Einbeziehen von Vergangenheit und Zukunft herausgestellt, in deren Fluss wir ein Problem mit anderen Augen sehen. Neue Lösungen, Erkenntnisse und Schlussfolgerungen ergeben sich, wenn wir eine Angelegenheit auf unterschiedlichen Persönlichkeitsebenen betrachten, wenn wir nicht nur Verhaltensweisen, sondern auch Fähigkeiten, Werte und Überzeugungen, Identität und Zugehörigkeit in Betracht ziehen. Robert Dilts beschreibt Probleme als Folge eingeschränkter Aufmerksamkeit und ermuntert zur Erweiterung der Wahrnehmung, indem schrittweise ergänzende Erfahrungsbausteine, die sich auf das Thema beziehen, hinzugefügt werden: neue Wahrnehmungspositionen, andere

Zeiten und Erfahrungsebenen, Positionen innerer Teile. Wir setzen sie zueinander in Beziehung, damit sie sich austauschen und ergänzen können. So findet die Lernende häufig wie von selbst die Lösung eines Problems. Indem sich der wahrgenommene Ausschnitt der Welt vergrößert und sich Zusammenhänge und Beziehungen herauskristallisieren, verwandelt sich der bisher erlebte Problemraum in einen Lösungsraum. Wobei „Raum" den gesamten verfügbaren Ausschnitt der Erfahrungswelt meint. Vergrößert sich dieser Ausschnitt, hat die Lernende Raum für Lösungen, die ihr vorher nicht erkennbar waren. Im Kapitel 5 von Teil I haben wir ausführlicher von all dem berichtet.

Schritt für Schritt verbessern. Viele Menschen lernen und entwickeln sich, indem sie versuchsweise bestimmte Schritte machen, um ihre Situation zu verbessern. Was nützlich war, wird fortgesetzt, anderes wieder fallen gelassen. Dieses Prinzip macht sich auch Steve de Shazer (1997) in seiner Kurzzeit-Therapie zunutze, die wir im Kapitel 3 von Teil I vorgestellt haben. Die Suche kann wichtige Erkenntnisse nach sich ziehen: Zum Beispiel das Wissen darüber, was einem gut tut und was nicht. Doch Vorsicht: Jenes Prinzip des Probierens, dem der Autor Bernd übrigens einst seine Diplomarbeit gewidmet hat, ist nur dann zuverlässig, wenn wir die Zeit abwarten können: Mancher Schritt, der ausprobiert wurde, mag auf den ersten Blick Vorteile bringen, die sich aber hernach als Nachteile herausstellen können. Oder umgekehrt: Haben wir nicht lange genug gewartet und sind vorschnell weitergegangen, kann es durchaus sein, dass wir nicht zum Ziel kommen.

Noch etwas kann passieren: Es gibt Orte, Zeiten, Situationen in unserer Lebenslandschaft, von denen aus sich nichts verbessern lässt. Was wir auch unternehmen, es wird schlechter. Es scheint, als hätten wir die bestmögliche Lebenssituation und stünden auf dem Gipfel des Berges. Hier bleiben wir stehen, da alle Schritte bergab führen. Und wir bemerken nicht, dass es gleich nebenan im Nebel einen höheren Berg gibt, ahnen nicht, dass wir nur auf einem kleinen Vorberg angekommen sind. Wer aber die ganze Landschaft kennt und den inneren Provinzialismus überwunden hat, wird gern eine Zeit lang an Höhe verlieren, wenn dies nötig ist, um auf den größeren Berg zu gelangen. Auch in der Arbeit mit Süchten, wo jede Verhaltensänderung zunächst den Zustand des Klienten verschlechtern mag, fordert dieses Prinzip Beachtung.

Wir sollten uns außerdem vor Verallgemeinerungen in Acht nehmen. Schritte, die einmal im Leben eine Verbesserung brachten, brauchen dies bei Wiederholung nicht unbedingt zu tun. Die Landschaft verändert ihre Oberfläche mit der Zeit – und wir verändern unseren Standort. Stets sollten wir den Kontakt zum Boden suchen und uns darüber vergewissern, wohin ein Schritt uns heute führt.

Jegliches braucht seine Zeit. Bis sich die Wirkungen einer Therapie oder eines Coachings entfalten, kann es eine Weile dauern. Wir können am Anfang manchmal sogar „Erstverschlimmerungen" beobachten. Anderes wirkt dagegen sofort, wie eine Schmerztablette. Dann freuen wir uns, ahnen aber nicht, dass sich über längere Zeit unerwünschte Nebenwirkungen einstellen können. Wieder anderes wirkt schnell, hat Bestand und keinerlei schädliche Nebenwirkungen. Es lohnt sich, derlei Verlaufsformen zu studieren, damit wir die Wirksamkeit unserer Arbeit einschätzen können.

Was lange gebraucht hat, um sich zu manifestieren, was in unserem Körper oder unserer Lebensgestaltung feste Formen angenommen hat, wird etwas länger brauchen, um sich neu zu organisieren und zu gestalten. Manches, was verdrängt oder versteckt war, kommt dabei noch einmal ans Tageslicht, wie um Abschied zu nehmen. Das können alte Gefühle und Wunden sein, die nun endlich heilen dürfen. Auch die Persönlichkeitsebenen haben ihre eigene Zeit: Eine Veränderung auf der Ebene der Zugehörigkeit wird meist länger brauchen als eine Veränderung des Verhaltens. Zu schnelle Lösungen haben häufig unerwünschte Nebeneffekte, wenn sie nicht die systemischen Prozesse verändern, sondern lediglich die Wahrnehmung eines Symptoms. Der Schuldner, der sich Geld borgt, verschafft sich erst einmal Ruhe, doch die Zinsen belasten ihn später umso mehr. Das Abzahlen braucht seine Zeit und fällt schwer. Ein Lotteriegewinn wäre sein Traum, aber lernt unser Schuldner dann die Dinge, die er für sein Leben braucht? Sicherlich gibt es viele Formen und Beispiele schneller und nachhaltiger Veränderung. Doch auch die kurzzeitige Heilung von Phobien und Allergien mit den Mitteln der Kinesiologie oder des NLP sind nur dann möglich, wenn der Klient das, was er aus dem Symptom zu lernen hatte, gelernt hat. Eine behutsame, schrittweise Entwicklung braucht ihre Zeit, und das gehört zu den natürlichen Mustern des Lebens. Schließlich hat es jede Entwicklung verdient, genug Zeit zu erhalten. Einen Baum können wir nicht schneller wachsen lassen, indem wir an ihm ziehen.

Hier endet unsere Zusammenstellung, doch zwei Kategorien fehlen noch: Welche Bedeutung Austausch und menschliche Beziehung in der Veränderungsarbeit hat, haben wir an vielen Stellen bereits beschrieben. Intuition aber braucht nicht viele Worte. Sie braucht achtsames Zulassen und Wahrnehmen dessen, was von tief Innen kommt. Sie braucht Stille.

2. Die Veränderung ins Leben tragen

Sinn jeder Veränderungsarbeit ist es, der Lernenden neue Möglichkeiten für ihre Gegenwart und ihre Zukunft zu eröffnen und es ihr zu ermöglichen, Lasten, die sie nicht mehr zu tragen braucht, abzulegen. Oft fühlt sie sich nach einer solchen Arbeit befreit, verfügt über neuen Lebensmut und sieht neue Wege, in die Zukunft zu gehen. Ihr stehen bisher fehlende Ressourcen zur Verfügung, Abhängigkeiten oder Blockaden erlebt sie als gelöst. Manchmal scheint es, als sei nun alles geklärt und es gäbe nichts mehr zu tun. Hier jedoch endet das Lernen keineswegs, denn, was nicht genutzt, gelebt oder umgesetzt wird, schläft leicht wieder ein und verliert seine Kraft. Da, wo es möglich war, etwas abzulegen oder zurückzugeben, ist es wichtig, dass etwas Positives an die bisher besetzte Stelle tritt. Frei werdende Energie will sinnvoll genutzt werden.

Manche Frau wird das neu erworbene Potential sicher ganz von selbst nutzen, umsetzen und in ihrem Leben manifestieren, eine andere braucht eventuell eine längerfristige Begleitung und Unterstützung, eine dritte vielleicht ein festes Programm, das tägliche Üben neuer Verhaltensweisen. Für die vierte ist es wichtig, kleine oder größere Dinge in ihrem Leben zu ändern, bis hin zu Beruf, Partnerschaft, Lebensplanung. All dies können wichtige Arbeitsthemen nachfolgender Coaching-Stunden sein. Verstehen wir eine längerfristige Begleitung als fortlaufenden Regelkreis, so sind die zwischenzeitlichen Erfahrungen der Lernenden das Feedback des Lebens, welches in die jeweils nächste Sitzung einbezogen wird.

Wenn im Ergebnis einer Veränderungsarbeit alte Entwicklungsbarrieren, einschränkende Überzeugungen oder Verbote ihre Macht verloren haben, steht dem Lernenden zwar eine neue Welt offen, doch sie ist ihm meist noch unbekannt, er verfügt kaum über Erfahrungen im Umgang mit ihren Möglichkeiten und Anforderungen und betritt sie mit den unsicheren Schritten des Anfängers. Hier gibt es Bedarf für unterstützende Begleitung, vielleicht auch für einen Schutzraum, der es dem Lernenden ermöglicht, noch einmal wie ein Kind spielend zu üben, sich zu erproben, Fehler zu machen und langsam Vertrauen zu gewinnen.

Seien wir uns dessen bewusst, dass die sozialen und persönlichen Bedingungen einen Klienten oft keinesfalls darin unterstützen, persönliche Veränderungsschritte im seinem Alltag umzusetzen. Das soziale System, in dem er lebt, wichtige Partner und Bezugspersonen können dem Wandel massiv entgegenwirken, wenn ihre vordergründigen oder verborgenen Interessen übergangen werden. Verantwortliche Veränderungsarbeit berücksichtigt das soziale System und sucht Lösungen, die auch für andere Beteiligte angemessen sind. Der Weg dahin fordert jedoch für manchen von ihnen zuweilen den Verzicht auf bestimmte Vorteile, die der bisherige Zustand brachte. Und wer verzichtet schon gern, ohne schon etwas Besseres zu haben?

Gerade weil wir in unserem Buch den Fokus auf intensive und tief wirkende Einzelprozesse gelegt haben, betonen wir an dieser Stelle die Bedeutung der längerfristigen Umsetzung und Manifestation ihrer Ergebnisse. Neben dem, was ein Begleiter im fortlaufende Prozess dazu beitragen kann, liegt hier auch die Eigenverantwortung des Lernenden. Wäre das Leben ein Fußballspiel, so könnten wir die Veränderungsarbeit vielleicht als ein gutes Training betrachten, in welchem einzelne Spieler oder die ganze Mannschaft neue Fähigkeiten, Möglichkeiten, Selbstvertrauen oder Zugehörigkeit entwickeln. Nutzen und umsetzen muss jeder Beteiligte und das Team diese Ressourcen dann in den zukünftigen Spielen. Jeder Sport wäre schließlich langweilig, wenn die kommenden Ergebnisse schon festgeschrieben wären. Der Lernprozess wird also weitergehen.

Mit diesen Hinweisen möchten wir die Veränderungsarbeit vor ungesunder Über-Erwartung schützen, vor der Vorstellung, dass ein einzelner Lernprozess, eine Heilung oder eine neue Erkenntnis bereits alle Probleme löst und nach Möglichkeit auch gleich dauerhaftes Glück und Zufriedenheit schenkt. Vielmehr ist jede Arbeit nicht mehr und nicht weniger als ein Lebenstraining, über das ein Mensch Zugang zu verborgenen oder blockierten Potentialen oder zu seiner Zugehörigkeit gewinnen kann. Es bleibt in seiner Verantwortung, etwas daraus zu machen. Auch Kinder finden fortlaufend Zugang zu neuen Potentialen und Fähigkeiten, doch damit ist ihre Entwicklung keineswegs abgeschlossen, ihr Leben verfärbt sich deshalb noch lange nicht rosarot. Es wäre sogar schade, würde uns nicht auch in der Zukunft die ganze Spanne der Gefühle zur Verfügung stehen, die Kontraste von Glück und Unglück, Freude, Leid, Überraschung und Enttäuschung. Denn jene Kontraste machen uns sensibel und zeigen uns, was wertvoll ist. Natürlich kann es auch Quantensprünge geben, kann ein Lernender Kernbereiche seines Lebens verändern, doch dies sollte nicht als Heilserwartung am Anfang einer Arbeit stehen – und auch dies bedeutet alles andere, als fertig zu sein. Indem wir über neue Ressourcen und Bewegungsmöglichkeiten verfügen, verändert sich oft die Art, wie wir uns fortbewegen. Vielleicht verwandelt sich das, was früher Mühsal und Last war, in Herausforderung und Freude. Dafür haben wir keine Garantie, aber eine gute Chance, getreu einem alten indischen Sprichwort: „Was wahrhaft getan ist, ist leicht getan." Andere wieder tun sich gerade am Anfang schwer, denn die Schritte sind noch ungeübt und die Muskeln noch schwach. Sicherer und leichter geht es erst nach einer Zeit des Übens oder hilfreicher Unterstützung.

Für manche Menschen ist das Streben nach Veränderung ein Ausdruck dessen, sich selbst in seinem Wesen nicht annehmen zu können, der innere Wunsch, doch eine andere, bessere, schönere oder fähigere Person zu sein. Nur aber, was angenommen wird, wie es ist, entwickelt sich wahrhaft. Es ist nicht gerade erfüllend, vor sich selbst fortzulaufen. Wo achtsame und liebevolle Annahme den Anfang bildet, gewinnt Veränderung eine tiefere Qualität, als würde sie von einem inneren Licht genährt.

Nach diesen Worten wollen wir in aller Bescheidenheit aber auch das würdigen, was möglich ist: Gerade da, wo wir uns über lange Zeit im Kreise drehten, wo nichts sich tat, wo es kein Vor und Zurück gab, kann uns individuelle und systemische Veränderungsarbeit entscheidende neue Bewegungsmöglichkeiten zeigen, bisher verdunkelte Räume erhellen, Türen öffnen und uns einen neuen Anfang finden lassen. Vielleicht unterstützt uns unser Begleiter anschließend noch einige Zeit auf dem neuen Weg. In jedem Fall gibt sie uns nichts Abgeschlossenes, sondern einen Anfang, Raum für unsere Lebendigkeit.

3. Metaphorischer Vergleich der Arbeitsweisen

Aus der Vielzahl der Modelle und Methoden, die uns für Therapie, Lernen und persönliches Wachstum zur Verfügung stehen, möchten wir an dieser Stelle spielerisch jene drei charakterisieren, die deutlich in unsere Arbeit und in dieses

Buch eingeflossen sind. Wir verstehen sie als Teil eines Ganzen, innerhalb dessen sie einander ergänzen, aber auch getrennt genutzt werden können. Zu bestimmten Eigenheiten ihres Wesens sind uns Metaphern in den Sinn gekommen, die wir ihnen nicht vorenthalten möchten, auch wenn sie den einzelnen Richtungen etwas von dem Ernst nehmen, den sie sich selber geben.

Zu Beginn der lösungsorientierten Kurzzeittherapie befindet sich der Lernende irgendwo auf seinem Weg, doch offenbar ist er stecken geblieben und die Landschaft ist recht unübersichtlich. Aus mangelnder Orientierung dreht er sich sogar im Kreis oder verläuft sich in einem Dschungel. Der Begleiter, er gleicht einem Sporttrainer, will ihm helfen, Schritt für Schritt weiterzukommen. Als erstes erinnert sich der Lernende daran, wo er eigentlich hinwill und daran, wie es dort aussieht, woran er erkennt, näher da zu sein oder näher zu kommen. Er erinnert sich vielleicht sogar daran, schon einmal da gewesen zu sein. Dann beginnt das große Probieren. Welcher Schritt führt in die gewünschte Richtung, welcher noch tiefer in den Dschungel? Der Lernende legt Schnippchen aus und markiert so seine Schritte. Wenn sich die guten Vorzeichen mehren, geht er weiter in die gewählte Richtung. Nach und nach werden seine Schritte sicherer. Er lernt die Zeichen der Natur zu lesen und entwickelt neue Fähigkeiten. Wie die Landschaft insgesamt beschaffen ist, ist nicht so wichtig. Auch nicht, wo er hergekommen ist. Was zählt, ist seinen Weg zum Ziel zu finden. Und er kommt gestärkt an. – Ein Beispiel für die Strategie des Handelnden.

Beim NLP begegnet der Lernende einem Zauberer mit leicht narzisstischen Tendenzen, der ihm zunächst einmal alles nachmacht, komische Fragen stellt und immer sagt, dass alles ganz etwas anderes bedeutet. Dann lädt er ihn in ein Luftschiff ein und fliegt mit ihm über die Welt. Er hantiert mit vielen Landkarten, von denen er ständig erklärt, dass sie nicht das Gebiet seien. Das liegt auch unten. Er fragt den Lernenden, welche Erfahrung der denn gern hätte, achtet aber nicht auf die Antwort und lässt sich irgendwann mit ihm herunter. Sie sind in einem kleinen Paradiesgarten gelandet. Da blühen Ressourceblumen und der Lernende kann es sich so richtig gut gehen lassen. Was er schon lange wollte, geht in Erfüllung. Der Zauberer fordert ihn auf, eines der Kristalle mitzunehmen, die hier herumliegen. Dann fliegen sie wieder hoch und beim nächsten Mal landen sie in einer schwierigen Situation. Es ist kalt, dunkel und ungemütlich. Sie steigen aus, der Zauberer ist wie immer vergnügt und der Lernende ängstlich. Nun fordert ihn der Zauberer auf, das mitgebrachte Kristall in die Hand zu nehmen und siehe da, dem Lernenden wird es innerlich warm und hell. Er kann sich plötzlich in der dunklen Gegend orientieren, möchte es sich gemütlich machen, aber das geht nicht. Der Zauberer verändert stets alles und fordert ihn immer wieder zu etwas Neuem auf. Nach einer Weile hat der Lernende die ganze Welt kennen gelernt und – es erstaunt ihn selbst – viele Ziele erreicht, die er vorher noch gar nicht hatte. Von all seinen Besuchen hat er einen Stapel Landkarten und zahlreiche Zauberkristalle.

Er weiß, dass nichts unmöglich ist und findet sich schnell zurecht. Aber er hat vergessen, wo eigentlich sein Zuhause ist. - Ein Beispiel für die Strategie des Träumers.

Zum Familienaufstellen betritt der Lernende eine flaches stille Gegend, fast langweilig, nach dem Trubel des Zauberers. Da stehen einzelne Menschen relativ unbewegt und schauen aneinander vorbei. Der Lernende ist einer von ihnen. Ein Gärtner läuft umher, nimmt Bodenproben und orientiert sich am Himmel. Er ist alt und weise und verfügt über ein Pendel. Es sieht so aus, als wolle er einen Garten gestalten. Von Zeit zu Zeit schaut er auf eine Tafel mit zehn Geboten, die groß in der Landschaft steht und erhebt den Finger. Nun vermisst er den Raum und beginnt an manchen Stellen, die Erde vorzubereiten, als wolle er etwas pflanzen. In der Tat nimmt er nun die erste Person und führt sie an einen Ort, den er frisch gegraben hat. Dann die zweite an einen anderen Ort, dann den Lernenden, dann die restlichen. Jetzt können sich alle sehen und sie verneigen sich voreinander. Von ihrem Ort aus können alle auch die zehn Gebote sehen. Der Gärtner ist streng aber gütig. Der Lernende merkt, dass dies ein kraftvoller Platz ist, er merkt auch, dass er hier Wurzeln zu schlagen beginnt, ja, er verwandelt sich in einen Baum. Eine Linde, wie er sie schon immer mochte. Auch die anderen werden Bäume, schön anzusehen und jeder auf seinem idealen Platz. Die alten Bäume sind größer und haben besonders viel Platz. Viel Zeit vergeht und zwischen ihnen wächst grünes Gras. Über den Wind flüstern sie sich Geheimnisse zu. Der Lernende fühlt sich zu Hause, nur eines beunruhigt ihn ein wenig: Als Baum kann er nicht weglaufen. Der Gärtner aber sagt ihm, dass er ihn einmal im Leben doch umpflanzen werde, dann, wenn irgendwo eine andere Linde für ihn bereit sei. Ein Beispiel für die Strategie des Geistes.

Und was geschieht, wenn diese Veränderungsformen zusammenwirken? Wir freuen uns auf Ihre Ideen und Erfahrungen, liebe Leserin und lieber Leser – und veröffentlichen diese gerne im Internet.

In unserer Welt braucht alles einen Namen. Deshalb wollen wir unser Anliegen, die Verbindung von neurolinguistischen Verfahren, Lebensweg-Arbeit und systemischen Veränderungsprinzipien **neurosystemische Prozessarbeit** taufen.

4. Vom Wissen über das Wissen

Nachdem Sie, liebe Leserinnen und Leser – ob in diesem Buch oder anderswo – unterschiedliche Modelle der Welt kennengelernt haben und vielleicht vergleichen, lohnt es sich, einen Ausflug in einen Zweig der Philosophie zu machen, der sich mit der Unterschiedlichkeit von Weltmodellen befasst und interessante Antworten zur ihrer Entstehung und zu ihrer Gültigkeit anbietet. Jener Zweig, die Epistemologie, beschäftigt sich mit dem Wissen, damit, wie wir es gewinnen können und damit, wie wir das Wahre (Angemessene) vom Falschen (Unangemessenen) unterscheiden können.

Frühere Theorien betonten den absoluten, bleibenden Charakter von Wissen, neuere Theorien betonen seine Relativität und Situationsgebundenheit, seine kontinuierliche Entwicklung oder Evolution und sie verweisen darauf, dass es sich aktiv auf die Menschen, ihr Handeln und ihre Beziehungen auswirkt.

Für Plato bedeutete Wissen das Erfassen absoluter, universeller Ideen und Muster, die unabhängig vom Erkennenden existieren. Geht es nun um die Frage, wie wir uns Wissen aneignen können, dominieren im Wesentlichen zwei Richtungen: Der Empirismus, welcher sich auf die sinnliche Wahrnehmung verlässt, und der Rationalismus, welcher Wissen als das Produkt rationaler Reflexion sieht. Bis heute wirkt der Empirismus in der Vorstellung fort, dass unsere Wahrnehmung die äußere Realität einem Spiegel gleich innerlich abbilde. Demnach ist Wahrheit dadurch festzustellen, ob ein Teil des untersuchten Wissens mit einem Teil der äußeren Realität korrespondiert oder nicht. Auf den Bezug zu absoluten, universellen Ideen wird verzichtet, vielmehr können wir absolute Wahrheit nie erreichen, sondern uns ihr theoretisch nur annähern, indem wir immer weitere Teile der Realität innerlich abbilden. Dies hat seine menschlichen Grenzen. Immanuel Kant entwickelte eine Synthese aus Empirismus und Rationalismus. Hier entsteht Wissen durch die Organisation wahrgenommener Informationen auf der Basis von angeborenen Strukturen des Bewusstseins, die er „Kategorien" nennt. Dazu gehören Zeit, Raum, Objekte und Ursächlichkeit. Aus der Subjektivität solcher Konzepte wie Zeit und Raum schließt Kant auf die Unmöglichkeit, eine objektive Repräsentation eines „Dings an sich" zu finden.

Ein großer Schritt führt uns weiter zur Pragmatik – und damit sind wir bereits im 20. Jahrhundert. Hier besteht Wissen in Modellen, welche lediglich die Aufgabe haben, die Aspekte der Realität so zu repräsentieren, dass Problemlösungen möglich werden – und dies so einfach wie möglich. Jedes Modell reflektiert danach nur einen Aspekt der Wirklichkeit und ist für eine bestimmte Art von Problemlösungen nützlich. Modelle können problemlos nebeneinander existieren und einander sogar widersprechen; verwertbar ist ein Modell, wenn es hilft, möglichst präzise und überprüfbare Voraussagen zu treffen oder, wie gesagt, möglichst einfache Problemlösungen anzubieten. Wie die Modelle entstanden sind, spielt eine untergeordnete Rolle. Sie können sich aus gesammelten Informationen oder aus Bestandteilen anderer Modelle auf der Basis von „Versuch und Irrtum", nach Kriterien der Wahrscheinlichkeit oder über Intuition ergeben haben. sogar ergeben haben.

Andere Antworten auf die Frage, wie wir Wissen erwerben, gibt der Konstruktivismus. Er nimmt an, dass der Mensch alles Wissen von Anfang an in sich selbst aufbaut oder konstruiert. Dafür gibt es keine festen Vorgaben, keine objektiven

Informationen, keine angeborenen Kategorien oder Bewusstseinstrukturen. Das Nervensystem kann, wie der Kybernetiker Heinz von Foerster darstellt, nicht zwischen äußerer Wahrnehmung und innerer Halluzination unterscheiden. Die Vorstellung einer Spiegelung der äußerer Realität lehnen Konstruktivisten ab. Das birgt die Gefahr der Beliebigkeit, denn wenn es keine Beziehung zur äußeren Realität gibt, ist ein Modell so gut wie ein anderes und es gibt keinen Weg, angemessenes oder wahres von unangemessenem oder falschem Wissen zu unterscheiden.

Ein Mensch wird jedoch nicht jede beliebige Konstruktion annehmen oder aufrecht erhalten, sondern hat Kriterien, nach denen er sie auf ihre Gültigkeit überprüft. Eines davon ist die innere Stimmigkeit, das Zusammenpassen der verschiedenen Wissensbausteine, die er gesammelt hat. Was unvereinbar mit dem bereits gesammelten Kernwissens ist, wird gerne verworfen, um „kognitive Dissonanzen" zu vermeiden. Ein weiteres Kriterium bildet die Viabilität, was so viel wie „Lebenstauglichkeit" bedeutet und aus der Evolutionstheorie stammt. Wenn eine Wirklichkeitskonstruktion das Leben und Überleben des Individuums ermöglicht, bewährt sie sich, ist sie viabel. Das dritte Kriterium für die Bewertung einer Konstruktion besteht im Grad der Übereinstimmung, des Konsenses, den sie mit den Konstruktionen anderer Menschen findet. Menschen streben danach, diese Übereinstimmung zu finden, denn nur so können sie kommunizieren, sich austauschen und Sprache benutzen. Dem, worin die meisten Menschen übereinstimmen, wird deshalb der Begriff „wahr" oder „Wirklichkeit" zugeordnet, wohl wissend um seine Relativität.

Parallel und ergänzend zum Ansatz des Konstruktivismus, der den Konstruktionsprozess eher vage beschreibt, betrachtet die evolutionäre Epistemologie die Konstruktion und Auswahl von Wissen als Teil des Evolutionsprozesses. Ein Mensch oder eine Gruppe entwickelt Wissen, um sich im weitesten Sinne an die Umwelt anzupassen und darin hoffentlich mehr als bloß zu überleben. Auf Wissen, das sie darin unterstützt, wird aufgebaut, es wird ausgewählt und weitergegeben. Die Konstruktion von Wissen bezieht biologische, psychologische und soziale Ebenen ein. Neue Ideen entstehen beispielsweise durch die Variation und Kombination bestehenden Wissens und stellen sich dem evolutionären Ausleseprozess.

In den bisherigen Modellen spielt der Mensch in Bezug auf das Wissen die aktive Rolle, er eignet es sich an, besitzt es und nutzt es. Eine neue philosophische Strömung, die Memetik, betrachtet das Wissen und die Ideen als aktiven Faktor der Evolution. Sie geht davon aus, dass Wissen übertragbar ist. Es kann von Mensch zu Mensch, von Generation zu Generation weitergereicht werden, durch Medien verbreitet werden, verwandelt, weiterentwickelt, bewiesen oder widerlegt werden. Wir können also von einer Ausbreitung, Überlebensfähigkeit und Evolution von Ideen, Überzeugungen und anderen Modellen der Welt sprechen. Natürlich werden jene Gedanken, auch Meme genannt, am leichtesten angenommen, die mit bisherigen, überprüften Ideen kompatibel sind. Ideen und Überzeugungen organisieren sich in Hierarchien – verändert sich eine Idee auf einer höheren Stufe,

339

erlaubt sie viele neue Ideen auf der niedrigeren Stufen. Aufgenommenes Wissen hat seine Wirkung auf Menschen, Gemeinschaften und Kulturen, wird zum aktiven Faktor.

Hier schließt sich der Kreis: Menschen konstruieren Wissen, doch weitergegebenes Wissen, beeinflusst oder „konstruiert" ihr Denken, ihre Wahrnehmung und ihr Verhalten. Es beeinflusst ihr Leben und das ihrer Gemeinschaft. Dieses Buch mag ein Teil des großen Stromes sein, der nützliche neue Ideen und Modelle weiterträgt.

5. Ausblick und Ausklang

In der Arbeit mit Menschen verbinden sich uralte Prinzipien und moderne Methoden. Manche davon haben wir in diesem Buch beschrieben und in Beziehung gesetzt, einige ergänzt oder neu entwickelt. Zu ganzheitlicher Arbeit gehört es, über Methoden hinauszudenken und jene Faktoren in den Vordergrund zu holen, die sie erst wirksam werden lassen. Stets stehen da Zeitgenossen miteinander in Beziehung, tauschen sich aus, reagieren aufeinander und erfahren in der Art, wie sie dies tun, weitaus mehr, als in einem Buch beschrieben werden kann. Die Persönlichkeit des Begleiters, seine Lebenserfahrung und Reife, ebenso seine Gedanken und seine Einstellung zum Lernenden machen jenen Unterschied, der die gleiche Methode zu Erfolg oder Misserfolg führt. „Was aus dem Herzen kommt, trägt gute Früchte", heißt es, und wir glauben, dass dies ein Kernkriterium für die wirksame Arbeit mit Menschen ist. Der guter Wille reicht indes nicht aus, neben methodischem Rüstzeug brauchen wir die Fähigkeit, emotional in Beziehung zu treten, und sei es nur für eine begrenzte Zeit. Wer diese Beziehung so zu gestalten vermag, dass beide daran wachsen, hat bereits den Weg zur Meisterschaft eingeschlagen. Alles andere werden Computer in einiger Zeit möglicherweise besser können: Informationen gewinnen, über Messfühler Feedback aufnehmen, Lernende über Techniken durch ihre Erlebniswelt führen. Computer können vielleicht bald auch besser sprechen: Lösungsorientierte Fragen stellen, hypnotische Sprachmuster verwenden, umdeuten und Erfahrungsebenen wechseln. All das ist nützlich, um den Geist zu trainieren und sich zu sortieren, als würden wir unser Zimmer aufräumen. Wirkliche Veränderung aber geschieht erst, wenn wir die Türen öffnen, wenn jemand eintritt, etwas hineinträgt oder mitnimmt und als lebendiges Gegenüber für uns da ist. In der Begegnung liegt unsere Chance und wohl auch unsere Mission als Entwicklungsarbeiter.

Was haben wir zu geben, was keine Logikmaschine kann? Hier klopft der moderne Schamane an die Tür, jener Zauberer, der immer wieder sein Gesicht verwandelt und jedem so zu begegnen weiß, wie es ihm entspricht. Er steht in Verbindung mit allerlei Kräften, wird mal von dieser, mal von jener inspiriert. Wo es Stärke braucht, erscheint er mit der Kraft des Mars, wo nährende Wärme wichtig sind, steht ihm Jungfrau Maria zur Seite, wo es um Sinnlichkeit geht, ruft er Dionysos. Als Gegenüber weiß er zu geben, anzunehmen und manchmal auch zu fordern. Viele große Therapeuten haben etwas von dem Schamanen gehabt, manche waren spezialisiert auf bestimmte Kräfte, andere verfügten über ein ganzes Spektrum und konnten genau jene Energie einsetzen, die in einer Situation gebraucht wurde.

Der erfahrene, flexible Kommunikator wirkt, indem er seine Methoden um Intuition und erlebte Menschlichkeit ergänzt. Bei Bedarf verlässt er jede Technik und gestaltet jene Prozesse, die in diesem Moment wichtig sind, einem Musiker gleich, der spielt, was der Stimmung entspricht. Dieser Musiker beherrscht sein Instrument; alles, was er je gelernt hat, fließt ein in seine Kunst. Wir sprechen über die Zukunft der Veränderungsarbeit. Klassische Geisteswissenschaften wie Psychologie und Sozialwissenschaften suchten sich irgendwann dem Makel des Subjektiven, nicht Messbaren zu entziehen und wurden zu Musterschülern linearer Logik. Doppelblindversuche und Statistiken sollen die Wirksamkeit und damit Wirtschaftlichkeit bestimmter Methoden nachweisen, andere Einflussfaktoren ließ man dabei außen vor. Immer mehr Menschen wissen an der Börse mitzureden und üben sich dabei in systemischem Denken als Weg, komplexe Vorgänge zu verstehen. Menschen jedoch sind komplexer als die Börse, und lineares Denken reicht allenfalls aus, ein Mittagsmenü zusammenzustellen. Die Fähigkeit systemischen Denkens in vernetzten Organismen heißt Intuition, denn Logik kann immer nur wenige Aspekte erfassen. Intuition stand allerdings an den Universitäten noch nie auf dem Lehrplan. Was bedauerlich ist, denn mit ihr könnten die Geisteswissenschaften ihrem Forschungsgebiet mit mittlerweile modernen Methoden wieder gerecht werden. Dieses Forschungsgebiet sind die Welten des Subjektiven, auch jene des Forschers – und die Beziehungen dieser Welten zueinander.

Die Entwicklung wird sich nicht aufhalten lassen. In immer mehr Lebensbereichen, ob Gesundheit, persönliche Entwicklung, Weiterbildung oder Beruf, nehmen Menschen ihr Schicksal selbst in die Hand, werden mündig und wählen, was ihnen hilft. Das Wirkungslose treibt andernorts die Kostenspiralen in die Höhe und zwingt zum Umdenken. Wir sind eine lernende Gesellschaft geworden, die keine Denkverbote mehr kennt und Dogmen in Frage stellt.

In der Arbeit mit Menschen werden viele Bereiche zusammenwachsen. Einige haben wir in unserem Buch nur am Rande erwähnt, wenngleich gerade in ihnen ein großes Entwicklungspotential liegt. Dazu gehört die Einbeziehung körperlicher Prozesse, die in der kognitiven Arbeit bisher wenig Beachtung finden, obwohl beide eng miteinander verknüpft sind. Von moderner Neurologie und Hirnforschung bis zur chinesischen Medizin, von Genetik bis zur Homöopathie reichen die Modelle, die etwas beizutragen haben. Alles, was in uns vor sich geht, findet seine Abbildung in Körper, Geist und Seele. Jene, die dies in ihrem Wirken zu verbinden wissen, werden einen Menschen auf verschiedenen Ebenen begleiten können. Über die Integration von Methoden hat die Arbeit mit psychosomatischen Störungen schon heute eine neue Dimension gewonnen.

Die Probleme unserer Welt sind eng an das Denken und Handeln von Menschen gebunden. Verantwortliches Handeln ist keine Selbstverständlichkeit, besonders wo es um Macht oder persönliche Vorteile geht. Moralpredigten, Sanktionen oder die Härte des Gesetzes fördern jedoch eher, was sie zu verhindern suchen. Was hilft, sind positive Lebensmodelle, die Ausstrahlung und Anziehungskraft auf andere haben, indem sie offen für diese bleiben. Das gilt auch für unsere Familien, den Freundeskreis und die Berufswelt. Wir sind uns sicher: Jeder von uns kann bei sich selbst und in seinem Umfeld für ein erfüllteres Leben sorgen, alte Belastungen lösen und schöpferisch sein.

Zu guter Letzt

danken wir Ihnen, liebe Leserinnen und liebe Leser, dafür, dass Sie mit uns gereist sind und unseren Gedanken erlaubt haben, mit Ihren in Kontakt zu kommen. Wir freuen uns, wenn Ihnen, liebe Leserinnen und Leser, dieses Buch Anregungen für Ihr Leben und Ihre Arbeit geben konnte. Vieles entfaltet seine Wirkung erst in der Praxis. Ihr Feedback ist uns willkommen, so können wir auch von Ihnen lernen.

Im Internet veröffentlichen wir unter **www.metaforum.com/wurzeln** zusätzliche Inhalte, welche die Themen dieses Buches ergänzen und vertiefen. Außerdem können Sie selbst Texte und Erfahrungsberichte dazu beitragen.

Sie erreichen uns natürlich auch auf herkömmlichen Wegen:

Bernd Isert
Brennerstraße 26
D - 16341 Berlin-Zepernick

fon: +49 30 944 14900
fax: +49 30 944 14 516
berndspace@aol.com
www.metaforum.com

oder

Klaus Rentel
Emdener Straße 37
D - 10551 Berlin

fon: +49 30 390 39 789
fax: +49 40 3603 055 243
krentel@aol.com
www.klausrentel.de

Wenn Sie sich für Seminare und Ausbildungen zu Coaching, NLP, systemischer Therapie, Kinesiologie oder neurosystemischer Prozessarbeit interessieren, finden Sie diese im Forum für Meta-Kommunikation. Hier können Sie sich auch über die Lernform der Forum-Ferienakademie informieren. Die Postanschrift lautet:

Metaforum
Postfach 740237
13092 Berlin

fon: +49 30 94414900
fax: +49 30 94414901
metaforum@aol.com
www.metaforum.com

Hier erhalten sie auch Informationen über andere Entwicklungen von Bernd, wie den Persönlichkeitstest „Neuroskop" oder die innovative Software für das Strukturieren und Vernetzen von Informationen „Infogarden".

Nun sagen wir „auf Wiedersehen". Vielleicht treffen wir uns wieder und das würde uns freuen. Wir wünschen Ihnen viele wertvolle Erfahrungen und eine glückliche Zukunft.

Bernd Isert   *Klaus Rentel*

Literatur

Teil I

- Bandler, Richard, Grinder, John: Neue Wege der Kurzzeit-Therapie. Neurolinguistische Programme. Junfermann, 1997
- Dilts, Robert: siehe Literatur zu Teil II
- Hallanzy, Annegret: Visionsorientierte Veränderungsarbeit VoVa, Bd.1, NLP-Ökologie anders definiert. Junfermann, 1996
- Isert, Bernd: Die Kunst schöpferischer Kommunikation. Junfermann, 1996
- Essen, Siegfried: Vom Problemsystem zum Ressourcensystem. In: E. J. Brunner (Hrsg.): Von der Familientherapie zur systemischen Perspektive. Springer, 1990
- Kim-Berg, I. u. S.D.: Die Wunder-Methode. Ein völlig neuer Ansatz bei Alkohol-Problemen. Modernes Lernen, 1997
- Korzybski, Albert Graf, Science and sanity. An introduction to non-Aristotelian systems and general semantics. Lakeville, CT (International Non-Aristotelian Library), 1958
- Dilts, Robert, McDonald, Robert: Und dann geschieht ein Wunder. Junfermann 1998
- Mindell, Arnold: siehe Literatur zu Teil III
- Mohl, Alexa: Der Zauberlehrling. Junfermann, 1997
- O'Connor, Joseph, McDermott, Ian: Die Lösung lauert überall. Systemisches Denken verstehen und nutzen. VAK, 1998
- Shazer, Steve de: Muster familientherapeutischer Kurzeit-Therapie. Junfermann, 1997
- Simon, Fritz B., Rech-Simon, Christel: Zirkuläres Fragen. Systemische Therapie in Fallbeispielen: Ein Lernbuch. Carl-Auer-Systeme, 1999
- Sparrer, Insa: siehe Literatur zu Teil III
- Walter, J.L. und Peller, J.E.: Lösungsorientierte Kurztherapie. Modernes Lernen, 1995
- Watzlawick, Paul: Anleitung zum Unglücklichsein. Piper, 1988

Teil II

- Andreas, Connirae: Der Weg zur inneren Quelle. Core Transformation in der Praxis. Neue Dimensionen des NLP. Junfermann, 1995
- Beyer, Maria: BrainLand. MindMapping in Aktion. Junfermann, 1993
- Castaneda, Carlos: Die Lehren des Don Juan. Ein Yaqui-Weg des Wissens. Fischer, 1973

- Castaneda, Carlos: Die Kunst des Träumens. Fischer, 1994
- O'Connor, Joseph, Seymour, John: Neurolinguistisches Programmieren: Gelungene Kommunikation und persönliche Entfaltung. VAK, 1995
- Dilts, Robert: Identität, Glaubenssysteme und Gesundheit. Höhere Ebenen der NLP- Veränderungsarbeit. Junfermann, 1991
- Dilts, Robert: Die Veränderung von Glaubenssystemen. NLP-Glaubensarbeit. Junfermann, 1993
- Dilts, Robert: Von der Vision zur Aktion. Junfermann, 1998
- Dilts, Robert, McDonald, Robert: Und dann geschieht ein Wunder. Junfermann, 1998
- Erickson, Milton, Rossi, Ernest L.: Der Februarmann. Persönlichkeits- und Identitätsentwicklung in Hypnose. Junfermann, 1994
- Farrelly, Frank, Brandsma, Jeffrey M.: Provokative Therapie. Springer-Verlag, 1986
- Hallanzy, Annegret: Visionsorientierte Veränderungsarbeit VoVa, Bd.2, Zwanzig neue NLP-Techniken in einem Gesamtmodell. Junfermann, 1997
- Hoffman, Kay: Von Göttern besessen. Trixter, 1986
- Hoffman, Kay, Gehrken-Haberzettl, Ursula: NLP & spirituelle Dimensionen. Junfermann, 1998
- Hoffman, Kay, Schneider, Maria, Haberzettl, Martin: BodyMindManagement in Aktion. Junfermann, 1996
- Isert, Bernd: NLP-Ausbildungsmanuals. Forum für Metakommunikation, 1996 bis 1999
- James, Tad, Woodsmall, Wyatt: Time Line. NLP-Konzepte zur Grundstruktur der Persönlichkeit. Junfermann, 1991
- James, Tad: Time Coaching. Programmieren Sie Ihre Zukunft... jetzt. Junfermann, 1992
- Mohl, Alexa: Der Meisterschüler. Junfermann, 1996
- Shapiro, Francine: EMDR (Eye Movement Desensitization and Reprocessing). Grundlagen und Praxis. Handbuch zur Behandlung traumatisierter Menschen. Junfermann, 1998
- Sparrer, Insa: siehe Literatur zu Teil III
- Winderl, Eckard: Hinter die Erinnerung schauen. Neue Grundzüge und Techniken des NLP. Junfermann, 1996

Teil III

- Boszormenyi-Nagy, Ivan: Foundations of Contextual Therapy, Collected Papers, New York, Brunner & Mazel, 1987
- Gibran, Khalil: Der Prophet. Walter Verlag, 1996
- Hellinger, Bert: Verdichtetes. Sinnsprüche – Kleine Geschichten – Sätze der Kraft. Carl Auer Systeme, 1997

- Hellinger, Bert: Ordnungen der Liebe. Ein Kursbuch. Carl-Auer-Systeme, 1998
- Hellinger, Bert: Familienstellen mit Kranken. Carl Auer Systeme, 1997
- Mindell, Arnold: Der Leib und die Träume. Prozeßorientierte Psychologie in der Praxis. Junfermann, 1987
- Mindell, Arnold: Traumkörper-Arbeit oder: Der Weg des Flusses. Junfermann, 1993
- Mindell, Arnold: Mitten im Feuer. Sphinx, 1997
- Moreno, Jacob Levy: Die Grundlagen der Soziometrie. Westdeutscher Verlag, 1991
- Owen, Harrison: Open Space Technology. Berret Koehler Publishers, 1997
- Petersen, Hans-Christian: OpenSpace in Aktion. Kommunikation ohne Grenzen. Junfermann, 2000
- Rosenberg, Marshall: Nonviolent-Communication. A Language of Compassion. Keep Coming Back, 1999 (deutsche Übersetzung i.V., Junfermann 2001)
- Satir, Virginia: Kommunikation. Selbstwert. Kongruenz. Konzepte und Perspektiven familientherapeutischer Praxis. Junfermann, 1990
- Satir, Virginia, Baldwin, Michele: Familientherapie in Aktion. Die Konzepte von Virginia Satir in Theorie und Praxis. Junfermann, 1999
- Schäfer, Thomas: Was die Seele krank macht und was sie heilt. Die psychotherapeutische Arbeit Bert Hellingers. Droemer Knaur, 2000
- Schmidt, Günther, Simon, Fritz B., Stierlin, Helm: Familiäre Wirklichkeiten. Der Heidelberger Kongress. Klett-Cotta, 1987
- Schmidt-Tanger, Martina: Veränderungs-Coaching. Junfermann, 1999
- Senge Peter: Die Fünfte Diziplin. Kunst und Praxis der lernenden Organisation. Klett-Cotta, 1996.
- Skynner, Robin, Cleese, John: Familie sein dagegen sehr, Junfermann, 1995.
- Sparrer, Insa: Konstruktivistische Aspekte der Phänomenologie und phänomenologische Aspekte des Konstruktivismus, in Weber (Hrsg), 2001
- Sparrer, Insa, Varga von Kibéd, Matthias: Ganz im Gegenteil. Tetralemmaarbeit und andere Grundformen Systemischer Strukturaufstellungen. Carl Auer Systeme, 2000
- Sparrer, Insa: Wunder, Lösung und System. Lösungsfokussierte Systemische Strukturaufstellungen für Therapie und Organisationsberatung. Carl Auer Systeme, erscheint 2001
- Varga von Kibéd, Matthias: Ganz im Gegenteil, Querdenken als Quelle der Veränderung, Graphic-Consult München, 1995
- Varga von Kibéd, Matthias: Systemisches Kreativitätstraining und andere Aufsätze in Weber (Hrsg.) 1998 und 2001

- Weber, Gunthard: Zweierlei Glück. Die systemische Psychotherapie Bert Hellingers. Carl Auer Systeme, 1997
- Weber, Gunthard (Hrsg.): Praxis des Familien-Stellens. Beiträge zu systemischen Lösungen nach Bert Hellinger. Carl Auer Systeme, 1998
- Weber, Gunthard (Hrsg.): Praxis der Organisationsaufstellung, Carl Auer Systeme, 2000
- Weber, Gunthard (Hrsg.): Derselbe Wind lässt viele Drachen steigen. Carl Auer Systeme, 2001
- Weisbord, Marvin, Janoff, Sandra: Future Search. Berret Koehler Publishers, 2000.

Teil IV

- Bateson, Gregory: Die Ökologie des Geistes. Suhrkamp, 1985
- Foerster, Heinz von: Wissen und Gewissen. Versuch einer Brücke. Suhrkamp, 1993
- Foerster, Heinz von: Sicht und Einsicht. Versuche zu einer operativen Erkenntnistheorie. Carl Auer Systeme, 1999
- Lao-Tse: Tao te king. dtv, 1985
- Klinghard, Dietrich: Lehrbuch der Psycho-Kinesiologie. Ein neuer Weg in der psychosomatischen Medizin. Hermann Bauer, 1998
- Watzlawick, Paul: Die erfundene Wirklichkeit. Wie wissen wir, was wir zu wissen glauben? Piper, 1997
- Watzlawick, Paul, Beavin, Janet H., Jackson, Don D.: Menschliche Kommunikation. Formen, Störungen, Paradoxien. Huber, 1996
- Watzlawick, Paul, Weakland, John H., Fisch, Richard: Lösungen. Zur Theorie und Praxis menschlichen Wandels. Huber, 1997
- Watzlawick, Paul, Nardone, Giorgio: Kurzzeittherapie und Wirklichkeit. Piper, 1999

◎forum

Information zur Aus- und Fortbildung in NLP

Träume nicht Dein Leben,
lebe Deine Träume!

Erstes nlp-Ausbildungsinstitut im deutschsprachigen Raum

nlp-Practitioner-, Master- und Trainerausbildung
Ausbildung in Mediation, Coaching, Lebens- und Sozialberatung
Seminare zu ausgewählten Themen

D-69221 Dossenheim, Tel. (06221) 86 21 07, Fax (06221) 86 92 94
A-1060 Wien, Tel. (01) 596 4240, Fax (01) 596 42 18
Postanschrift: A-2130 Mistelbach, Paasdorf 15
http://www.nlp-resonanz.at/nlp-resonanz

 nlp Resonanz™ Training
Gundl Kutschera

 NLP in Österreich

Österreichisches Trainingszentrum für NLP

2 Tage Einführungs-, 5 Tage Intensivseminare
30 Tage Practitioner-, 27 Tage Master Practitioner-Kurs
NLP-Professional für Coaching, Mediation und Supervision
Staatlich anerkannte Ausbildung zum Lebens- und Sozialberater
Psychotherapeutisches Propädeutikum – 12-Monate-Intensivkurs

Dr. Brigitte Gross, Dr. Siegrid Schneider-Sommer, Dr. Helmut Jelem, Mag. Peter Schütz

A-1094 Wien, Widerhofergasse 4
Tel: +43-1-317 67 80, Fax: +43-1-317 67 81-22
eMail: info@nlpzentrum.at, Homepage: http://www.nlpzentrum.at

---